LE LIVRE DE
L'ÉTIQUETTE DE VIN

Pour Jenny

© Éditions Racine, Bruxelles, 1995
© Éditions Vilo, Paris, 1995, pour la France
D. 1995, 6852.27
Dépôt légal: octobre 1995
ISBN 2-87386-049-9
ISBN Vilo 2-71910331-4
Toutes reproductions ou adaptations d'un extrait quelconque de ce livre par quelque procédé que ce soit, et notamment par photocopie ou microfilm, réservées pour tous pays.

Georges Renoy
Grand Prix Littéraire
de l'Académie du Vin de Bordeaux

LE LIVRE DE L'ÉTIQUETTE DE VIN

RACINE - VILO

L'étiquette d'hier et d'aujourd'hui

> *«Loin de mépriser le passé, nous devrions, comme le font tous les peuples, le traiter en vieillard qui raconte à nos foyers ce qu'il a vu. Il nous instruit et nous amuse par ses récits, ses idées, son langage, ses manières, ses habits d'autrefois.»*
>
> **Chateaubriand**

L'étiquette en question

Pour les encyclopédistes Diderot et d'Alembert, dont l'ouvrage capital paraît entre 1751 et 1772, l'«étiquette» n'est encore qu'un terme de jurisprudence qui désigne «en style de palais, un morceau de papier ou de parchemin que l'on attache sur les sacs des causes, instances ou procès, sur lequel on marque les noms des parties et de leurs procureurs... L'origine de ce mot «étiquette» vient du temps que l'on rédigeait les procédures en latin ; on écrivait sur le sac «est hîc quoestio inter N... & N...». Et souvent, au lieu d'écrire «quoestio» tout au long, on mettait seulement «quoest.», ce qui faisait «est hîc quoest.», d'où les praticiens ont fait par corruption «étiquette».

Nous voilà savamment renseignés sur l'étymologie du terme mais pas vraiment sur son usage, tel qu'il nous intéresse. Dans son édition de 1981, le Robert - Société du Nouveau Littré - nous instruit davantage. Avant de définir le mot comme un «petit morceau de papier, de carton, fixé à un objet pour en indiquer la nature, le contenu, le prix, la destination, le possesseur...», il nous précise qu'il fut utilisé pour la première fois en 1387, sous son ancienne orthographe «estiquette». Ce que confirme le Grand Dictionnaire des Lettres Larousse, en 1986: «1387: Godefroy écrit «étiquette» au sens de «poteau servant de but dans certains jeux».» Le mystère demeure.

Un coup d'œil au Dictionnaire Français de Landais, paru en 1840, au moment même où l'étiquette (de vin) monte au faîte de sa carrière, ne nous est d'aucun secours. Après avoir repris l'explication fournie au siècle précédent par l'Encyclopédie, l'auteur définit l'étiquette comme la définiront 150 ans plus tard Larousse et Robert. Bis repetita...

Une étrange vérité se fait ainsi jour: l'étiquette - la «nôtre», celle qui ne fera qu'un avec la bouteille - semble avoir existé avant le mot pour la désigner. Il aura bien du mérite, le chercheur acharné qui nous renseignera, références à l'appui, sur les premières utilisations du mot «étiquette», au sens où il fait le sujet des pages qui suivent.

Le passé de l'étiquette

L'obscurité la plus complète règne sur les origines de l'étiquette de vin et ce ne sont pas les rares ouvrages spécialisés publiés au cours des deux dernières décennies du XXe siècle qui permettent d'y voir plus clair. L'épaisseur des ténèbres est encore entretenue par les faux témoins qui décorent certaines vitrines de musées ou de salles d'exposition, aux quatre coins de l'univers vinicole. Tant en France qu'en Allemagne ou qu'en Suisse, ces pays aux riches traditions œnologiques, des flacons d'un autre âge exhibent sur leurs flancs rebondis des refaçonnages trompeurs, habilement rétrodatés, qui pourraient faire croire à l'œnographile émerveillé qu'il

Couverture d'un ancien catalogue Schött, imprimeur à Rheydt en Rhénanie, 1955

se trouve en présence d'un «incunable». (C'est ainsi qu'en 1981, dans un précédent ouvrage, j'ai désigné ces insaisissables trésors d'archéologie du papier dont la naissance - indiscutable - serait antérieure à 1800.) J'en suis donc toujours réduit, et en dépit de multiples contacts avec d'autres collectionneurs, à citer, en exemple le plus ancien, cette étiquette Liebfrauenmilch de Theodor Brass, d'Offenbach, porteuse d'un demi-millésime imprimé complété à la main : 1800.

Aucune fraude, aucune tromperie possible, le caractère artisanal du document et son origine - un vieil album familial romantique - accentuant encore son authenticité. J'ajoute enfin que les étiquettes ultérieures de Theodor Brass, dûment millésimées à la presse, se singularisent par leur facture techniquement plus élaborée.

Maigre récolte en vérité, enrichie néanmoins de quelques trouvailles parallèles, relatives à d'autres breuvages alcoolisés, élixir de genièvre, crème de moka, eau de cannelle, ratafiat de Grenoble, etc. Parmi elles, un «nectar de Bonaparte» qui, sans parenté plausible avec le vin, pourrait bien nous renvoyer aux derniers souffles du XVIIIe siècle.

Autre chose est ce carré de quatre petites étiquettes à découper, imprimées pour le compte du sieur Labour, négociant à Paris, rue Saint-Honoré. Trois portent la mention manuscrite «Sillery», l'autre «Malvoisie». Il s'agit bien de vin, cette fois, et le style de cette pièce rarissime ne laisse place qu'à peu d'hésitation. Nous voici sous Louis XVI ou sous la Terreur ou sous le Consulat… Hélas : aucun millésime ne vient étayer ma séduisante quasi-certitude. Que la chasse reprenne donc de plus belle.

Trois régions semblent plus propices à l'exploration que d'autres : le Sauternais, la Champagne et la vallée du Rhin. C'est là, apparemment, dans le secret d'archives souvent mal conservées, que l'on a le plus de chances de remonter valablement le temps.

Rien de plus malaisé que de ne pas perdre son fil d'Ariane dans le dédale des étiquettes de vins de Sauternes.

«Si les factices 1743 de Moët», m'écrivait en 1981 le comte Henri de Vaucelles, gérant de Château Filhot, «ressemblent à ce qui est présenté comme les premières étiquettes de Filhot, c'est que celles-ci sont en fait des reproductions céramiques, début XIXe, de ce qui était supposé utilisé antérieurement. Il a suffi qu'on utilise des pochoirs analogues. Les plus vieilles étiquettes de Filhot ne remontent qu'à 1861, et les plus vieilles d'Yquem étant des éditions Barton et Guestier 1858, les plus vieilles étiquettes réelles locales me semblent les «Château de Malle Haut Preignac 18…» (à compléter à la main, époque 1840) ; la plus vieille marque Sauternes sur une bouteille est à Londres chez Finlater's, un sceau de verre «Château d'Yquem Haut Sauterne» sur un col de bouteille vide d'époque 1830 (?). La plus vieille marque de vin de la région me semble l'étampe à barriques forgée «Clos St Antoine. Bommes» remontant au temps immémorial où on utilisait encore cette petite appellation paroissiale. Malheureusement, tout rappel bruyant des appellations disparues Preignac, Fargues, Bommes, ou même Haut Sauterne pour Yquem, a ici un caractère presque diffamatoire et est censuré.» Diable…

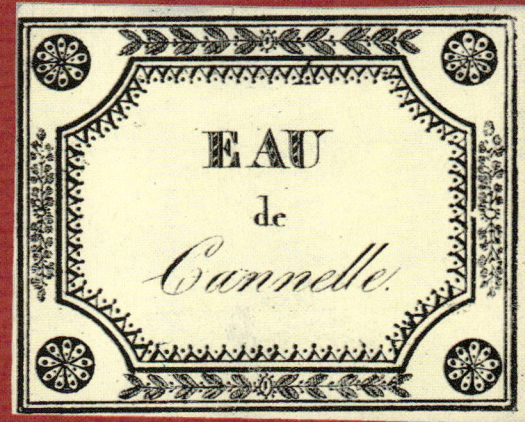

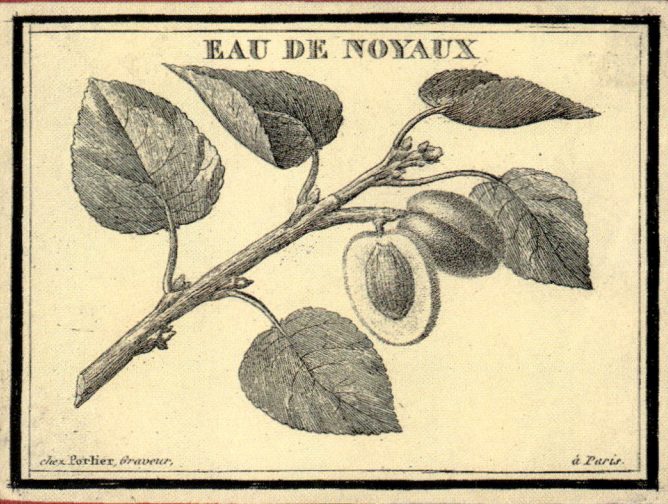

Faisons confiance au comte de Vaucelles, éminent œnographile s'il en est, sans cependant le suivre aveuglément dans sa modestie. La très émouvante étiquette «Château de Malle» en question remonte, selon toute vraisemblance, sensiblement plus haut dans le temps. De toute évidence, elle est à rapprocher de celles façonnées en Allemagne au tout début du XIXe siècle. J'ajoute que la fréquentation des étiquettes anciennes m'a appris que dès les années 1820 les millésimes en usage étaient clairement imprimés en tous chiffres.

Les preuves abondent, par bonheur. Ce n'est que par l'accumulation d'exemples qu'une vérité «scientifique» a quelque chance de se faire jour. Est-ce un hasard si, avant 1850, des étiquettes porteuses des mêmes millésimes apparaissent simultanément en Champagne et en Allemagne: 1825, 1834, 1839, 1842, 1846. Nous connaissons du même coup les meilleures années de ce premier demi-siècle ainsi que l'identité des grands faiseurs du temps: Mumm, Bollinger, Scohyers de Dorlodot, Forest-Fourneaux (futur Taittinger), Joseph Perrier, Duc de Montebello, dans la vallée de la Marne, Schmitz à Cologne, Bernhard Stein à Francfort, Diltheÿ à Rüdesheim, Harth à Gaulsheim, Theodor Brass (encore lui) à Offenbach. Modestes carrés de peu d'envergure mais de beaucoup d'impact sur le cœur de l'œnographile, dotés d'une forte charge émotionnelle. À partir d'eux, l'imagination vagabonde, sans doute à la lisière de la réalité.

Comme de nos jours on réunit en albums les photos-souvenirs d'un anniversaire ou d'un voyage de noces, on rassemblait alors, avec d'infinies précautions, les témoins fragiles des moments de bonheur. Savaient-ils, nos aïeux, que leurs descendants se pencheraient plus tard, beaucoup

plus tard, avec autant de sollicitude, sur ce mince héritage ? Avant qu'il ne retourne à la poussière de l'éternité, il faut que les livres se donnent mission de le reproduire.

Rechercher les origines de l'étiquette de vin revient à se mettre en quête de celles de son support indispensable, la bouteille. Encore cette dernière ne pourra-t-elle pleinement jouer son rôle que lorsque sa forme le lui permettra. Bien des siècles s'écouleront donc entre le moment où apparaîtront les premiers «bouts d'échansonnerie» (XIIe siècle?), outres à vin grossières qui tiennent leur nom du latin populaire «buttis», synonyme de tonneau, et celui où le ventre du flacon, plat comme celui d'une vestale, s'offrira à s'habiller de papier.

Le diminutif bouteille - ou boutille - n'apparaît donc dans les inventaires que vers le XIIe siècle. Jusqu'au XVe, elle est façonnée en fer et habillée de cuir. On s'en sert alors pour emporter son vin en voyage. C'est vers cette époque que l'on souffle les premières gourdes en verre, objets éminemment précieux. Mais qu'elle soit de fer ou de verre, la bouteille n'a d'autre destination que d'apporter en salle le vin tiré en cave, du tonneau. Elle fait donc office de carafe et n'est donc pas près de se retrouver à table, ce qu'elle ne fera au demeurant que rarement et seulement à partir du XVIIIe siècle.

L'outre des origines passe par toutes les formes, du ballon à long col à la fiole plate. La plus courante, parce que la plus facile à réaliser pour le souffleur, est l'«oignon». Comme on ne peut la ranger en piles, elle évolue lentement mais sûrement vers le cylindre. Au XIXe siècle, enfin, et indépendamment de son volume, elle fixe son style: naissent ainsi, après maintes hésitations, la bordelaise, la bourguignonne, la champenoise, l'alsacienne, la vaudoise. Le mariage entre elle et l'étiquette est consommé. Son apparition précoce dans l'univers de la petite estampe fait de l'étiquette champenoise et rhénane un archétype. Jusqu'autour de 1830, elle est d'une retenue qui confine à la pudibonderie. Souvent, un seul mot la définit: Crêmant, Niersteiner, Marcobrunner, Forster Traminer. De minces précisions l'accompagnent parfois: Ay Mousseux, Ière qualité; Ay Mousseux, Ière qualité Avize; Johannisberger, cabinet-wein. De loin en loin, l'identité d'un négociant-producteur surmonte ou souligne l'ensemble. Festons et entrelacs la décorent sur son pourtour.

Le cap de 1830 franchi, une première illustration vient enrichir l'étiquette allemande, figurant généralement le site du vignoble concerné. De son côté la champenoise Louis-Philippe piétine. Le véritable maître d'œuvre, celui qui méritera les applaudissements des collectionneurs du futur, c'est l'imprimeur, un artisan qui réussit des prouesses et laisse derrière lui des modèles de raffinement. Les grandes Maisons de la deuxième moitié du XXe siècle sauront s'en souvenir, en temps voulu, lorsqu'elles tenteront de renouer avec le panache d'antan.

D'ores et déjà, 1845 apparaît comme une année-charnière au-delà de laquelle les choses de l'étiquette ne seront plus jamais comme avant. Celle-ci quitte sa sobriété légendaire et se

charge brusquement de blasons et d'armoiries chargés de claironner bien fort des réputations à la hausse. Lions, drapeaux, médailles, étoiles, couronnes se partagent l'étroite surface du rectangle de papier. Encombrée d'allégories, l'étiquette champenoise ressemble davantage à un diplôme qu'à une carte de visite. À ce petit jeu de l'exubérance, l'Allemagne se montre imbattable. Après quoi, la Champagne retournera à sa réserve des origines et l'on verra surgir des étiquettes fin de siècle d'un affligeant conventionnalisme.

Enfin, Senefelder vint !

On ne saurait dissocier l'essor de l'étiquette de la naissance de la lithographie, à l'extrême fin du XIXe siècle.

Écrivain de théâtre, Alois Senefelder (Prague 1771 - Munich 1834) ne se résigna jamais à écouter les éditeurs de son époque lui refuser systématiquement la publication de ses œuvres. Piqué au vif, il en entreprit rapidement lui-même l'impression, utilisant la seule méthode alors à sa disposition, à savoir la gravure à l'eau-forte sur support de cuivre. Chaque planche utilisée était minutieusement planée après usage, ce qui en permettait la réutilisation.

L'idée vint à Senefelder, un jour de 1796, de substituer aux onéreuses plaques de cuivre des pierres calcaires en provenance des rives de l'Isar. Le procédé restait fort proche de la gravure sur cuivre mais une étape importante venait d'être franchie, la lithographie en relief. La dernière mutation, décisive celle-là, allait être accomplie trois ans plus tard : en 1799, Alois Senefelder inventait la lithographie proprement dite, un procédé révolutionnaire, alors toujours monochrome, qui reposait sur l'antagonisme entre l'eau et les corps gras et permettait la multiplication aisée et rapide de toute espèce de graphisme, à caractère artistique ou non. Dès cet instant, les techniques lithographiques se diversifièrent sur un rythme accéléré jusqu'à aboutir, dans le courant de la deuxième moitié du XIXe siècle, à la polychromie la plus parfaite.

On sait quels chefs-d'œuvre produisirent, grâce à la chromolithographie, les plus grands maîtres de l'art mural, de Jules Chéret à Cappiello, en passant par Mucha, Toulouse-Lautrec et les autres.

Installé d'abord à Offenbach, en 1800, Senefelder obtient du roi de Bavière le privilège exclusif de l'usage de son invention. Six ans plus tard, il s'exile à Munich où sa découverte trouve enfin l'écho qu'elle mérite. C'est toute l'industrie de reproduction qui en est bouleversée, au grand avantage des imprimeurs traditionnels. L'étiquette sort largement victorieuse de l'aventure. Là où, jadis, on n'imprimait que des documents rébarbatifs, l'art se taille une place au soleil.

À Bordeaux, Cyprien Gaulon obtient un brevet de lithographe, en 1818. Professeur de calligraphie, il se découvre une seconde vocation et, associant les deux arts où il excelle désormais, il se lance dans la production à grande échelle d'étiquettes de vin. De nos jours, son nom est définitivement inscrit au fronton du Musée des Chartrons, à Bordeaux, aux côtés de celui du célèbre imprimeur bordelais Michel Wetterwald, son gendre.

Bien que délaissé par l'apparition de l'offset, l'art lithographique n'a jamais désarmé. Grâce à la collaboration d'éditeurs sensibles et d'imprimeurs de talent, tel le Français Mourlot, des artistes du monde entier en demeurent les utilisateurs, ne serait-ce qu'à travers le livre d'art, grand consommateur d'illustrations lithographiées. Faut-il le préciser: l'œnographile porte une affection toute particulière à Alois Senefelder.

La loi est dure…

Mais elle permet de régler bien des situations malencontreuses sinon même de les éviter. Aussi longtemps qu'elle négligea de mêler son grain de sel à l'énoncé de l'étiquette, celle-ci abusa inconsidérément de la liberté qui lui était ainsi consentie, par omission. Il en est résulté un inextricable imbroglio qui fait parfois, aujourd'hui, les délices de l'œnographile, souvent le désespoir de l'historien du vignoble. Il faut bien en convenir, ce ne fut qu'à partir du moment où le législateur intervint qu'une relative cohérence régit le destin de notre fantasque carré de papier. Pour tenter d'y voir clair, il faut se souvenir que durant tout le XIXe siècle et bien au-delà, seule une petite proportion des vins produits étaient mis en bouteille à la propriété. L'excédent majoritaire quittait le château d'origine en barriques pour s'en aller emplir les chais des négociants. Parfois même, ils étaient vendus «sur pieds», c'est-à-dire avant la vendange. Deux mois après celle-ci, fermentation et écoulages terminés, leurs acquéreurs se hâtaient de les enlever. Les meilleurs crus bénéficiaient alors de deux ou trois ans d'«élevage» avant la mise en bouteille définitive. Encore, celle-ci ne concernait-elle que la quantité demeurée sur place, une bonne part étant réexpédiée vers d'autres destinations, Paris, la province ou l'étranger. Aujourd'hui encore, il existe de par le monde des importateurs spécialisés dans la mise en bouteille, négociants fort honnêtes au demeurant et qui ne manquent pas de prodiguer aux vins dont ils sont devenus les propriétaires le maximum de soins auxquels ils ont droit. Telles sont, en Belgique par exemple, les Maisons Delhaize Le Lion et Grafé-Lecocq, deux authentiques anciennes institutions. Depuis longtemps cependant, les crus les plus réputés ont cessé de figurer à leur répertoire. Il nous faudra en reparler.

L'étiquette française quitte, difficilement, sa torpeur…

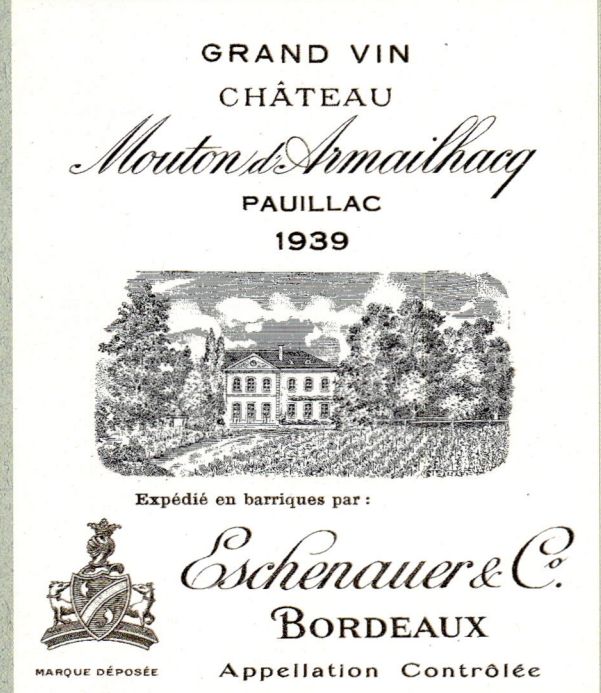

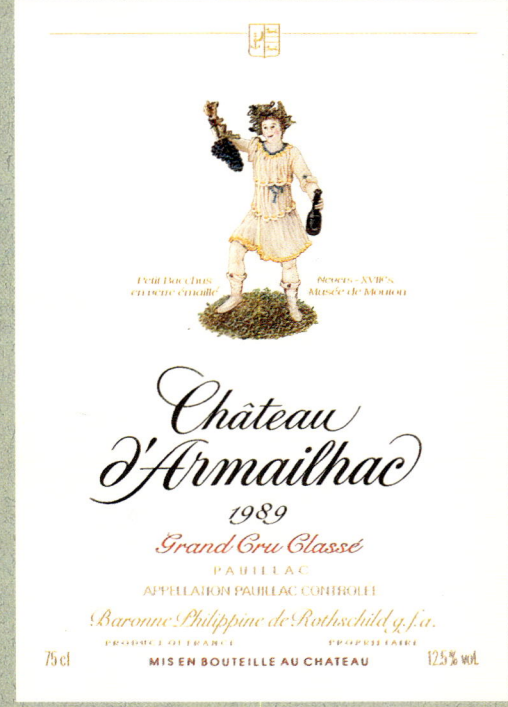

On devine sans peine l'ampleur de l'anarchie au sein de laquelle évolue l'étiquette chargée d'annoncer un même vin promis à des fortunes aussi diverses. En tête, la chose est entendue, il y a l'étiquette dite «de château» ou «de propriété», nécessairement tirée en nombre réduit d'exemplaires. Nous savons pourquoi. Par voie d'inéluctable conséquence, nous savons aussi qu'elle s'est malencontreusement raréfiée au point que ses propriétaires eux-mêmes n'en possèdent plus guère, mis ainsi dans l'obligation de fouiller leurs propres tiroirs, à la recherche de la perle oubliée.

La deuxième se nomme «étiquette de négociant», susceptible de se reproduire à l'infini, au fil des itinéraires. Là où il fait escale, le vin revêt un nouvel habit sans commune allure avec les autres. Naissent ainsi des étiquettes hautement fantaisistes, pâles reflets du terroir où naquit le vin qui en est affublé. L'œnographile qui les traque se gargarise de petit lait. Autant de négociants, autant d'étiquettes. Autant de libellés, autant de fioritures. Avec ou sans «image». Chacun fait ce que bon lui semble, le moins onéreux étant toujours le mieux accueilli.

C'est ici qu'intervient une troisième étiquette, malaisée à cerner car elle prend généralement les traits de l'une des deux précédentes : l'étiquette «d'imprimeur». J'entends celle que l'artisan a conçue dans le secret de son atelier et à la réalisation de laquelle n'interviennent ni le propriétaire ni le négociant, lesquels se contentent de la choisir, pour autant qu'ils se soient donné la peine de franchir le seuil de sa boutique. Elle est quelconque, insipide, impersonnelle, médiocre. Mais qui serait assez outrecuidant pour oser évoquer la «beauté» de l'étiquette ? Qui donc s'inquiéterait de «séduction», d'«authenticité», de «concordance» ? Les temps sont au n'importe quoi, n'importe comment. La peur du gendarme, ce sera pour plus tard. En l'absence de règles, toutes les platitudes, toutes les insolences, toutes les perfidies, toutes les lacunes sont permises. L'étiquette, qu'elle soit de propriétaire ou de négociant, se construit au petit bonheur la chance, de la plus élémentaire à la plus élaborée. Ce qui permet de lui désigner une catégorie d'après le nombre de mentions qu'elle porte :

∴ **Une mention** : région, commune, cru, variété…
Deux mentions : région et commune, région et cru, région et propriétaire, cru et propriétaire, commune et cru, commune et propriétaire, commune et négociant…
Trois mentions : région, cru et propriétaire, région, cru et négociant, commune, cru et propriétaire, commune, propriétaire et négociant…
Quatre mentions : région, cru, propriétaire et négociant…

Quid du millésime ? Il va, il vient, nous précédant d'un siècle à l'autre…
Immanquablement indispensable à l'amateur de vin qui a horreur du vide chronologique, le millésime est hautement précieux à l'œnographile. Il lui permet de mieux appréhender l'évolution du style de sa chère étiquette, d'une époque à l'autre, et de se faire une religion - approximative, certes - à propos des mentalités qui coururent entre les vignes, dans le temps et dans l'espace. La France, dans ses deux grands territoires vinicoles particulièrement, Bourgogne et Bordelais, a toujours singulièrement privilégié austérité et absence d'imagination. Tout s'est passé comme si le vin était, de tous les produits mis sur le marché de la consommation, celui qui s'accommode le moins d'invention, de rêverie. Ce qui était recherché avidement chez le parfumeur était honni chez le marchand de vin. On ne plaisante pas avec le jus de la treille ; il ne faut pas confondre Givenchy et Romanée-Conti. Durant de longues années, la fin du siècle ne tolérera qu'une façon de jansénisme rébarbatif : un nom, un chiffre, noirs sur fond blanc. C'est à peine si un pampre sera autorisé à les accompagner.

À la même époque, et diablement en avance sur le temps de ses consœurs d'outre-frontières, l'étiquette suisse joue les funambules. De toute évidence, le vigneron valaisan ou vaudois

Page précédente et page suivante, gauche
De l'étiquette de négociant vers celle de propriétaire

Page suivante, droite
À propos de mentions, les grandes muettes…

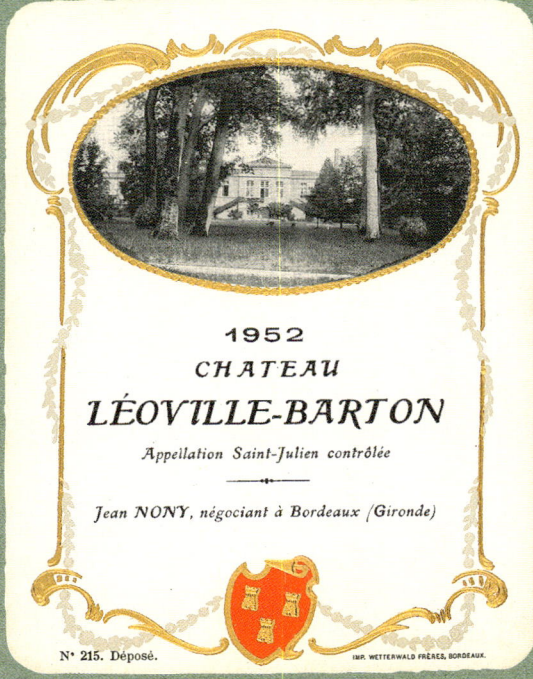

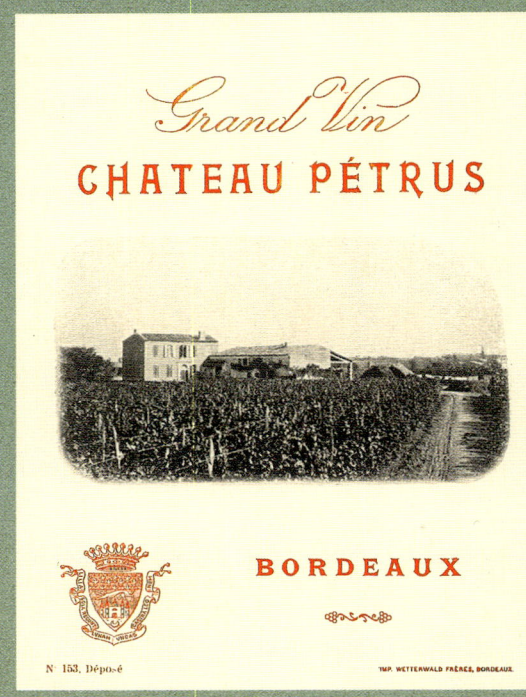

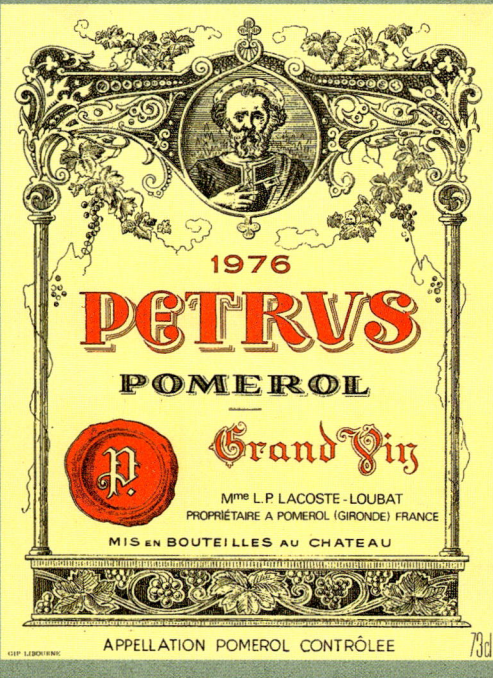

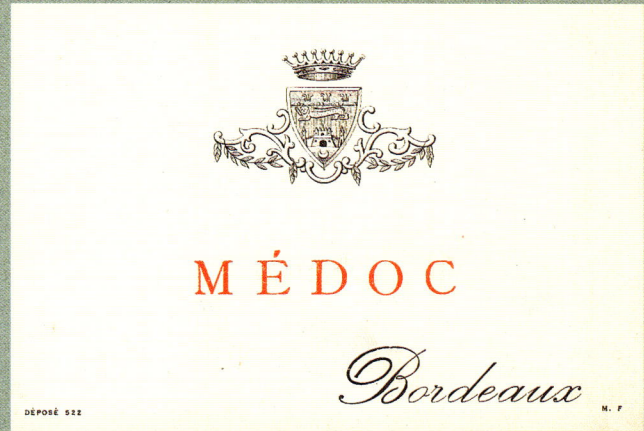

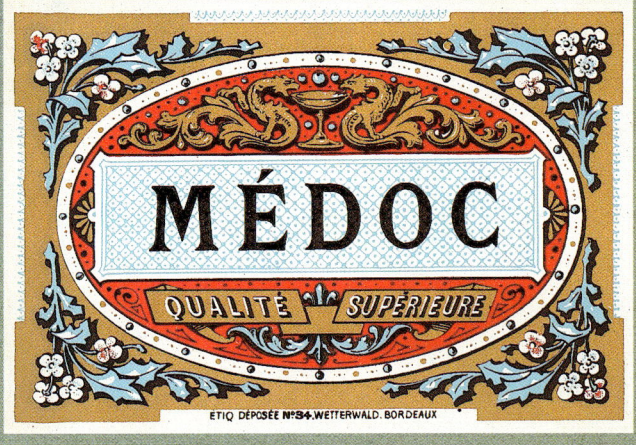

garde la tête au soleil et n'hésite pas à frapper son image de marque au sceau de la joie de vivre. Son étiquette est bien une «vignette», dans toute l'acception sympathique du terme. En profiter pour faire observer que son vin n'a pas la noblesse de ses voisins serait lui chercher une querelle injuste. Concluons en précisant que cette volonté du soleil sur l'étiquette ne s'est jamais démentie au cours de ce XXe siècle écoulé, les imprimeurs-créateurs helvètes se hissant même, et sans aucune peine, au faîte de la qualité.

Le Pfaffenberg TBA (Trocken Beeren Auslese) de «Schloss Schönborn», à Hattenheim, sur le Rhin, est unanimement reconnu aujourd'hui comme l'un des douze crus les plus prestigieux au monde, souvent placé sur un pied d'égalité avec Petrus, Yquem, La Tâche ou La Turque. L'histoire lui a d'ailleurs associé, outre le nom de son aristocratique propriétaire, le comte Karl von Schönborn-Wiesentheid, ceux de Konrad Adenaueur, Eisenhower et beaucoup d'autres personnalités.

L'étiquette de ce domaine hautement historique est édifiante à bien des égards. Elle prouve que très tôt (dès 1865, en tous cas), ses propriétaires ont eu le souci de se placer sous la protection d'un image de marque de qualité, quelque peu bruyante, sans doute, mais quoi: la modestie sied-elle au «Graf von Schönborn» et la très haute qualité de ses produits ne justifie-t-elle pas un certain penchant à l'ostentation? Ce n'est pas l'œnographile qui le lui reprochera, lui qui bénéficie de la sorte d'une suite d'images rutilantes dont il tire, à tout le moins, une leçon essentielle: entre l'étiquette de 1865 et celle de notre temps, une évolution marquante a eu lieu: au centre de l'étiquette, là où, jadis, figurait en capitales romaines l'appellation du cru, s'étale, aujourd'hui, en éclatantes gothiques, le nom du domaine et de son propriétaire. Se sont même ajoutées d'opulentes armoiries, preuve qu'une prise de conscience a eu lieu qui a conduit au premier plan l'identité et la qualité du producteur au détriment de son produit. Juste revanche sur l'insupportable anonymat des temps passés. L'album de l'œnographile s'épaissit de quelques nouveaux feuillets et non des moins enthousiasmants. Tout de même: quel monde entre la «Schloss Schönborn 1979» et la Saint-Émilion 1896! Mais quel gouffre aussi entre la législation française et l'allemande!

Le temps des catalogues

Ils ont la vie dure. Nés au début de ce XXe siècle déjà, ils n'ont toujours pas quitté les rayons des artisans-imprimeurs de province et les grandes entreprises elles-mêmes en gardent bien souvent quelques exemplaires au secret de leurs alcôves, prêts à servir. On ne sait jamais. Comme ils font à jamais partie de l'histoire de l'étiquette, il serait bien vain de vouloir les condamner, eux qui rendirent de signalés services aux hommes du vin, mais l'on ne peut s'empêcher de souhaiter qu'un jour prochain on ne parle plus d'eux qu'au passé.

Qu'est-on en droit de leur reprocher, en définitive? D'être ce qu'ils sont: des compilations de «modèles déposés», vignettes pré-conçues dans l'entassement desquels le client cherche - et trouve - l'élue de son cœur. Ces étiquettes-là ont depuis toujours abdiqué toute velléité de personnalité, quand bien même certaines d'entre elles manifestent d'évidentes vertus esthétiques. L'œnographile les affectionne. Il est sensible à leurs airs de vieilles filles fanées, tout en se réjouissant de l'audace qu'elles affectent. Quel émoi, en effet, de découvrir entre les feuillets gris de quelque assortiment de chez Wetterwald, maître-imprimeur au Cours Saint-Louis, à Bordeaux, des exemplaires en attente d'adoption, déjà marqués Mouton-Rothschild, Beychevelle, Cheval Blanc, Kirwan ou Rieussec! «Tous autres titres à volonté. Chaque modèle peut être livré avec ou sans le mot Bordeaux.»

La hantise du collectionneur: le millésime...

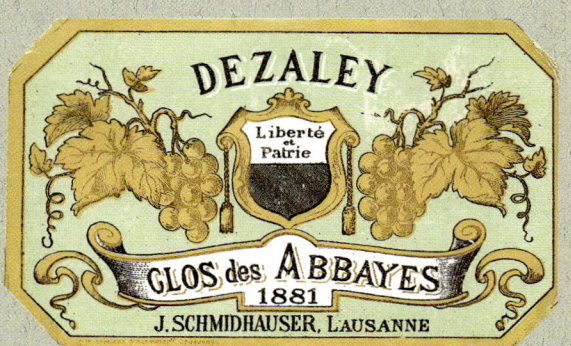

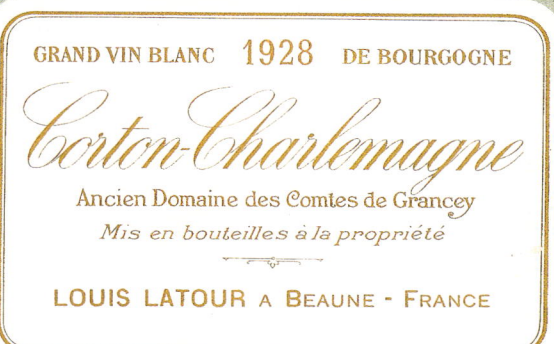

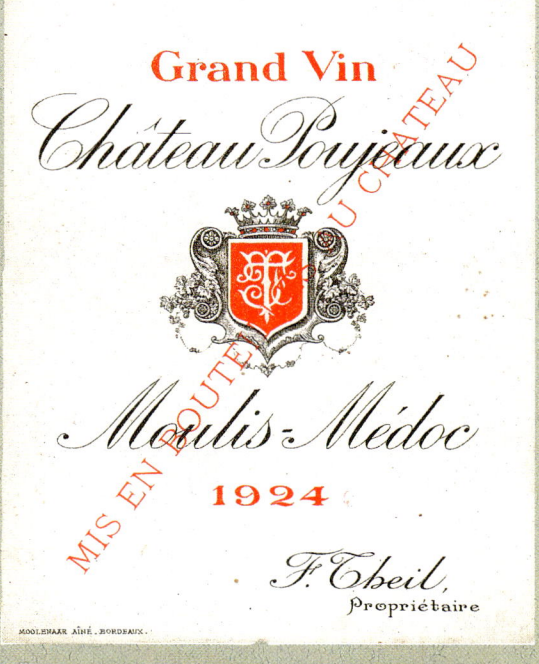

Page de droite
Un vin qui n'a jamais renoncé à l'exubérance de son étiquette

Ci-contre
Écussons de millésimes

L'étiquette française se met à parler

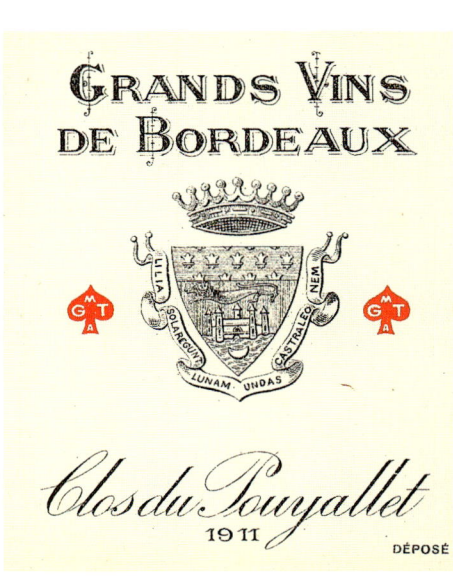

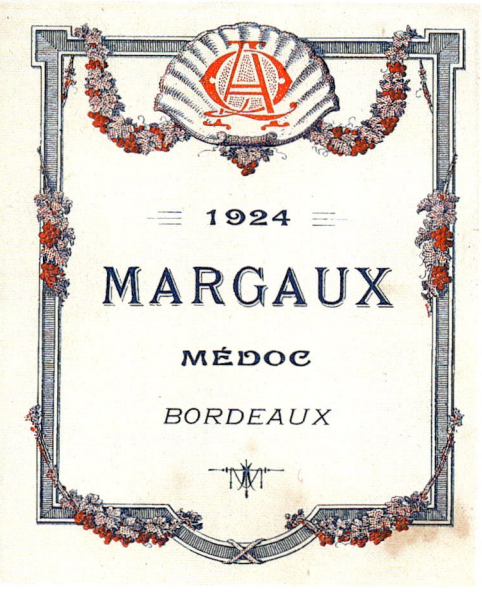

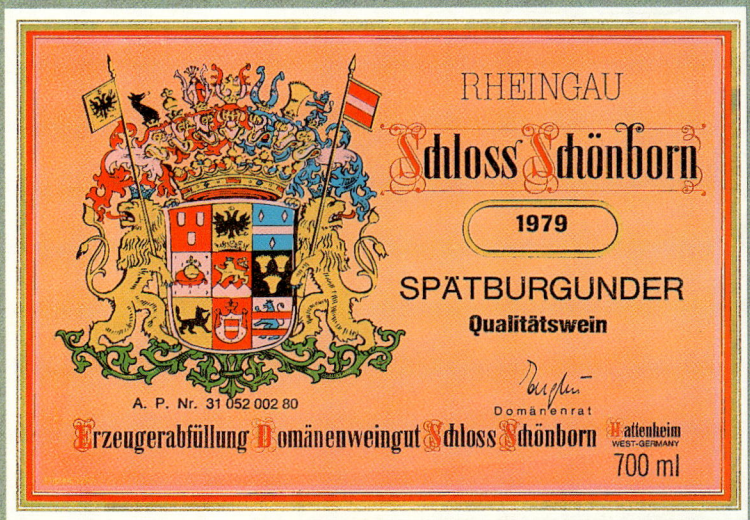

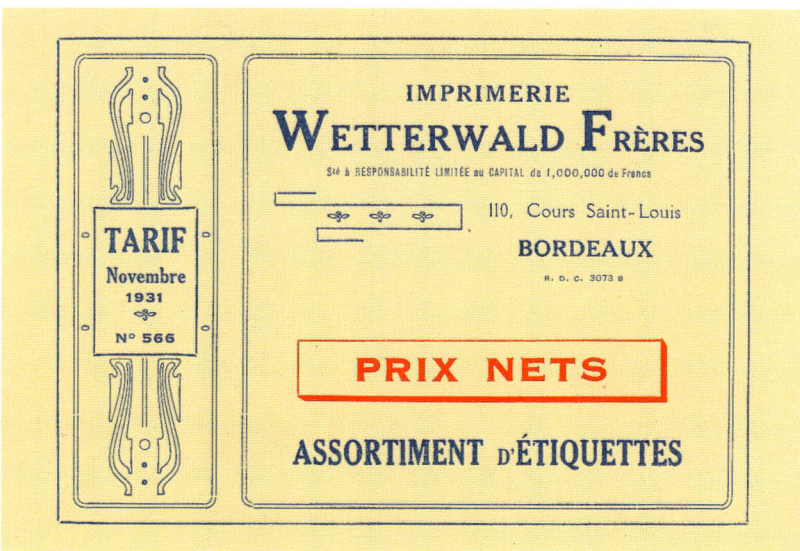

Les «avis importants» qui introduisent ces précieux opuscules nous renseignent minutieusment sur les pratiques de vente alors en application. À titre d'exemple, voici quelques recommandations extraites du catalogue de novembre 1931:

«Nos livraisons se font par cent étiquettes au moins de chaque nom. Pour les modèles dont les titres ne sont pas suivis de la mention «Tous autres titres à volonté», les titres autres que ceux portés sur les listes nécessitent un tirage spécial d'une quantité minimum variant avec la complication du modèle et peuvent entraîner une augmentation de prix. L'addition de la raison sociale, d'une marque ou d'un texte spécial, donne lieu à une augmentation de prix suivant tarif; cette addition n'est pas possible sur tous les modèles...»

*Étiquettes en blanc,
Lithographie Simplon,
Lausanne, 1939*

Timidement décorées de l'une ou l'autre guirlande conventionnelle ou d'un médiocre cliché en hélio représentant domaine ou commune, les étiquettes françaises de catalogues cheminent généralement loin derrière celles proposées à leur clientèle par les imprimeurs spécialisés suisses. Bien que baptisées «étiquettes en blanc», elles sont occupées aux trois quarts de leur surface par un site géographique exécuté en chromolithographie du plus bel effet. Il appartenait au vigneron ou au négociant de les faire compléter, à son gré. Les plus belles de ces pages émouvantes nous viennent de la Lithographie Simplon Roth et Sauter, à Lausanne.

Comment ne pas voir, en manière de prémonition, dans cette préface qui présentait son «Habillage de bouteilles» en 1939, toute la philosophie qui sous-tend aujourd'hui la création d'étiquettes à l'intérieur de l'hexagone?

À la très honorable Corporation de la Vigne et du Vin

«Lorsque notre «premier coupeur» entreprit, il y a bien des mois, la création d'une nouvelle série d'étiquettes pour vins suisses, nous ne pensions pas alors qu'elle paraîtrait à l'époque même où, sur les rives du lac de Zurich, l'Exposition Nationale donnerait au pays tout entier sa merveilleuse leçon de choses. Pourrions-nous mieux honorer le souvenir de cette glorieuse manifestation qu'en lui dédiant cette suite de vignettes de notre pays? Et comme il est de bonne tradition helvétique de symboliser par un chiffre ou une abréviation toute création nationale, nous signerons ce nouveau catalogue des deux lettres «LA», ce qui est le diminutif de Landes-Ausstellung.

«C'est à vous toutefois, Messieurs, que ces nouvelles étiquettes sont destinées! Puissent-elles vous intéresser assez pour ranimer votre effort quotidien dans la vente des vins de nos coteaux.
Nous souhaitons que vous feuilletiez à tous instants ce livre d'images et que vous fassiez une large consommation de ces charmants passe-partout dont des centaines de mille n'attendent que vos ordres pour nous quitter. Bien qu'on dise que «l'habit ne fait pas le moine», n'oubliez pas qu'une bouteille bien drapée réjouit les yeux de l'amateur et le prépare à recevoir en son palais la bonne goutte que vous avez soignée à son intention.

«Croyez-nous, Messieurs, chers clients, vos bien cordialement dévoués tailleurs ès étiquettes.»

Passe la guerre et se perfectionnent toutes les techniques d'impression. Un coup d'œil au catalogue réalisé en 1951 par l'imprimerie Illert GmbH, dont les imposantes installations occupent alors les faubourgs de Hanau sur le Main, ne manque pas de nous abasourdir par la perfection atteinte. Comme de coutume, il s'agit d'étiquettes «à choisir», mais cette fois dans un assortiment volumineux et parmi des images d'une rare luxuriance. Tous les vins de toutes les grandes régions du monde vinicole y ont leur place, sous le vêtement que les clichés esthétiques ont depuis longtemps imposé à notre subconscient. Les unes nous ravissent, les autres nous font faire la grimace. Car si les propositions faites pour les vins en provenance du Rhin ou de la Moselle, du Tyrol ou de Yougoslavie, de Grèce ou de Tarragone, demeurent dans les limites de la raison pure, celles qui prétendent habiller les vins de France, jusques et y compris les plus grands de Pauillac, exhalent de fort relents de sacrilège sinon de mauvaise plaisanterie. À consommer telles quelles ou amendées. N'empêche: tels qu'ils se présentent à nos regards incrédules, les catalogues Illert ont leur place au musée.

Un parcours exemplaire
L'étiquette Mouton-Rothschild

La nuit des temps

Elle se situe autour de 1850, époque œnographiliquement mal définie où circulent des étiquettes sommaires tout juste propres à rappeler à l'amateur de vin l'origine probable de ses

Étiquettes préfabriquées. Imprimerie Illert, Hanau, Allemagne, 1951

bouteilles. Certaines ont été vraisemblablement fournies par le négociant en même temps que les barriques, puis remisées, oubliées au fond d'un tiroir, seule manière pour elles de parvenir intactes entre les mains du collectionneur de l'an 2000. Leur libellé? «Brane Mouton», pas davantage. Ainsi se trouvent très laconiquement réunis, sur le modeste rectangle de papier, le nom du cru, Mouton - la «motte» - et celui de son propriétaire, descendant des barons de Brane, acquéreurs vers 1740 des terres concernées, rachetées aux héritiers de Nicolas-Alexandre, Marquis de Ségur. Comme ils furent les premiers à y élaborer du vin, justice leur est ainsi rendue.

L'historien de l'étiquette s'étonne. Il sait que, vers 1830, Hector de Brane - le «Napoléon des vignes» - endetté, s'est vu contraint d'abandonner Mouton à un banquier de Paris, Isaac Thuret. Pourquoi, dès lors, le nom de ce dernier ne figure-t-il sur aucune étiquette postérieure à cette date? Serait-ce que son mince intérêt pour les terres médocaines ne l'incite pas à le faire?

Recule-t-il devant une nouvelle dépense qui lui paraît superflue ? Ou, tout simplement, choisit-il de profiter de la renommée de son illustre prédécesseur ?

Les lueurs de l'aube

Étoile très filante dans le ciel vinicole du Médoc, le sieur Thuret passe la main en 1853. Le 11 mai de cette année-là, une vente aux enchères a lieu au tribunal de Lesparre au cours de laquelle les 35 hectares de vignes disparates qui enserrent le «Pouyalet», noyau de Mouton, sont mis à l'encan. Le nouvel acquéreur porte un nom célèbre, même si lui-même ne l'est pas: Nathaniel de Rothschild, un original quadragénaire anglais qui débourse à cette occasion la jolie somme de 1 125 000 francs. Apparaît aussitôt une étiquette de château, or sur fond blanc, au sommet de laquelle figure un nom de cru sans équivoque: MOUTON. Dessous, cette modeste information: Baron de Rothschild, Propriétaire. Seuls les initiés savent qu'il s'agit de Nathaniel, un homme que le culte de sa propre personnalité ne préoccupe guère. Gageons qu'il a bien d'autres chats à fouetter sur les bords de sa Tamise natale.

Dans la moitié inférieure de l'étiquette surgit l'identité d'un nouveau personnage: R. Galos, Gérant. Le millésime occupe le milieu de l'étiquette, la mention «Bordeaux» termine le document. C'est ici que l'historien de l'étiquette s'étonne à nouveau. En même temps que MOUTON entame sa nouvelle carrière sous sa nouvelle enseigne, des étiquettes de négociants circulent sur le marché, porteuses de cet ahurissant libellé: BRANNE MOUTON, 1868! Curieux marchands de vins en vérité qui n'hésitent pas à véhiculer leurs produits sous des titres de toute évidence usurpés, indifférents à l'actualité. Les voies du commerce bordelais sont décidément impénétrables et il n'y aura guère que les collectionneurs d'étiquettes à venir qui auront quelque raison de s'en réjouir.

Nathaniel décède en 1870. James II lui succède. À nouveau propriétaire, nouvelle définition. À l'expression «Baron de Rothschild, Propriétaire» succède cette autre, tout aussi anonyme: «Héritiers du Baron de Rothschild, Propriétaires». À partir de 1889, le Baron de Miollis se substitue à R. Galos, à la gérance du domaine. Est-il bien nécessaire de le préciser: les étiquettes de négociants de la plus pure fantaisie, avec ou sans faute d'orthographe - ah! ces deux «h» dans le mot! - continuent leur carrière. On y découvre parfois l'image du «château», davantage villa «moderne» fin de siècle que demeure royale, commandé de Paris par James II et achevé en 1882. Les générations à venir l'appelleront «Petit-Mouton».

Baron et baronne James décédés, Henri de Rothschild arrive au pouvoir. Nous sommes en 1921.

Pour MOUTON, les temps du bouleversement se dessinent. Pour la première fois de son histoire, déjà longue de 68 ans, l'étiquette officielle quitte le semi-anonymat dans lequel elle se trouve plongée depuis les origines. En son centre, une mention inattendue s'étale fièrement: MOUTON-ROTHSCHILD. Deux vignettes la décorent, l'une figurant un château imaginaire stylisé, l'autre montrant un faisceau de cinq flèches, emblème des cinq frères Rothschild. Mais il y a mieux. Au bas de l'étiquette, à l'encre rouge, une précision nouvelle sonne comme une profession de foi: MIS EN BOUTEILLES AU CHÂTEAU.

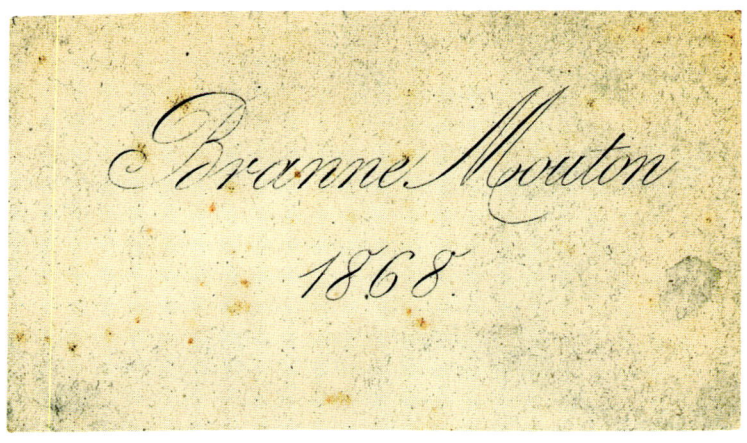 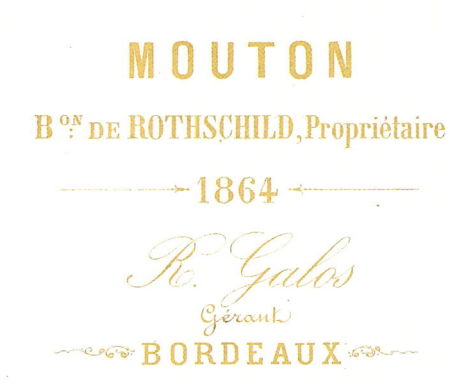

Laissons à l'historien de l'étiquette le loisir de s'étonner une troisième fois. Pourquoi avoir tant tardé à faire usage de l'appellation MOUTON-ROTHSCHILD, sur les étiquettes de château, alors qu'elle l'est depuis pas mal d'années sur celles de négociants?

Pas vraiment la révolution...

...mais cependant la révolte!

La grande aventure commence à Paris, à l'automne 1922. «Un beau matin d'octobre, un domestique vient chercher Philippe dans sa chambre: «Monsieur! Monsieur votre père vous prie d'aller le voir dans son bureau.» Philippe, inquiet, entre dans la pièce à haut plafond, trouve Papa écrivant, enfoui derrière son bureau à cylindre. Papa lève la tête et dit: «Monsieur Philippe, puisque vous croyez en savoir plus que les autres, allez à Mouton et montrez vos capacités. Débrouillez-vous. J'ai décidé de vous confier le domaine.» **Philippe Baron Philippe**, Vivre sa Vigne, 1981

Philippe a vingt ans. Fils d'Henri et représentant donc la quatrième génération des Rothschild à régner sur le domaine de Pauillac, il est le premier Parisien à descendre en Médoc. Son premier soin est de mettre de l'ordre dans le «Moyen Age» de Mouton. Son second, de le doter d'une «étiquette image: devanture mondiale, certificat d'origine, élégant habillage.» (ibid.)

Mais Philippe va trop vite en besogne. Sa première étiquette nouvelle, destinée à accompagner la récolte 1924, secoue trop de cocotiers. Elle est l'œuvre de Jean Carlu, un graphiste réputé pour ses audaces cubistes. Brutale, agressive, mais nullement dépourvue de qualités artistiques, elle laisse pantois jusqu'au dernier des hommes du vin bordelais, tous gens d'un certain monde, habitués à davantage de réserve. L'étiquette que le bouillant baron voyait déjà acquise pour l'éternité est rapidement retirée de la circulation. Elle «tiendra» le temps de trois vendanges consécutives, pas plus, rendant rapidement caduque la louable déclaration d'intentions du jeune baron Philippe, largement diffusée par la presse spécialisée: «À partir de la récolte 1924, la nouvelle étiquette CHÂTEAU MOUTON-ROTHSCHILD apposée sur une bouteille, garantit que le vin qu'elle contient, après avoir été soigné trois ans dans nos chais, a été mis en bouteille au château. À partir de cette récolte, toute bouteille ne portant pas cette étiquette n'est pas du CHÂTEAU MOUTON-ROTHSCHILD.»

De 1924 à 1926, LES BOUTEILLES de Mouton restent habillées à la Carlu, après quoi Philippe,

ayant fait amende honorable, retire de la circulation l'étiquette à sensation. Avec l'étiquette 1928, Mouton retourne au plus banal classicisme. La «Carlu», objet de tous les scandales, est oubliée. Pas tout à fait cependant, puisque dès cette date, on la retrouvera, réduite à un minuscule écusson, au centre de toutes les étiquettes à venir. « Réalisée hativement, la «1928» ne vaut que l'oubli.» C'est l'avis du baron, pas celui des collectionneurs.

La dernière ligne droite

Quid de 1927? L'année a été maussade, le soleil a refusé de briller à bon escient, la pluie n'a pas cessé de tomber en quantités anormales. Année pourrie qui ne laisse derrière elle qu'un vin étriqué, indigne du nom qu'il devrait porter mais pas assez médiocre pour être renvoyé aux «bordeaux supérieurs». Philippe n'est pas long à se décider. Pour un an, MOUTON-ROTHSCHILD s'appellera «CARRUADES DE MOUTON ROTHSCHILD», du nom de l'une des parcelles du vignoble. Une nouvelle étiquette est réalisée qui traîne derrière elle comme un relent d'art déco... Le baron serait-il du genre obstiné?

De 1928 à 1944, les étiquettes Mouton-Rothschild se suivent en se ressemblant, frayant dangereusement avec la banalité. Mais où donc sont les belles ardeurs séditieuses du baron Philippe? Seuls quelques détails viennent en rompre, de loin en loin, la monotonie: 1928, apparition de l'écusson dit «aux béliers rampants»; 1934: naissance de la déclaration de récolte sous forme de colophon reprenant le tirage numéroté des flacons en bouteilles, demi-bouteilles, magnums, jéroboams et impériales; 1942: mention exceptionnelle du nom du maître de chai A. Blondin en même temps que première apparition de la signature de Philippe de Rothschild. Geste prétentieux? Même pas. Une autre volonté de personnaliser un produit dont le créateur a tout lieu de se montrer fier.

Passe la guerre et son cortège de misères. L'an 1945 est celui de la Victoire, symbolisée éloquemment depuis un long moment par les deux doigts en V de Winston Churchill.
Envoûté par le renouveau qu'elle provoque, Philippe la fait ajouter en tête de son étiquette. Celle-ci prend d'emblée une tournure particulière qui porte en elle le visage de toutes les étiquettes à venir. Désormais, une illustration donnera à chacune son caractère propre. La très célèbre collection MOUTON ROTHSCHILD vient de naître. Au fil des ans, elle va s'agencer en galerie à la gloire de laquelle se recruteront les noms les plus prestigieux de l'art graphique contemporain: Jean Hugo, Jean Cocteau, Marie Laurencin, Dignimont, Léonor Fini, Jean Carzou, Georges Braque, Salvador Dali, Lippold, Henry Moore, Marc Chagall, Joan Miro, Andy Warhol, Hartung, Kirkeby et même John Huston.

Deux exceptions à la règle nouvelle: celle de 1953, année de centenaire, décorée en son centre d'un portrait du fondateur Nathaniel et celle de 1977 qui commémore le séjour à Mouton de la reine-mère Elizabeth d'Angleterre. Historique à plusieurs égards, celle du millésime 1973 revêt à Pauillac une importance particulière. Elle est celle du triomphe de l'opiniâtreté et de la persévérance: cette année-là, et après bien des efforts déployés sans relâche par Philippe, MOUTON-ROTHSCHILD rejoint le peloton de tête.

Le sacro-saint Classement de 1855 a tremblé sur ses bases d'airain. Dorénavant, le Médoc compte un premier cru de plus. Le 21 juin, après un demi-siècle de gestion du «baron», paraît l'arrêté ministériel de Jacques Chirac, alors ministre de l'Agriculture, qui donne à MOUTON-ROTHSCHILD la place qui aurait dû être la sienne depuis 118 ans.
Quelques dents grincent en bordure de la Gironde, mais le mot Justice fleurit sur toutes les lèvres. Cette fois, c'est bien de révolution qu'il s'agit. L'étiquette de circonstance est signée Pablo Picasso, décédé la même année.

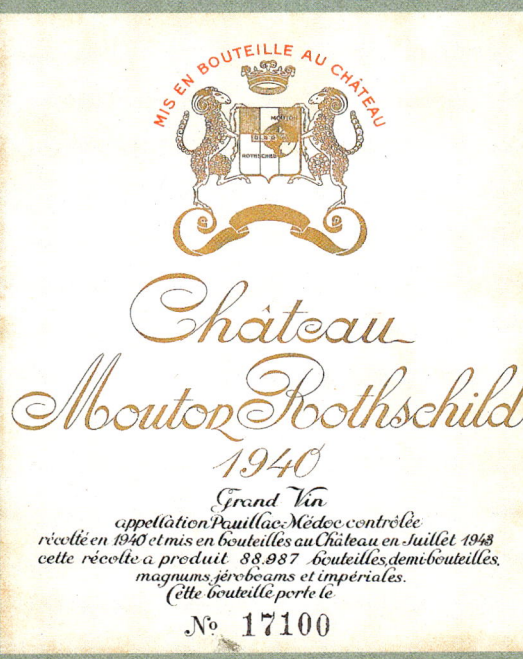

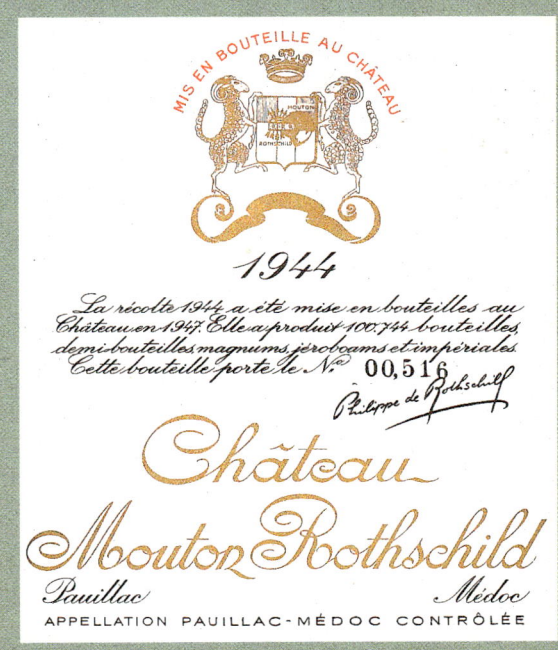

En ce siècle finissant, l'étiquette MOUTON-ROTHSCHILD poursuit sur sa lancée, sujette parfois à quelque menue modification. C'est ainsi qu'à la suite du décès du baron Philippe, en 1987, la signature de sa fille Philippine, nouvelle conductrice, a pris tout naturellement la place de la sienne, à côté d'une formule devenue plus laconique: «toute la récolte a été mise en bouteilles au Château». La même qu'en 1924, en somme. Plus de recensement de flacons, plus de numérotation de vendange.

L'avenir commence aujourd'hui

Hommage ainsi rendu à la très heureuse initiative du baron Philippe, il faut raison garder et admettre que certaines des «œuvres» de l'écurie Mouton-Rothschild sont franchement quelconques sinon médiocres et que leurs «créateurs» ne se sont guère traumatisé l'imaginaire ni forcé le talent à leur réalisation. Ni Braque, ni Dali, ni Matta, ni Alechinsky, ni Motherwell, ni Harinq, ni Baselitz n'auront ajouté le moindre fifrelin de gloire au célèbre domaine de Pauillac, pas plus qu'à eux-mêmes, au demeurant. En revanche, il y eut les autres. Il y eut les très belles et très savantes compositions d'Andy Warhol (1975) et de Hans Herni (1987), toutes deux en hommage au baron Philippe. Il y eut celle, pleine de verve, de lumière et de mouvement, de John Huston (1982), aussi merveilleux peintre que génial réalisateur. Il y eut celle, explosive, de Mathieu, (1961) dont le «modernisme» d'alors n'a rien perdu de son acuité.

Mais la palme ne revient-elle pas au peintre surréaliste belge Paul Delvaux, créateur de l'étiquette 1985, une réalisation qui laisse loin derrière elle la plupart des autres et qui suffirait peut-être à elle seule à justifier l'existence de la collection tout entière?

L'an 1995 marque le 50e anniversaire de la collection d'étiquettes Mouton-Rothschild. Philippe, arrière-petit-fils de Nathaniel, se doutait-il, lorsqu'il la lança immédiatement après la guerre, qu'elle rencontrerait un succès aussi retentissant, déclenchant auprès des œnographiles du monde entier une vogue sans précédent, allant jusqu'à s'introduire dans les locaux de Sotheby's ou de Christie's? On peut le déplorer ou s'en réjouir mais on n'y changera rien: les précieuses bouteilles en provenance de Pauillac s'achètent aujourd'hui, et depuis longtemps déjà, autant pour leur habillage que pour leur contenu. Offrir à un ami un Premier Cru MOUTON-ROTHSCHILD, c'est lui offrir par la même occasion une pièce de collection qu'il ne risque pas d'abandonner sur son support de verre, le nectar consommé.

Mais à présent? Que fera Philippine de Rothschild, fille de Philippe? Va-t-elle se contenter de laisser la tradition établie par son père poursuivre son bonhomme de chemin, attendant que le temps lui confère encore davantage de prix? Ou se découvrira-t-elle une vocation de novatrice puis, secouant une nouvelle fois les monolithiques habitudes bordelaises, se lancera-t-elle à son tour dans une nouvelle aventure? Son fougueux tempérament l'y pousserait sans doute. Mais laquelle?

La fin des préjugés

Point n'est besoin de longs raisonnements pour comprendre et faire comprendre qu'à ses origines la fonction de l'étiquette était des plus élémentaires et ne dépassait guère celle de carte de visite du vin. Nous l'avons vu, un seul mot, souvent, suffisait à l'annoncer: Malvoisie, Sillery, Médoc, Niersteiner… Trop peu pour satisfaire le législateur, chaque jour plus attentif aux usages honnêtes.

Aujourd'hui, deux siècles après son apparition, elle s'est singulièrement quintessenciée, au point de paraître indéchiffrable aux yeux du profane. Sa fonction première n'a pas varié: elle est

1945
ANNÉE DE LA VICTOIRE
TOUTE LA RÉCOLTE MISE EN BOUTEILLES AU CHÂTEAU
1945
Cette récolte a produit
24 jéroboams numérotés de A à Y
1475 magnums numér. de M.1 à M.1475
74.422 bout. & ½ bout. numér. de 1 à 74.422
2000 "Réserve du Château" marquées R.C.
Cette bouteille porte le N°
Philippe de Rothschild
Château Mouton Rothschild
APPELLATION PAUILLAC CONTRÔLÉE

Jean Cocteau
Dessin inédit de J. Cocteau
TOUTE LA RÉCOLTE MISE EN BOUTEILLES AU CHÂTEAU
1947
Cette récolte a produit
26 jéroboams numérotés de A à Z
20 double-magnums numér. de D.M.1 à D.M.20
2170 magnums numér. de M.1 à M.2170
57.558 bout. & ½ bout. numérotées de 1 à 57.558
4000 "Réserve du Château" marquées R.C.
Cette bouteille porte le N°
Philippe de Rothschild
Château Mouton Rothschild
APPELLATION PAUILLAC CONTRÔLÉE

Dessin inédit de Marie Laurencin
TOUTE LA RÉCOLTE MISE EN BOUTEILLES AU CHÂTEAU
1948
Cette récolte a produit
12 jéroboams numérotés de A à L
24 double-magnums numér. de D.M.1 à D.M.24
1320 magnums numér. de M.1 à M.1320
96.214 bout. & ½ bout. numérotées de 1 à 96.214
4000 "Réserve du Château" marquées R.C.
Cette bouteille porte le N°
Philippe de Rothschild
Château Mouton Rothschild
APPELLATION PAUILLAC CONTRÔLÉE

Dessin inédit de Léonor Fini
TOUTE LA RÉCOLTE MISE EN BOUTEILLES AU CHÂTEAU
1952
Cette récolte a produit
25 jéroboams numérotés de A à Z
27 double-magnums numér. de D.M.1 à D.M.27
2478 magnums numér. de M.1 à M.2478
148530 bout. & ½ bout. numérotées de 1 à 148530
3000 "Réserve du Château" marquées R.C.
Cette bouteille porte le N° 000.017
Philippe de Rothschild
Château Mouton Rothschild
APPELLATION PAUILLAC CONTRÔLÉE

ANNÉE DU CENTENAIRE
1853
1953
BARON NATHANIEL 1812-1870
JAMES DE ROTHSCHILD 1844-1881
HENRI DE ROTHSCHILD 1872-1947
1953
Je dédie cette récolte à mon Arrière-Grand-Père le Baron Nathaniel qui acheta le Domaine de Mouton le 11 Mai 1853, à mon Grand-Père le Baron James et à mon Père le Baron Henri.
Philippe de Rothschild
Château Mouton Rothschild
APPELLATION PAUILLAC CONTRÔLÉE
MIS EN BOUTEILLE AU CHATEAU
BARON PHILIPPE DE ROTHSCHILD PROPRIÉTAIRE A PAUILLAC

Dessin inédit de Salvador Dali
TOUTE LA RÉCOLTE MISE EN BOUTEILLES AU CHÂTEAU
1958
Cette récolte a produit
1.422 magnums numérotés de M.1 à M.1.422
130.488 bout. & ½ bout. numérotées de 1 à 130.488
3.000 "Réserve du Château" marquées R.C.
Cette bouteille porte le N°
Philippe de Rothschild
Château Mouton Rothschild
APPELLATION PAUILLAC CONTRÔLÉE
BARON PHILIPPE DE ROTHSCHILD PROPRIÉTAIRE A PAUILLAC

Dessin inédit de Henry Moore
1964
1964
Cette récolte a produit :
167.444 Bordelaises et ½ B^lles de 1 à 167.444
2.580 Magnums de M 1 à M 2.580
37 Grands Formats de G.F.1 à G.F.37
double-magnums, jéroboams, impériales
3.000 "Réserve du Château" marquées R.C.
Ci,
Philippe de Rothschild
Château Mouton Rothschild
BARON PHILIPPE DE ROTHSCHILD PROPRIÉTAIRE A PAUILLAC
APPELLATION PAUILLAC CONTRÔLÉE
TOUTE LA RÉCOLTE MISE EN BOUTEILLES AU CHÂTEAU

Dessin inédit de Joan Miró
1969
1969
Cette récolte a produit :
128 960 Bordelaises et ½ B^lles de 1 à 128 960
1864 Magnums de M 1 à M 1864
34 Grands Formats de G.F.1 à G.F.34
double-magnums, jéroboams, impériales
3000 "Réserve du Château" marquées R.C.
Ci,
Philippe de Rothschild
Château Mouton Rothschild
BARON PHILIPPE DE ROTHSCHILD PROPRIÉTAIRE A PAUILLAC
APPELLATION PAUILLAC CONTRÔLÉE
PRODUCE OF FRANCE
TOUTE LA RÉCOLTE MISE EN BOUTEILLES AU CHÂTEAU

Her Majesty
Queen Elizabeth
The Queen Mother
séjournant à Mouton Rothschild
honora le Médoc et Bordeaux de sa présence - Avril 1977
cette récolte 1977 a produit
196.200 bouteilles bordelaises et demies
1.830 magnums, jéroboams, impériales
tout mis en bouteilles au Château
Philippe de Rothschild
Château Mouton Rothschild
55ème VENDANGE DU BARON PHILIPPE
APPELLATION CONTROLEE PAUILLAC
PRODUCE OF FRANCE
75 cl
BARON PHILIPPE DE ROTHSCHILD G.F.A. PROPRIETAIRE

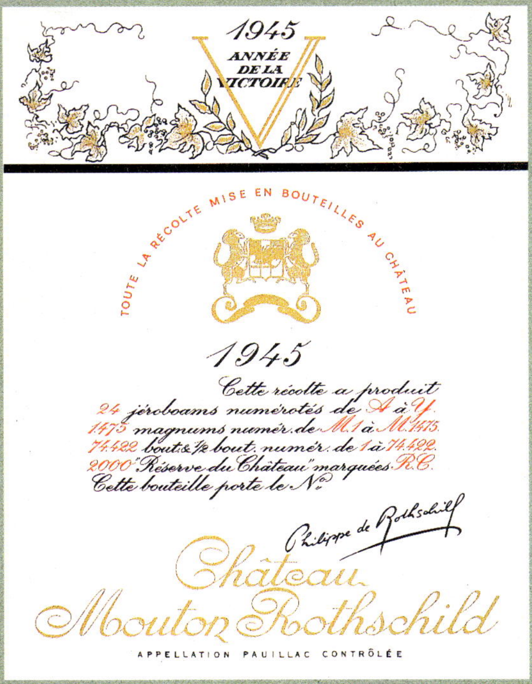

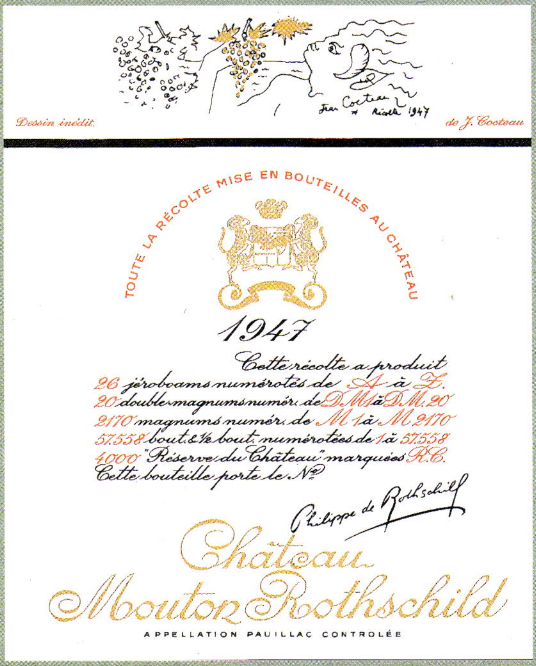

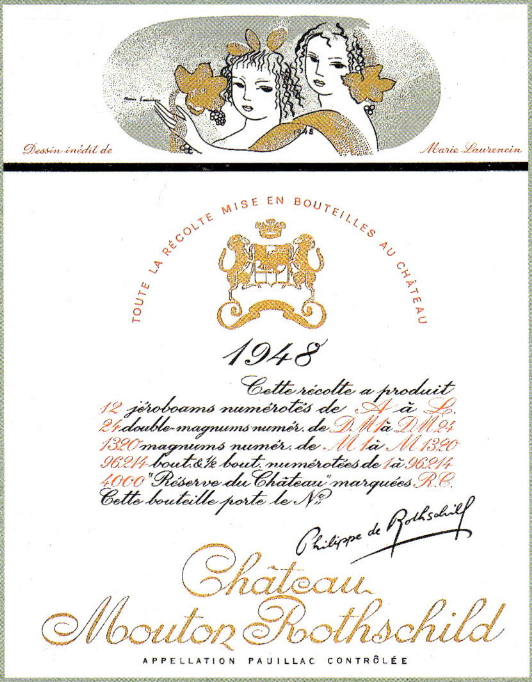

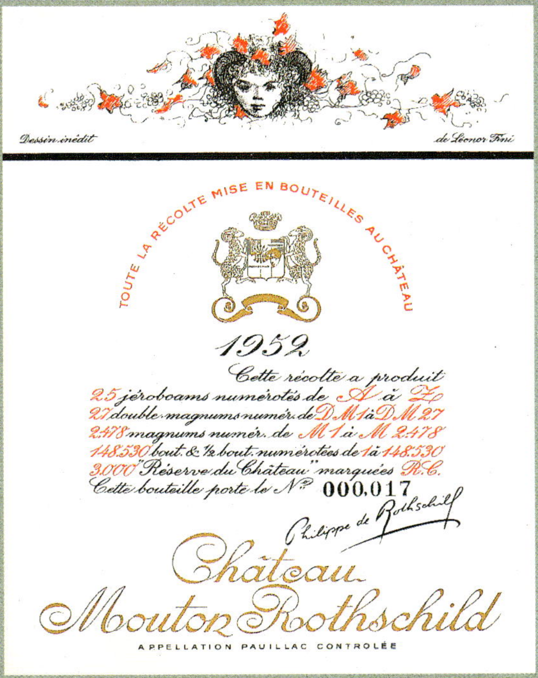

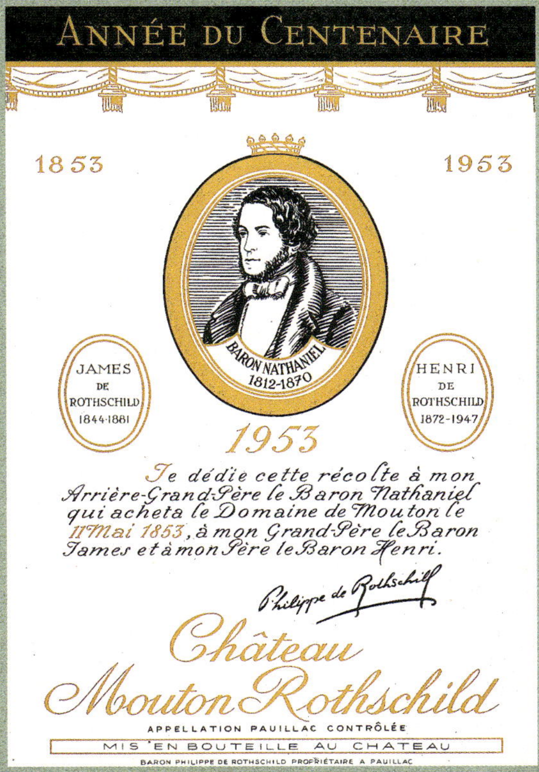

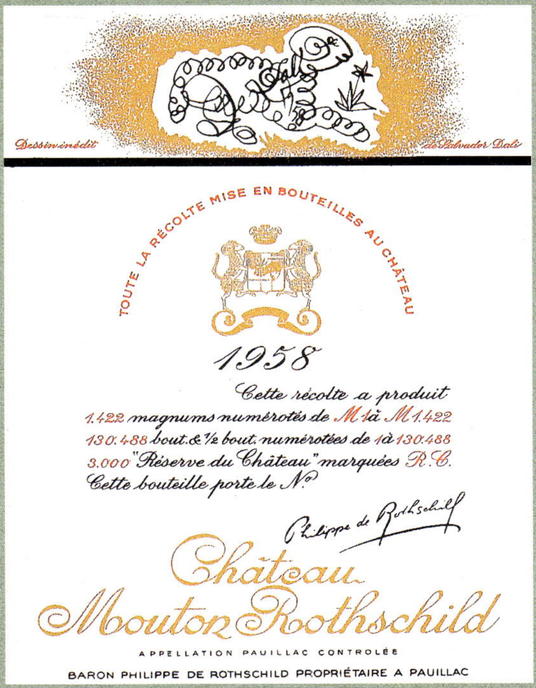

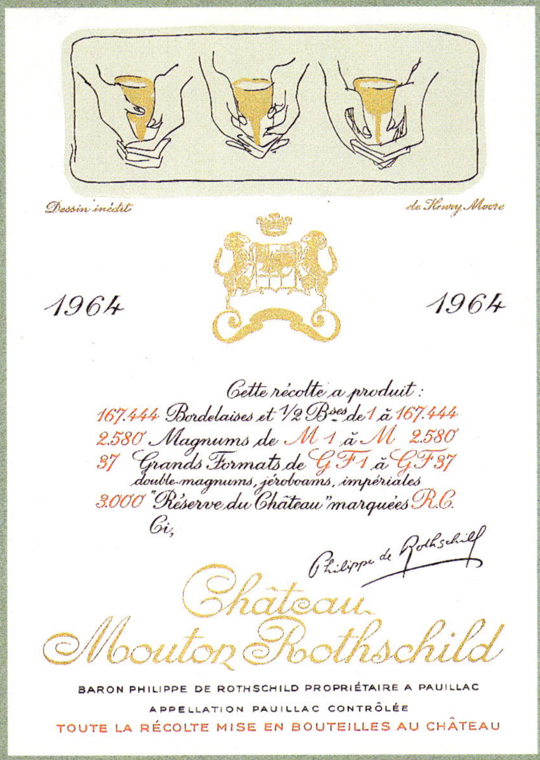

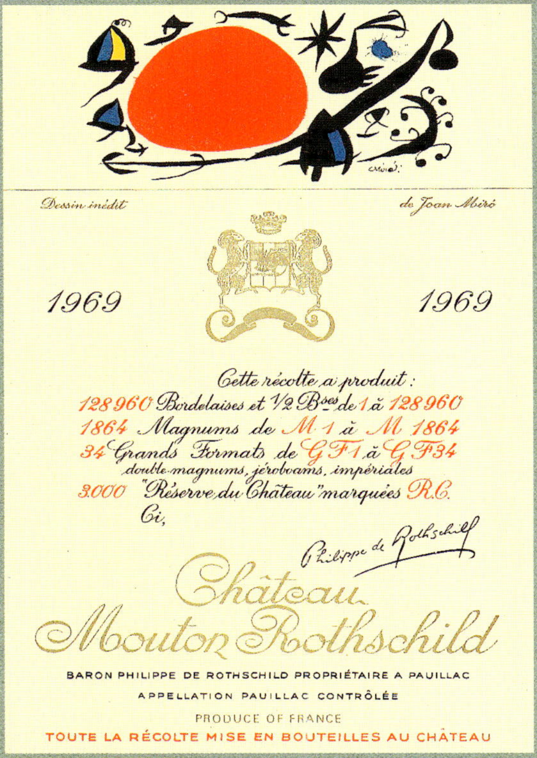

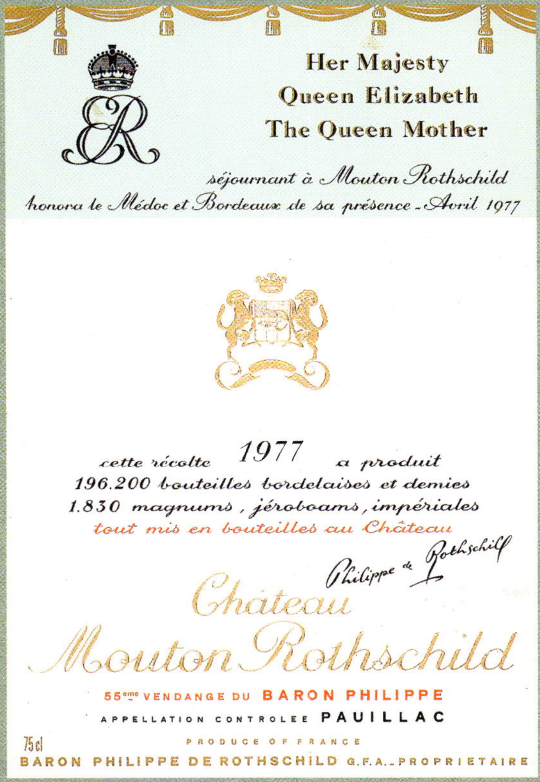

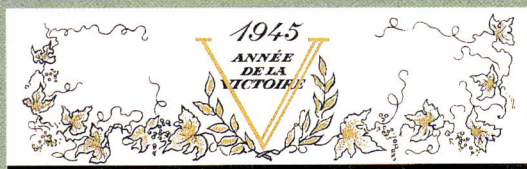

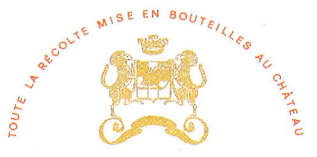

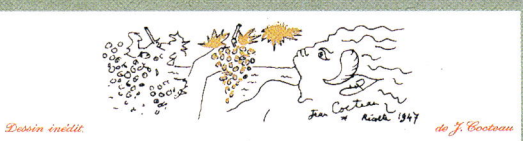

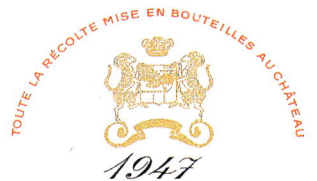

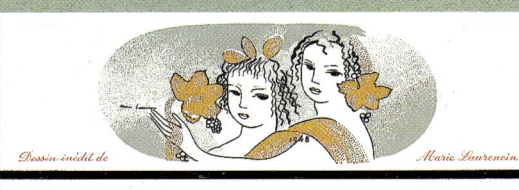

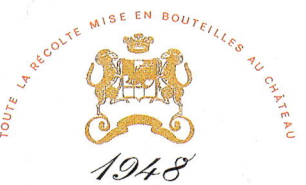

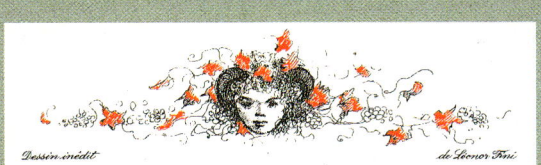

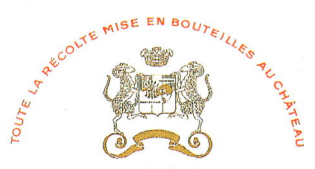

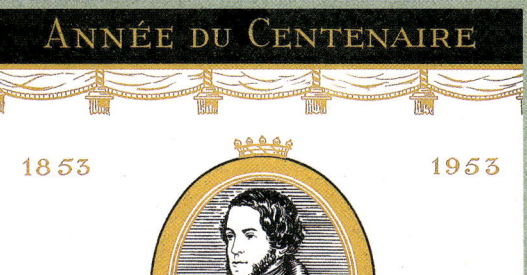

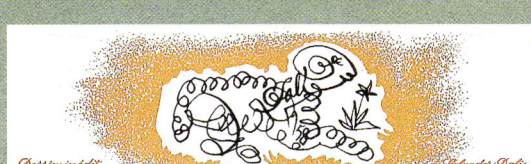

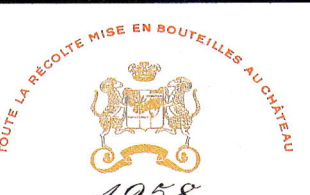

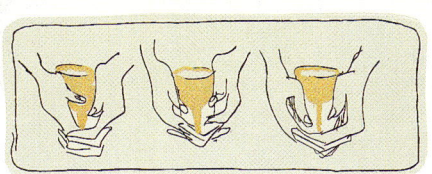

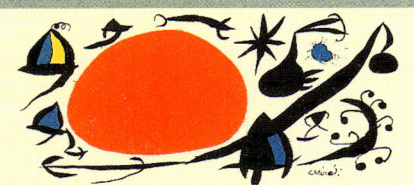

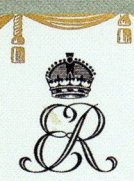

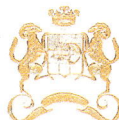

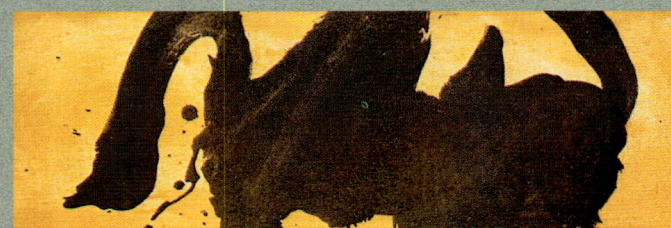

toujours là pour nous renseigner sur l'identité du vin véhiculé sous son enseigne mais en des termes plus précis, plus complets, plus rigoureux. Plus que jamais le consommateur entend savoir à qui il a affaire, plus que jamais la Loi veille à lui assurer cette légitime exigence. Mais l'information d'identité géographique ne suffit plus. Quatre grandes familles qualitatives sont nées dans l'intervalle, au sein desquelles le divin nectar a sa place désignée. Du même coup, l'Amateur se trouve dans l'obligation de piocher ses classiques, c'est-à-dire de se familiariser avec un vocabulaire ésotérique aux nuances souvent subtiles, faute de quoi, il n'aura pas accès à la connaissance.

Le vin révélé, il y a lieu d'en savoir autant sur l'identité de celui qui a pris la responsabilité de le conduire sur le marché, seule manière de disposer d'un recours solide en cas de litige. Et nous le savons: les chicanes ne manquent pas au royaume de la dive bouteille. Telle est donc la troisième fonction de l'étiquette, chargée aussi de tracer le portrait-robot de ce personnage essentiel de la pièce.

Reste une quatrième fonction, plus embarrassante à exprimer, plus proche de la psychologie des foules que de l'inclémence administrative: séduire l'acheteur en puissance, l'inciter à diriger son choix vers une bouteille joliment habillée plutôt que vers des flacons mal fagotés. Qu'il n'y ait qu'une faible relation entre les qualités intrinsèques d'un cru et l'élégance de son étiquette, personne n'en doute. La sagesse populaire va même jusqu'à prétendre qu'à bon vin il ne faut point d'enseigne. N'empêche: les exégètes du marketing ont à ce propos des opinions moins tranchées que rejoignent celles des grands couturiers de l'étiquette. Nous aurons l'occasion d'en disserter.

Les immuables

 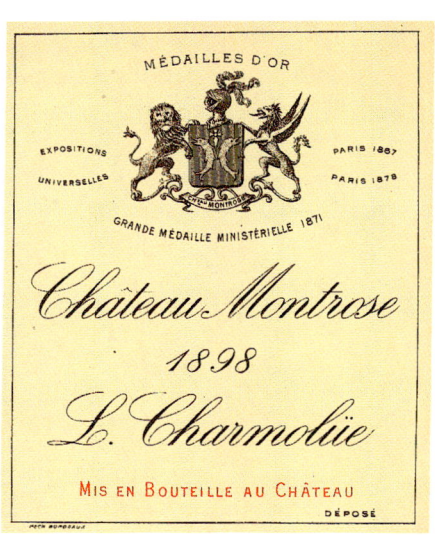  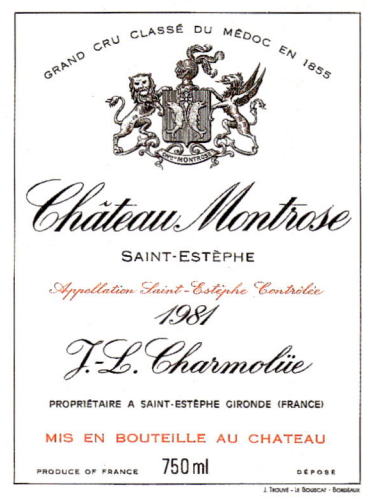

J'emprunte les lignes que voici à Paul Andrieu, auteur d'une Petite Histoire de l'Étiquette, éditée en 1945 chez Maurice Ponsot, à Paris: «Dans le Bordelais, la quantité de vignobles donne lieu à une floraison de milliers d'étiquettes qui, pour la plupart, représentent le «Château» avec plus ou moins de bonheur. Certaines sont parfaites, mais d'autres demanderaient l'avis d'un technicien pour être adaptées au goût du jour. Que les vignerons et négociants ne croient pas que c'est là chose puérile sans conséquence.

Certes, la qualité du vin est indispensable et la première condition d'une juste et durable renommée, mais la présentation attire le regard et retient l'attention. Qu'elle soit plaisante, elle décidera le client indécis; qu'elle soit banale, celui-ci achètera un produit peut-être moins bon mais dont l'étiquette l'aura aguiché. «On n'attire pas les mouches avec du vinaigre» est un dicton qui conserve toute sa valeur. Une dépense supplémentaire d'étiquettes, réalisées par des spécialistes, se traduira en fin de compte par une vente plus considérable qui remboursera

Page de droite
De l'austérité à la fantaisie, le chemin fut long…

Corton-Charlemagne

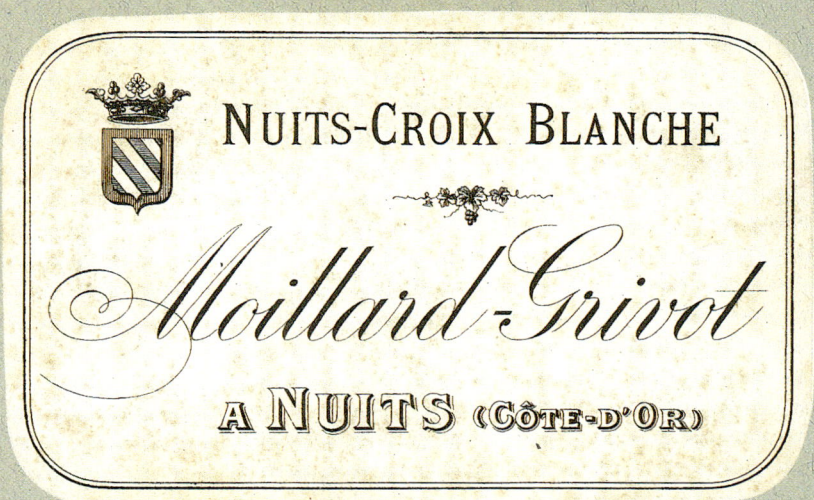

Nuits-Croix Blanche
Moillard-Grivot
A NUITS (Côte-d'Or)

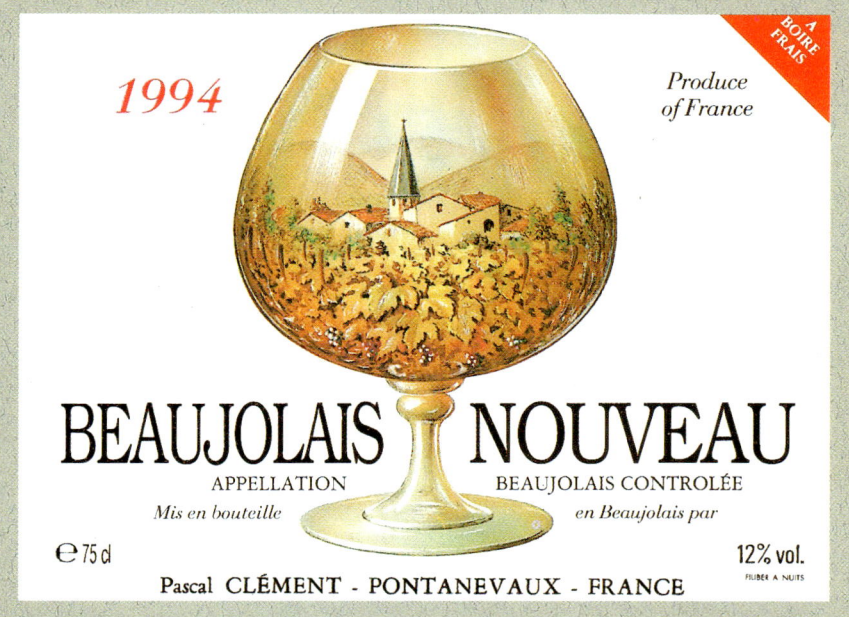

1994 — Produce of France — À BOIRE FRAIS

BEAUJOLAIS NOUVEAU
APPELLATION BEAUJOLAIS CONTROLÉE
Mis en bouteille en Beaujolais par
75 cl — 12% vol.
Pascal CLÉMENT - PONTANEVAUX - FRANCE

CÔTES DU FOREZ
FETE DU LIVRE 1988 — SAINT-ETIENNE 21 22 23 Octobre
CUVEE JACQUES FAIZANT
APPELLATION D'ORIGINE
VIN DELIMITE DE QUALITE SUPERIEURE
VDQS LABEL — IK 901
12% vol — Mis en bouteille par les Vignerons Foréziens — Trelins 42130 — 75 cl

Produit de France
1991 — St AMOUR — 1991
Appellation Contrôlée
13% vol. — 750 ml. — LSA 01
Mis en bouteille par
Jean-Claude DUFOUR - Propriétaire-récoltant
En Paradis 71570 St AMOUR - France

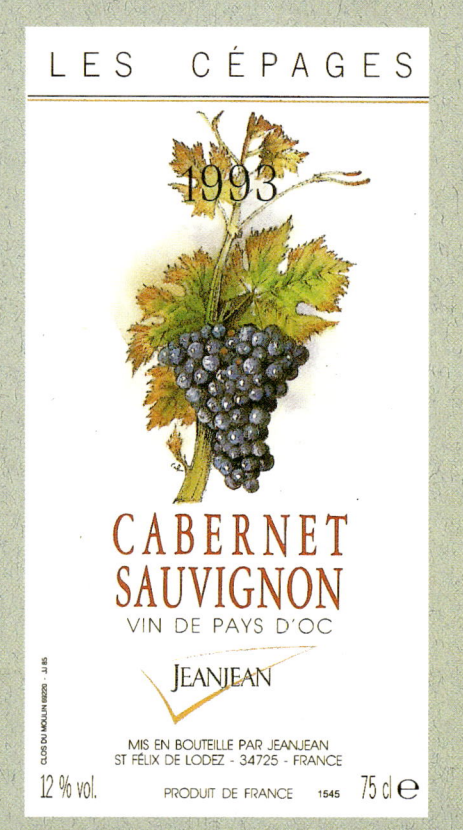

LES CÉPAGES
1993
CABERNET SAUVIGNON
VIN DE PAYS D'OC
JEANJEAN
MIS EN BOUTEILLE PAR JEANJEAN
ST FÉLIX DE LODEZ - 34725 - FRANCE
12 % vol. — PRODUIT DE FRANCE — 1545 — 75 cl e

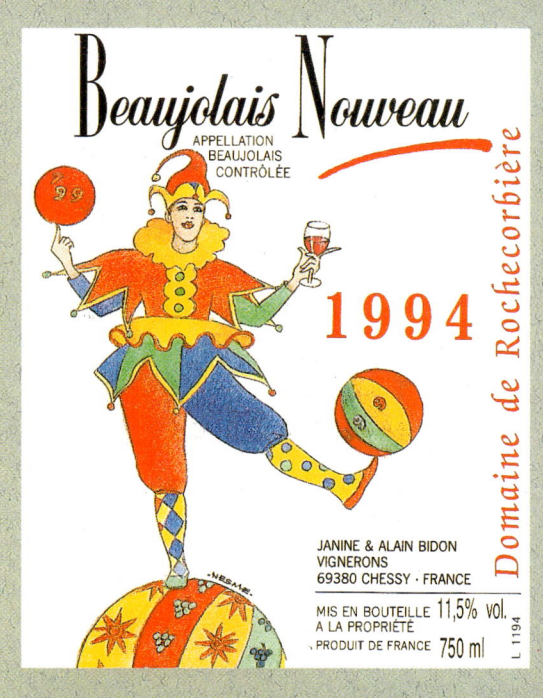

Beaujolais Nouveau
APPELLATION BEAUJOLAIS CONTRÔLÉE
1994
Domaine de Rochecorbière
JANINE & ALAIN BIDON VIGNERONS
69380 CHESSY - FRANCE
MIS EN BOUTEILLE A LA PROPRIÉTÉ
11,5% vol. — PRODUIT DE FRANCE — 750 ml — L 1194

largement celui qui aura osé sortir des sentiers battus. La mode des costumes, des chapeaux, des meubles, des tableaux, de l'architecture, etc., change de temps à autre. Pourquoi les étiquettes n'évolueraient-elles pas aussi avec sagesse et raison?»

Publié il y a un demi-siècle, ce texte n'a rien perdu de sa pertinence et l'on peut, sans crainte, l'élargir à tout le vignoble de France et de Navarre. Aujourd'hui toujours, il se trouve des hommes du vin pour considérer comme superflue et même dommageable toute création d'étiquette nouvelle. Il faut oser l'admettre, entre les ceps, les préjugés ont la vie dure. Aussi dure que celle des aphorismes. On s'accroche donc à l'habitude, à ce qui s'est toujours fait pour n'avoir pas à faire ce qui ne l'a jamais été. Haro sur l'étiquette «de charme»: outre qu'elle épouvante le client «fidèle», elle n'est pas compatible avec l'austérité des réputations difficilement acquises ni avec la solennité des caves. Combat d'arrière-garde que les imprimeurs-créateurs ont fort heureusement gagné depuis longtemps. Il n'est que de parcourir les vastes ateliers inondés de lumière de Beaune, Nuits-Saint-Georges, Belleville-sur-Saône, Epernay, Lyon, Libourne, Bordeaux ou Denges-Lausanne pour s'en convaincre. L'étiquette n'est décidément plus ce qu'elle fut durant trop longtemps et si le pionnier que fut Paul Andrieu revenait parmi nous, il se réjouirait de voir ses propos en forme de prédictions largement réalisés.

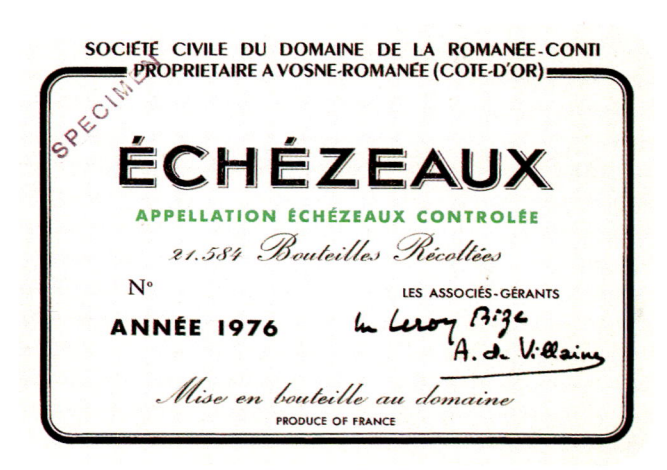

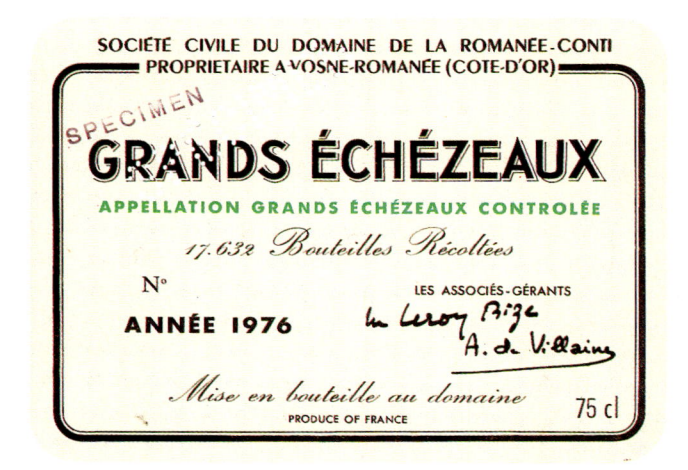

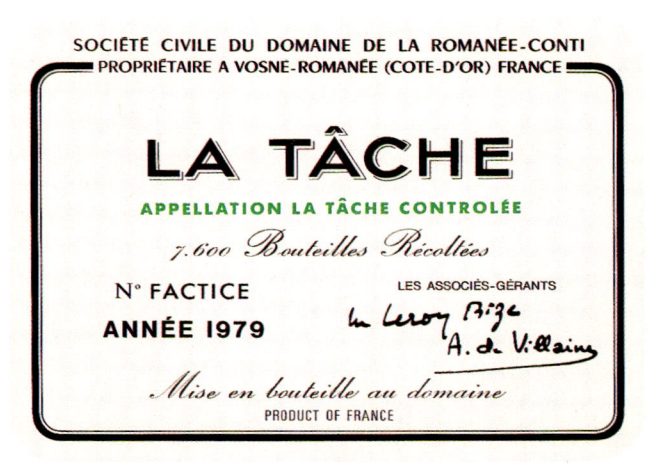

Une réputation universelle
«L'étiquette demeurera ce qu'elle a toujours été!»

Une visite auprès des grandes imprimeries spécialisées laisse pantois. À titre d'exemple, je citerai l'entreprise familiale que dirige Philippe Roualet et qui, à elle seule, regroupe aujourd'hui 120 collaborateurs répartis sur les deux sites de Beaune et d'Epernay. J'y ajoute, sur le même mode admiratif, l'imprimerie Filiber de Nuits-Saint-Georges, fraîchement transplantée sur le même territoire. À chaque jour qui passe, c'est par millions que les étiquettes jaillissent des rotatives ou des machines offset, en feuilles ou en bobines, auto-adhésives ou non, gaufrées, bronzées, vernissées, corrigées, numérotées, découpées, contrôlées, sur support polyéthylène, polypropylène ou P.V.C., à l'abri des salles blindées et anti-feu où dorment films originaux et matrices. Conception, création, préparation, impression, façonnage, finition et expédition, … le cycle est complet. Les couturiers de la bouteille vivent une fois pour toutes en autarcie, comme autrefois les moines de nos abbayes. Tous les styles pour tous les usages, toutes les nouveautés pour toutes les ambitions, toutes les audaces pour toutes les extravagances, toutes les hardiesses pour tous les phantasmes. Il est impératif de pouvoir répondre à toutes les demandes, de réussir à satisfaire toutes les exigences, y compris les plus insolites, les plus inattendues. Celles-ci ne manquent d'ailleurs pas. Une limite, cependant, à pareil déferlement d'idées : celle imposée par l'étiquette elle-même. Qu'elle soit ronde ou carrée, ovale ou hexagonale, elle demeure ce qu'elle a toujours été, un bout de papier dont on exige un maximum de performances mais qui finit un jour par s'essouffler.

À présent que les collectionneurs en ont plein les mains et les yeux de ces innombrables miracles de la technique et de l'imaginaire, il faut se rendre à l'évidence : plus rien de réellement neuf n'est encore possible. Après avoir pris le mors aux dents, l'étiquette aspire à un repos bien mérité, moment de réflexion indispensable à tous ceux qui interviennent dans le cycle de sa réalisation. Faute de quoi, les redites vont succéder aux redites.

Réjouissons-nous : à la création purement industrielle d'autrefois a succédé la conception graphique délibérée qui puise ses fondements dans la plus pure expression artistique. Mais l'amour de l'étiquette ne suffit pas. Quelle que soit, quelle qu'ait pu être la fonction de celle-ci, on ne saurait l'apprivoiser ni entrer en communication avec elle sans une connaissance aussi large que possible de celui qui justifie son existence : Monseigneur le Vin. Sans cette science, la relation étiquette-amateur ne peut être que dialogue de sourds. En raison inverse, l'amateur de vin imperméable au message de l'étiquette ne sera jamais qu'un vidangeur.

Grand Vin
Château Poujeaux
AU CHÂTEAU

Moulis-Médoc

1933

MIS EN BOUTEILLES AU CHÂTEAU

F. Theil, Propriétaire

CHABLIS
APPELLATION CONTRÔLÉE

ANNÉE 1934

CHABLIS (FRANCE)

APPELLATION CONTRÔLÉE

COTEAUX DU LAYON
BEAULIEU

GRAND VIN D'ANJOU

MIS EN BOUTEILLES AU CHÂTEAU

Château Lafaurie-Peyraguey
1er GRAND CRU DE SAUTERNES

Ancienne Propriété du Comte Duchâtel

1933

PRODUCE OF FRANCE

D. Cordier, Propriétaire

APPELLATION CONTRÔLÉE

Chambertin
1937

Appellation Contrôlée

Mis en bouteille au Domaine

Armand Rousseau
Propriétaire
Gevrey-Chambertin
(Côte d'Or)

CHATEAUNEUF du PAPE
APPELLATION CONTRÔLÉE

ABBAYE DE St. MARTIN

PIERRE PONNELLE
PROPRIÉTAIRE DANS LES BEAUNE, CORTON, BONNES-MARES, CHARMES-CHAMBERTIN, VOUGEOT, CLOS-VOUGEOT, MUSIGNY

PIERRE PONNELLE, NÉGOCIANT A BEAUNE (CÔTE-D'OR)

Registered Trade Mark

Vin sélectionné pour la Maison MARTEL & Cie, S.A. - SAINT-GALL

BOURGOGNE
(APPELLATION CONTRÔLÉE)

A. ROSSIGNEUX & FILS
CELLIERS & CAVES
A NUITS St. GEORGES (CÔTE-D'OR)

MARQUE DÉPOSÉE

NUITS SAINT GEORGES
LES MURGERS

Appellation Contrôlée

J. Thorin

PONTANEVAUX (S.&L.)

Appellation Contrôlée

COTES DU RHONE
N° 1202

PLOUVIEZ & Cie

Le Guide de l'étiquette

« Les hommes, avec des lois sages, ont toujours eu des coutumes insensées. »
Voltaire

Le gai savoir

J'ai toujours postulé que la passion de l'étiquette passe par la passion du vin, seule voie royale susceptible de conduire à l'initiation suprême.

La première approche est purement géographique. Elle concerne les grandes régions de production du monde viticole, elles-mêmes fragmentées quasi à l'infini. Du vignoble générique on passe à la région, de celle-ci à la sous-région, puis au village, au terroir, à la propriété, au domaine, au climat, au clos… Plus la surface concernée se réduit, plus le vin produit est rare, donc cher et - pourquoi pas ? - meilleur.

La réalité ne tient guère compte de ce schéma simplifié à l'extrême. De l'Ancien Monde au Nouveau, les traditions varient énormément. À quelles garanties l'amateur doit-il se fier, lui qui chasse sans relâche le meilleur rapport qualité-prix ? À celles que lui assure la réputation d'un producteur ? La noblesse reconnue d'un terroir ? La fiabilité d'un cépage ? Ou doit-il exiger que toutes trois soient réunies ?

Une certitude doit le rassurer: la piquette, le pinard, le gros rouge n'ont plus droit de cité. Les méchants vins se font rares. En même temps qu'augmentait la quantité de vin produit dans les quelque 50 pays à vocation viticole, la qualité de celui-ci suivait la même trajectoire ascendante. L'étiquette ne fit pas autrement et l'on voit des «châteaux» que l'on croyait une fois pour toutes figés dans une immuable vignette sans âme opter pour une image d'époque, la nôtre, plus avenante, plus suggestive, en un mot comme en cent, plus belle. Et si la France garde le haut du pavé sur le chapitre du vin, l'apanage de la perfection ne lui appartient plus en propre. Les vocables Australie, Nouvelle-Zélande, Etats-Unis, Afrique du Sud ne font plus sourire personne. Jusqu'à l'Angleterre qui se joint à la mêlée, produisant des vins qui trouvent, en bonne logique, leur place à table.

Quels que soient les bouleversements observés et de quelque qualité que soit le plaisir de voir la civilisation du vin gagner chaque jour du terrain, il convient de s'en remettre de bonne grâce à la Loi souveraine, celle qui règle, depuis 1905 en France, la naissance et la vie de l'étiquette. L'histoire, la grande, n'est pas près d'oublier les débordements auxquels se livrèrent, en 1911, les viticulteurs ulcérés d'Epernay et des environs. En cause: la délimitation de leur vignoble et sa conséquence, la loi de 1919 qui fixait le cadre des appellations d'origine, sous son contrôle rigoureux. En 1935, enfin, naissait l'INAO (Institut National des Appellations d'Origine), événement décisif dans la réglementation du nouveau système. L'AO devenait AOC.

C'est le résultat de toutes les recherches entamées et menées à bien par les gardiens des

Années 30: la loi se faufile dans le vignoble, les premières Appellations Contrôlées

«usages locaux, loyaux et constants» que l'étiquette rassemble sur sa surface exiguë. C'est avec cet argot des hommes du vin que le «fou» d'étiquettes se doit de se familiariser. Lorsque ce sera chose faite, ses joies n'en seront que plus pures.

Les quatre catégories
La lutte des classes

L'exemple nous vient d'en haut, c'est-à-dire de France. C'est elle qui, de temps immémoriaux, occupe la case de tête en matière de législation vinicole, c'est donc elle qui dicte sa loi à ses partenaires, trop heureux d'avoir un modèle quasi parfait à suivre. Sans doute son système de contrôle de la qualité et de l'authenticité des vins n'est-il pas des plus simples, au moins présente-t-il l'avantage d'une implacable logique. Il permet de régir chaque mention de l'étiquette et de fixer sans contestation possible l'appartenance d'une bouteille à l'une des quatre catégories suivantes, citées ici par ordre décroissant:

∴ Appellation d'Origine Contrôlée (**AOC**)
Appellation d'Origine Vins Délimités de Qualité Supérieure (**AOVDQS**)
Vins de Pays
Vins de Table

Précisons que les deux premières catégories sont assimilées aux Vins de Qualité Produits dans les Régions Déterminées, expression propre à l'Europe, en abrégé VQPRD.

À l'intérieur de ce cadre étroit de la Loi, il existe de nombreuses variantes qui permettent à certains vignobles et producteurs de bénéficier d'un régime particulier dont la finalité est toujours de récompenser la qualité. Nul ne s'en plaindra. Le moment est venu de passer ces multiples enrégistrements en revue.

Appellation d'Origine Contrôlée

Des quatre catégories fixées par la loi, elle est la plus vaste et la plus déroutante. Les vins les plus fameux au monde y cohabitent avec de modestes produits sans grande ambition. S'ils logent sous le même toit, c'est parce que tous répondent aux critères définis par «les usages locaux, loyaux et constants» qui couvrent indistinctement l'obligation d'utiliser des cépages reconnus et homologués, plantés sur des terroirs déterminés, traités selon des méthodes de vinification régies par les traditions locales. Chaque année, ils sont agréés par une Commission de dégustateurs, sur base de rendement à l'hectare, de degré d'alcool, de nombre de pieds de vigne, d'utilisation d'engrais, de techniques de taille des ceps, de chaptalisation... Autant de contraintes à la fixation desquelles sont invités à participer producteurs et négociants de chaque région. On devine l'une des conséquences les plus spectaculaires de cette manière de procéder: un Mouton-Rothschild circulera sous la même appellation contrôlée «Pauillac» que le dernier des petits bourgeois. À l'amateur de se faire une religion.

Appellation d'Origine Vins Délimités de Qualité Supérieure

Soumis à la même réglementation que les AOC, les AOVDQS - naguère encore VDQS - correspondent à des zones moins finement délimitées et considérées comme moins prestigieuses. Leur appellation en fait l'«antichambre» de la classe précédente à laquelle ils peuvent être promus après quelques années de bonne conduite. Leur étiquette porte obligatoirement la vignette AOVDQS qui leur est concédée après dégustation.

La lutte qui permet parfois aux AOVDQS d'accéder à l'AOC a sensiblement perdu de son âpreté, certains producteurs s'étant aperçus qu'il est plus aisé de rester en famille que de passer dans

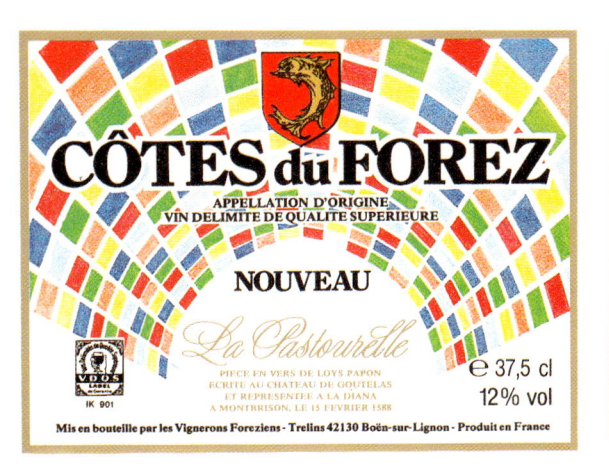

Les AOVDQS: des vins qui gagnent à être (mieux) connus

la classe supérieure. Les règles y sont moins strictes et la liberté d'action qui en découle infiniment plus large. Ce désintérêt pour l'AOC pourrait bien, à plus ou moins longue échéance, perturber gravement l'ordre établi.

Vins de Pays

Par définition, l'étiquette d'un vin de Pays indique avant toute chose l'origine géographique du produit. Celui-ci peut être «régional», «départemental» ou «local». Il est issu de cépages moins nobles et son extraction en fait un vin à boire frais et jeune. Tout séjour prolongé en cave lui serait généralement fatal. Malheur au producteur qui ferait figurer les mots «château», «clos» ou «cru classé» sur l'étiquette d'un vin de Pays, alors qu'ils ne correspondent à aucune réalité ni à aucun usage traditionnel.

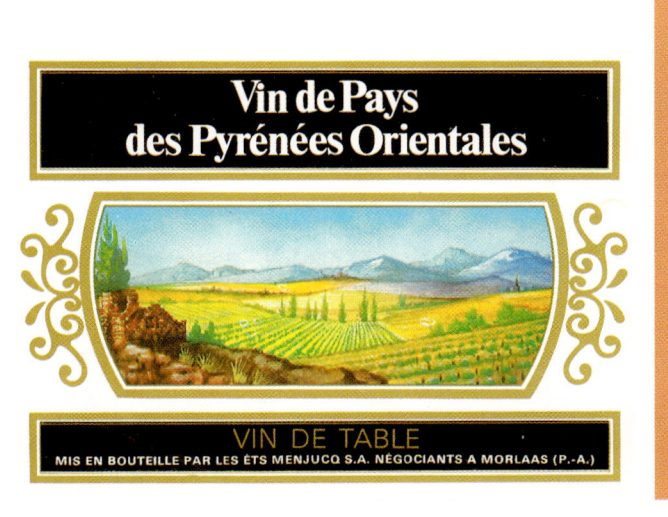

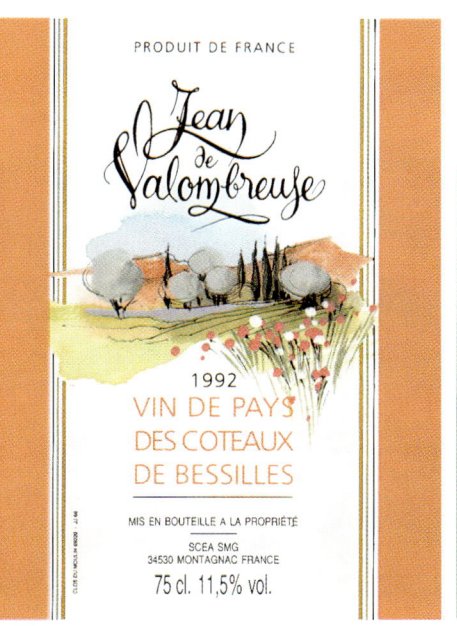

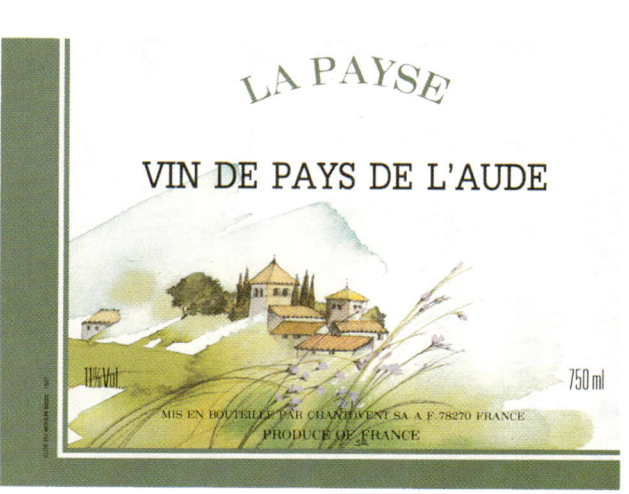

En attente d'une promotion: les vins de Pays

La catégorie des VDQS permet à certains vignerons aventureux de se lancer dans l'expérience de vins d'un nouveau style. Si elle est concluante, ils peuvent espérer un transfert vers les AOC. Parfois aussi, ces crus «nouveaux» disparaissent sans laisser de traces. À moins qu'ils ne soient écoulés, partiellement en tous cas, sous l'étiquette de la catégorie suivante.

Vins de Table

Lanternes rouges de la hiérarchie, les vins de Table nous arrivent le plus souvent des régions septentrionales. Rouges par tradition, ils circulent sous des noms de marques et ne doivent en aucune manière décliner leur identité exacte. Seul le nom du pays d'origine - France, par exemple - doit apparaître obligatoirement sur l'étiquette. Inutile de préciser que les mentions généralement admises sur l'étiquette des vins des autres catégories leur sont interdites.

Le même rejet, volontaire ou non, de l'appellation «supérieure» trouve une étrange illustration dans le vignoble italien. Grande est souvent la surprise du consommateur qui découvre à la carte des restaurants les plus prestigieux de notre vieille Europe l'un ou l'autre «vino da tavola» à des prix bouleversants, ce qu'explique et justifie amplement la grande qualité du produit. Ne s'offre pas un «Sassicaia» de Toscane qui veut. Depuis 1992, une certaine loi «Goria», du nom du ministre responsable, tente de remettre de l'ordre dans une législation pas toujours très claire où les DOC, correspondants des AOC de France, s'étaient doublés un beau jour d'AOCG, comprenez «Denominazione di Origine Controllata e Garantita», comme pour récompenser les meilleurs parmi les meilleurs. Où donc se situera, en fin de compte, le sommet de la pyramide ?

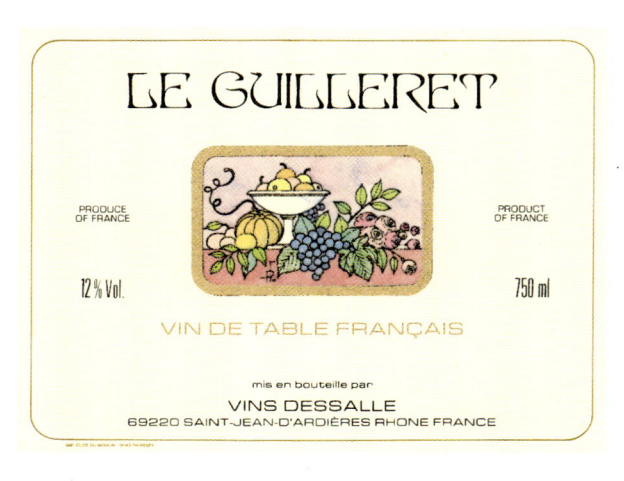

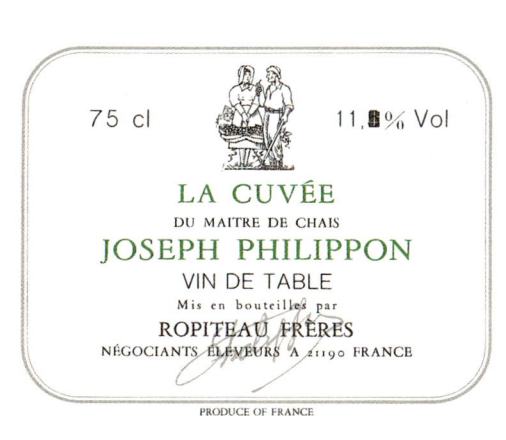

Rappelons, en guise de conclusion provisoire, que le système législatif français a servi de modèle à la plupart des réglementations en usage ailleurs en Europe, à l'est comme à l'ouest. Mieux : après avoir été adoptée par les pays membres de l'Union européenne, elle a fini par influencer, dès le début des années 90, les règles en vigueur dans les pays «neufs». Aussi bien en Nouvelle-Zélande qu'en Australie, les lois locales ont fini par s'harmoniser avec celles de l'Europe. C'en est fini des «Chablis», des «Bourgogne» ou des «Champagne» de Californie. Il n'y a que les collectionneurs d'étiquettes pour le déplorer…

Un monument national

Nous le savons, les AOC sont très largement répandues à la surface de l'hexagone, couvrant à eux seuls une infinie variété de vins de quelque 400 appellations différentes. Comment, dès lors, distinguer les bons des moins bons, les grands des humbles, les prestigieux des sans-grade, sinon en établissant entre eux des échelles de valeur parallèles où la Vérité trouverait son compte ? Cette certitude acquise, il ne reste aux organismes professionnels chargés de gérer les produits de la vigne qu'à doubler les «classifications» officielles de «classements» officieux, ceux-ci permettant mieux que ceux-là de fixer des prix de vente aussi proches que possible de la réalité qualitative.

À vrai dire, producteurs, négociants et pouvoirs publics n'ont pas attendu que naisse et intervienne l'INAO (Institut National des Appellations Contrôlées), à partir de 1935, pour s'atteler à cette tâche, ardue et délicate entre toutes. En Bordelais déjà, en 1855…

Tout commence en 1848. Cette année-là, la République, incarnée par le prince Bonaparte, renverse le roi bourgeois Louis-Philippe. D'emblée, le nouveau président rêve d'un coup d'Etat qui le propulserait seul à la tête du pays. Il a pour principal collaborateur Haussmann, préfet de la… Gironde. C'est lui qui va préparer son avènement.

Parti d'Agen, le futur empereur des Français descend la Garonne, suit ces rives fameuses où s'étagent tant de crus non moins célèbres et fait halte à Bordeaux où il est l'hôte de la Chambre de Commerce. Visite décisive que les vins de Bordeaux lui rendront sept ans plus tard, à l'occasion d'un événement particulièrement solennel: l'Exposition Universelle de 1855. Chargé d'organiser cette grandiose manifestation, un Comité se constitue qui décide de s'assurer le concours du département de la Gironde. En point de mire, la présentation au public venu du monde entier des meilleurs crus du Bordelais. On devine l'embarras de ces Messieurs de la Chambre de Commerce dont le premier souci est de se débarrasser, par lettre datée du 5 avril 1855, de cette mission impossible auprès du Syndicat des Courtiers de Commerce près la Bourse de Bordeaux, chargé ainsi d'établir «la liste complète des vins rouges classés de la Gironde ainsi que celle de nos vins blancs.» Syndic et adjoints des Courtiers n'ont besoin que de treize jours pour répondre en ces termes:

«Messieurs,

«Nous avons eu l'honneur de recevoir votre lettre du 5 de ce mois, par laquelle vous nous demandez la liste complète des vins rouges de la Gironde ainsi que celle de nos grands vins blancs. Afin de nous conformer à votre désir, nous nous sommes entourés de tous les renseignements possibles et nous avons l'honneur de vous faire connaître, par le tableau ci-joint, le résultat de nos informations. Vous savez comme nous, Messieurs, combien ce classement est chose délicate et éveille de susceptibilités. Aussi n'avons-nous pas eu la pensée de dresser un état officiel de nos grands vins, mais bien de soumettre à vos lumières un travail dont les éléments ont été puisés aux meilleures sources.

«Pour répondre au P.-S. de votre lettre, nous pensons qu'en supposant que les Premiers valussent trois mille francs, les Deuxièmes devraient être cotés 2500 à 2700 francs, les Troisièmes devraient être cotés 2100 à 2400 francs, les Quatrièmes devraient être cotés 1800 à 2100 francs et les Cinquièmes devraient être cotés 1400 à 1600 francs.

«Nous sommes avec respect...»

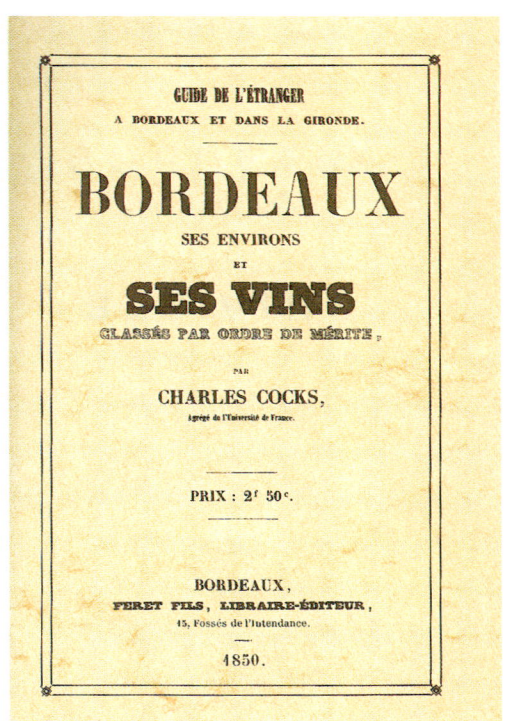

Page de titre du livre Bordeaux et ses vins, 1850

On le voit, la prudence du plus prudent des Sioux a présidé à la rédaction de ce brûlant document. Et c'est bien derrière elle qu'il fallait se retrancher pour oser présenter un palmarès des vins de la Gironde sur lequel apparaissent 57 «rouges» du Haut-Médoc et 21 «blancs» du Sauternais. Ni Pomerol, ni Saint-Émilion, ni Graves, à l'exception de Haut-Brion, «assimilé». Le coup est dur pour tous ceux de la «rive droite».

Qu'a donc innové la Commission? Très sincèrement, rien. Les procès-verbaux, précieusement conservés à la Chambre de Commerce en font foi: elle n'a fait que codifier les habitudes en usage sans rien y changer. Et sans doute ses membres ont-ils lu, avec beaucoup d'intérêt, le chapitre que consacre le «Cocks» à la «Classification des Vins de Médoc» dans sa toute première édition de 1850, soit cinq ans plus tôt...:

«La classification des crûs (sic) se fait nécessairement d'après l'ordre du mérite que l'on attribue aux vins. Cet ordre a été établi peu à peu par l'usage, selon une estimation déterminée par le commerce. En formant donc les listes suivantes, nous avons pris pour base de classification le prix moyen de vente; nous avons, en outre, consulté tout ce que l'on a déjà écrit sur ce sujet, et nous avons profité des renseignements obligeants de ceux qui nous ont paru être les juges les plus compétents dans cette spécialité. La tâche que nous nous sommes proposée était délicate et difficile, si difficile même, que l'auteur ou plutôt les continuateurs du Traité sur les Vins du Médoc (W. Franck. Bordeaux, 1845) ont reculé devant ce travail et se sont décidés à ranger les crûs par ordre alphabétique; «prétendre les coordonner par ordre de mérite», disent-ils, «serait une tâche qui soulèverait d'inextricables difficultés. Ce sont précisément ces difficultés que nous avons voulu surmonter, laissant à l'impartialité du lecteur l'appréciation du résultat de nos recherches.»

Suivent alors les dénominations des vins du Médoc, nantis de l'identité de leurs propriétaires, répartis en... cinq catégories. En tête, quatre «premiers crus»:

∴
Lafite (Sir S. Scott)	Pauillac
Château-Margaux (Aguado)	Margaux
Latour (De Beaumont et autres)	Pauillac
Haut-Brion (Larrieu)	Pessac

Alors, 1850 - 1855? Chou vert et vert chou?

Pas tout à fait. En 1868, le «Cocks et Féret», à présent synonyme de bible des vins de Bordeaux, justifie ainsi le fameux Classement: «Comme toutes les institutions humaines, celle-là est soumise aux lois du temps et doit certainement, à certaines époques, être rajeunie, mise au niveau du progrès. Les crus, en changeant de propriétaires, peuvent souvent être modifiés. Tel cru, négligé par un propriétaire insouciant ou obéré, peut tomber dans les mains d'un homme riche, actif et intelligent, et par cela donner de meilleurs produits. Le contraire peut aussi arriver, de façon qu'il a fallu, en 1855, modifier les anciennes classifications.»

Comme pour entériner ses déclarations prémonitoires, le «Cocks», devenu entre-temps «Cocks et Féret», n'hésitera pas à répéter, dans ses éditions ultérieures, que «du reste, la classification des vins de Médoc remonte au dix-huitième siècle et la dernière a eu pour base ses aînées qui ont été modifiées selon les perfectionnements ou le dépérissement qu'ont subis les vignobles classés.» Tout de même: «perfectionnement», «dépérissement»... des vocables que les grands prêtres du vin de Médoc de l'an 2000 auraient intérêt à méditer. Conçu dans un esprit de renouvellement permanent, eu égard à toutes les bonnes raisons ci-dessus exposées, le Classement s'est pétrifié avec le temps jusqu'à devenir une sorte de camisole de force, sous laquelle tout mouvement est à jamais impossible. Bien sûr, il y eut la prodigieuse épopée Mouton-Rothschild, entamée par le baron Philippe dès les années 1920 et clôturée avec le résultat que l'on sait: sa promotion au rang de «premier», après 118 ans de purgatoire injustifié en tête des «seconds». L'opiniâtre baron obtenait ainsi gain de cause, après avoir secoué de la belle manière l'indéracinable monument national.

L'impensable une fois achevé, l'ordre a repris possession du vignoble bordelais. Qui se souvient encore de l'audacieuse entreprise d'Alexis Lichine qui, en 1962 pour la première fois, rendait public «son» classement des vins de Bordeaux où voisinaient - pourquoi pas? - Haut-Médoc, Graves, Saint-Émilion et Pomerol? Pétrus aux côtés de Lafite, Figeac dans le même sac que Pape Clément ou Beychevelle, Vieux Château Certan flirtant avec La Gaffelière et La Lagune. Le temps

Quelques vénérables grands crus...

LATOUR (Médoc.)

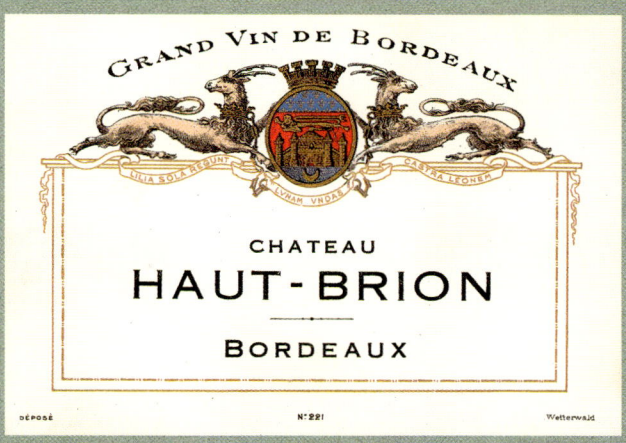

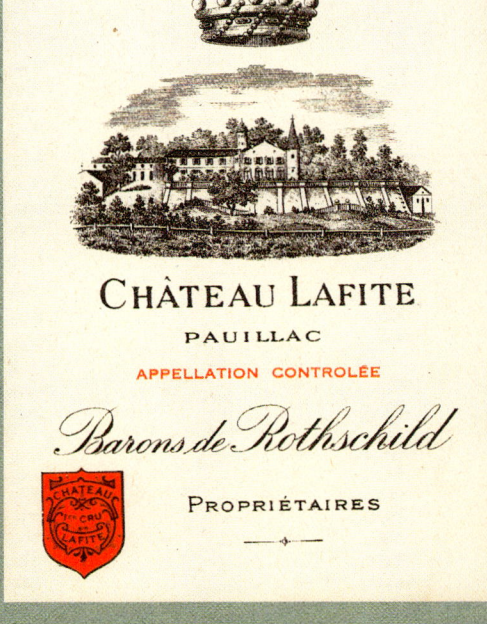

GRAND VIN
CHÂTEAU LATOUR
Mähler-Besse & Cie
BORDEAUX

GRAND VIN
DE
CHATEAU LATOUR
1902
MARQUE DÉPOSÉE   G. CHARIOL, BORDEAUX

GRAND VIN DE BORDEAUX
CHATEAU
HAUT-BRION
BORDEAUX

1899
GRAND VIN DE LAFITE.
Jan de Koningh & Zoon, Dordrecht.

Château Beychevelle
ST JULIEN
1953
APPELLATION ST-JULIEN CONTROLÉE
MÉDOC

CHÂTEAU LAFITE
PAUILLAC
APPELLATION CONTROLÉE
Barons de Rothschild
PROPRIÉTAIRES

CHATEAU LAFITE

a passé, les sarcasmes ont fusé, les condamnations ont plu. En vain. Le Classement de 1855 se porte mieux que le Pont-Neuf et l'on voit mal vers quelle époque future il pourrait faire une autre poussée de fièvre. Il est même permis d'affirmer que, plus les décennies s'ajouteront aux décennies, moins les velléités de grand balayage auront de chances de se manifester. On comprend pourquoi: on ne peut raisonnablement attribuer de bons points que si l'on consent, simultanément, à en distribuer de mauvais. Mais qui donc revêtira la toge de juge intègre ?

Pour l'œnographile, le Classement de 1855 est une merveilleuse aubaine. Il lui permet de réunir la plus prestigieuse, la plus passionnante des collections, même si, pour y parvenir, il lui faudra de longues années de patientes recherches, de safaris répétés, d'épuisantes fouilles, de nombreuses rencontres et… de malencontreuses déceptions. Au bout de cette longue marche, il y a la récompense ultime, faite de toutes les étiquettes de tous les millésimes de tous les châteaux, vignettes de négociants et de propriétaires confondues.

À son intention, et pour mémoire, en voici l'énoncé tel qu'il aura à le mémoriser obligatoirement et tel qu'il s'est présenté à partir de 1973, année de la «victoire» de Philippe de Rothschild. Pondérons cependant au préalable la rigueur de ce palmarès hors du commun en rappelant que, depuis sa naissance, les choses ne sont plus tout à fait ce qu'elles furent. Rares sont les vignobles dont la superficie n'a jamais varié, ni en plus ni en moins. Plus rares encore, ceux dont les propriétaires portent toujours aujourd'hui le même nom qu'aux origines. Et rendons aux César de la viticulture médocaine ce qui leur appartient : à quelques nuances près, la vérité de 1855 ressemble de très près à celle de l'an 2000.

Page de droite
Quelques grands crus classés du Médoc
Une spécialité médocaine : le cru bourgeois

Premiers crus
Château Lafite-Rothschild	Pauillac
Ch. Latour	Pauillac
Ch. Margaux	Margaux
Ch. Haut-Brion	Pessac (Graves «assimilé»)
Ch. Mouton-Rothschild	Pauillac

Deuxièmes crus
Ch. Rausan-Ségla	Margaux
Ch. Rauzan-Gassies	Margaux
Ch. Léoville-Las-Cases	Saint-Julien
Ch. Léoville-Poyferré	Saint-Julien
Ch. Léoville-Barton	Saint-Julien
Ch. Durfort-Vivens	Margaux
Ch. Lascombes	Margaux
Ch. Gruaud-Larose	Saint-Julien
Ch. Brane-Cantenac	Cantenac (Margaux)
Ch. Pichon-Longueville Baron	Pauillac
Ch. Pichon-Longueville Comtesse de Lalande	Pauillac
Ch. Ducru-Beaucaillou	Saint-Julien
Ch. Cos d'Estournel	Saint-Estèphe
Ch. Montrose	Saint-Estèphe
Ch. Giscours	Labarde (Margaux)

Troisièmes crus
Ch. d'Issan	Cantenac (Margaux)
Ch. Lagrange	Saint-Julien
Ch. Langoa-Barton	Saint-Julien
Ch. Malescot-Saint-Exupéry	Margaux
Ch. Cantenac-Brown	Cantenac (Margaux)
Ch. Palmer	Cantenac (Margaux)
Ch. La Lagune	Ludon
Ch. Desmirail	Margaux
Ch. Calon-Ségur	Saint-Estèphe
Ch. Ferrière	Margaux
Ch. Marquis d'Alesme-Becker	Margaux
Ch. Boyd-Cantenac	Cantenac (Margaux)

Quatrièmes crus
Ch. Saint-Pierre	Saint-Julien
Ch. Branaire-Ducru	Saint-Julien
Ch. Talbot	Saint-Julien
Ch. Duhart-Milon-Rothschild	Pauillac
Ch. Pouget	Cantenac (Margaux)
Ch. La Tour-Carnet	Saint-Laurent
Ch. Lafon-Rochet	Saint-Estèphe
Ch. Beychevelle	Saint-Julien
Ch. Prieuré-Lichine	Cantenac (Margaux)
Ch. Marquis de Terme	Margaux

Cinquièmes crus
Ch. Pontet-Canet	Pauillac
Ch. Batailley	Pauillac
Ch. Grand-Puy-Lacoste	Pauillac
Ch. Grand-Puy-Ducasse	Pauillac
Ch. Haut-Batailley	Pauillac
Ch. Lynch-Bages	Pauillac
Ch. Lynch-Moussas	Pauillac
Ch. Dauzac	Labarde (Margaux)
Ch. d'Armailhacq	Pauillac
Ch. du Tertre	Arsac (Margaux)
Ch. Haut-Bages-Libéral	Pauillac
Ch. Pédesclaux	Pauillac
Ch. Belgrave	Saint-Laurent
Ch. de Camensac	Saint-Laurent
Ch. Cos Labory	Saint-Estèphe
Ch. Clerc-Milon	Pauillac
Ch. Croizet-Bages	Pauillac
Ch. Cantemerle	Macau

La valse des épithètes

Quand on a été sacré cru classé, on est en droit de le proclamer «urbi et orbi», c'est-à-dire de

1919
COS D'ESTOURNEL.
2e CRU.
Jan de Koningh & Zoon, Dordrecht

GRAND CRU CLASSÉ EN 1855
CHATEAU
LAFON-ROCHET
1961
SAINT-ESTÈPHE-MÉDOC
APPELLATION SAINT-ESTÈPHE CONTROLÉE
STÉ CIVILE DU CHATEAU LAFON-ROCHET
ADM. GUY TESSERON. PROPRIÉTAIRE A SAINT-ESTÈPHE-MÉDOC (GDE)
MIS EN BOUTEILLE AU CHATEAU

PRODUCE OF FRANCE
Château Giscours
GRAND CRU CLASSÉ EN 1855
MARGAUX
1975
APPELLATION MARGAUX CONTROLÉE
S.A. D'EXPLOITATION DU CHATEAU GISCOURS FERMIÈRE DU GROUPEMENT AGRICOLE FONCIER
NICOLAS TARI, GÉRANT
73cl
MIS EN BOUTEILLES AU CHATEAU

CHÂTEAU LAFITE
PAUILLAC
APPELLATION CONTROLÉE
Barons de Rothschild
PROPRIÉTAIRES

GRAND CRU CLASSÉ
CHATEAU
LYNCH-MOUSSAS
PAUILLAC
APPELLATION PAUILLAC CONTROLÉE
1978
CASTÉJA
PROPRIÉTAIRE A PAUILLAC (GIRONDE)
MIS EN BOUTEILLE AU CHATEAU
PRODUCT OF FRANCE PRODUIT DE FRANCE
750 ml

GRAND CRU CLASSÉ EN 1855
Château
Haut-Bages Libéral
PAUILLAC
APPELLATION PAUILLAC CONTROLÉE
1978
SOCIÉTÉ CIVILE CHARREULES PROPRIÉTAIRE A PAUILLAC (GIRONDE)
MIS EN BOUTEILLES AU CHÂTEAU
PRODUCE OF FRANCE
75cl

CHATEAU SIRAN
GRAND CRU EXCEPTIONNEL
MARGAUX
APPELLATION MARGAUX CONTRÔLÉE
1974
Héritiers Edouard F. Miailhe
73 cl
PROPRIÉTAIRES A LABARDE PAR MARGAUX (GIRONDE)
PRODUCE OF FRANCE
MIS EN BOUTEILLES AU CHÂTEAU

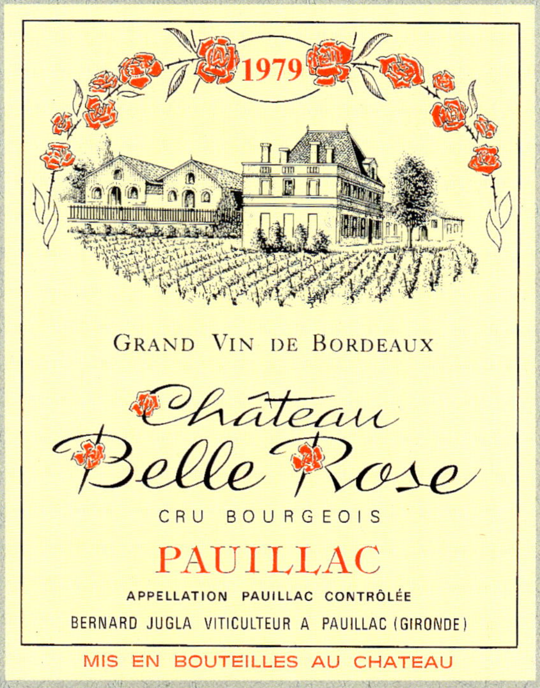
1979
GRAND VIN DE BORDEAUX
Château
Belle Rose
CRU BOURGEOIS
PAUILLAC
APPELLATION PAUILLAC CONTRÔLÉE
BERNARD JUGLA VITICULTEUR A PAUILLAC (GIRONDE)
MIS EN BOUTEILLES AU CHATEAU

CHÂTEAU BEL ORME
TRONQUOY DE LALANDE
PRODUCE OF FRANCE
MIS EN BOUTEILLE AU CHATEAU
1966
St Seurin de Cadourne en Médoc
Grand Bourgeois
PAUL QUIÉ, PROPRIÉTAIRE
APPELLATION HAUT-MÉDOC CONTROLÉE
73 CL

Page de droite, en haut
Quelques grands crus classés de Sauternes

En bas
Quelques grands crus classés de Graves

l'annoncer sans fard sur l'étiquette, et c'est bien ce que font la plupart des Médocains de haut rang, sans cependant tomber d'accord quant à la manière.

Il y a ceux, largement majoritaires, qui passent leur grade sous silence. Dame: on est fier d'être «premier» (Margaux, Haut-Brion), à la rigueur d'être «second» (Durfort-Vivens, Rauzan-Gassies), on l'est infiniment moins de n'être «que» 3e, 4e ou 5e.

Les plus tapageurs annoncent fièrement «grand cru classé (en 1855)» (Brane-Cantenac, Gruaud-Larose, Château-Lascombes...), les autres, plus clairsemés, se satisfont de l'expression «cru classé (en 1855)». Convaincus que grandeur et modestie vont de pair, Latour, Lafite et Mouton-Rothschild choisissent de rester muets sur les titres que l'Histoire leur a conférés. La loupe vissée à l'œil, l'œnographile se délecte.

Le plus savoureux nous vient de la classe des «bourgeois», ces mal nommés du Bordelais dans les rangs desquels caracolent quelques authentiques pur-sang dont l'amateur sait parfaitement qu'ils feraient tout aussi bonne figure à la place de certains «classés». Seulement, voilà. Chasse-Spleen, Citran, Liversan, Labégorce-Zédé, Agassac, du Glana, Meyney et les autres continueront de faire antichambre. Ils en ont l'habitude.

Les «bourgeois» existent de longue date, mais ils n'apparaissent officiellement comme tels qu'en 1932 lorsqu'est publiée une première liste de 490 (492?) châteaux. Au plus fort de la crise de la décennie 30, cent cinquante d'entre eux disparaissent corps et biens. Trente ans plus tard, en 1962, un Syndicat des Crus Bourgeois du Médoc vient au monde, aussitôt chargé d'établir une nouvelle classification. Le premier palmarès paraît dans le courant du mois de mars qui consacre 60 «grands» et 18 «exceptionnels». Un deuxième catalogue syndical apporte sa confirmation en 1978, long de 117 appellations. On compte désormais 18 «crus grands bourgeois exceptionnels», 41 «crus grands bourgeois» et 58 «crus bourgeois». Plus tard, 60 nouveaux viendront allonger l'énumération d'autant, rendant - mais est-ce possible? - plus confus encore le statut de «bourgeois» bordelais. Submergé d'étiquettes, le collectionneur navigue comme il peut parmi ces étranges titres hors d'usage qui parlent de «cru bourgeois supérieur» ou, tout simplement, de «grand vin». Quel dommage que n'aient pas été maintenus en vie les crus «artisans» ou «paysans» d'autrefois.

Une classe pour chaque vin

Et chaque vin dans sa classe...

Les blancs du Bordelais, eux aussi, eurent droit à leur classement officiel, en 1855, mais limités à ceux du Sauternais, uniquement. En tout, 26 crus, ainsi répartis:

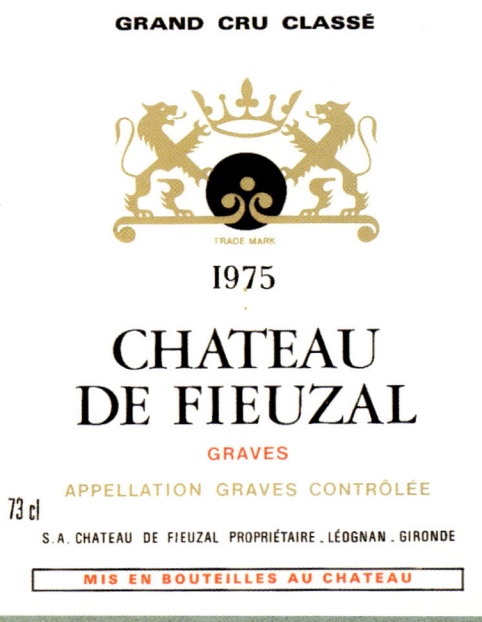

1927
CLOS
Haut-Peyraguey
1ᵉʳ CRU
SAUTERNES
MISE EN BOUTEILLES DU CHATEAU

CHATEAU CAILLOU
GRAND VIN
2ᵐᵉ CRU HAUT-BARSAC

Eug. Borie Frères
PAUILLAC (Médoc)

Château Rieussec
1ᵉʳ Grand Cru
SAUTERNES
1954
APPELLATION SAUTERNES CONTROLÉE
Mis en Bouteille au Château — Sté du Château Rieussec, Propr.

CHATEAU DE MALLE
SAUTERNES
(Grand cru classé en 1855)
APPELLATION SAUTERNES CONTROLÉE
1975
COMTE DE BOURNAZEL
Propriétaire à Preignac (Gironde)
Héritier du Comte Pierre de Lur-Saluces
MIS EN BOUTEILLE AU CHATEAU
PRODUIT DE FRANCE
73 cl

GRAND VIN DE GRAVES
1979
Château LA LOUVIÈRE
APPELLATION GRAVES CONTROLEE
PRODUCE OF FRANCE
ANDRE LURTON
PROPRIETAIRE-VITICULTEUR A LEOGNAN - GIRONDE
MIS EN BOUTEILLES AU CHATEAU
75cl

CHATEAU HAUT-BRION
· 1926 ·
PREMIER GRAND CRU CLASSÉ
Récolte 1926 intégralement mise en bouteilles au Château
André Gibert, Propriétaire à Pessac (Gironde) (FRANCE)

GRAND CRU CLASSÉ
1975
CHATEAU DE FIEUZAL
GRAVES
APPELLATION GRAVES CONTROLÉE
73 cl
S.A. CHATEAU DE FIEUZAL PROPRIETAIRE - LÉOGNAN - GIRONDE
MIS EN BOUTEILLES AU CHATEAU

Château Malartic-Lagravière
LÉOGNAN
(Gironde)
Premier Cru
Lucien Ridoret, Propriétaire

∴ **Premier cru supérieur**

Château d'Yquem

Premiers crus

Ch. La Tour Blanche, Ch. Lafaurie-Peyraguey, Clos Haut-Peyraguey, Ch. de Rayne-Vigneau, Ch. de Suduiraut, Ch. Coutet, Ch. Climens, Ch. Guiraud, Ch. Rieussec, Ch. Rabaud-Promis, Ch. Sigalas-Rabaud

Deuxièmes crus

Ch. de Myrat, Ch. Doisy-Daëne, Ch. Doisy-Dubroca, Ch. Doisy-Védrines, Ch. d'Arches, Ch. Filhot, Ch. Broustet, Ch. Nairac, Ch. Caillou, Ch. Suau, Ch. de Malle, Ch. Romer du Hayot, Ch. Lamothe, Ch. Lamothe-Guignard

Inutile de se voiler la face: les vins de Sauternes sortent à peine du tunnel dans lequel ils s'étaient fourvoyés au mitan de ce siècle. Exception faite des tout grands - toujours les mêmes - nombre d'entre eux fréquentèrent de trop près la médiocrité, tant et si bien que leurs propriétaires omirent sagement de se référer au célèbre classement. Aujourd'hui, les années noires sont oubliées et c'est en pleine clarté que les titres sauternais ont retrouvé tout leur lustre, au centre de l'étiquette, mais - incontournable coquetterie - exprimés en formules disparates: 1er cru, 1er cru classé, 1er cru Classement de 1855, cru classé Sauternes en 1855, grand cru classé, 1er grand cru classé 1855, 1er cru classé de Sauternes… Le choix est grand. Celui de l'œnographile, aussi.

Voisins immédiats des Sauternes, les vins de Graves patientèrent plus d'un siècle avant de se livrer à leur tour au jeu passionnant mais périlleux de la classification. Certains furent catalogués à la fois en «rouges» et en «blancs», d'autres en «rouges» uniquement, d'autres encore, seulement en «blancs». Variété chérie… Seize crus, à peine, sont concernés:

∴ *Rouges*

Premier grand cru

Château Haut-Brion

Crus classés

Ch. Bouscaut, Ch. Carbonnieux, Domaine de Chevalier, Ch. de Fieuzal, Ch. Haut-Bailly, Ch. La Mission-Haut-Brion, Ch. Latour-Haut-Brion, Ch. La Tour-Martillac, Ch. Malartic-Lagravière, Ch. Olivier, Ch. Pape-Clément, Ch. Smith-Haut-Lafitte

∴ *Blancs*

Crus classés

Ch. Bouscaut, Ch. Carbonnieux, Domaine de Chevalier, Ch. Couhins, Ch. Couhins-Lurton, Ch. Haut-Brion, Ch. Latour-Martillac, Ch. Laville-Haut-Brion, Ch. Malartic-Lagravière, Ch. Olivier. On notera, au passage, que Haut-Brion n'a droit à la mention «premier grand cru» qu'en catégorie «rouges»

On ne saura sans doute jamais si l'oubli dans lequel furent abandonnés les vins de Saint-Émilion, en 1855, fut involontaire ou concerté. Omission? Négligence? Inconscience? Mépris? La discussion n'est pas refermée. Cent ans plus tard, à un millésime près, les attentes sont enfin satisfaites. Un premier classement intervient, déjà rectifié quatorze ans plus tard. De toute évidence, la Jurade est bien décidée à ne pas se laisser prendre au piège du monolithisme. Tous les dix ans, elle reverra sa copie.

Seize années, cependant, s'écoulent avant la mouture suivante. La crainte de «punir» à mauvais escient freine les bonnes résolutions. N'empêche: il faut bien du courage aux arbitres de 1985

En haut
Quelques grands crus classés de Saint-Émilion

Dans le bas
Quelques célébrités du Pomerol

CHÂTEAU LARCIS-DUCASSE
1er Grand Crû
St Emilion
Appellation Contrôlée
1943
MÉDAILLE D'OR PARIS 1867
GROUPE COLLECTIF DE ST ÉMILION
MISE EN BOUTEILLES AU CHÂTEAU
Gilles Gratiot, Propre

Clos-Fourtet
PREMIER GRAND CRU
Saint-Emilion
1949
MISE EN BOUTEILLES AU CHÂTEAU
APPELLATION CONTRÔLÉE

CHATEAU AUSONE
SAINT-EMILION
1er GRAND CRU CLASSÉ
APPELLATION SAINT-ÉMILION 1er GRAND CRU CLASSÉ CONTROLÉE
1976
Mme J. DUBOIS-CHALLON & Héritiers C. VAUTHIER
PROPRIÉTAIRES A SAINT-ÉMILION (GIRONDE) FRANCE
MIS EN BOUTEILLES AU CHATEAU
73cl
DÉPOSÉ

CHÂTEAU
1er crû
CADET-PIOLA
Saint
1920
Emilion

CHATEAU LA FLEUR-PETRUS
GRAND CRU
POMEROL
APPELLATION POMEROL CONTROLÉE
1959
Société Civile du Château La Fleur Pétrus
PROPRIÉTAIRE
Imprimé en France
BERTHON - LIBOURNE

Ancien Domaine des TEMPLIERS
1934
CHÂTEAU GAZIN
1er GRAND CRU
POMEROL
Mise en bouteilles du Château
LOUIS SOUALLE, Propriétaire

1947
Château Trotanoy
1er CRU POMEROL
Appellation Pomerol contrôlée
Daniel Sanders
PROPRIÉTAIRE-NÉGOCIANT A BARSAC (GIRONDE)
Imprimé en France

GT
VIEUX CHÂTEAU CERTAN
1er GRAND CRU
POMEROL
Georges THIENPONT
PROPRIETAIRE

pour rétrograder Château Beau-Séjour Bécot en classe inférieure. Motif: avoir doublé la superficie de son vignoble.

On compte aujourd'hui 2 «premiers grands crus classés A», 9 «premiers grands crus classés B», 64 «grands crus classés» et… une ribambelle de «grands crus». Mais que l'œnographile ne s'y trompe pas: il existe dans cette région privilégiée deux appellations, Saint-Émilion et Saint-Émilion Grand Cru, celle-ci n'ayant rien de commun avec le classement. Est-ce clair?

Nous nous contenterons de nous rappeler la liste, brève, des «premiers», celle de l'armada des «grands crus» se retrouvant sans peine dans les nombreux ouvrages spécialisés:

∴ **Premiers grands crus classés A**
Château Ausone, Ch. Cheval-Blanc

Premiers grands crus classés B
Ch. Beauséjour Duffau-Lagarosse, Ch. Belair, Ch. Canon, Ch. Clos-Fourtet, Ch. Figeac, Ch. La Gaffelière, Ch. Magdelaine, Ch. Pavie, Ch. Trottevieille

À l'instar de sa voisine contiguë de Saint-Émilion, la région de Pomerol fut également frappée d'ostracisme à l'occasion du classement de 1855. Là s'arrête cependant la similitude, les crus de cet étrange village disséminé autour de son église solitaire, généralement superbes et d'un haut niveau de qualité, n'ayant jamais consenti à prendre place dans aucune liste à caractère ségrégationniste. Aucune classification officielle donc, ce qui n'empêche personne de savoir que Pétrus batifole allègrement en tête de tous les argus mondiaux, talonné (devancé?) depuis 1982 par Château Lafleur. Quant un vin réussit ce doublé d'être à la fois remarquable et rare, son prix monte en flèche. L'amateur se précipite et le voilà plus rare encore. Inutile de préciser que l'étiquette suit le mouvement.

On s'en tient donc, de ce côté de la Garonne, aux suggestions formulées en 1982 par Alexis Lichine et reprises par Henri Enjalbert l'année suivante dans son ouvrage consacré aux Grands Vins de Saint-Émilion, Pomerol et Fronsac. Petrus y est mis «hors classe», 18 autres y sont sacrés «très grands crus», à savoir, et par ordre alphabétique:

∴ Ch. Beauregard, Ch. Certan-Giraud et Certan-Marzelle, Ch. Gazin, Ch. La Conseillante, Ch. Lafleur, Ch. La Fleur-Petrus, Ch. Lagrange, Ch. La Pointe, Ch. Latour-Pomerol, Ch. Le-Gay, Clos L'Eglise, Ch. L'Église-Clinet, Ch. L'Évangile, Ch. de Certan de May, Ch. Nénin, Ch. Petit-Village, Ch. Trotanoy, Vieux-Château-Certan

Pour l'œnographile, c'est la géhenne: l'étiquette de Pomerol n'a pas de ces sortilèges que recèlent tant d'autres de ses consœurs. À peine si les titres sans grand panache «grand vin» (Petrus, Vieux-Château-Certan) ou «grand vin de Bordeaux» (Château Nénin) réussissent, aux jours de maigre récolte, à lui mettre l'eau à la bouche.

Le collectionneur d'étiquettes, attaché aux distinctions, nourrit pour la Bourgogne une affection et une crainte simultanées. C'est que les usages, ici, sont d'une essence inhabituelle, les principaux villages ayant droit à leur propre appellation. C'est ainsi qu'un vin conçu sur le territoire de Nuits-Saint-Georges sera ainsi annoncé, en gros caractères. À l'échelon supérieur, certains vignobles ont été dotés du grade de «1er cru», une expression qui doit figurer très en vue sur l'étiquette. Vingt-trois climats, couronnés «grands crus», constituent des appellations à part entière. Sur l'étiquette, le nom du climat seul suffit: Chambertin, Musigny, Bonnes Mares, La Tache… L'expression «grand cru», quant à elle, est jugée superflue. À l'amateur de connaître, sans faillir, l'énoncé de tous les villages des Côtes de Nuits ou de Beaune. À propos: l'étiquette d'un «grand cru» Chablis DOIT porter mention de sa distinction…

À droite, en haut
Premiers et grands crus classés bourguignons

En bas
Quatre grands crus alsaciens; quatre merveilles

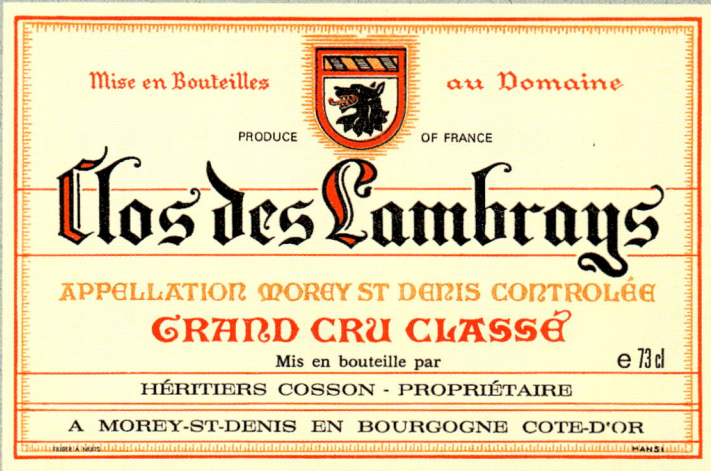

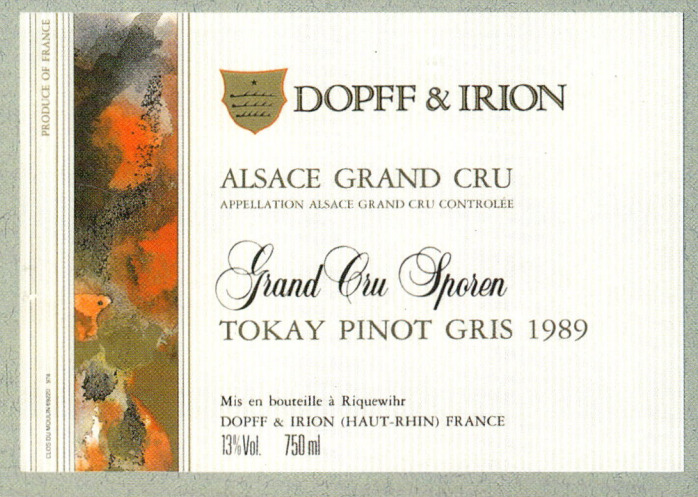

Grands Vins de Bourgogne

Santenay Gravières
1ᵉʳ CRU
APPELLATION CONTROLÉE
Mis en bouteille par
JESSIAUME PÈRE & FILS
PROPRIÉTAIRES A SANTENAY (CÔTE D'OR)
FRANCE
75 cl

Mis en bouteille au Domaine

Chambertin
Appellation 1976 Controlée
Domaine A. Rousseau P. & F.
Propriétaire
Gevrey-Chambertin
(Côte d'Or)

Mise en Bouteilles au Domaine
PRODUCE OF FRANCE

Clos des Lambrays
APPELLATION MOREY ST DENIS CONTROLÉE
GRAND CRU CLASSÉ
Mis en bouteille par
HÉRITIERS COSSON - PROPRIÉTAIRE
A MOREY-ST-DENIS EN BOURGOGNE COTE-D'OR
e 73 cl

APPELLATION CONTROLÉE

Mercurey
Marius Meulien
A BEAUNE (Bourgogne)

ALSACE GRAND CRU
APPELLATION ALSACE GRAND CRU CONTROLÉE

BUECHER-FIX
Gewurztraminer
Cuvée Sainte-Gertrude
1991
13,5% vol. MIS EN BOUTEILLE A LA PROPRIÉTÉ 750 ml
BUECHER-FIX, PROPRIÉTAIRE-VITICULTEUR
68920 WETTOLSHEIM (HAUT-RHIN)
PRODUCE OF FRANCE

PRODUCE OF FRANCE

DOPFF & IRION
ALSACE GRAND CRU
APPELLATION ALSACE GRAND CRU CONTROLÉE
Grand Cru Sporen
TOKAY PINOT GRIS 1989
Mis en bouteille à Riquewihr
DOPFF & IRION (HAUT-RHIN) FRANCE
13% Vol. 750 ml

ALSACE GRAND CRU / ALSACE GRAND CRU
APPELLATION ALSACE GRAND CRU CONTROLÉE
PRODUCT OF FRANCE / PRODUIT DE FRANCE
1991 1991
RIESLING GRAND CRU
WINECK-SCHLOSSBERG
Albert SCHOECH
12,5% Vol. 75 cl
MIS EN BOUTEILLE PAR CCI 68000-155 POUR
ALBERT SCHOECH A AMMERSCHWIHR (HT-RHIN) FRANCE

ALSACE GRAND CRU
APPELLATION ALSACE GRAND CRU CONTROLÉE
PRODUCT OF FRANCE
Gewurztraminer Froehn
1991
13% vol 750 ml
MIS EN BOUTEILLE A LA PROPRIÉTÉ PAR
CAVE VINICOLE A HUNAWIHR HAUT-RHIN FRANCE

∴ *Grands crus bourguignons*

Côte de Nuits

Bonnes Mares, Chambertin, Chambertin-Clos de Bèze, Chapelle-Chambertin, Charmes-Chambertin, Clos des Lambrays, Clos de la Roche, Clos Saint-Denis, Clos de Tart, Clos de Vougeot, Echezeaux, Grands Echezeaux, Griotte-Chambertin, Latricières-Chambertin, Mazis-Chambertin, Mazoyères-Chambertin, Musigny, Richebourg, La Romanée, Romanée-Conti, Romanée-Saint-Vivant, Ruchottes-Chambertin, La Tâche

Côte de Beaune

Bâtard-Montrachet, Bienvenue-Batard-Montrachet, Charlemagne, Chevalier-Montrachet, Corton, Corton-Charlemagne, Criots-Bâtard-Montrachet, Montrachet

Chablis

Comme les merveilles du monde, ils sont sept. Honte à l'œnographile qui n'en connaît pas la comptine: Blanchots, Les Clos, Valmur, Grenouilles, Vaudésir, Preuses, Bougros

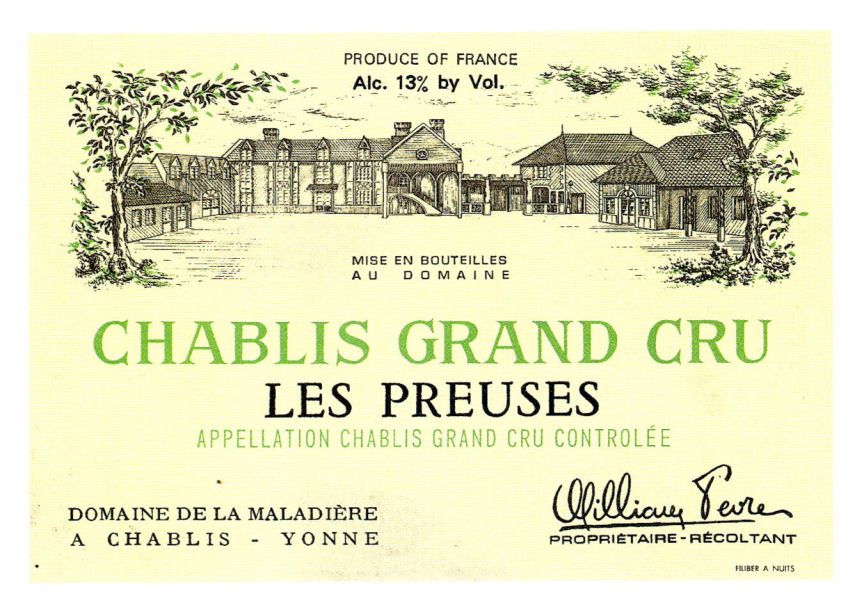

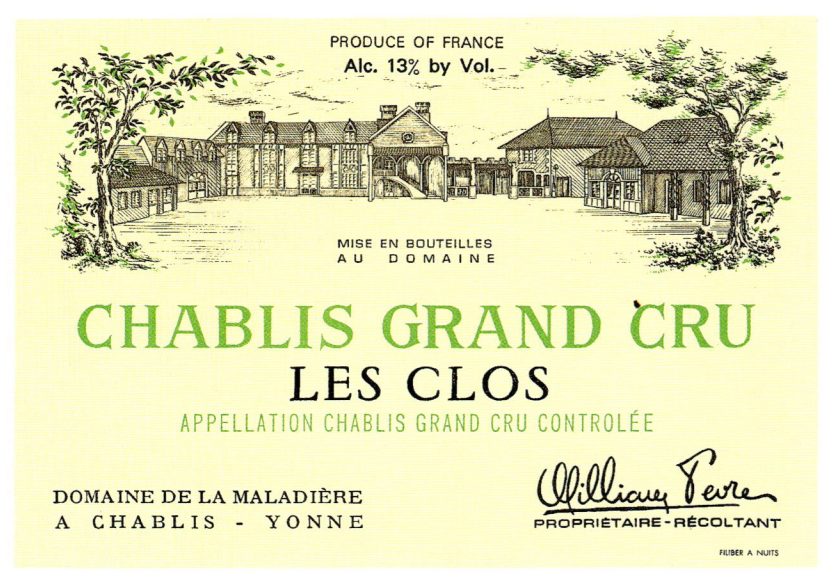

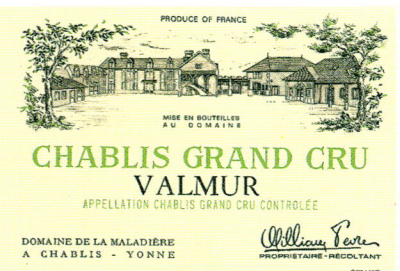

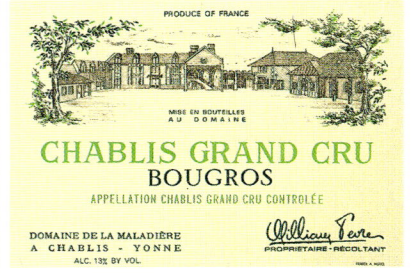

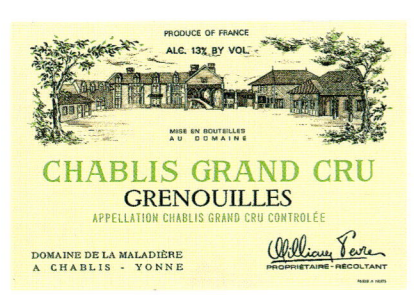

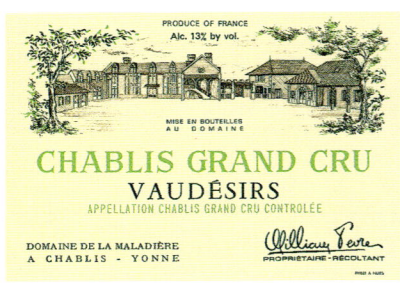

Chablis: six des sept!

Ce n'est que depuis 1975 que l'INAO s'intéresse de près aux vins d'Alsace et il serait hardi de prétendre que c'est à la plus grande satisfaction de tous les producteurs. Le 20 novembre de cette année historique, un décret instituait la notion officielle d'Alsace grand cru AOC. Au palmarès: le seul Schlossberg de Kaysersberg-Kientzheim, au demeurant un vin de très haute tenue. Deux commissions techniques furent alors mises en place, chargées du tri des candidatures qui s'étaient mises à affluer. Un premier train de promotions, confirmé en novembre 1983, consacrait 25 grands crus, Schlossberg y compris. Neuf ans plus tard, en décembre 1992, 25 autres venaient compléter le palmarès.

Les conditions d'accès à l'appellation Grand Cru d'Alsace sont d'une sévérité toute particulière. Seuls les quatre cépages les plus renommés l'autorisent: le riesling, le muscat, le gewurztraminer et le pinot gris. Encore faut-il que les deux premiers titrent au moins 10°, les deux autres au moins 12°. Le rendement à l'hectare est fixé à 65 hl. Sur l'étiquette doivent figurer obligatoire-

En page de droite
La Champagne des premiers et des grands crus

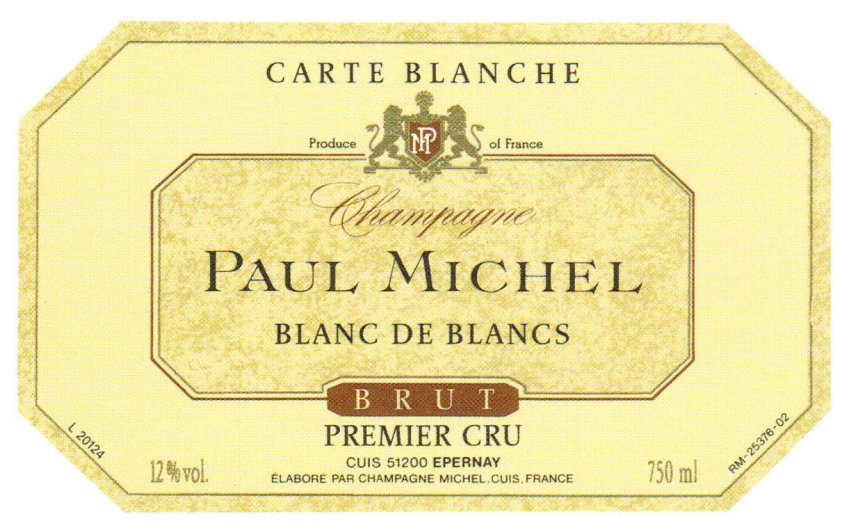

CHAMPAGNE
MH
M. Hostomme
ET SES FILS
PREMIER CRU
ROSÉ
ÉLABORÉ PAR M. HOSTOMME ET FILS, CHOUILLY, FRANCE
750 ml — CHOUILLY — ALC. 12% vol.
NM-215-001

CHAMPAGNE
Jean B. Rodez
R.M. 13.323
AMBONNAY
CRU 100%

CHAMPAGNE
Robert DOYARD ET FILS
RÉCOLTANT-MANIPULANT
BRUT
PREMIER CRU CLASSÉ
BLANC DE BLANCS — à VERTUS
RM-21608-01
ÉLABORÉ PAR S.C.R. DOYARD ET FILS, VERTUS, FRANCE
ALC. 12% vol. — 75 cl

CARTE BLANCHE
Produce of France
Champagne
PAUL MICHEL
BLANC DE BLANCS
BRUT
PREMIER CRU
CUIS 51200 EPERNAY
L 20124 — 12% vol. — ÉLABORÉ PAR CHAMPAGNE MICHEL, CUIS, FRANCE — 750 ml
RM-25378-02

CHAMPAGNE
AŸ
COLLERY
MAISON FONDÉE A AŸ EN 1893
BRUT
PREMIER CRU

CHAMPAGNE
Maleyrand
BLANC de BLANCS 1er CRU
BRUT
PERRY de MALEYRAND
AVIZE - FRANCE
75 cl
CM 7.590.847

ment le nom du cépage, celui du terroir ainsi que le millésime. De là le paradoxe: certains producteurs importants, suivis d'une escouade de viticulteurs modestes, rechignent à déclarer en grand cru des produits qui le méritent à coup sûr. Au prestige de la distinction, ils préfèrent les avantages financiers de la quantité.

Les 50 AOC Grands Crus d'Alsace

Bas-Rhin

Altenberg de Bergbieten, Altenberg de Wolxheim, Bruderthal, Engelberg, Frankstein, Kastelberg, Kirchberg de Barr, Moenchberg, Muenchberg, Praelatenberg, Steinklotz, Wiebelsberg, Winzenberg, Zotzenberg

Haut-Rhin

Altenberg de Bergheim, Brand, Eichberg, Florimont, Froehn, Furstenturm, Geisberg, Gloeckelberg, Goldert, Hatschbourg, Hengst, Kanzlerberg, Kessler, Kirchberg de Ribeauvillé, Kitterlé, Mambourg, Mandelberg, Marckrain, Ollwiller, Osterberg, Pfersigberg, Pfingstberg, Rangen, Rosacker, Saering, Schlossberg, Schoenenbourg, Sommerberg, Sonnenglanz, Spiegel, Sporen, Steingrubler, Steinert, Vorbourg, Wineck-Schlossberg, Zinnkoepflé

Comme bien l'on pense, la Champagne n'allait pas demeurer en reste avec les autres régions de France en matière de classement. Étrangement, celui-ci se base sur des critères que l'on ne retrouve nulle part ailleurs dans le vignoble: rangées selon la qualité du raisin récolté, les communes productrices sont cotées de 80 à 100 %. Mérite le titre de «grand cru», le vin issu d'une parcelle 100 %; le titre de «premier cru», celui coté entre 90 et 99 %. Les autres n'ont droit à aucune distinction.

Ce système insolite prend toute sa signification quand on sait que c'est le Syndicat Interprofessionnel qui fixe annuellement le prix du kilo de raisin «100 %», les autres s'alignant sur cette référence de base, conformément à leur pourcentage respectif. Un examen attentif des étiquettes champenoises révèle aussitôt qu'il n'est guère fait usage des mentions méritées.

Codes des étiquettes de Champagne

Généralement indiqués en caractères minuscules, des codes, propres eux aussi à la Champagne, définissent les origines du produit. Longtemps réduits à quatre, ce qui semblait bien suffisant, ils se sont singulièrement multipliés, tout récemment. Dommage que les autorités responsables n'aient pas profité de la circonstance pour faire disparaître du vocabulaire champenois ces vocables malheureux : manipulant, manipulation.

CM: coopérative de manipulation
MA: marque d'acheteur, ou auxiliaire, ou autorisée
ND: négociant distributeur
NM: négociant manipulant
R: récoltant
RC: récoltant coopérateur manipulant
RM: récoltant manipulant
SR: société de récoltants (réunion de vignerons)

En haut
La Suisse, aussi, a ses grands et ses premiers crus

Au milieu
Du «Tafelwein» au «Beerenauslese-Eiswein» ou du bas au haut de l'échelle

Dans le bas
L'Italie de toutes les élégances

La plus grande liberté a toujours présidé aux destinées de l'étiquette suisse. On y découvre indifféremment l'indication du lieu de production, le cépage utilisé, la marque ou l'identité de l'encaveur. Une récente tentative de révision de la législation en vigueur dans l'industrie du vin devrait, à brève échéance, aboutir à un alignement des règles sur celles en usage ailleurs dans l'Union européenne. Trois catégories ont été définies : l'AOC, le vin de provenance déterminée

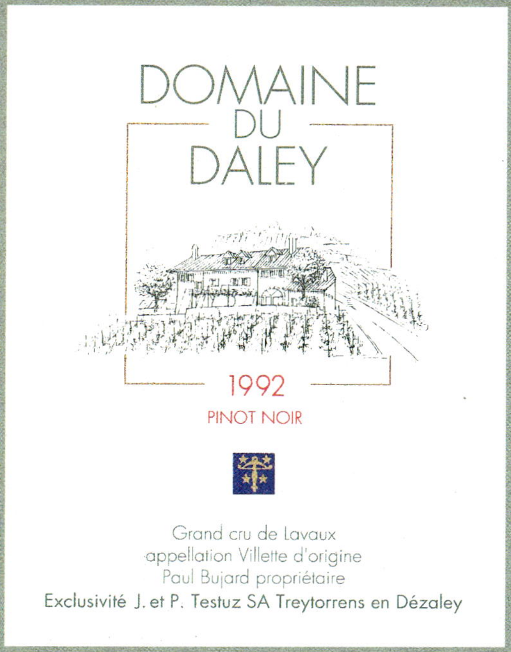

Label 1
DOMAINE DU DALEY
1992
PINOT NOIR

Grand cru de Lavaux
appellation Villette d'origine
Paul Bujard propriétaire
Exclusivité J. et P. Testuz SA Treytorrens en Dézaley

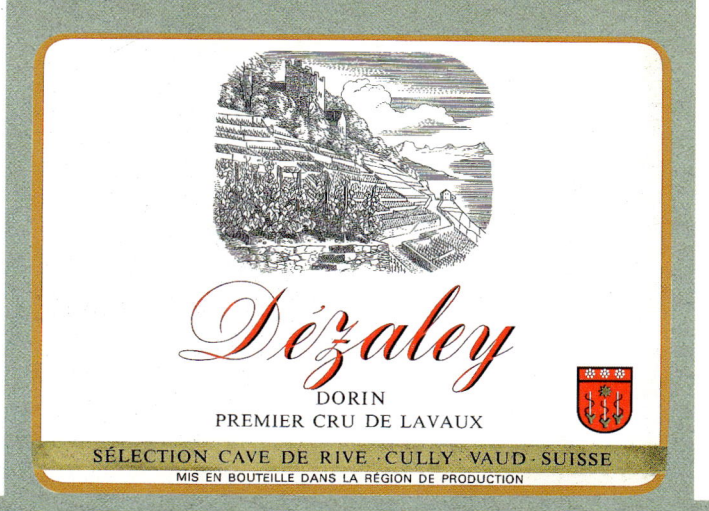

Label 2
Dézaley
DORIN
PREMIER CRU DE LAVAUX
SÉLECTION CAVE DE RIVE · CULLY · VAUD · SUISSE
MIS EN BOUTEILLE DANS LA RÉGION DE PRODUCTION

Label 3
DOMAINE DE MONTAUBAN GRAND CRU
APPELLATION GRANDSON D'ORIGINE
1994
PINOT NOIR
75 cl ℮
JEAN ET PIERRE TESTUZ SA
TREYTORRENS EN DÉZALEY

Label 4
Cabinet-Wein
Original-Abfüllung der
Königl. preuss. Domainen-Kellerei.
1921er
Steinberger
Spätlese
K.Pr.D.

Label 5
Weingut Villa Sachsen
BINGEN AM RHEIN
Binger Scharlachberg
RIESLING
BEERENAUSLESE-EISWEIN
QUALITÄTSWEIN MIT PRÄDIKAT
0,7 l ℮
Sole Agent SNOW BRAND Tokyo
AMTLICHE PRÜFUNGSNUMMER
4 342 296 016 80
ERZEUGERABFÜLLUNG RHEINHESSEN
ST. URSULA WEINGUT · BINGEN/RHEIN
Produce of Germany

Label 6
Heuchelberg Kellerei
Schwäbischer Landwein
Riesling
ABFÜLLER: Heuchelberg-Kellerei
EINGETRAGENE GENOSSENSCHAFT
SCHWAIGERN / WÜRTT.
1 l ℮
THEYER MAINZ
DEUTSCHER TAFELWEIN

Label 7
PRAEDIUM
1993
Contessa *Coret*
CHARDONNAY
ALTO ADIGE
DENOMINAZIONE DI ORIGINE CONTROLLATA
PRODOTTO E IMBOTTIGLIATO IN CORNAIANO APPIANO · ITALIA DA CANTINA PRODUTTORI
750 ML ℮ 12,5% VOL.
COLTERENZIO

Label 8
PRAEDIUM
1992
Siebeneich
RISERVA
MERLOT
ALTO ADIGE
DENOMINAZIONE D'ORIGINE CONTROLLATA
NON DISPERDERE IL VETRO NELL'AMBIENTE
PRODOTTO E IMBOTTIGLIATO IN CORNAIANO APPIANO · ITALIA DA CANTINA PRODUTTORI
750 ML ℮ 12,5% VOL.
COLTERENZIO

Label 9
PRAEDIUM
1993
Weisshaus
ALTO ADIGE
PINOT BIANCO
DENOMINAZIONE D'ORIGINE CONTROLLATA
750 ML ℮ 12,5% VOL.
COLTERENZIO

Label 10
PRAEDIUM
1992
St. Daniel
RISERVA
PINOT NERO
ALTO ADIGE
DENOMINAZIONE D'ORIGINE CONTROLLATA
750 ML ℮ 12,5% VOL.
COLTERENZIO

et… les autres. Mais on connaît assez la volonté d'autonomie des cantons helvétiques pour penser que leur mise en application ne se fera pas sans certaines difficultés.

L'abondance des informations rassemblées sur l'étiquette allemande surprend toujours l'amateur. Outre des mentions d'origine, des références à caractère administratif, d'identité de propriétaire ou de négociant, on y trouve obligatoirement l'indication des niveaux de qualité : Tafelwein (vin de table), Landwein (vin de pays), QbA (Qualitätswein eines bestimmten Anbaugebieten : vin de qualité en provenance d'une région déterminée) et QmP (Qualitätswein mit Prädikats : vin de qualité avec «distinction»). Ces derniers sont eux-mêmes encore subdivisés en six sous-catégories, selon la densité en sucre naturel du moût :

∴
- **Kabinett** : niveau de base
- **Spätlese** : vendange tardive
- **Auslese** : grappes sélectionnées
- **Beerenauslese** : grains sélectionnés
- **Trockenbeerenauslese** : grains flétris et desséchés, très riches en sucres concentrés
- **Eiswein** : vin de glace, au moût surconcentré

Les catégories en vigueur en Allemagne se retrouvent quasi intactes en Autriche. L'étiquette y mentionne, en supplément, le degré de sucre résiduel : trocken (sec), halbtrocken (demi-sec), halbsüss (demi-doux), süss (doux).

Terminons par les deux grandes catégories de vins italiens divisés en «vins de table» et «vins fins» (DOC : Denominazione di Origine Controllata ; DOCG : Denominazione di Origine Controllata e Garantita). Nous garderons à l'esprit que certains de ces derniers circulent sous l'appellation «dégradante» de «vino da tavola» (vin de table) parce qu'élaborés en zone AOC au mépris des règles de l'appellation. Une façon originale de se libérer de toutes contraintes.

Second je suis, second je reste

La chaîne d'élaboration et d'assemblage d'un vin noble est plus longue qu'on ne pense généralement. Quand le «premier» d'un grand cru du Médoc se retrouve entièrement en bouteilles, le producteur est souvent confronté avec un solde qui n'a pas trouvé grâce à ses yeux exigeants et ne mérite donc pas de circuler sous son étiquette de gala. De ces cuvées parallèles

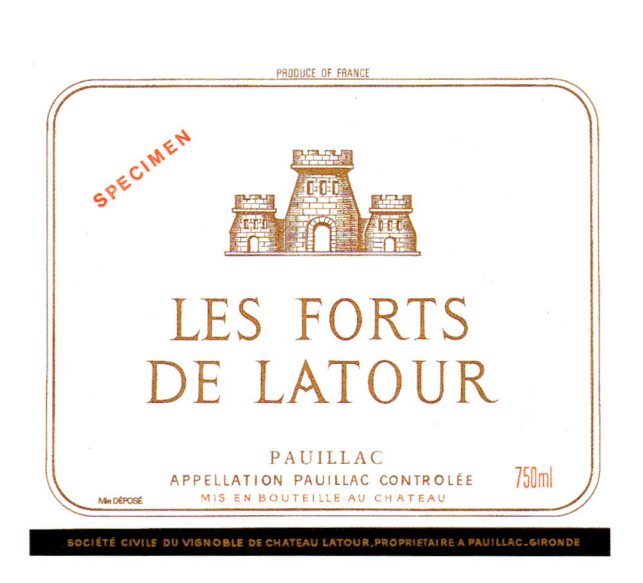

Deux «vieux» seconds

Quelques « seconds » de… première qualité

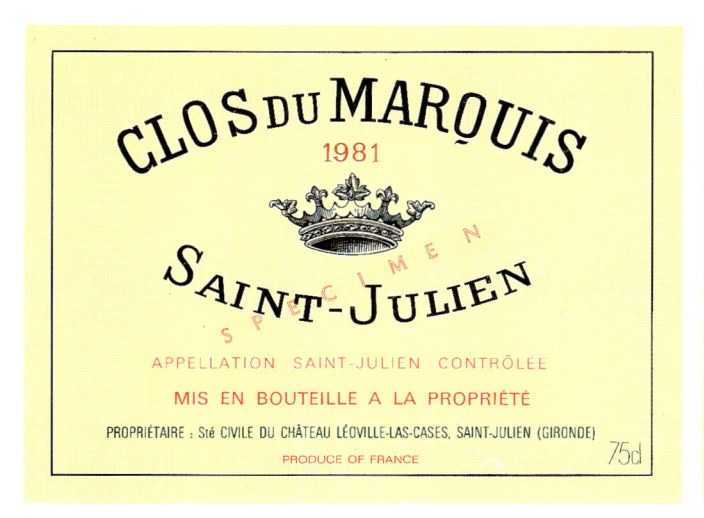

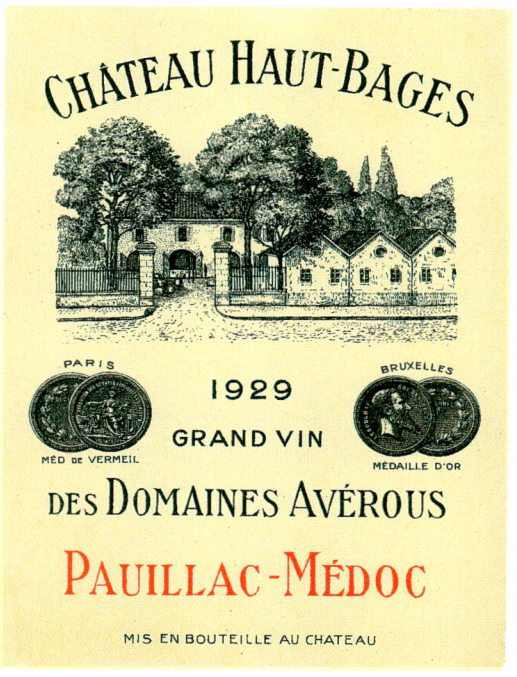

naissent les «seconds» vins, commercialisés sous une identité différente, aux consonances parfois familières, une pratique qui remonte bien haut dans le temps. Tout récemment, Mouton-Rothschild vient de lancer sur le marché un nouveau second baptisé… «Le Second Vin de Mouton-Rothschild» affublé de l'étiquette des Carruades de 1927. S'agit-il d'un coup d'audace ou bien de manque d'imagination ?

Souvent, c'est le jus des jeunes vignes qui fournit la matière première à ces vins de moins haute lignée que l'on boit toujours avec une pointe de regret au cœur. Aussi délectables soient-ils, d'aussi près qu'ils se rapprochent des «premiers», ils laissent dans la bouche de l'amateur comme une sensation de frustration. À table, ils déclenchent dans l'esprit des convives de désobligeantes réflexions du genre «ils n'ont pas les moyens»… Mieux vaut, pour des raisons psychologiques évidentes, donner à son «second» une dénomination totalement éloignée de celle du «premier». Autant pour l'image chargée de le faire connaître. De «Château Latour» aux «Forts de Latour», la distance est trop mince. Même lorsqu'ils sont «dignes» des premiers, les «seconds» demeurent des «seconds».

On ignore d'ailleurs bien souvent de quels grands «premiers» du Médoc les «seconds» sont les frères cadets. L'œnographile appréciera sans aucun doute qu'on lui en fournisse l'énoncé :

∴
Beychevelle : Amiral de Beychevelle
Brane-Cantenac : Notton
Calon-Ségur : Marquis de Ségur
Cantenac-Brown : Canuet
Cos d'Estournel : de Marbuzet
Ducru-Beaucaillou : La Croix
Duhart-Milon-Rothschild : Moulin de Duhart
Durfort-Vivens : Domaine de la Cure-Bourse
Grand-Puy-Ducasse : Artigues-Arnaud
Grand-Puy-Lacoste : Lacoste-Borie
Gruaud-Larose : Sarget de Gruaud-Larose
Haut-Batailley : La Tour-d'Aspic
Haut-Brion : Bahans Haut-Brion
Lafite-Rothschild : Les Carruades
Lagrange : Fiefs de Lagrange
La Lagune : Ludon-Pomies-Agassac

Lascombes : Ségonnes
Latour : Les Forts de Latour
Léoville-las-Cases : Clos du Marquis
Léoville-Poyferré : Moulin-Riche
Lynch-Bages : Haut-Bages-Avérous
Malescot-Saint-Exupéry : La Dame de Malescot
Margaux : Pavillon Rouge
  ou Pavillon Blanc du Château Margaux
Marquis de Termes : des Gondats
Montrose : La Dame de Montrose
Pichon-Baron : Les Tourelles de Longueville
Pichon-Lalande : Réserve de la Comtesse
Pontet-Canet : Les Hauts-de-Pontet
Prieuré-Lichine : de Clairefont
Rauzan-Gassies : Enclos de Moncabon
Talbot : Connétable de Talbot

L'or du vin

La rage de classer les vins ignore les frontières, sinon celles de la planète. Ce postulat aidant,

Pierre Casamayor, œnologue, Michel Dovaz, écrivain du vin, et Jean-François Bazin, docteur en Droit, tous trois œnophiles très avertis, ont entrepris la construction de la pyramide mondiale des 100 crus les plus fameux de notre globe. Ainsi naquit «L'Or du Vin», un ouvrage imposant composé sous la triple impulsion de leurs plumes autorisées quoique parfois hésitantes. Dame : l'entreprise a quelque chose d'extravagant, propre à embarrasser les consciences les plus fermes et, à bien considérer les choses, on ne peut empêcher certains mots de venir à l'esprit, proches ou synonymes de mégalomanie. Après tout, désigner les cent vins les plus prestigieux des cinq continents sous-entend une connaissance cosmique de tout ce qui se produit sous le soleil vinicole. Quelle mémoire sensorielle peut se prévaloir de pareille universalité ? Aucune, sans doute, et c'est bien pourquoi nos trois audacieux explorateurs ont sagement préféré tenter d'«établir une moyenne entre les prix de détail relevés à Paris, Londres, Bruxelles et New York», ces quatre places fortes du négoce mondial.

Mais au fait : s'il s'agissait simplement de «classer les vins de luxe du monde entier selon leur prix de détail», un comptable attentif aurait aussi bien pu faire l'affaire. Car le propos des géo-classeurs est sans équivoque : «Il est bien entendu qu'il ne s'agit pas là d'un classement qualitatif du vin... Nous ne donnons là qu'une indication d'échelle des prix.» Un hit-parade à recommencer tous les six mois, en somme, et périmé aussitôt né.

À vrai dire, le profond intérêt de semblable listing échappe à plus d'un amateur qui risque cependant de se prendre au jeu de l'œnographilie. Après tout, collectionner les étiquettes des cent vins les plus chers au monde a de quoi séduire. Pourvu que l'on ait l'habitude de «rouler en Rolls, s'habiller chez Dior ou mettre du numéro 5 de Chanel en guise de pyjama».

Quant à affirmer que les courtiers bordelais de 1855 n'ont rien fait d'autre que s'en tenir, eux aussi, aux prix pratiqués à l'époque, c'est faire peu de cas de leur science des vins du Médoc. C'est ignorer aussi que ceux qui établirent le classement de 1855 ne se sont jamais fixé, à priori, aucune limite de nombre. Arrêter un palmarès au nombre cent a quelque chose de dérisoire, d'arbitraire, de peu crédible. Fallait-il vraiment nous rappeler que les vins les meilleurs sont généralement les plus chers... et que c'est parmi les plus chers que l'on a le plus de chances de trouver les meilleurs ?

Allons : un grand vin doit garder sa grandeur, dégusté à l'aveugle. Le reste n'est que spéculation intellectuelle basée sur des condiments d'une rare multiplicité : réputation, technique, terroir, cépage, rareté, conditions climatiques, gouvernement du vin, convivialité, notoriété historique... Le dernier - le vrai ? - critère doit être, dans tous les cas, l'impression globale que laisse un vin entre le moment où il quitte la bouteille et celui où il achève sa course, quelque part au bout des derniers méandres de l'estomac de l'amateur. Si ce plaisir-là n'est pas proportionnel au prix du vin, c'est que quelque chose est pourri au royaume du négoce.

Au fait : quel sourire esquisse-t-on au Clos des Lambrays ou au château Canon, par exemple, en apprenant que l'on n'est que «cinquièmes» ?
Et comment décode-t-on chez Egon Müller et à La Romanée-Conti ce titre mirifique qui fait d'eux les deux seuls «Premiers Exceptionnels» au monde ?

Le terme propre

L'étiquette a son vocabulaire à elle qui se confond parfois avec celui du vin lui-même. Sans une connaissance exacte de ce glossaire particulier, sa lecture demeure un exercice rébarbatif. On pratique mal une langue si l'on se satisfait d'à-peu-près. Quant à l'effort à fournir, en l'occur-

Des vins qui valent leur pesant d'or...

- LA TURQUE -
CÔTE BRUNE

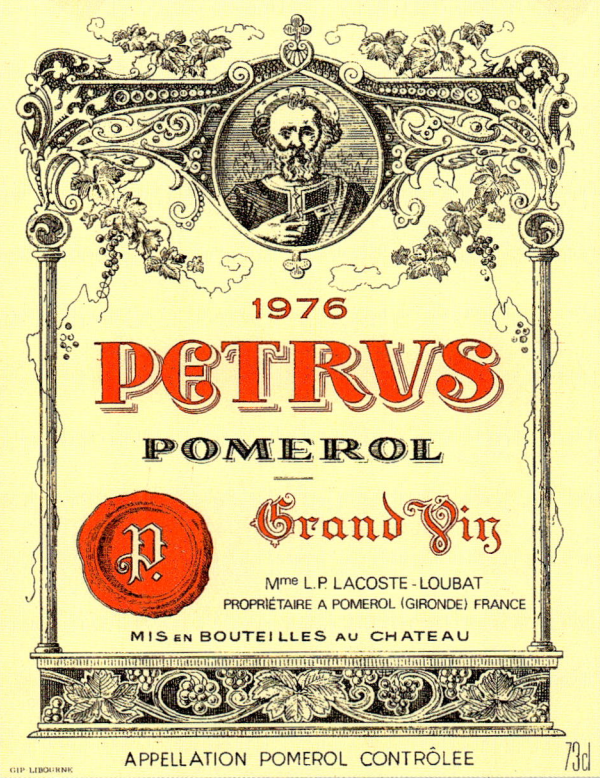

Côte-Rôtie

APPELLATION CÔTE-RÔTIE CONTRÔLÉE

RÉCOLTÉ VINIFIÉ ÉLEVÉ ET MIS EN BOUTEILLE PAR

E. GUIGAL

AMPUIS (RHÔNE) FRANCE

13% vol · PRODUIT DE FRANCE · 75cl

CHAMPAGNE

Grande Cuvée

KRUG

REIMS

Brut · 75cl

PRODUCE OF FRANCE

PRODUCE OF GERMANY
RHEINGAU

Schloss Schönborn

1975er

Oestricher Doosberg
Riesling Kabinett

A. P. Nr. 31.052.007.77

Domänenrat

Erzeugerabfüllung der Gräflich von Schönborn'schen Kellerei Hattenheim

QUALITÄTSWEIN MIT PRÄDIKAT

ETIENNE 1207

1976

PETRVS

POMEROL

Grand Vin

Mme L.P. LACOSTE-LOUBAT
PROPRIÉTAIRE A POMEROL (GIRONDE) FRANCE

MIS EN BOUTEILLES AU CHATEAU

APPELLATION POMEROL CONTRÔLÉE · 73cl

CHATEAU LAFLEUR

Pomerol

APPELLATION CONTROLÉE

H. GRAFÉ-LECOCQ & FILS

NAMUR

Contenance 0 l. 70 ou 0 l. 35

Vieux Château Certan

Grand Vin

Pomerol

1981

Appellation Pomerol contrôlée

SOCIETE CIVILE DU VIEUX CHATEAU CERTAN

Héritière de Mr et Mme Georges THIENPONT

PROPRIÉTAIRE A POMEROL - FRANCE

MIS EN BOUTEILLE AU CHÂTEAU · 75 cl

WETTERWALD, BORDEAUX

rence, il est mince. Cette science acquise, la lecture d'une étiquette devient un jeu d'enfant et le plaisir de la comparer au divin nectar dont elle est l'interprète s'amplifie d'autant. À bon entendeur…

∴ **AOC**: Appellation d'Origine Contrôlée.
AOVDQS: Appellation d'Origine Vin Délimité de Qualité Supérieure.
Blanc de blancs: vin blanc issu de raisins blancs, plus particulièrement du seul Chardonnay. Sa délicatesse est proverbiale.
Blanc de noirs: vin issu de raisins noirs.
Brut: terme en usage surtout en Champagne. Il désigne un cru très sec.
Brut absolu, brut intégral, brut sauvage, brut zéro, brut 100 %: champagne absolument sec, sans «liqueur d'expédition».
Château: un mot magique qui séduit d'emblée le profane tout en le mettant parfois sur une fausse piste. Pourvu qu'il y ait réellement des bâtiments d'exploitation, il est permis de parler de «château». Traditionnellement, le terme est utilisé surtout en Gironde où il est synonyme de domaine, de clos ou de cru. On y rencontre donc de vrais châteaux sans vins et de vrais vins sans châteaux. L'utilisation du mot «château» est interdite sur les étiquettes des vins de pays. Ceux-ci doivent se contenter de la mention «domaine» ou «mas».
Classico: en Italie, vin en provenance du cœur du vignoble, considéré comme le meilleur de la production.
Climat: entité cadastrale.
Clos: vignoble autrefois fermé, aujourd'hui souvent ouvert. Terme en usage surtout en Bourgogne.
Côteaux champenois: expression qui désigne les rares vins tranquilles autorisés en Champagne, ci-devant et jusqu'en 1974 «vins nature de Champagne». Ils sont rouges, plus rarement rosés. Il en existe aussi quelques blancs, derniers survivants de la préhistoire du Champagne. C'est à Bouzy que Bollinger élabore le plus célèbre de ces vins étranges, issus de très vieilles vignes, antérieures au phylloxéra.

Côteaux champenois, ci-devant vins-nature de la Champagne

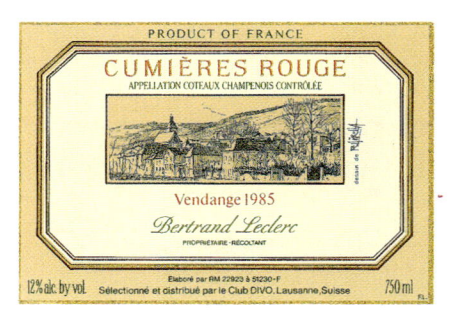

Crémant: vin de Champagne qui «crème» à la surface du verre. Il pétille moins que le Champagne habituel mais garde plus longtemps sa saveur. À ne pas confondre avec la commune de Cramant qui produit d'excellents crémants. Depuis un quart de siècle, d'autres régions que la Champagne produisent du Crémant, au demeurant excellent: l'Alsace, la Loire, la Bourgogne.
Crème de tête: cuvée de haute qualité élaborée à partir de la première presse ou de la première trie, en Sauternais, par exemple.
Cru: synonyme de climat. Ce sont le climat et le terroir particuliers qui déterminent un cru.
Cuvée: terme courant en Alsace et en Champagne, synonyme d'assemblage.
Demi-sec: en Champagne, en réalité, pas sec du tout et même franchement doux.
Domaine: synonyme de «château», comprend vignes, bâtiments et matériel destiné à l'élaboration du vin.
Grand vin: mention sans valeur légale. Elle sert souvent, en Bordelais, à distinguer le vin en question du «second» vin du même producteur.
Méthode champenoise: méthode d'élaboration de vins effervescents ainsi qu'elle se pratique en Champagne, avec prise de mousse en bouteille.

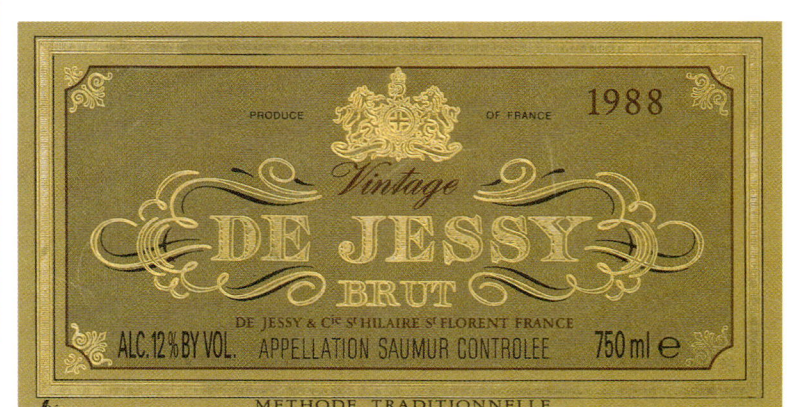

Méthode champenoise, méthode traditionnelle: deux synonymes

Méthode rurale: mode d'élaboration de vins pétillants. La mise en bouteilles se fait avant la fin de la fermentation alcoolique.
Méthode traditionnelle: expression synonyme de l'expression «méthode champenoise» à laquelle elle s'est récemment substituée, hors de la Champagne.
Mousseux: tout vin effervescent, élaboré selon la méthode champenoise (traditionnelle) ou la méthode rurale.
Négociant: acheteur-vendeur qui fournit généralement de grandes quantités de vins au circuit import-export ainsi qu'aux grands distributeurs.

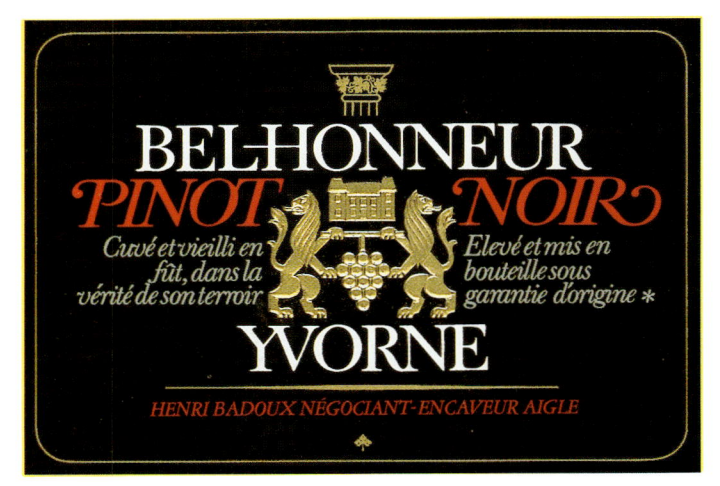

Négociant-éleveur: négociant qui achète le vin en primeur, l'élève et le met en bouteilles. Il peut être lui-même propriétaire de vignobles.
Négociant-embouteilleur: négociant dont l'activité se limite à la mise en bouteilles et à la gérance de stocks.
Perlant: vin légèrement effervescent.
Propriétaire: viticulteur qui possède un vignoble en propre.
Propriétaire-récoltant: viticulteur propriétaire d'un vignoble qui traite sa propre récolte et la met en bouteilles.
RD: récemment dégorgé. Expression champenoise qui désigne un vin resté plus longtemps sur lies. On trouve la date du dégorgement sur la contre-étiquette.
Rosé: produit vinifié selon différentes méthodes qui permettent à la matière colorante localisée dans la pellicule du raisin de se dissoudre dans le moût. La plus simple consiste à traiter la vendange de raisins noirs comme celle de raisins blancs. Sauf en Champagne où il est permis d'ajouter 10 à 15 % de vin tranquille à la cuvée ordinaire, le mélange de vin rouge et de vin blanc est strictement interdit dans l'élaboration du rosé.
Sec: se dit d'un vin sec… en principe. En Champagne, où le vocabulaire aime jouer les alpinistes, les secs sont sucrés.
Sélection de grains nobles: en Alsace, vin issu de raisins arrivés à surmaturation. Comparable au Beerenauslese allemand.
Sur lies: expression qui désigne les vins mis en bouteilles sans soutirage.
Vendanges tardives: se dit de vins issus de raisins cueillis en fin de vendange. Il sont plus alcoolisés et plus riches en sucre.
Vigneron: terme générique synonyme de viticulteur. Il peut s'agir du propriétaire lui-même ou de son ouvrier.
Village: vin de l'appellation communale.
Villages: vin en provenance de plusieurs communes déterminées de l'appellation concernée.
Vin de paille: vin doux naturel. Il est obtenu après dessication des raisins sur un lit de paille. Propre à l'Italie et au Jura.
Vin de pays: voir chapitre «La Lutte des classes», ci-dessus.
Vin de primeur: vin élaboré pour être bu très jeune.

Propriétaire-Encaveur, Négociant-Éleveur, Négociant-Encaveur, Propriétaire-Négociant, Vigneron-Récoltant…

63

Vin de table: voir chapitre «La Lutte des classes», ci-dessus.
Vin nouveau: vin des dernières vendanges.
Viticulteur: agriculteur qui cultive la vigne en vue de l'élaboration de vin.

De Venoge. L'ancien habillage (à gauche…) et le nouveau

Sous le regard du législateur

Étiquetage: action d'étiqueter. Étiqueter: marquer d'une étiquette. Ainsi parlent les dictionnaires, rarement à court de généralités creuses.

La réglementation communautaire propre aux pays de l'Union européenne ne l'entend pas ainsi. Pour elle, l'étiquetage c'est «l'ensemble des désignations et autres mentions, signes, illustrations ou marques caractérisant le produit qui figurent sur le même récipient, y compris sa fermeture (bouchon, capsule ou autres revêtements) ainsi que le pendentif attaché au récipient». C'est comme on vous le dit. Serait-ce que le rassembleur d'étiquettes devrait, aussi, collectionner bouchons, capsules, pendentifs et «autres revêtements»? Ses albums courraient grand risque de s'en trouver mal. Mieux vaut pour lui, raisonnablement, ignorer le charabia des arrêtés-lois, leur pompe, leurs contraintes et se laisser aller en toute insouciance aux joies simplement réalistes de l'œnographilie-papier, laissant au producteur le soin d'en découdre avec la règle.

Autant savoir: tout ce qui n'est pas interdit est autorisé sinon obligatoire. Tout ce qui n'est ni obligatoire ni autorisé est interdit. Mais la restriction nécessaire n'est pas suffisante. Il faut également que les mentions obligatoires «soient regroupées dans le même champ visuel». À charge de l'imprimeur-créateur de supputer l'amplitude de ce dernier. Car la loi reste muette à ce propos: tous les acquéreurs de bouteilles sont donc censés balayer de l'œil la même portion d'horizon. Toujours pour des raisons ophtalmiques, les mentions qualifiées d'obligatoires seront inscrites «en caractères clairs, lisibles, indélébiles et suffisamment grands pour bien ressortir du fond sur lequel elles sont imprimées et pour qu'on puisse les distinguer nettement de l'ensemble des autres écritures et des dessins».

Seuls les mal-voyants auraient encore quelque raison d'être mécontents mais tout a été prévu : il existe déjà des étiquettes en écriture Braille.

Admettons-le : tout porte à croire que le viticulteur, sa journée de dur labeur achevée, se plonge dans autre chose que la lecture rébarbative du Guide de l'Étiquetage que publie la Fédération Nationale des Syndicats Régionaux du Négoce Éleveur des Vins de France. D'autant que ce mince opuscule, pas même broché, se vend au prix renversant de 600 francs (lourds), pour les vins tranquilles, 600 autres pour les vins mousseux. La loi n'a pas de prix.

Nombreuses sont les indications qui occupent la surface de l'étiquette. Les temps de la fantaisie et de la libre expression étant révolus, c'est en conformité avec une réglementation stricte que leur usage est à présent déterminé. Minutieux en diable, le législateur ne se contente pas de préciser celles qui revêtent un caractère impératif : il va jusqu'à s'occuper de la taille et de la couleur des caractères utilisés pour les exprimer. Encore faut-il que l'usager - vigneron, propriétaire ou négociant - ait pris la peine de se familiariser avec le contenu des ordonnances. Comme c'est rarement le cas, l'imprimeur-créateur se double désormais d'un conseiller légal auquel l'homme du vin a de plus en plus souvent recours. Mieux que quiconque, il distingue l'obligatoire de l'autorisé, l'autorisé de l'interdit, et peut ainsi suppléer aisément aux carences encyclopédiques de ses clients.

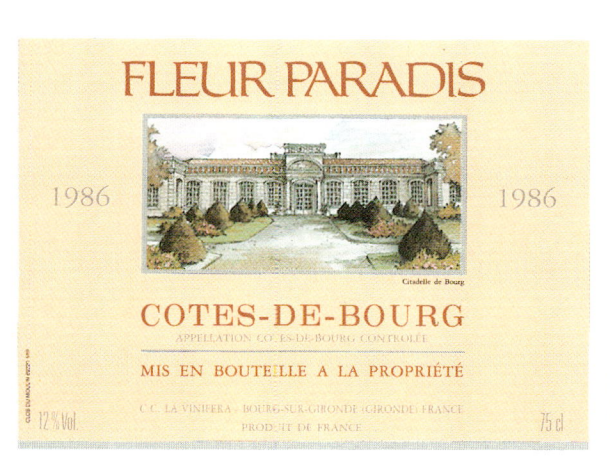

Étiquettes bien complètes de leurs mentions obligatoires

Mentions obligatoires

1 Pays d'origine

L'indication d'origine est requise pour tous les vins de tous les pays, destinés à l'exportation. Elle ne doit pas figurer sur l'étiquette des vins qui ne franchissent pas les frontières de leur pays de production.

2 Dénomination du produit

- Vin de table : la mention «Vin de Table» doit figurer en caractères non équivoques et lisibles. Une obligation que l'on oublie parfois de respecter tant il paraît peu glorieux, sauf exception, de n'être «que» vin de table.
- Vin de pays : en France, la mention «Vin de Pays» doit être immédiatement suivie du nom du département d'origine ou de celui de la zone concernée. Tous les caractères utilisés doivent être identiques.
- AOC et AOVDQS : la taille des caractères utilisés pour le nom de l'appellation n'est pas précisée mais celle-ci doit être parfaitement lisible. Sous le nom de l'appellation doit figurer l'une des

deux mentions ci-dessous, en caractères dont la taille ne peut être supérieure à celle de l'appellation : - «appellation contrôlée» ou «appellation d'origine contrôlée»
- «appellation d'origine vin délimité de qualité supérieure»

Si le nom d'une marque de commerce, d'une variété de vigne ou d'une exploitation figure sur l'étiquette, le nom de l'appellation doit être répété entre les mots «appellation» et «contrôlée», le tout en caractères identiques, de même taille et de même couleur.

3 Volume nominal

En Europe, il figure généralement dans le coin inférieur droit de l'étiquette, sans que cet emplacement soit obligatoire. Il est le plus souvent exprimé en centilitres (75 cl), rarement en millilitres (750 ml). Avec raison, l'amateur de vin rouge affectionne le magnum (150 cl, soit deux bouteilles) propre à favoriser un vieillissement optimal. De là à prétendre, comme le font certains, que le vin est «meilleur» en magnum… La règle n'a pas le même sens dans le cas du Champagne, celui-ci étant rarement traité autrement qu'en bouteilles standard de 75 cl, sauf en fin de manipulation où il est purement et simplement transvasé dans des vaisseaux de plus grandes dimensions, aux dénominations insolites et parfois contradictoires :

∴

Volume	CHAMPAGNE	BORDEAUX
1,5 litre (2 bout.)	Magnum	Magnum
2,25 litres (3 bout.)	-	Marie-Jeanne
3 litres (4 bout.)	Jéroboam	Double Magnum
4,5 litres (6 bout.)	Réhoboam	Jéroboam
6 litres (8 bout.)	Mathusalem	Impériale
9 litres (12 bout.)	Salmanazar	-
12 litres (16 bout.)	Balthasar	-
15 litres (20 bout.)	Nabuchodonosor	-

On se souviendra que la bouteille exclusive de Château-Chalon - le «clavelin» du Jura - n'a qu'une contenance de 62 centilitres, soit ce qui subsiste d'un litre de vin après un mûrissement de six ans en fût. Ne dit-on pas du vin jaune qu'il est le seul qui puisse dépasser cinq générations de vignerons et être dégusté par la sixième ? Certains flacons italiens, tel le Recioto de Soave, circulent en flacons de 50 centilitres. Sans préjudice de tous autres vins de France ou d'ailleurs dont l'étiquette affiche une contenance de 98, 99 ou 100 cl, sinon pas de contenance du tout. Lorsque les récipients utilisés satisfont aux prescriptions relatives au préemballage des liquides, une minuscule lettre «e», d'une hauteur minimale de 3 mm, peut suivre l'indication du volume nominal. Celui-ci doit être spécifié en caractères de 3 millimètres s'il est compris entre 20 et 100 centilitres. Au-delà, les caractères doivent mesurer 5 millimètres. L'erreur tolérée pour une bouteille standard de 75 cl est de 4,5 ml.

4 Identité du responsable légal

Est considéré responsable de la mise en circulation d'un vin celui qui en assure la mise en bouteilles ou est propriétaire de la marque commerciale. L'étiquette doit mentionner son nom ou sa raison sociale. En France, l'usage d'utiliser des noms de fantaisie ou de firmes est toujours toléré, pourvu que ces noms soient déposés à l'inspection départementale.

L'adresse de l'embouteilleur ou de l'expéditeur est celle du siège principal de l'entreprise concernée. Si l'embouteillage ou l'expédition a lieu dans une autre commune que celle où l'entreprise a son siège principal, l'adresse doit être complétée par l'indication de la commune où l'opération a lieu. Ceux qui procèdent à l'embouteillage multiple sont ainsi tenus de disposer d'autant de jeux d'étiquettes qu'ils ont de lieux d'embouteillage.

La taille des caractères utilisés pour l'adresse et le lieu d'embouteillage ne peuvent dépasser la moitié de ceux utilisés pour la dénomination du produit. (Vin de Table, Vin de Pays, AOC…).

Le nom et l'adresse de l'embouteilleur doit être obligatoirement accompagné de la mention « mis en bouteilles par… » sauf si l'étiquette porte déjà la mention « mis en bouteilles à la propriété ».

Étiquettes incomplètes

5 Teneur en alcool

Naguère imposée aux seuls vins de table, elle est, depuis le 1er mai 1988, obligatoire dans l'étiquetage de tous les vins circulant sur le territoire de l'Union européenne. Elle doit être exprimée en pourcentage du volume (13 %). Elle peut être précédée des mots « titre alcoométrique acquis » ou « alcool acquis », en abrégé « Alc ». L'erreur tolérée est de 0,5 %.

Mentions facultatives

1 Cépage

La mention de cépage est aujourd'hui couramment d'application dans l'univers vinicole et plus particulièrement dans les régions où son apparition sur l'étiquette apporte une plus-value au vin. C'est le cas pour les vins de pays dont les producteurs espèrent, par cet usage, rencontrer une plus large adhésion de la clientèle. On sait que les vins d'Alsace, par exemple, s'annoncent par le cépage utilisé.

L'étiquette d'un vin de l'Union européenne ne peut mentionner de cépage que si celui-ci intervient pour 85 % au moins dans l'élaboration du produit. Cette exigence a été abolie en France. Est maintenue, en revanche, l'interdiction de mentionner deux variétés de vignes.

Le nom du cépage ne peut prêter à confusion avec aucune autre indication figurant sur l'étiquette. Il doit obligatoirement figurer au classement officiel des variétés de vignes et être déterminant pour le caractère du vin.

Principaux cépages contemporains

Cabernet Franc

Cousin du Cabernet Sauvignon, le Cabernet Franc se retrouve nécessairement en Bordelais où il rejoint le Merlot dans les assemblages. En Saint-Émilion, il va même jusqu'à prédominer souvent. Il domine dans certaines régions du pays de Loire dont certains vins en sont exclusivement issus. Ceux-ci sont généralement légers et de peu de garde. Le Cabernet Franc n'a pas les qualités de robustesse du Sauvignon, faiblesse qu'il compense par ses remarquables saveurs et ses arômes fruités.

Cabernet Sauvignon

Champion toutes catégories, universellement utilisé, le Cabernet Sauvignon est le cépage qui exprime le mieux sa forte personnalité dans n'importe quel environnement. On le retrouve aussi bien en Californie qu'en Australie, en Argentine, en Bulgarie, en Afrique du Sud ou dans de nombreuses régions de France, mais c'est en Bordelais qu'il s'affirme le mieux. Comme il ne produit qu'un rendement faible, il est tout indiqué là où la haute qualité est l'objectif premier. Toujours assemblé avec le Merlot ou le Cabernet Franc, il intervient dans les vignobles du Médoc jusqu'à 80 %. Il fournit arôme, couleur, corps et tanins aux crus les plus réputés. Ses vins austères se prêtent admirablement au vieillisement.

Carignan

Un cépage peu glorieux, générateur en quantités énormes de vins rouges sans attrait tout justes propres à l'assemblage. Il est le plus commun en France.

Chardonnay

Les terres de prédilection du Chardonnay sont, légendairement, la Bourgogne et la Champagne où sa réussite est complète. Ce qui ne l'empêche nullement de s'adapter à des climats fort différents comme ceux de la Californie ou de l'Australie. Souvent assemblé en Champagne avec le Pinot Noir ou Meunier, il se suffit à lui-même en Bourgogne. Il donne des vins amples, très aromatiques et de grand caractère, généralement élevés dans des fûts de bois. Leur goût de chêne est réputé. Sans être jamais doux, ils sont généralement d'un abord très flatteur. L'amateur leur trouve, c'est selon, des arômes de beurre frais, de pain grillé, de noisette, d'ananas, de mangue, de fruit de la passion…

Chenin Blanc

Surnommé «pineau de la Loire», le Chenin Blanc fait merveille en Touraine et en Anjou. Son acidité élevée assure aux vins qui en sont issus une exceptionnelle longévité. Il convient parfaitement aux vendanges tardives telles qu'elles se pratiquent dans la vallée du Layon et autour de Vouvray.

Gamay

On connaît l'anecdote de l'édit de 1395 par lequel Philippe le Hardi bannit le Gamay des vignobles de la Côte d'Or. Entaché de sa mauvaise réputation, il se réfugia en Beaujolais où il devint le cépage unique. Par son style inimitable quoique souvent imité, le Gamay donne des vins rouges légers incomparablement fruités. La Loire, quelques vignobles du centre de la France, la Suisse ont également accueilli le Gamay avec beaucoup de bonheur.

Gewürztraminer

Certains mordus de l'ampélographie font du «Gewürz» et du Traminer un seul et même cépage, ce que conteste le vigneron de la vallée du Rhin, allemand ou alsacien, où il est chez lui. Quoi qu'il en soit, il porte admirablement son nom, synonyme d'épice. Et c'est bien là le goût caractéristique des vins qu'il produit, aisément identifiables à leur goût de fruit poivré. Son acidité faible, son étonnante présence en bouche amènent souvent le profane à le confondre avec un vin doux, lui qui n'est que merveilleusement fruité.

Grenache

Le raisin rouge le plus cultivé dans le monde, familier des pays du soleil. On le rencontre surtout en Provence, dans la vallée du Rhône - où il donne, seul, le tavel -, en Corse, en Californie, en Australie, en Afrique du Sud. Ses vins colorés sont particulièrement corsés, atteignant jusqu'à 17 degrés. Il intervient dans l'élaboration des vins doux naturels dans le Roussillon (Banyuls) et en Provence (Rasteau).

Merlot

Il prédomine en Saint-Émilionnais et en Pomerol où il éclipse partiellement le Cabernet. On connaît le rôle fondamental qu'il joue dans l'exceptionnelle réussite du Pétrus, une performance qui a plus d'une fois incité les néo-viticulteurs américains à tenter l'impossible. Utilisé

En page de droite
Quelques cépages vedettes

COLLIO
DENOMINAZIONE DI ORIGINE CONTROLLATA

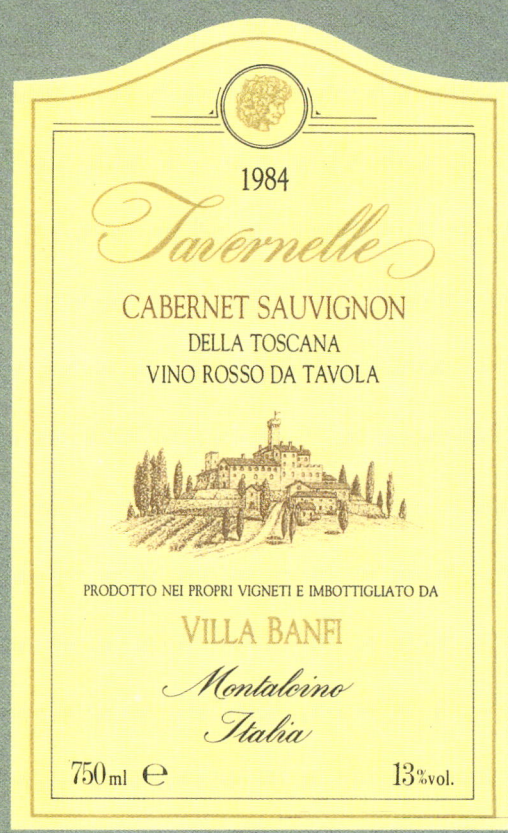

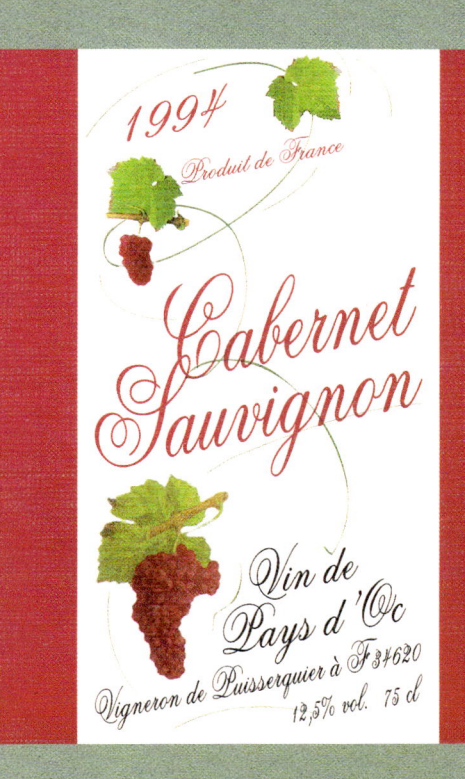

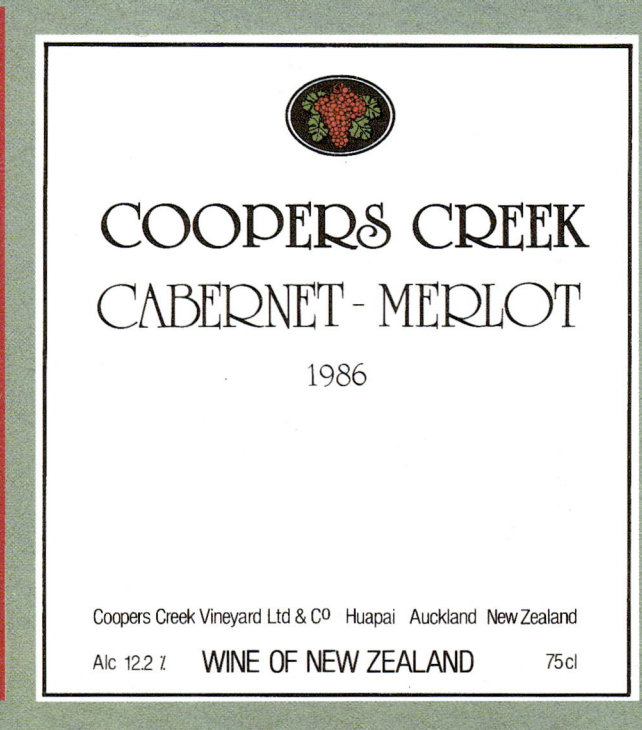

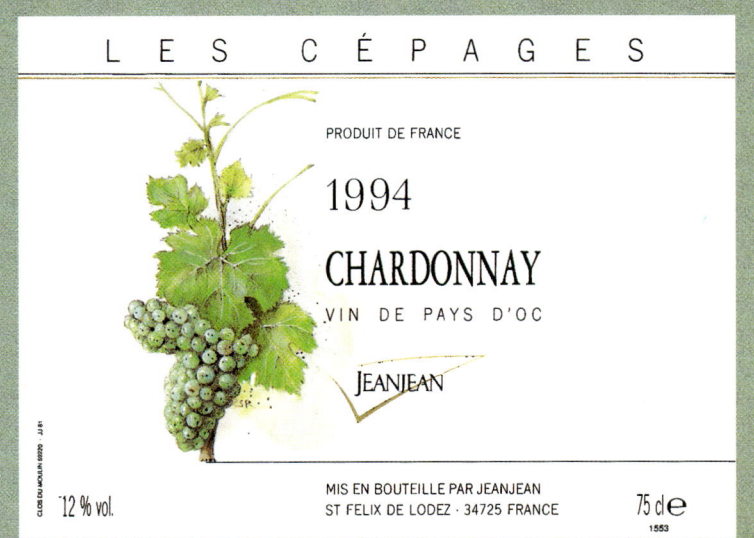

GRADNIK

MERLOT
di Plessiva

IMBOTTIGLIATO DAL VITICOLTORE ALL' ORIGINE
AZIENDA **GRADNIK** AGRICOLA
CORMONS - ITALIA

0,72 l   12,5% VOL.

1984

Tavernelle

CABERNET SAUVIGNON
DELLA TOSCANA
VINO ROSSO DA TAVOLA

PRODOTTO NEI PROPRI VIGNETI E IMBOTTIGLIATO DA
VILLA BANFI

Montalcino
Italia

750 ml ℮   13% vol.

LES CÉPAGES

1993

MERLOT
VIN DE PAYS D'OC

JEANJEAN

12 % vol.   MIS EN BOUTEILLE PAR JEANJEAN   75 cl ℮
ST FÉLIX DE LODEZ · 34725 · FRANCE
PRODUIT DE FRANCE   1551

1994 *Produit de France*

Cabernet Sauvignon

Vin de Pays d'Oc

Vigneron de Puisserquier à F 34620   12,5% vol.   75 cl ℮

COOPERS CREEK
CABERNET - MERLOT
1986

Coopers Creek Vineyard Ltd & Cº   Huapai   Auckland   New Zealand

Alc 12.2 %   WINE OF NEW ZEALAND   75 cl

LES CÉPAGES

PRODUIT DE FRANCE

1994
CHARDONNAY
VIN DE PAYS D'OC

JEANJEAN

12 % vol.   MIS EN BOUTEILLE PAR JEANJEAN   75 cl ℮
ST FÉLIX DE LODEZ · 34725 FRANCE
1553

VIN D'ALSACE
APPELLATION ALSACE CONTRÔLÉE

Spécial Asperges
PINOT BLANC

12 % Alc./Vol.   MIS EN BOUTEILLE A LA PROPRIÉTÉ PAR   750 ml
CAVE VINICOLE A HUNAWIHR HAUT-RHIN - FRANCE
PRODUCT OF FRANCE

en petites quantités - sauf exception - en Médoc, il donne aux vins de la «rive gauche» la souplesse qui leur manque parfois. Vinifié seul, il donne des vins d'une somptueuse robe foncée à boire assez rapidement. Sujet à la «coulure», le Merlot peut compromettre la récolte de modestes appellations bordelaises qui misent tout sur lui.

Müller-Thurgau

Ce cépage, le plus courant en Allemagne, doit son nom au profeseur Müller, originaire du canton suisse de Turgovie. C'est lui qui réalisa ce premier croisement entre le Sylvaner précoce et le Riesling tardif. Il est d'un rendement très élevé et domine en Hesse rhénane, en Palatinat rhénan, en Nahe, au pays de Bade et en Franconie.

Muscat

Qu'ils soient noirs, rouges ou blancs, les raisins du Muscat ont en commun le goût intense, reconnaissable entre mille, des vins qu'ils engendrent. On le considère quasi unanimement comme le plus ancien de tous ses congénères, une opinion sympathique mais qui ne repose sur aucun fait scientifique établi. La tradition, jointe aux écrits de Pline et aux usages toujours en cours dans le bassin méditerranéen, de la Crimée à la Sicile, y sont pour beaucoup.

La grande famille des Muscats compte quelque 200 représentants, dont le Muscat Blanc à petits grains, réputé le meilleur. Il règne en maître à Beaumes-de-Venise, en France. Ses vins connaissent une vogue très ancienne en Italie et en Espagne sous les noms de Muscatel, Muscadel, Moscato, Moscatel, Moscatello…

Pinot Blanc

Sans aucune relation avec le Chardonnay, le Pinot Blanc donne des vins semblables aux siens, la densité et le corps en moins. Répandu en Italie du Nord et en Alsace, il n'y a pas la saveur ni le charme du Pinot Gris.

Pinot Gris

Un cépage qui porte mal son nom, ses raisins étant ou blancs ou noirs. Sous le nom de Tokay d'Alsace en France, de Pinot Grigio en Italie, de Rülander en Allemagne, il produit des vins racés, à la fois bien charpentés et élégants, aux arômes subtils. Ils ont généralement un nez «fumé» agrémenté de parfums de pain d'épice.

Pinot Noir

C'est, par excellence, le cépage des grands Bourgognes rouges. À l'inverse du Chardonnay, son acolyte en blanc, le Pinot Noir se refuse à toute tentative de culture en dehors de chez lui. Vinifié en blanc, il intervient avec bonheur dans les assemblages des grands champagnes où il s'allie

Page de droite
Le Pinot Noir: un cépage à succès, en Suisse

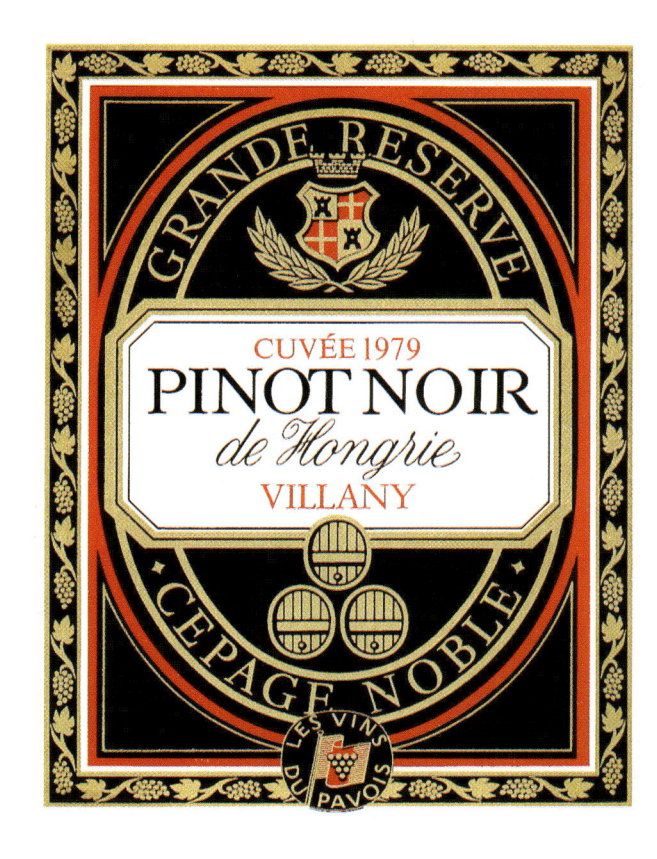

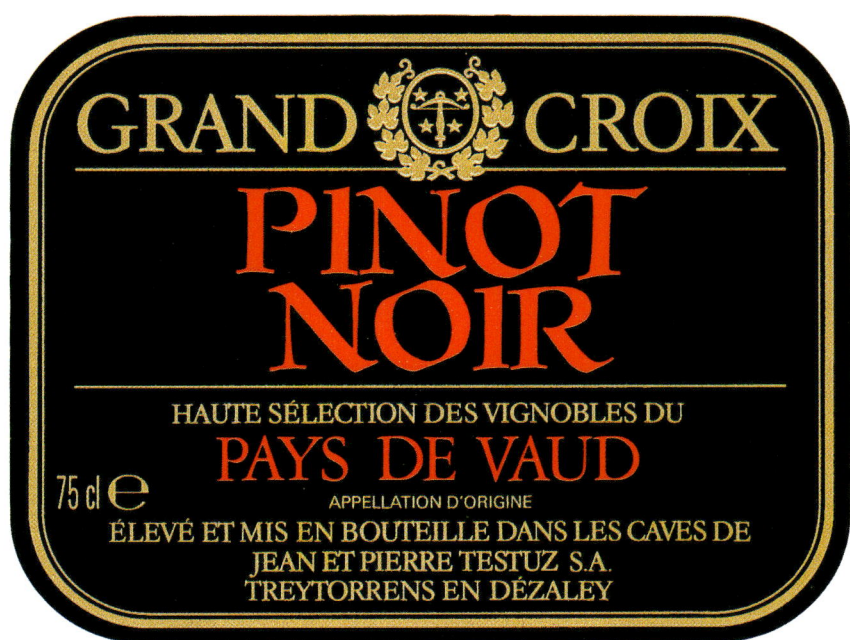

PINOT NOIR de Neuchâtel

Buess propriétaire du Domaine de Champréveyres Neuchâtel-Sissach

GRANDE RESERVE

CUVÉE 1979
PINOT NOIR de Hongrie
VILLANY

CEPAGE NOBLE · LES VINS DU PAVOIS

GRAND CROIX
PINOT NOIR

HAUTE SÉLECTION DES VIGNOBLES DU
PAYS DE VAUD
75 cl ℮ APPELLATION D'ORIGINE
ÉLEVÉ ET MIS EN BOUTEILLE DANS LES CAVES DE
JEAN ET PIERRE TESTUZ S.A.
TREYTORRENS EN DÉZALEY

GRAND VIN NOBLE
PINOT NOIR
ROMAND

SÉLECTIONNÉ PAR HAMMEL S.A. ROLLE (SUISSE)

PINOT NOIR
Vincenza

PINOT NOIR SÉLECTIONNÉ DE LA VENETIE (Italie)

LE NOTABLE
PROPR · ENCAVEURS · GEORGES JUNOD & CIE SA · AIGLE
PINOT NOIR
DU DISTRICT D'AIGLE

avec bonheur au Pinot Meunier et au Chardonnay. Aucun amateur n'ignore les ineffables joies qu'il procure pour peu qu'il ait été correctement vinifié, un exploit en définitive moins fréquent qu'on pourrait le penser.

Riesling

Il convient parfaitement aux côteaux escarpés des vallées allemandes ou autrichiennes du Rhin, de la Moselle ou de Danube dont il est le cépage blanc classique. Il donne indifféremment des vins secs ou doux, à consommer jeunes ou, au contraire, vieux de plusieurs décennies. En France, sa souveraineté reste limitée à l'Alsace. Ailleurs en Europe, on n'hésite pas à usurper son nom et l'on y fait passer pour du Riesling ce qui n'en est pas.

Sauvignon Blanc

Jusque vers 1960, le Sauvignon Blanc est passé inaperçu au bataillon des cépages nobles. La vogue du Pouilly Fumé et du Sancerre l'a alors libéré de l'injuste ostracisme dont il était frappé. Il est en réalité le cépage blanc principal du Bordelais où il entre dans la composition du Graves blanc et du Sauternes et où il intervient fort à propos dans la naissance de très grands crus. Il faut en outre noter que, depuis peu, le Sauvignon Blanc sert également de sang neuf aux vins valétudinaires de l'Entre-deux-Mers. Ses vertus vitaminées redonnent force et vigueur aux petites AOC en perte de santé.

Sangiovese

C'est le cépage prépondérant en Toscane où il produit le célèbre Chianti. On le retrouve cependant dans de nombreux autres vignobles d'Italie.

Sémillon

Ce cépage blanc du Bordelais se trouve communément en Sauternais et dans le pays de Graves. Lorsque les conditions atmosphériques s'y prêtent, ses raisins à peau fine sont facilement sujets à la pourriture, une vertu appréciable s'il s'agit du noble «Botrytis cinerea», catastrophique en cas de pourriture dite «grise», destructrice de vendanges entières.

Sylvaner

Le Sylvaner est un cépage sans grande ambition, producteur, en Alsace et en Allemagne, de vins légers de peu de personnalité.

Syrah

Cépage noble de légende, la Syrah aurait été introduite dans la haute vallée du Rhône par les légions romaines du général Probus après avoir engendré le vin des noces de Cana. Quoi qu'il en soit, il est à l'origine des grands vins du Rhône. Les Côte Rôtie, Cornas, Ermitage et Châteauneuf-du-Pape lui doivent leur robustesse, leur velouté, leur élégance. La Californie, l'Australie et l'Afrique du Sud se le sont annexé.

Tempranillo

Le Tempranillo est le cépage-miracle qui préside à la naissance de la plupart des grands vins d'Espagne, des crus du Rioja à ceux de Catalogne auxquels il donne un air de famille avec ceux issus du Pinot Noir de Bourgogne. Il est le premier des cépages rouges de la Péninsule. Au Portugal, il est cultivé dans le Douro pour l'élaboration du vin de Porto.

Zinfandel

Le Zinfandel, apparemment arrivé d'Europe en Californie vers 1850, est devenu le cépage national aux États-Unis. Encore maladroitement utilisé par les Américains, il a tout son avenir devant lui. En attendant de trouver ses marques, il donne des vins originaux, de longue garde, malaisés à définir.

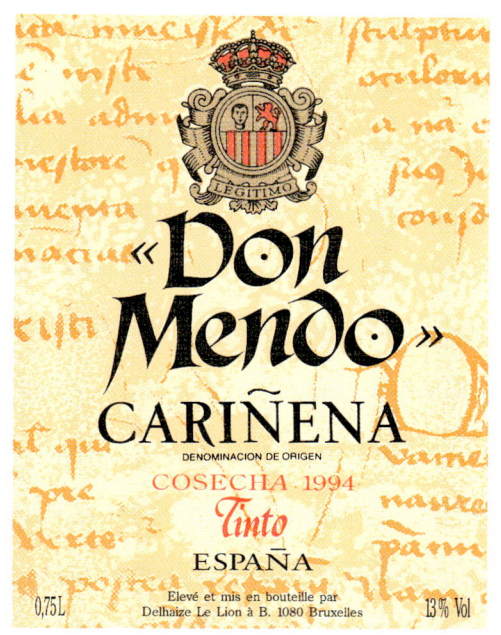

Zinfandel et Tempranillo

2 Couleur du vin

Cette mention n'a de réelle raison d'être que lorsque l'opacité du récipient ne permet pas au regard le plus perçant de distinguer la teinte de son contenu. Mais combien singulière serait l'idée de ce producteur qui enfouirait son joli vin blanc sous une épaisse couche de verre sombre ! Reste, bien entendu, le cas de ces vins mi-figue mi-raisin affublés de robes inidentifiables qui tirent l'une sur le rouge clair, l'autre sur le rose foncé.

Rigoureux, le législateur français a doté son pays d'un nuancier strictement limitatif. Sont autorisées les mentions de couleurs suivantes :

∴ vins rouges : vin de café, vin tuilé, pelure d'oignon
 vins rosés : vin gris, gris de gris
 vins blancs : ambré, doré, blanc de blancs

3 Teneur en sucre résiduel

Déterminée par analyse, cette mention peut figurer sur les étiquettes des vins de toutes catégories. Il en est cependant rarement fait usage.

4 Type de vin

Pour peu que le produit réponde à certaines conditions, en particulier celles relatives à la teneur en sucre résiduel, il lui est permis de faire apparaître sur son étiquette l'une de quatre mentions que voici : SEC, DEMI-SEC, MOELLEUX, DOUX.

D'un extrême à l'autre de ce bref énoncé, on passe de 4 grammes de sucre au litre à 45…

5 Mode d'élaboration

Comme ci-dessus, un catalogue a été défini par la loi qui réunit des vocables parfois ambigus relatifs tantôt au palais, tantôt à la vue, ce qui renverrait avantageusement certains à la rubrique « couleur du vin » :

∴
Vins de TABLE	Vins de PAYS	AOC et AOVDQS
fruité	fruité	fruité
vin nouveau	vin nouveau	vin nouveau
vin de café	vin primeur	vin primeur
	sur lie	sur lie
	vendange tardive	vendange tardive, vin jaune, vin de paille, clairet, clairette, roussette, vin vieux, claret, sélection de grains nobles

Les dimensions des caractères utilisés pour l'indication du mode d'élaboration ne peuvent être supérieures à celles de la dénomination du vin.

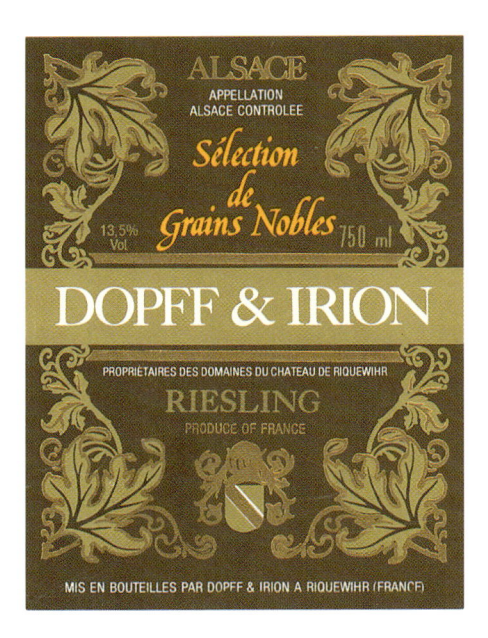

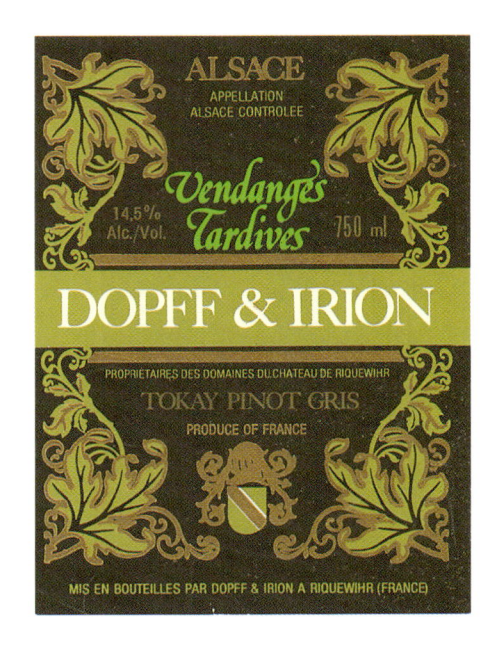

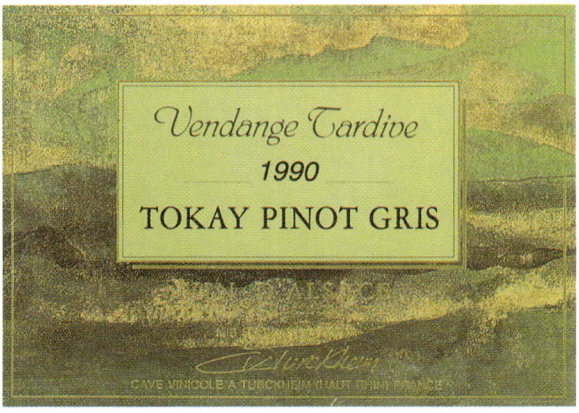

Mode d'élaboration

6 Millésime

Il va de soi que la mention d'année de vendange ne peut valablement figurer sur l'étiquette que si la récolte provient intégralement du millésime annoncé. Facultative pour les AOC et les vins de pays, elle est obligatoire sur l'étiquette des vins «nouveaux» et de «primeur».

En Bourgogne, la collerette millésimée continue de se bien porter et c'est dommage. Outre qu'elle se perd parfois, elle ne procure jamais à l'amateur les assurances qu'il est en droit d'attendre d'elle. L'œnographile, quant à lui, la déteste, comme il déteste ces étiquettes qui jouent les coquettes et refusent d'avouer leur âge.

7 Mentions traditionnelles

Seuls les VQPRD (AOC et AOVDQS) ont éventuellement droit à la mention d'un titre, sélectionné dans l'énoncé que voici :

GRAND · PREMIER · PREMIÈRE · CRU · Iᵉʳ CRU · GRAND CRU · GRAND VIN · VIN FIN · ORDINAIRE · GRAND ORDINAIRE · SUPÉRIEUR · SUPÉRIEURE · CRU CLASSÉ · Iᵉʳ CRU CLASSÉ · 2ᵉ CRU CLASSÉ · GRAND CRU CLASSÉ · Iᵉʳ GRAND CRU CLASSÉ · CRU BOURGEOIS · VILLAGES · CLOS · CAMP · EDELZWICKER · SCHILLERWEIN · RÉSERVE · PASSE TOUT GRAINS · VIN NOBLE · PETIT · HAUT

Page de droite, haut
Rouge, blanc, blanc sec, vin de café… Mais encore ?

Étiquettes du val de Loire anciennes

VIN BLANC
SEC
IMPORTATION DIRECTE
CONT. 68 cl. ou 1 L.
R.C. Brux. 1047

VIN BLANC

VIN ROUGE
IMPORTATION DIRECTE
CONT. 68 cl. ou 1 L.
R.C. Brux. 1047

Vin de Café
CUVÉE ROUGEYRON
98 cl
VIN DE TABLE ROSÉ
11°
Mis en bouteille par
Jean Rougeyron - Négociant - 63100 Clermont-Ferrand

DRAPEAU FRANÇAIS
J.H.ROBINSON & Cie
GRAND VIN MOUSSEUX
CRÉMANT EXTRA

VIN MOUSSEUX
GOÛT AMÉRICAIN
IMPÉRIAL SPARKLING
ST-HILAIRE-ST-FLORENT
GRAND VIN

"La Victoire"
Sparkling Muscatel
VIN
MOUSSEUX
PRODUCE OF FRANCE
BERTIN & Cie

TOD
CUVÉE SPÉCIALE
EXTRA
Moulin
VIN MOUSSEUX
GRAND CRÉMANT
SAUMUR

ROYAL SPORT
VIN MOUSSEUX

La taille des caractères utilisés ne peut pas être supérieure à celle de l'appellation d'origine.

8 Aire géographique restreinte ou élargie

Moyennant respect des délimitations et restrictions établies par l'INAO, les VQPRD peuvent compléter le nom de l'appellation par celui d'une région, d'une sous-région, d'une commune, d'un lieu-dit.

9 Marque

Toute réflexion faite, il vaut mieux éviter la mention de la marque, tant sont nombreux les risques de confusion dans l'esprit de l'amateur, donc de disqualification du vin véhiculé, victime de l'enthousiasme de son producteur.

10 Identité de personnes physiques ou morales ayant participé au circuit commercial

Facultative pour toutes les catégories de vins, cette mention devient obligatoire dès l'instant que l'identité du responsable de la mise en bouteilles est seulement codée. En vérité, elle concerne bien des hommes du vin et va du producteur au restaurateur, en passant par le distributeur, le revendeur, le viticulteur, l'éleveur, le sélectionneur…

11 Dénomination de l'exploitation

Cette possibilité est interdite aux vins de table. Elle se résume aux termes suivants:
- Vins de pays: domaine et mas.
- AOC et AOVDQS: domaine, mas, abbaye, bastide, camp, castel, château, clos, cru, manoir, moulin, tour.

12 Distinction officielle

Elle n'est admise que si elle a été décernée par l'un des organismes officiellement reconnus. La liste en est à ce point longue qu'il serait fastidieux sinon maladroit de la reproduire ici. Rappelons simplement qu'il s'agit, en ordre essentiel, de concours (régionaux, nationaux, internationaux), de tastevinages, de goutillonages, de grumages, de chanteflûtages, d'échantelages et de toutes autres compétitions similaires qui font généralement infiniment plus d'heureux que de désappointés. Dans bien des cas, certains imprimeurs détiennent le monopole des étiquettes délivrées à ces occasions.

13 Conseils aux consommateurs

On les retrouve indifféremment sur les étiquettes de vins de toutes provenances mais pas de toutes qualités, tant il est vrai qu'aux vins de haut vol correspond le plus souvent une étiquette taciturne. Les autres se répandent volontiers en recommandations diverses relatives à l'accord du vin et des mets, à leur température de service optimale, à leur mode de conservation et même à leur utilisation rituelle au cours de cérémonies religieuses, tous autres conseils étant les bienvenus.

14 Arguments commerciaux

C'est le moment de faire connaître sa qualité de fournisseur de la Cour (royale, impériale, pontificale…), de l'Élysée, de la Chancellerie… C'est l'occasion aussi de rappeler le passé de l'entreprise ou de son terroir: l'amateur est un grand enfant qui aime qu'on lui raconte de jolies histoires. Comme la superficie de l'étiquette se prête mal aux épanchements logorrhéiques, il vaut mieux se rabattre sur une étiquette adventice, une contre-étiquette, un pendentif. Mais la palme de l'originalité ne revient-elle pas à l'Office Viticole de Sauternes et Barsac qui fournit un maximum d'informations… au dos de l'étiquette principale, tant est parfaite la transparence des produits concernés.

15 Numérotation

En haut
Distinctions: ils ont su se distinguer des autres

En bas
Des arguments commerciaux pas toujours convaincants…

Label 1 (top left)

Récolte 1988
Nº 96469
GRUMAGE
PRODUCT OF FRANCE
JULIÉNAS
APPELLATION CONTROLEE
Sélectionné par les Grumeurs
de l'Ordre des Compagnons du Beaujolais
13 % vol — Mis en bouteille par — 750 ml
MOILLARD
NEGOCIANT-ELEVEUR A NUITS-ST-GEORGES (COTE-D'OR) FRANCE

Label 2 (top right)

Nº 00000
CASTEVINAGE
Chambolle-Musigny 1973
APPELLATION CONTROLEE
Ce vin, sélectionné en 1975, par les Jurés-Gourmets de la
Confrérie des Chevaliers du Tastevin
a été élevé dans les caves de
J. C. Boisset
NÉGOCIANT A NUITS-ST-GEORGES (COTE-D'OR)
73 cl
SPÉCIMEN

Label 3 (middle left)

C.V.S. — CASTEVIN EN MAIN — 12°
Confrérie des Chevaliers du Tastevin
Le Vin des Chevaliers
SOCIÉTÉ BOURGUIGNONNE DE PROPAGANDE
NÉGOCIANT A NUITS-S'-GEORGES (COTE-D'OR)
Imprimé en France

Label 4 (middle right)

Chanteflûté au pays de Mercurey provenant des coteaux du Val d'Or. Ce vin a été recueilli, élevé et vieilli en fûts de chêne, selon les coutumes de Bourgogne. Garant de Qualité le Chanteflûtage ne relient que les vins jugés dignes de cet honneur, par les vignerons de la Confrérie et par de doctes connaisseurs. Il a droit au blason de gueule au caducée de Mercure argent, chaussé d'Or, chargé de deux Grappes au naturel. Il porte seul, le Collier de la Confrérie.

MERCUREY
Chante Flûté
SPÉCIMEN

Label 5 (lower left)

VIN BLANC 1975 UNIQUE AU MONDE
DOMAINE DE LAGAUCHE
SAUTERNES
Appellation Sauternes Contrôlée
Jean BARO, propriétaire à Bommes-Sauternes (Gironde)
MIS EN BOUTEILLES A LA PROPRIÉTÉ
73 cl

Label 6 (lower right)

GRANDE CUVÉE
MARQUE DÉPOSÉE
Chante-Alouette
APPELLATION HERMITAGE CONTRÔLÉE
MIS EN BOUTEILLE PAR
M. CHAPOUTIER S.A.
NÉGOCIANTS-ÉLEVEURS A TAIN L'HERMITAGE (DROME) FRANCE
181 — e 75 cl

Label 7 (bottom left)

GRANDS VINS — DE BOURGOGNE
Givry
APPELLATION CONTROLÉE
Préféré du Roi Henri IV — 73 cl
Propriété DESVIGNES - Poncey - 71640 GIVRY

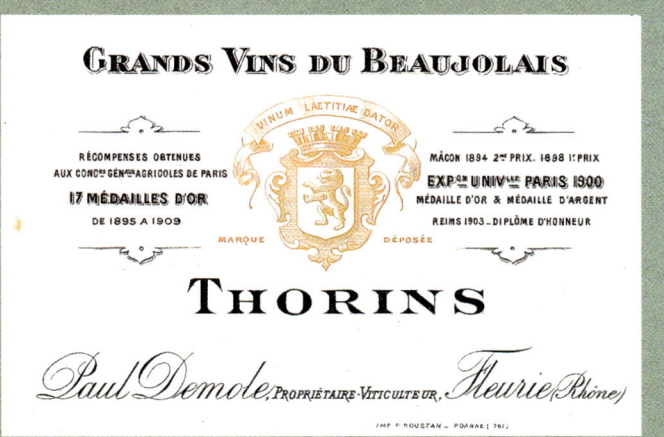

Label 8 (bottom right)

GRANDS VINS DU BEAUJOLAIS
VINUM LAETITIAE DATOR
RÉCOMPENSES OBTENUES — MÂCON 1894 2ᵉ PRIX. 1898 1ᵉʳ PRIX
AUX CONCᵗˢ GÉNᵃᵘˣ AGRICOLES DE PARIS — EXPᴺ UNIVᵉˡˡᵉ PARIS 1900
17 MÉDAILLES D'OR — MÉDAILLE D'OR & MÉDAILLE D'ARGENT
DE 1895 A 1909 — REIMS 1903 - DIPLÔME D'HONNEUR
MARQUE DÉPOSÉE
THORINS
Paul Demole, PROPRIÉTAIRE-VITICULTEUR, Fleurie (Rhône)

L'usage du colophon, semblable à celui utilisé en bibliophilie, s'est largement répandu sur l'étiquette depuis que Philippe de Rothschild en lança la mode, il y a un demi-siècle. Au plaisir de déguster son vin, l'amateur peut désormais ajouter celui de se dire que la bouteille qu'il vient d'ouvrir est la 6 578e d'un tirage limité à 10 000. Une joie rare réservée à une élite œnophilique, quelque peu tempérée par la découverte, dans l'album de l'ami collectionneur, d'étiquettes identiques, neuves, inutilisées, quoique numérotées elles aussi…

Est-ce parce qu'elle fut trop souvent imitée que l'étiquette Mouton-Rothschild a renoncé au colophon ?

16 Mise en bouteille

Une rude question qui mériterait qu'un ouvrage entier lui soit consacré. Dans l'attente de la bonne nouvelle, essayons d'y voir clair, ne serait-ce qu'à l'intérieur de l'hexagone et pour les seuls VQPRD. Au stade de la production, si l'embouteillage a lieu dans une exploitation viticole, l'étiquette annoncera : - «mis(e) en bouteille(s) au château» ou
- «mis(e) en bouteille(s) au domaine»

Mais si elle se fait chez le viticulteur ou au siège d'une coopérative non vinificatrice, elle mentionnera : - «mis(e) en bouteille(s) à la propriété» ou
- «mise d'origine» ou
- «mis(e) en bouteille(s) par les producteurs réunis».

Au stade du négoce, l'étiquette parlera de :
- «mis(e) en bouteille(s) dans la région de production» ou de
- «mis(e) en bouteille(s) en…» ou de
- «mis(e) en bouteille(s) dans la région de…»

Pour le plaisir, recueillons, au hasard des étiquettes, quelques autres libellés non «conventionnés», preuve que l'imagination de l'homme du vin est sans limites :

- mis en bouteille sous le contrôle de notre maître de chais - mis en bouteille dans nos celliers
- mis en bouteille par nos soins - mis en bouteille en nos caves - mise en bouteille au château garantie par le propriétaire - mise en bouteille de l'Office Viticole - mis en bouteille en France

La variété des mises

DOMAINE DE LA RENJARDE

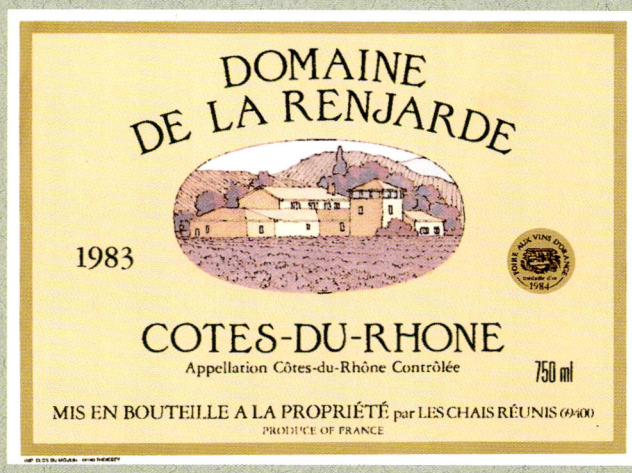

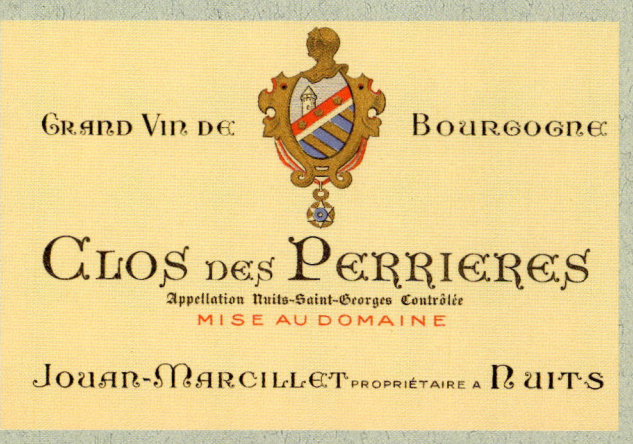

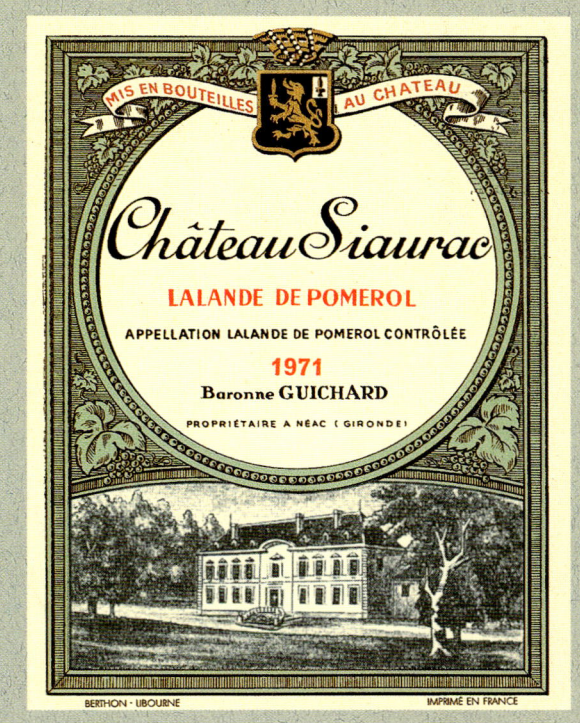

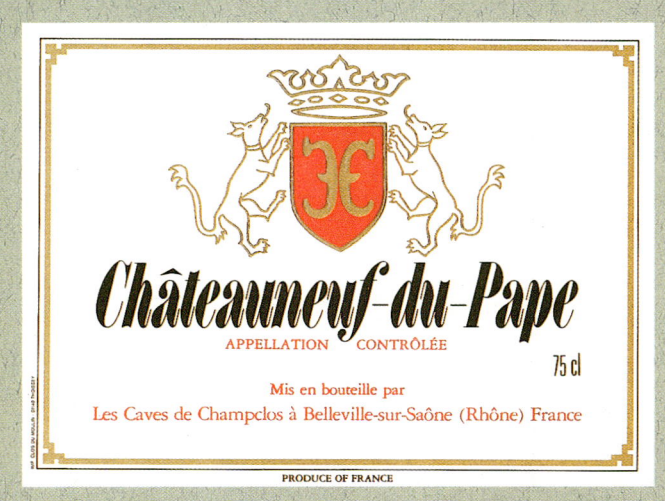

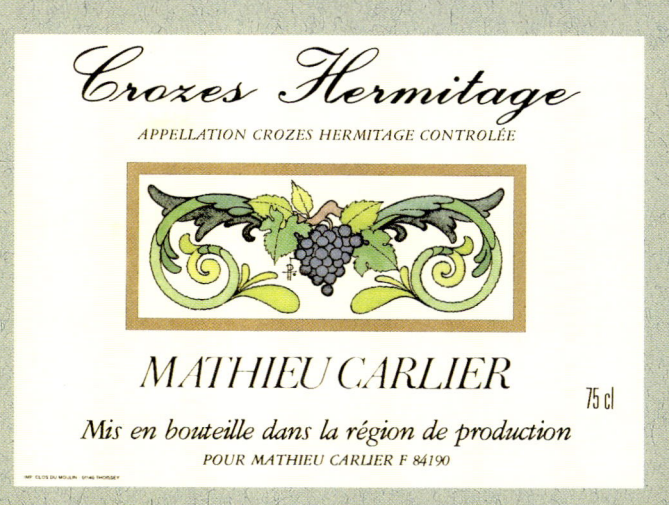

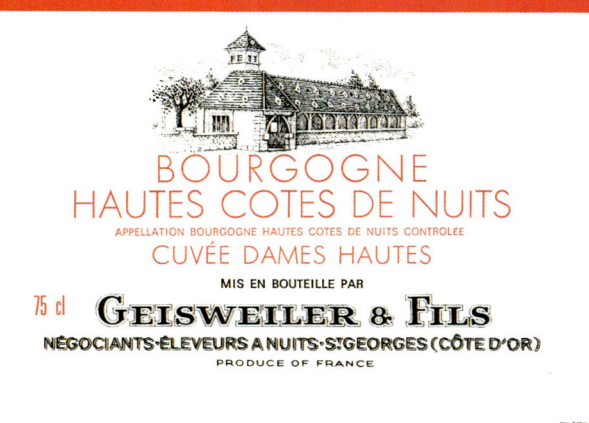

1983

CÔTES-DU-RHONE

Appellation Côtes-du-Rhône Contrôlée — 750 ml

MIS EN BOUTEILLE A LA PROPRIÉTÉ par LES CHAIS RÉUNIS (84100)
PRODUCE OF FRANCE

Crozes Hermitage

APPELLATION CROZES HERMITAGE CONTRÔLÉE

MATHIEU CARLIER — 75 cl

Mis en bouteille dans la région de production
POUR MATHIEU CARLIER F 84190

Grand Vin de Bourgogne

Clos des Perrieres

Appellation Nuits-Saint-Georges Contrôlée
MISE AU DOMAINE

JOUAN-MARCILLET Propriétaire à Nuits

BOUVET LADUBAY

Mis en bouteille sous le contrôle de notre maître de chais.

Bouvet Ladubay

BOUVET-LADUBAY S.A.
St HILAIRE St FLORENT M&L
FRANCE

MAISON FONDÉE EN 1851

ROSÉ DE LOIRE — 73 cl

APPELLATION ROSÉ DE LOIRE CONTRÔLÉE

MIS EN BOUTEILLES AU CHATEAU

Château Siaurac

LALANDE DE POMEROL

APPELLATION LALANDE DE POMEROL CONTRÔLÉE

1971

Baronne GUICHARD
PROPRIÉTAIRE A NÉAC (GIRONDE)

BERTHON-LIBOURNE — IMPRIMÉ EN FRANCE

Château Haut-Bages

AVEROUS

Pauillac-Médoc

MIS EN BOUTEILLE AU CHÂTEAU

1924

DOMAINE GEISWEILER

BOURGOGNE HAUTES COTES DE NUITS

APPELLATION BOURGOGNE HAUTES COTES DE NUITS CONTROLEE

CUVÉE DAMES HAUTES

mis en bouteille par
75 cl **Geisweiler & Fils**
NÉGOCIANTS-ÉLEVEURS A NUITS-St GEORGES (CÔTE D'OR)
PRODUCE OF FRANCE

Châteauneuf-du-Pape

APPELLATION CONTRÔLÉE — 75 cl

Mis en bouteille par
Les Caves de Champclos à Belleville-sur-Saône (Rhône) France

PRODUCE OF FRANCE

par... - mis en bouteille à F 84 800 - mis en bouteille chez le producteur - mis en bouteille par... négociant emb. - embouteilleur B. 0003...

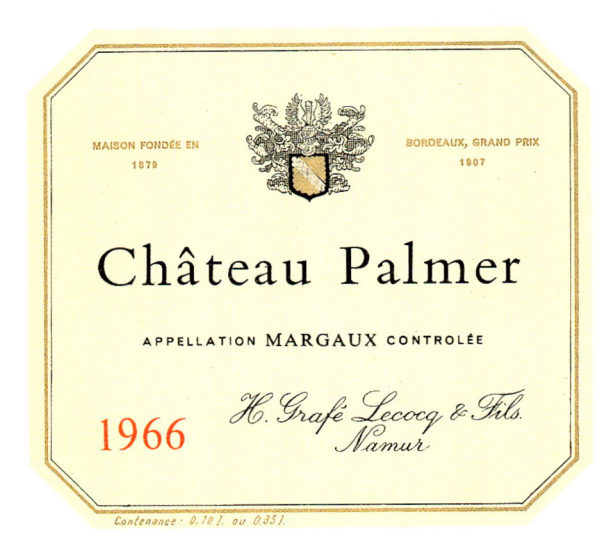

C'était dans les années 60. H. Grafé-Lecocq & Fils, négociant-éleveur à Namur (en Belgique), détenait encore le privilège d'embouteiller de très grands crus...

Il est des canards qui ont les ailes coriaces. Celui relatif à l'origine d'un certain conditionnement du vin est de cette race, certains auteurs, notoirement bien informés, s'obstinant à le maintenir en bonne santé. Il fait de Philippe de Rothschild - un homme à qui la vigne doit beaucoup - l'«inventeur» de la mise en bouteilles au château.

Le bouillant baron du Médoc n'en est-il pas le premier responsable, lui qui écrivit dans «Vivre la Vigne» (1981): «1924. L'ère nouvelle. Philippe a inventé, lancé la mise en bouteille au château.» Treize ans plus tard, Casamayor, Dovaz et Bazin continuent de colporter la nouvelle: «Il (Philippe de Rothschild) invente en 1924 la mise en bouteille au château.» (L'Or du Vin.) Non, le baron de Rothschild n'a pas inventé la mise en bouteille au château, ce qui ne lui ôte pas une once du mérite qui est le sien mais rend à l'histoire ce qui lui revient. Son exploit est d'avoir réussi à convaincre, en 1924 en effet, les «premiers» de l'époque à s'imposer à eux-mêmes la mise en bouteille au château «intégrale», une contrainte héroïque si l'on veut bien se souvenir qu'une telle décision impliquait l'obligation de pouvoir disposer d'espaces suffisants pour stocker valablement de grandes quantités de vins, appelés à séjourner sur place durant deux années au moins. Pour le reste, l'opération se pratiquait depuis longtemps déjà par bien des producteurs, en ce compris Mouton-Rothschild, le plus souvent partiellement, il est vrai, et à l'usage exclusif du propriétaire.

Comment, cependant, ne pas demeurer stupéfait devant cette appréciation du «Cocks» de 1868, sous la rubrique Gruaud-Larose: «Ses vins, vendus à la bouteille, ne sortent du château qu'avec des marques authentiques, telles qu'étampes, étiquettes, bouchons, capsules...»? Plus tard, dans les premières années du XXe siècle, la question des «abonnements», portant sur des mises du château, contractés entre négociants bordelais et Mouton-Rothschild, sera plus d'une fois évoquée par la presse locale spécialisée. Ne lit-on pas dans «La Vigne et le Vin» d'avril 1903, ces lignes qui ne laissent planer aucun doute: «L'Union des négociants n'admettait pas une combinaison imaginée par l'Union des Crus classés et proposait, d'autre part, la suppression de la mise en bouteilles au château» Par ailleurs, le passé de Château Latour nous révèle l'existence d'une certaine récolte de 1878 «intégralement mise en bouteilles au château».

L'amateur ne s'encombre guère de vérité historique. Le présent seul compte pour lui et il ne saurait admettre que le vin de ses préférences lui arrivât autrement que dans des flacons d'origine, mis au château, au domaine, à la propriété, seule garantie d'authenticité. Pour ce qui est de la qualité, il verra tout à l'heure, au moment du sacrifice. Toutes les autres formules - nous savons qu'elles sont nombreuses - demeurent pour lui sans aucun intérêt.

La chose est donc entendue: la première mise en bouteille au château ne date pas plus d'hier que de 1924, mais la communauté vinicole tout entière reconnaît, avec enthousiasme, que sans l'intervention musclée du jeune baron de Rothschild, la peu glorieuse pratique du transport des vins fins en barriques se fût singulièrement et fort malencontreusement prolongée.

17 Illustration

La loi française l'interdit, dès l'instant qu'elle est «susceptible de créer une confusion dans l'esprit de l'acheteur sur la nature, l'origine, les qualités substantielles, la composition des produits, la capacité des récipients les contenant.» Nous verrons plus loin que cette sage restriction ne refroidit en rien le délire imaginaire des concepteurs d'étiquettes.

Exercices de lecture

La lecture d'une étiquette est parfois un exercice périlleux, dans la mesure où les mentions qui y figurent visent bien souvent à distraire l'attention de l'amateur, afin de le conduire de l'essentiel vers l'accessoire, du vrai vers le vraisemblable. Par ailleurs, les traditions propres à certaines régions viticoles peuvent avoir pour effet de perturber le lecteur, peu habitué à en fréquenter les produits. Cette remarque ne vaut pas pour les crus célèbres dont la parfaite honorabilité ne saurait s'accommoder de quelconques expédients. Leur étiquette est, dans bien des cas, immuable et ne recèle aucun mystère. Leur décodage est aisé.

1 Alsace ....

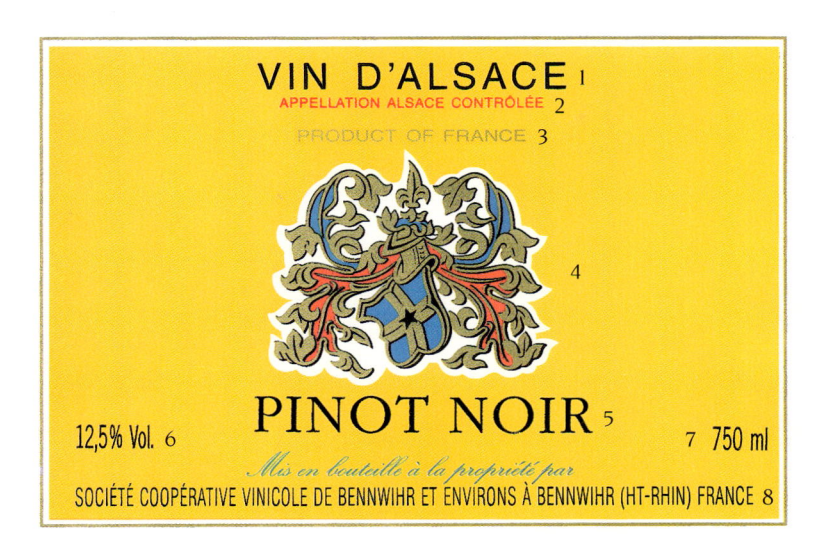

1. Appellation régionale
2. Catégorie. (AOC). (Obligatoire)
3. Mention obligatoire en cas d'exportation
4. Armoiries: fantaisie autorisée
5. Cépage (autorisé uniquement en cas de cépage unique)
6. Teneur en alcool. (Obligatoire depuis 1988)
7. Volume. (Obligatoire)
8. Identité du responsable légal

1. Rappel spectaculaire du nom du producteur
2. Appellation régionale
3. Catégorie. (AOC). (Obligatoire)
4. Illustration autorisée
5. Référence d'ancienneté, autorisée mais sans valeur légale
6. Distinction
7. Cépage autorisé pour l'appellation Grand cru
8. Millésime. (Année de la vendange)
9. Teneur en alcool. (Obligatoire depuis 1988)
10. Volume. (Obligatoire)
11. Identité du responsable légal
12. Mention obligatoire en cas d'exportation

2 Bordeaux

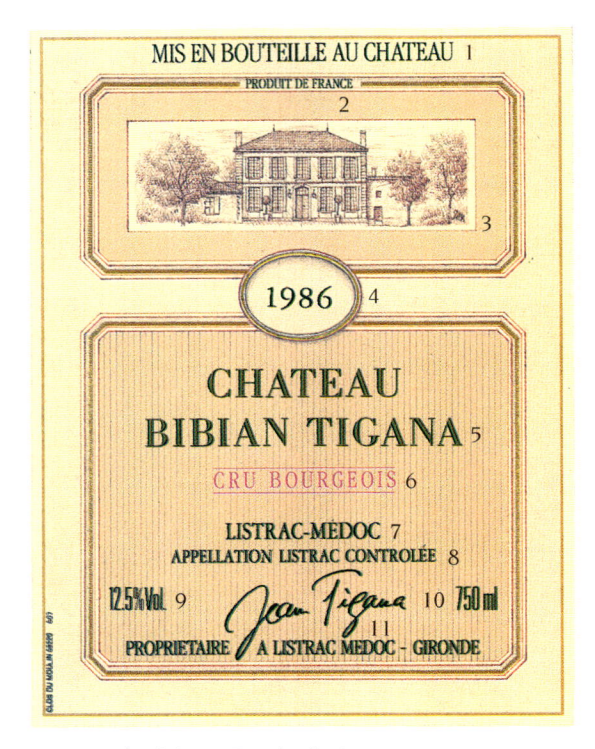

1. Mise d'origine. (Facultative)
2. Mention obligatoire en cas d'exportation
3. Illustration autorisée
4. Millésime. (Année de la vendange)
5. Dénomination du cru. (Assimilé à une marque)
6. Titre distinctif
7. Appellation communale et régionale
8. Catégorie. (AOC). (Obligatoire)
9. Teneur en alcool. (Obligatoire)
10. Volume. (Obligatoire)
11. Identité du responsable légal

1. Illustration autorisée
2. Emblème. (Autorisé)
3. Millésime
4. Mise d'origine
5. Signature de la propriétaire. (Fantaisie autorisée)
6. Dénomination du cru
7. Catégorie. (AOC). (Obligatoire)
8. Teneur en alcool. (Obligatoire)
9. Volume. (Obligatoire)
10. Identité du responsable légal
11. Mention obligatoire en cas d'exportation
12. Information destinée à empêcher l'usage frauduleux de l'étiquette

3 Bourgogne

1. Rappel du nom du producteur
2. Millésime. (Rare sur l'étiquette, en Bourgogne)
3. Mise d'origine
4. Mention obligatoire en cas d'exportation
5. Mention de grand cru
6. Dénomination du climat
7. Catégorie. (AOC). (Obligatoire)
8. Identité du responsable légal. (Obligatoire)
9. Teneur en alcool. (Obligatoire)
10. Volume. (Obligatoire)
11. Argument commercial destiné à l'importateur

1. Mise d'origine
2. Illustration autorisée
3. Identité du responsable légal. (Obligatoire)
4. Mention obligatoire en cas d'exportation
5. Appellation de climat grand cru
6. Catégorie. (AOC). (Obligatoire)
7. Titre distinctif
8. Teneur en alcool. (Obligatoire)
9. Volume. (Obligatoire)

4 Côtes-du-Rhône

1. Marque autorisée
2. Illustration autorisée
3. Mention obligatoire en cas d'exportation
4. Appellation sous-régionale
5. Catégorie. (AOC). (Obligatoire)
6. Teneur en alcool. (Obligatoire)
7. Volume. (Obligatoire)
8. Identité du responsable légal. (Obligatoire)

5 Champagne

1. Mention obligatoire en cas d'exportation
2. Catégorie. (AOC). (Le mot Champagne est à lui seul une appellation contrôlée. Son caractère particulier le dispense de toute mention.)
3. Illustration autorisée
4. Marque
5. Appellation communale
6. Titre distinctif
7. Teneur en alcool. (Obligatoire)
8. Volume. (Obligatoire)
9. Statut: récoltant-manipulant
10. Identité du responsable légal. (Obligatoire)

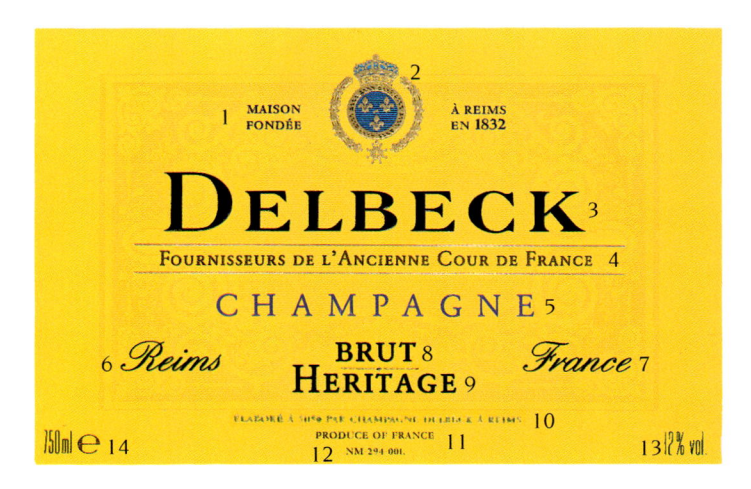

1. Argument commercial autorisé
2. Armoiries. Illustration autorisée
3. Marque
4. Argument commercial autorisé mais sans valeur légale
5. Catégorie. (AOC). (Le mot Champagne se suffit à lui-même)
6. Argument commercial
7. Argument commercial
8. Mode d'élaboration. (Facultative)
9. Identité (trop discrète) du responsable légal. (Obligatoire)
10. Mention obligatoire en cas d'exportation
11. Statut: négociant-manipulant
12. Volume. (Obligatoire)
13. Teneur en alcool. (Obligatoire)

6 Vin de Pays

1. Marque
2. Illustration autorisée
3. Catégorie. (Vin de pays). (Obligatoire)
4. Millésime
5. Mise d'origine
6. Identité du responsable légal. (Obligatoire)
7. Mention obligatoire en cas d'exportation
8. Volume. (Obligatoire)
9. Teneur en alcool. (Obligatoire)

7 Vin Délimité de Qualité Supérieure

1. Appellation régionale
2. Armoiries: illustration autorisée
3. Cépage. (Autorisé uniquement en cas de cépage unique). Assimilé à une marque
4. Catégorie. (AOVDQS). (Obligatoire)
5. Mise d'origine
6. Identité du responsable légal. (Obligatoire)
7. Teneur en alcool. (Obligatoire)
8. Volume. (Obligatoire)
9. Label VDQS. (Obligatoire)

8 Vin de Table

1. Mention obligatoire en cas d'exportation
2. Illustration autorisée
3. Teneur en alcool. (Obligatoire)
4. Volume. (Obligatoire)
5. Argument commercial
6. Mode d'élaboration. (Vin blanc de raisins blancs)
7. Catégorie. (Vin de Table). (Obligatoire)
8. Identité du responsable légal. (Obligatoire)

9 Allemagne

1. Dénomination du domaine, assimilé à une marque
2. Armoiries. Illustration autorisée
3. Identité du responsable légal. (Obligatoire)
4. Teneur en alcool. (Obligatoire)
5. Région
6. Cépage. (Autorisé uniquement en cas de cépage unique)
7. Millésime. (La désinence «er» signifie «de» 1992)
8. Catégorie. (Obligatoire)
9. Label. (Trocken : vin de la plus haute qualité, particulièrement riche en sucres concentrés)
10. Mise d'origine
11. Numéro de contrôle
12. Volume. (Obligatoire)

10 Italie

1. Marque
2. Cépage. (Autorisé uniquement en cas de cépage unique)
3. Catégorie. (Vin de Table). (Obligatoire)
4. Armoiries. Illustration autorisée
5. Volume. (Obligatoire)
6. Identité du responsable légal. (Obligatoire)
7. Obligatoire en cas d'exportation
8. Teneur en alcool. (Obligatoire)
9. Millésime

85

11 Suisse

1 Titre distinctif
2 Appellation sous-régionale
3 Catégorie. (Appellation d'origine)
4 Identité du responsable légal

Instinctivement, l'amateur se méfie des étiquettes bavardes, encombrées de longs commentaires sur les origines et les qualités du vin présenté. Un excès de références nuit.

On peut conclure, d'une manière générale, que la «bonne» étiquette est celle qui, n'ayant rien à cacher ni à truquer, est simple. Si elle réussit à joindre l'élégance à l'utile, elle a droit au respect inconditionnel de l'œnographile.

Les grandes ressemblances

Page de droite
Pour copie conforme

Les cas d'homonymie abondent dans le vignoble français où plus d'un vin se nomme Bel Air, Cheval Blanc, La Tour ou Moulin quelque chose. À qui la faute, sinon à l'histoire et à la géographie ? Oserait-on affirmer pour autant qu'aucune malice ne se glisse jamais entre les étiquettes et que l'épithète «fortuit» soit partout d'application ?

Avec ou sans « H »…

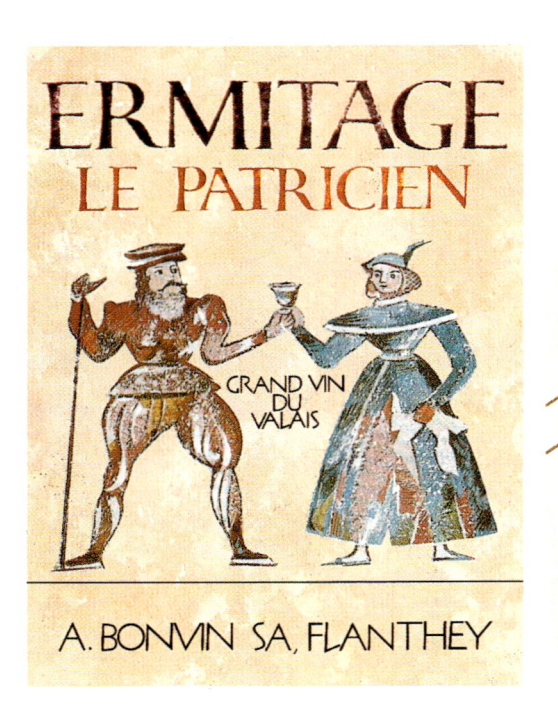

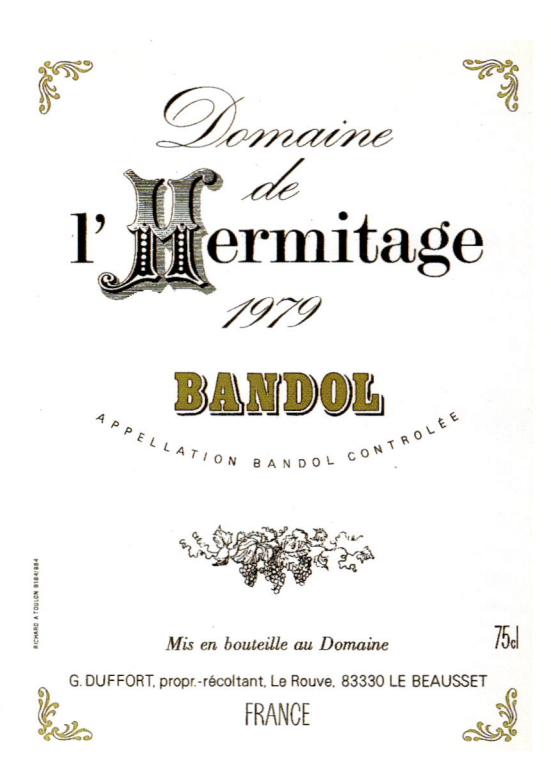

À vrai dire, l'homonymie ne dérangerait pas grand monde si les châteaux ainsi confondus appartenaient à des catégories qualitatives sensiblement équivalentes. Où les susceptibilités

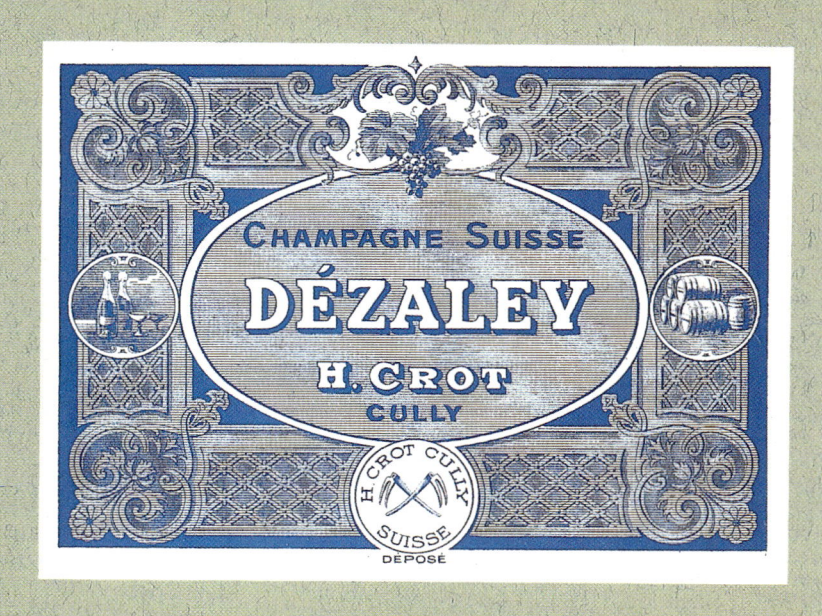

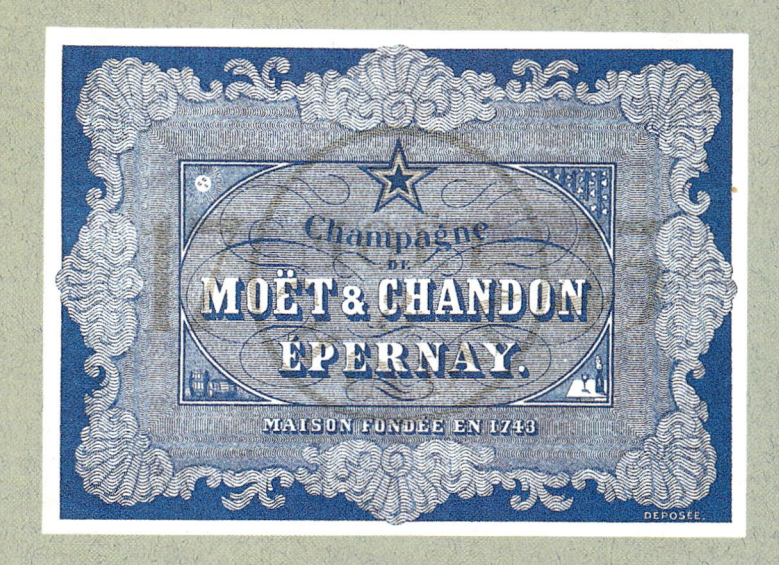

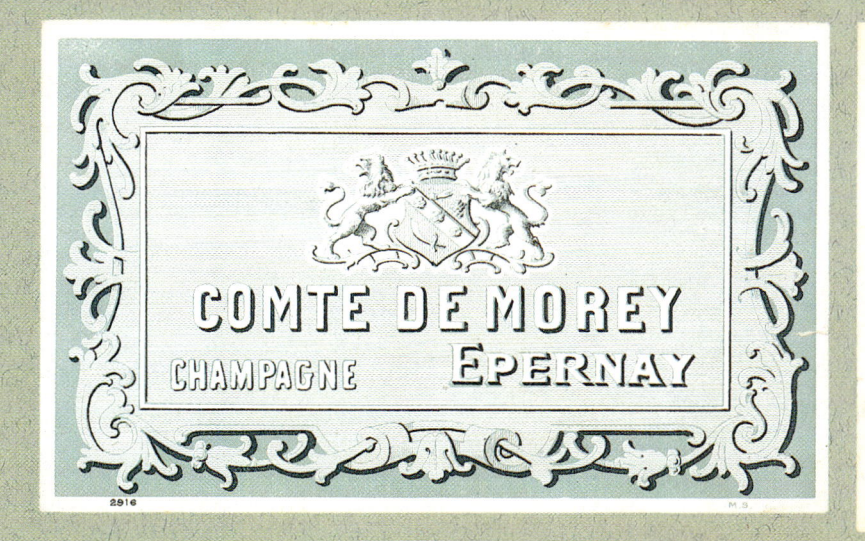

- **Champagne Suisse DÉZALEY** — H. Crot, Cully
- **Champagne Moët & Chandon**, Épernay — Maison fondée en 1743
- **Champagne Montagne de Reims** — Carte Bleue
- **Champagne Jean de Beaufort** — Ludes près Reims — Carte Bleue — N. M. 3.172.847
- **Comte de Morey** — Champagne — Épernay
- **Champagne Louis Gramien** — Rilly près Reims — N. M. 5.960.726 — Carte Bleue

Page de droite
*Si ce n'est toi,
c'est donc ton frère…*

se froissent, c'est lorsque dans la fausse famille ainsi constituée navigue un «grand» qui n'a manifestement rien à gagner à pareil apparentement et même pas mal de réputation sinon de clientèle à perdre. Ce n'est ni la première ni la dernière fois que la Justice entre en lice et joue les rois Salomon afin de calmer les rancœurs et renvoyer à leurs ceps les parties offensées. Au moins, les étiquettes qui les annoncent ne cherchent-elles (presque) pas à entretenir les ressemblances. Telles sont celles, par exemple, qui accompagnent les nombreux (H)ermitages qui circulent de par le monde du vin. L'appellation a généralement pour origine les vignobles en terrasses qui dominent Tain-l'Hermitage, dans la Drôme. Certains crus, rouges ou blancs, sont réputés, comme la cuvée Mure de Larnage, Chante-Alouette, La Sizeranne, Marquise de la Tourette… En Suisse, dans le Valais, il fait merveille à l'apéritif, chargé d'éveiller sur les papilles des convives les premiers échos de leur sensibilité. Mais l'Hermitage est de partout. On le trouve à Saint-Émilion, comme à Bandol. En domaine ou en château. Et nul n'a à s'en plaindre.

Et que penser de ces similitudes graphiques à la justification desquelles leurs responsables font appel à la seule coïncidence ? Elles sont à ce point flagrantes qu'il est difficile de retenir un sourire narquois lorsqu'elles apparaissent sous le regard étonné. En cause, toujours, un cru célèbre à l'ombre duquel d'autres, nettement moins en vue, se blottissent, attendant les retombées favorables. Le truc est simple: un rectangle de papier de qualité quelconque, un filet noir, double de préférence, tout autour, une maison cossue au centre, quelques arbres de part et d'autre, des caractères d'imprimerie sans emphase, un petit air de gravure ancienne, et le tour est joué: Lafite-Rothschild a un frère jumeau. Un de plus.

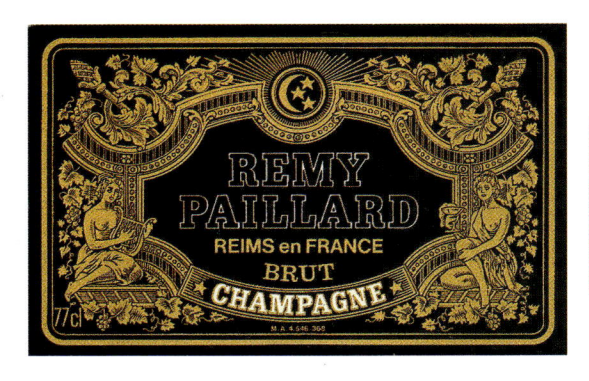

Que de Paillard !

L'homologie ne connaît pas de limites et se pratique aussi bien dans le temps que dans l'espace. C'est ainsi que la jolie étiquette dessinée autrefois par J.B. Isabey pour le compte de Moët et Chandon a rapidement trouvé des sosies sur le territoire de la Champagne. Au collectionneur de les dépister. Plus stupéfiant encore, l'«Œil de Perdrix Tradition par Leonce d'Albe» commercialisé aujourd'hui autour de France : élaboré par l'Union Auboise des Producteurs de vins de Champagne au hameau de Villeneuve, près Bar-sur-Seine, il circule sous la même étiquette que celle utilisée, voici un siècle et demi, par Lecureux et Lefournier, à Avize. Mais où est le mal ?

Double page suivante, gauche
Œil de perdrix, laquelle est la «vraie» ?

Et dans le bas
Un air de famille très prononcé

À droite
Quand l'étiquette se débride…

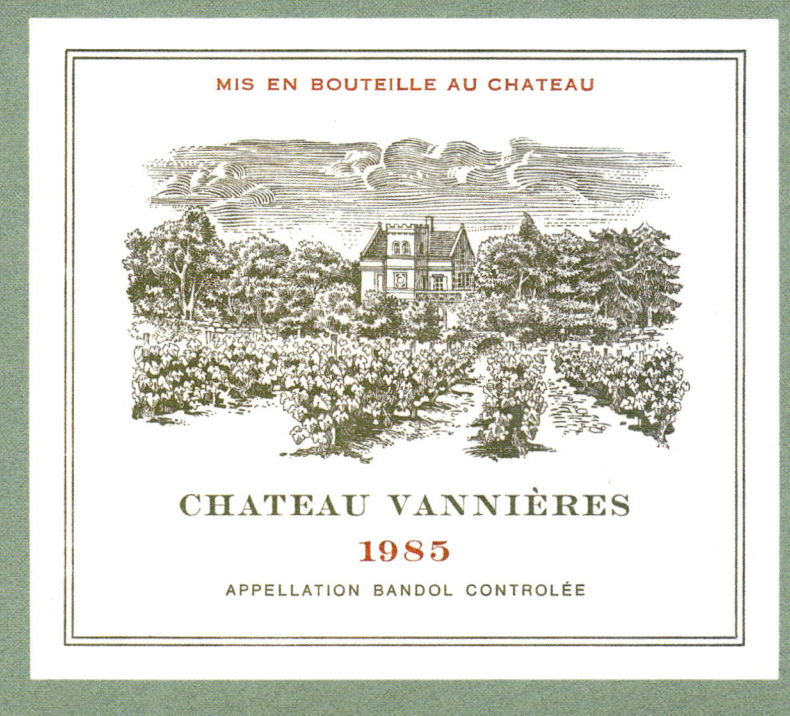

Château La Cardonne 1977 — Médoc
MIS EN BOUTEILLES AU CHÂTEAU
APPELLATION MÉDOC CONTROLÉE
CHATEAU LA CARDONNE S.A. (GROUPE ROTHSCHILD)
PROPRIÉTAIRE A BLAIGNAN (GIRONDE)
75 cl
CRU GRAND BOURGEOIS
DÉPOSÉ — PRODUCE OF FRANCE
SPECIMEN

Château de Seize 1991 — Bordeaux
PRODUIT DE FRANCE
VIN DE BORDEAUX
11,5% vol. — 750 ml
Appellation Bordeaux Contrôlée
MIS EN BOUTEILLE PAR LES PROPRIÉTAIRES MAHLER-BESSE A BORDEAUX - GIRONDE - FRANCE

Château Lafite Rothschild 1976 — Pauillac
MIS EN BOUTEILLES AU CHÂTEAU
APPELLATION PAUILLAC CONTROLÉE
73 cl
PRODUCE OF FRANCE
SOCIÉTÉ CIVILE DU CHATEAU LAFITE-ROTHSCHILD, PROPRIÉTAIRE A PAUILLAC (GIRONDE)
DÉPOSÉ
SPECIMEN

Château Dassault 1967
MIS EN BOUTEILLES AU CHÂTEAU
APPELLATION SAINT-ÉMILION CONTROLÉE
GRAND CRU
Château DASSAULT, S.A.R.L. propriétaire, SAINT-ÉMILION (Gironde)

Château Bellevue 1978 — Saint-Émilion Grand Cru Classé
PRODUIT DE FRANCE
APPELLATION ST-ÉMILION GRAND CRU CLASSÉ CONTROLÉE
75 cl
MIS EN BOUTEILLE AU CHÂTEAU
SOCIETE CIVILE DU CHATEAU BELLEVUE, PROPRIETAIRE A St-ÉMILION-GIRONDE-FRANCE

Château Vannières 1985
MIS EN BOUTEILLE AU CHÂTEAU
APPELLATION BANDOL CONTROLÉE

Château Duhart-Milon-Rothschild 1976 — Pauillac
MIS EN BOUTEILLES AU CHÂTEAU
APPELLATION PAUILLAC CONTROLÉE
GRAND CRU CLASSÉ
73 cl
PRODUCE OF FRANCE
DÉPOSÉ — SOCIETE CIVILE DE DUHART-MILON-ROTHSCHILD, PROPRIÉTAIRE A PAUILLAC (GIRONDE)
SPECIMEN

Label 1

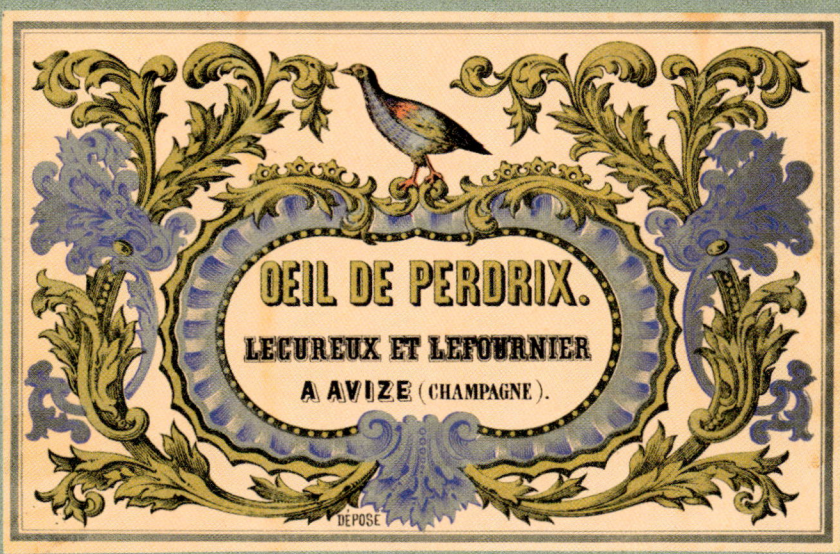

CHAMPAGNE
OEIL DE PERDRIX
TRADITION
PAR LEONCE D'ALBE

750ML PRODUCT OF FRANCE **BRUT** 12%vol

Label 2

OEIL DE PERDRIX.
LECUREUX ET LEFOURNIER
A AVIZE (CHAMPAGNE).

DÉPOSÉ

Label 3

PRODUCE OF FRANCE

Chateau COUTET à BARSAC
PREMIER CRU CLASSÉ
1976

BARSAC
APPELLATION BARSAC CONTRÔLÉE
73 cl

Sté CIVILE DU CHATEAU COUTET - BARSAC (GIRONDE) FRANCE
MIS EN BOUTEILLES AU CHATEAU

Label 4

SAUTERNES APPELLATION CONTROLÉE

COMTESSE DURIEU de LACARELLE née LUR SALUCES
CHATEAU FILHOT
1955

MIS EN BOUTEILLE AU CHÂTEAU

Label 5

VIN de BOURGOGNE de M. le Comte LIGER-BELAIR
DOMAINE DE LA ROMANÉE

LA ROMANÉE
MONOPOLE

Savoie Pétillant
APPELLATION CONTROLÉE
MIS EN BOUTEILLE PAR MAISON MOLLEX - VINS FINS - 01420 CORBONOD
75 cl

Pichet de Beaujolais Villages
APPELLATION BEAUJOLAIS VILLAGES CONTRÔLÉE
PRODUCE OF FRANCE
RÉCOLTE 1994
12,5% vol.
75 cl
MIS EN BOUTEILLE EN FRANCE PAR MOMMESSIN A LA GRANGE SAINT-PIERRE - MÂCON - F 71000
MOMMESSIN

VIN JAUNE
CÔTES DU JURA
APPELLATION CÔTES DU JURA CONTRÔLÉE
1987
Marcel Clavelin
13% vol.
62 cl
L 750
Mis en bouteille par la Compagnie des Grands Vins du Jura à F 39570 Crançot
PRODUCE OF FRANCE

CÔTES DE PROVENCE
APPELLATION CÔTES DE PROVENCE CONTRÔLÉE
12.% Vol.
MIS EN BOUTEILLE PAR
JEANJEAN
75 cl
ST FELIX DE LODEZ - HERAULT - FRANCE
PRODUIT DE FRANCE

PRODUIT DE FRANCE
PETIT GRAIN
15% vol.
75 cl
Muscat de Saint-Jean de Minervois
APPELLATION MUSCAT DE SAINT-JEAN-DE-MINERVOIS CONTRÔLÉE
de la Cave des Vignerons de Saint Jean de Minervois
MISE EN BOUTEILLE PAR LES VIGNERONS DU VAL D'ORBIEU
11100 NARBONNE FRANCE
VIN DOUX NATUREL

Vin de Savoie
GAMAY
APPELLATION VIN DE SAVOIE CONTROLEE
MIS EN BOUTEILLE PAR:
Maison MOLLEX - 01420 CORBONOD
73 cl

Bouquet de Fruits

MUSCAT DE BEAUMES DE VENISE
APPELLATION MUSCAT DE BEAUMES DE VENISE CONTROLÉE
VIN DOUX NATUREL

15% Vol.   75 cl

MIS EN BOUTEILLES PAR
GEORGES DUBŒUF
A F 71570 ROMANÈCHE-THORINS
FRANCE
PRODUCED AND BOTTLED IN FRANCE

Savigny-les-Beaune

APPELLATION CONTROLÉE

Sélectionné par J. M. de Saissey
NÉGOCIANT A ALOXE-CORTON COTE-D'OR
Rouglet Beaune

1948

Côtes du Jura

Appellation Côtes du Jura Contrôlée

SAVAGNIN

Marcel Clavelin

13% vol   Produce 1990 of France   75 cl

Mis en bouteille par
La Compagnie des Grands Vins du Jura à F 39570 Crançot

sélection JEAN-CLAUDE JAMBON

果実酒

PRODUCE OF FRANCE

1991

VIN DE PAYS D'OC

Nouveau

MIS EN BOUTEILLE PAR JEAN-MARC AUJOUX
ST-GEORGES-DE-RENEINS - FRANCE

12% Vol.

Jean Marc Aujoux

1975
CHATEAU DE POMMARD

JEAN LOUIS LAPLANCHE
PROPRIÉTAIRE

MISE DU CHATEAU

Appellation Pommard Contrôlée

J. L. Laplanche   Côte d'Or   75 cl
Propriétaire à Pommard

VIN D'ANJOU

75 cl e

Rosé d'Anjou

APPELLATION ROSÉ D'ANJOU CONTROLÉE

Mis en bouteilles par

Marson et Natier

Marson & Natier, Négociants à Beaune, Côte-d'Or, France

Imported by HALL & BRAMLEY Ltd.
Liverpool

PRODUCED AND BOTTLED IN FRANCE

La personnalité de l'étiquette

*À: «Qu'est-ce que l'art?», nous sommes portés à répondre:
«Ce par quoi les formes deviennent style.»*
André Malraux

La bonne forme

Tous les goûts sont dans la nature humaine, y compris les plus contestables. Généralement rectangulaire et horizontale en Bourgogne, en Champagne, en pays de Loire, plutôt verticale en Bordelais, l'étiquette a droit à toutes les positions, à toutes les formes ailleurs dans le vignoble. Sauf exception, toutes ces déformations, malformations, contorsions et grimaces papetières sont rarement le fait d'AOC mais bien celui de vins de faible résonance qui tentent d'amuser ou de séduire le regard faute de pouvoir émouvoir les autres sens. Tel «Bouquet de Fruits» se présente sous étiquette circulaire, judicieusement crantée pour lui éviter de se retrouver sur la bouteille la tête en bas; l'étiquette de ce Pinot Noir - vin de Yougoslavie - hésite entre le rond et l'œuf; celle de ce Côtes-du-Roussillon-Villages commence en quadrilatère et se termine en arc de cercle; celle de ce pichet de Beaujolais ne sait à quels bords se vouer; ce rosé d'Anjou s'en va vers Liverpool sur les ailes d'un ange écussonné; byzantines, toutes ces vignettes de Savoie de la Maison Mollex, spécialisée en découpes extravagantes. Ventrue, bossue, bancale, étirée en largeur, amincie en hauteur, pointue, carrée, triangulaire, ovale, elliptique, trapézoïdale, dodécagonale, l'étiquette de vin se prête, malgré elle, à tous les jeux de façonnage. L'originalité à tout prix. Beau sujet de collection.

Mais ne soyons pas chagrins. De cette vaste panoplie de formes et de formats, des réussites se détachent que l'on salue joyeusement au passage. Bien souvent originaires de l'imprimerie Clos du Moulin de Belleville-sur-Saône, elles ont ce chic, cette distinction, cette féminité que Claude Clévenot, maîtresse et conductrice des lieux, insuffle à tout ce qui est issu de ses ateliers. Certaines étiquettes échappent au remue-ménage généralisé, rendues classiques par l'âge. C'est le cas, par exemple, de celle en forme d'écusson de Louis Laplanche, propriétaire du Château de Pommard. L'œil s'y est fait et l'affectionne. Preuve que la persévérance - et la qualité - finissent toujours par trouver leur très juste récompense.

Au plus profond des racines

À chacun son style. À chaque pays son costume national, à chaque région ses atours propres. Sa coiffe de dentelles, son tablier de lin, sa blouse d'organdi, sa chemise de coutil, sa robe de lumière. Ses escarpins, ses espadrilles, ses sabots. On ne vêt pas une fiancée bretonne comme une mariée provençale.

On n'habille pas une Alsacienne comme une Bourguignonne ni une Bordelaise comme une Champenoise. Au départ, déjà, la silhouette du flacon impose ses exigences, aggravées par la couleur et le caractère de celui qui va l'habiter. Au grand dam du couturier de la bouteille à qui la tradition rogne d'emblée les ailes de l'imaginaire.

Toujours l'étiquette se débride

À chaque terroir sa dégaine. L'étiquette de Nuits-Saint-Georges ferait grise mine à Pauillac, celle de Colmar se sentirait guindée sur les rondeurs cossues d'une Côte Rôtie. Des habitudes ont été prises un jour, il y a de cela bien longtemps, qu'on ne balance pas ainsi, d'un trait de pinceau, par-dessus les vignobles. Est-ce un bien? Est-ce un mal? À chacun sa réponse.

Le viticulteur bourguignon ne déteste rien tant que la fantaisie, conductrice de relâchements. Son étiquette se doit d'être réservée, pudique, classique sinon solennelle. Il lui faut inspirer le respect avant que d'engendrer l'admiration. Plutôt puritaine que folichonne. Plutôt austère que charmeuse. Il ne saurait lui pardonner le moindre écart de langage. Il y va de l'honorabilité de toute la corporation. Et si dérogation à la règle de respectabilité intégrale il y a, ce serait dans des limites d'une étroitesse extrême.

Pour Henri de Villamont, le rectangle blanc est de rigueur, porteur d'un discret blason doré lui-même assorti de mentions tracées à l'«anglaise». Parfois - rarement - le rouge se substitue au noir. Même rigueur chez P. de Marcilly, chez Bonneau de Martray. Chanson, Thomas Bassot, Mommessin, Labouré-Roi, Louis Latour, Quillardet, Jaboulet-Vercherre, Château de Meursault… autant de tenants de la dignité sans faille que les Lupé-Cholet, les Morin Père et Fils, les Jean-Claude Boisset, les Moillard, les Antonin Rodet, les Jacques Prieur se permettent - à peine - de secouer de loin en loin. Mais que dire de Geisweiler qui renonce au papier monochrome et se laisse aller à des teintes vives? Ou de Jacques Germain qui n'hésite pas à confier la moitié de son étiquette à la gravure d'un vignoble?

Changeront-ils un jour d'image de marque? Pourquoi changeraient-ils un jour d'image de marque? Démonte-t-on le polyptyque du Jugement Dernier, à l'Hôtel-Dieu de Beaune? Leurs étiquettes sont semblables à leurs vins, leurs vins pareils à leurs étiquettes. Robustes et bien charpentés. Les unes et les autres inspirent le recueillement, celui qui touche l'assemblée lorsque paraissent à table ces noms proprement fabuleux: Corton, Chambertin, Clos des Lambrays, Musigny…

Qu'en pense l'œnographile? Que l'étiquette de Bourgogne arrête le temps. Qu'elle appartient au silence des rites. Qu'elle fige le sourire au coin des lèvres au moment où il s'esquisse. Il redescend la Saône à vive allure, se précipite dans la vallée du Rhône, en quête de soleils magiciens. L'anémie menaçait ses albums.

Ah! les étiquettes «médiévales»… Les unes gothiques, les autres faussement «parcheminées». La Bourgogne, terre des habitudes vinicoles les mieux ancrées dans les fibres, s'en est fait une spécialité, suivie de fort près par les Côtes-du-Rhône et les Châteauneuf-du-Pape, de plus loin par certains Saint-Emilion ou Pomerol. Au poids des vins, elles ajoutent celui de graphismes anachroniques, lourds et balourds, patauds et empotés, impossibles à porter, souvent encore affligés de symboles ecclésiastiques ou d'attributs pontificaux, accablés de cadres rococo et d'initiales malhabilement entrelacées. Déjà séparément insupportables, elles blessent immanquablement le regard dès qu'on s'avise de les disposer côte à côte, s'insultant sans vergogne les unes les autres. À proscrire. Mais quoi: le Moyen Age ressuscité n'est-il pas le garant d'un vieillissement optimal du vin? Comme si, par le miracle d'une écriture à l'ancienne et d'un décor simili-ogival, les crus ainsi présentés plongeaient d'office leurs racines dans les profondeurs du temps, se décernant du même coup à eux-mêmes et à ceux qui les élaborent je ne sais quel certificat d'authenticité frelatée. L'effet est bien plus saisissant encore lorsque l'étiquette prend la défroque d'un pseudo-parchemin aux coins écornés par l'humidité des caves où dorment, depuis des siècles, des vins pharamineux. De multiples générations de rats leur ont rongé les bords, ajoutant encore à leur noblaillerie. En leur centre, un cachet de cire

On ne badine (presque) pas avec le Bourgogne

BEAUNE
CLOS DU ROI
Appellation BEAUNE PREMIER CRU Contrôlée — 750 ml

Mis en bouteille à St Georges-de-Reneins (Rhône) par :
AUJOUX PROPRIÉTAIRE A BEAUNE (COTE D'OR)

PRODUCE OF FRANCE

Savigny-les-Beaune
Clos des Guettes
APPELLATION CONTROLÉE

Mis en bouteille au Domaine pour — 75 cl

Henri de Villamont
Négociant-Eleveur à Beaune (Côte-d'Or)

PRODUCT OF FRANCE

TYPO – ART:SANALE. BEAUNE

PRODUIT — DE FRANCE

REGISTERED TRADE MARK

BOUCHARD PÈRE & FILS
POMMARD
APPELLATION POMMARD CONTROLÉE
1979

SPECIMEN

MIS EN BOUTEILLE PAR LA MAISON
BOUCHARD PÈRE & FILS, NÉGOCIANT AU CHATEAU, BEAUNE (COTE-D'OR)

75 cl

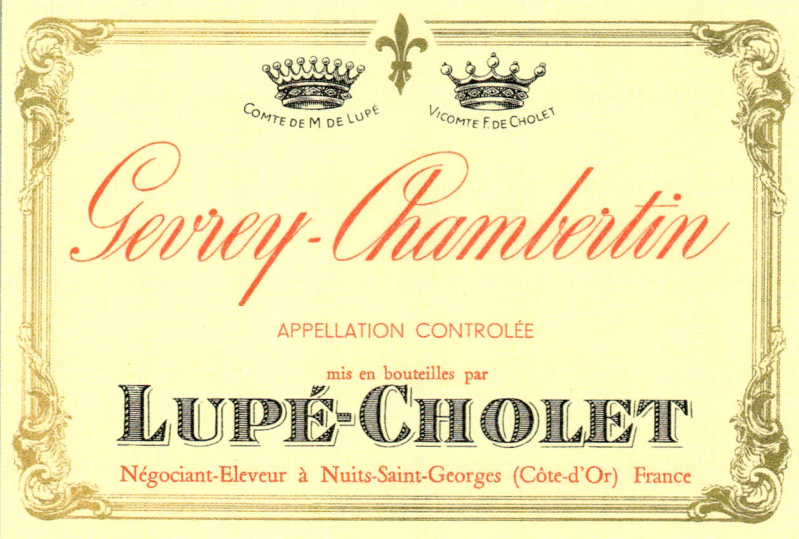

COMTE DE M. DE LUPÉ — VICOMTE F. DE CHOLET

Gevrey-Chambertin
APPELLATION CONTROLÉE

mis en bouteilles par

LUPÉ-CHOLET
Négociant-Eleveur à Nuits-Saint-Georges (Côte-d'Or) France

73 cl

SCANDIC CROWN HOTEL
BRUSSELS

75 cl — 13 % vol.

"Répétition Générale" by L. Jirlow 1977 - Art Programme by Galerie Beaumont

BOURGOGNE DU CHAPITRE
APPELLATION BOURGOGNE CONTROLÉE

mis en bouteille par

JAFFELIN, Négociant-Eleveur au Chapitre de Beaune, Côte-d'Or, France

PRODUCT OF FRANCE

Bishop's
'private collection'

creation inedite de J. Shadbolt

PINOT NOIR

12.5% mis en bouteille par Jaffelin Beaune Côte-d'Or 75 cl.

Des. by G. Juhasz

rouge en trompe-l'œil achève de parfaire l'illusion. Couronnes et heaumes, bien entendu, ne manquent pas. Les plus caraméliques de ces petits chefs-d'œuvre de naïveté sont ceux achevés à l'emporte-pièce. Je connais (très) peu d'œnographiles qui en raffolent.

Le Chablis, cette sentinelle de la Bourgogne, n'échappe pas à la médiévalisation de l'étiquette, laquelle a bien du mal à s'en remettre. C'est qu'ici le Chardonnay déploie avec munificence toutes ses qualités de finesse et d'élégance, des vertus qui se retrouvent mal dans ce décor de pinacles et d'ogives. Jusqu'à la couleur du vin elle-même, délicate et aérienne, qui souffre de conflagration évidente avec tant d'ostentation.

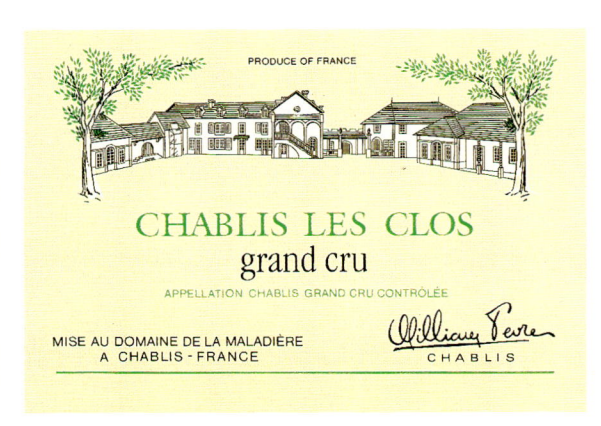

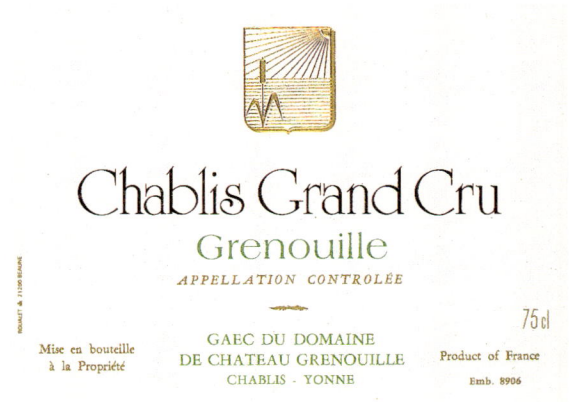

L'élégance chablisienne rarement prise en défaut

Certains producteurs, par bonheur, ont merveilleusement compris la nécessité de placer les noces du vin et de l'étiquette sous le signe de la pureté virginale. Deux teintes essentielles s'imposent chez eux: le jaune paille et le vert printemps. Ils ont nom William Fèvre, Domaine Long Depaquit ou Gaec du Domaine de Château Grenouille. L'Yonne se reflète en eux, tout entière. Lorsque ces nectars paraissent à table, habillés de frais, fruits de mer, volailles dodues et viandes blanches frémissent d'émotion dans leurs porcelaines. Une vérité élémentaire remonte à la mémoire de l'œnographile: lorsque les circonstances l'exigent, l'étiquette doit pouvoir s'effacer devant Monseigneur le Vin. Au goût subtil du Vaudésir ou du Bougros doit se joindre le bon goût de son producteur.

L'œil et le palais

Le style des étiquettes du Bordelais c'est de n'en avoir pas. La plus totale anarchie les caractérise et il serait vain de leur chercher quelque commun dénominateur. Individualistes et conservateurs en diable, les propriétaires de ces lointaines terres de France entendent ne se soumettre à aucune mode, à aucune sensibilité grégaire. Le résultat est désastreux et ce ne sont pas les images de marque des célébrissimes grands crus classés du Médoc, du Saint-Emilionnais ou du pays de Graves qui me démentiront. Outre que chacune, isolée, navigue entre médiocrité et laideur, le tableau d'ensemble consterne. Inutile donc de vouloir en sortir une du lot, on ne réussirait jamais qu'à remuer un peu plus l'épaisse couche de poussière de l'indigence graphique sous laquelle elles somnolent. De surcroît, on voit mal à laquelle on décernerait le titre de «plus belle étiquette de la Gironde». Sans aucun doute, personne, ou quasi, là-bas, ne se gâte le sang à ce propos. Une exception, cependant. On la découvre à Saint-Julien, là où Anthony Barton ose ce sacrilège du renouvellement, sans atteindre pour autant les Everest. Plus aisé, décidément, serait de discerner la plus banale, mais elles seraient trop nombreuses à se mettre sur les rangs.

Il va de soi qu'une entreprise échappe à cette règle de la désolation: Mouton-Rothschild, le seul château à pouvoir se vanter d'avoir sauvé la mise. Il en est largement question ailleurs entre ces pages. Ceux de la rive gauche mesurent-ils exactement toute la reconnaissance qu'ils doivent

Page de droite

L'indéracinable Moyen Âge
La fausse nuit des temps

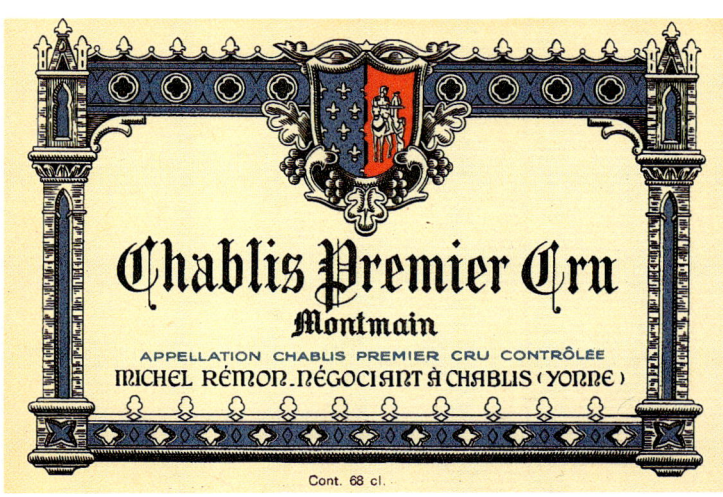

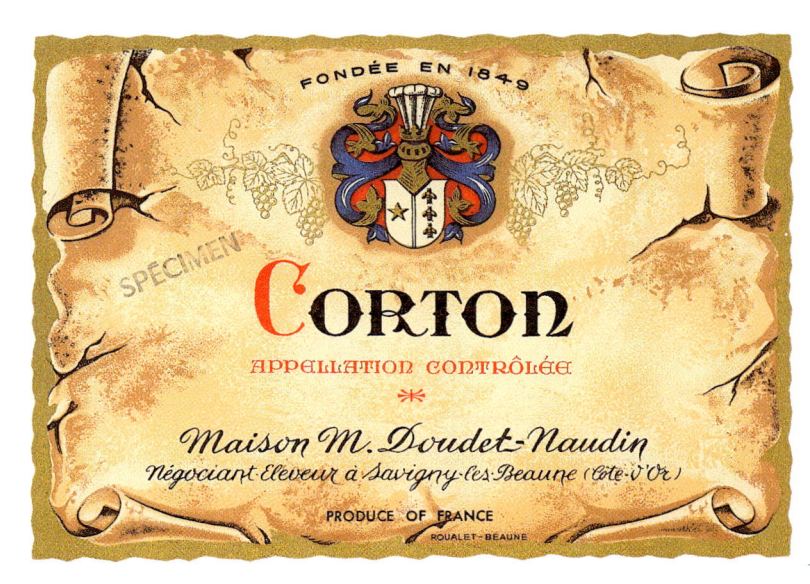

Beaune
Le Clos du Roi
Appellation Beaune 1er Cru Contrôlée

PRODUCE OF FRANCE

750 ml

MIS EN BOUTEILLES PAR

Coron Père & Fils

CORON PÈRE ET FILS, NÉGOCIANTS-ÉLEVEURS À BEAUNE (CÔTE-D'OR)

Grands Vins de Bourgogne

Beaune-Cent-Vignes

APPELLATION BEAUNE-CENT-VIGNES CONTROLÉE

Mis en bouteille par

75 cl

Jessiaume Père & Fils

Propriétaires a Santenay (Côte d'Or)

FRANCE

Mercurey
Récolte du Domaine Bouchard Aîné

Clos La Marche
Appellation Mercurey Controlée

Bouchard Aîné & Fils

Maison fondée en 1750

MIS EN BOUTEILLES PAR LA MAISON

Bouchard Aîné & Fils, Négociants-Éleveurs à Beaune (Côte-d'Or) France

75 cl

Made in France — ROUALET-BEAUNE — DÉPOSÉ

Chablis Premier Cru
Montmain
APPELLATION CHABLIS PREMIER CRU CONTROLÉE

MICHEL RÉMON, NÉGOCIANT A CHABLIS (YONNE)

Cont. 68 cl.

FONDÉE EN 1849

SPÉCIMEN

Corton
APPELLATION CONTRÔLÉE

Maison M. Doudet-Naudin

Négociant-Éleveur à Savigny-lès-Beaune (Côte-d'Or)

PRODUCE OF FRANCE

ROUALET-BEAUNE

"VISITANDINES"

Patriarche
Bourgogne
APPELLATION BOURGOGNE CONTROLÉE

RÉCOLTE 1976

BOUTEILLE N° 663077

MIS EN BOUTEILLES PAR NÉGOCIANTS A BEAUNE

750 ml ℮

PATRIARCHE PÈRE & FILS (CÔTE-D'OR) FRANCE

FRANCE

Beaune Clos du Roi
APPELLATION CONTRÔLÉE

PAUL TRIBOURG

NÉGOCIANT A NUITS-St-GEORGES (CÔTE D'OR)

Bourgogne Aligoté
APPELLATION CONTROLÉE

Récolté et mis en bouteilles par

73 cl

André Thiély & Fils

Propriétaires-Récoltants à Pernand-Vergelesses (Côte-d'Or)

Tél. (80) 21.52.91

à l'esprit d'entreprise, à la clairvoyance, au goût sûr, à l'inspiration du baron Philippe ? Faut-il en conclure qu'en dehors de la beauté, toute relative, d'une étiquette, il n'y a pas de bonheur œnographilique possible ? Certes non. L'attrait des étiquettes des «grands» réside essentiellement dans leur évolution. Quoi de plus émouvant qu'une «Latour» ou qu'une «Lafitte» millésimée dix-huit cents... Quoi de plus émouvant qu'une Montrose signée Matthieu Dollfus ou qu'une Château Margaux signée Pillet-Will ? Par bonheur, la palette des joies profondes du collectionneur est vaste, toute en nuances.

Une autre conclusion s'impose: le Bordelais entier n'est pas figé dans l'immobilisme des grands cataclysmes esthétiques. Il est des vins de moindre renommée dont les producteurs ont compris l'intérêt qu'il y a à s'introduire sur le marché, encombré en l'occurrence, sous des traits nouveaux, avenants, séducteurs. Ceux-là nous réservent, avec l'aide des meilleurs maîtres-imprimeurs, des joies ineffables. Plaire à l'œil autant qu'au palais: quelle noble ambition !

Or, orange

Or sur fond clair : tel est l'habit coutumier du vin du Sauternais. De toutes les régions qui font la Gironde, le pays de l'or liquide est celle qui s'accommode le moins de fantaisie graphique. Son étiquette porte rarement autre chose que les mentions nécessaires, imprimées dans des teintes qui veulent être le reflet de la liqueur elle-même, dorée, orangée. Ni château, ni paysage, sinon à titre très exceptionnel comme sur la bouteille du Doisy-Védrines ou celle du Château Caillou. Parfois, une couronne. Encore ces «audaces» se fondent-elles pudiquement dans l'ensemble, mues par un même désir de discrétion. L'élégance n'en est pas absente, mais sur le mode mineur. Par réaction, il se trouve depuis peu des appellations régionales qui s'autorisent à quitter les chemins creux du poncif.

L'excès contraire est, dès lors, rapidement atteint. Ainsi en va-t-il de l'étiquette Sauternes d'Yvon Mau, lequel n'a pas manqué l'occasion de prendre une éclatante revanche sur la sacro-sainte habitude. Il est vrai que ce remuant producteur nous avait familiarisés, ailleurs déjà, avec les coups d'éclat.

Exemplaires de la rigueur glaciaire, l'étiquette du Château Rieussec, rigoureusement pareille à elle-même d'un demi-siècle à l'autre, et celle, plus pétrifiée encore, du Château d'Yquem. Juste compensation, la jubilation de l'œnographile vient ici de la découverte d'antiques étiquettes de négociants, des documents stupéfiants dont on ne sait trop s'ils amusent ou irritent le comte de Lur-Saluces.

Le vol des cigognes

Comme toutes les autres régions de France, l'Alsace a de la peine à entrer dans le XXIe siècle de l'étiquette et se présente au portillon avec un passé encore lourdement chargé d'images hétéroclites de peu d'intérêt esthétique... Un phénomène dû, sans doute, au large creux de vague au fond duquel le vin lui-même a trop longtemps séjourné. La page se tourne, lentement mais sûrement.

Pour en arriver à atteindre aujourd'hui les sommets de la qualité œnologique, les Alsaciens ont dû s'astreindre à des règles féroces: mise en bouteille autochtone obligatoire, rendement limité à 100 hectos à l'hectare, interdiction de commencer la vendange avant le ban des experts, taille des vignes à 12 bourgeons maximum, analyse officielle sous haute surveillance... Il restait à l'étiquette à se soumettre à la même rigueur. En maints vignobles, c'est chose faite.

Rarement exaltante :
l'étiquette bordelaise

Dans le bas
Deux vieilles dames très dignes

Château Malescot St Exupéry — Margaux

GRAND CRU CLASSÉ EN 1855
1977 — 1977
CHÂTEAU MALESCOT St EXUPÉRY
MARGAUX

Cette récolte, entièrement mise en bouteilles au Château a produit 68.200 Magnums, bouteilles et demi-bouteilles.
Cette bouteille porte le N° 22668

ROGER ZUGER, PROPRIÉTAIRE A MARGAUX (GIRONDE)
APPELLATION MARGAUX CONTROLÉE
FRANCE — 75cl

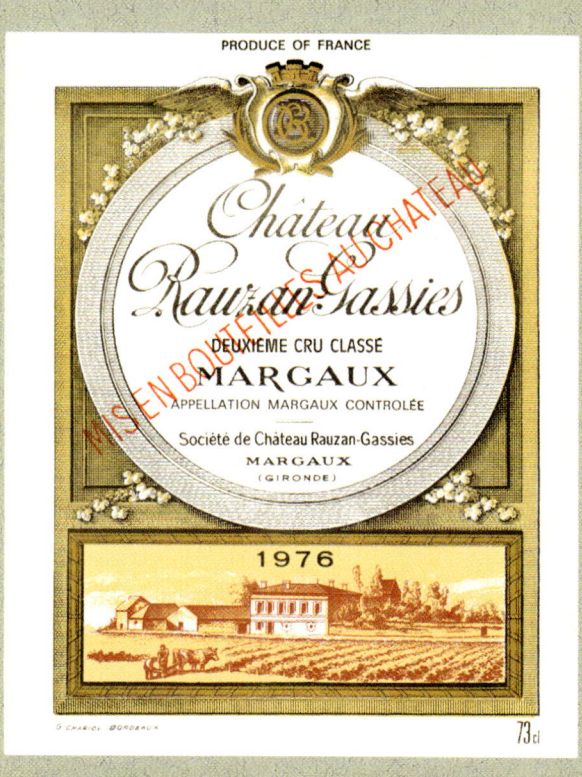

Château Rauzan-Gassies — Margaux

PRODUCE OF FRANCE
Château Rauzan-Gassies
DEUXIÈME CRU CLASSÉ
MARGAUX
APPELLATION MARGAUX CONTROLÉE
Société de Château Rauzan-Gassies
MARGAUX (GIRONDE)
1976
MISE EN BOUTEILLES AU CHATEAU
73 cl

Château La Lagune — Haut-Médoc

GRAND CRU CLASSÉ
CHÂTEAU LA LAGUNE
HAUT · MÉDOC
APPELLATION HAUT·MÉDOC CONTROLÉE
1973
SOCIÉTÉ CIVILE AGRICOLE DU CHÂTEAU LA LAGUNE
PROPRIÉTAIRE A LUDON (GIRONDE) FRANCE
MIS EN BOUTEILLE AU CHATEAU
PRODUCE OF FRANCE — 73 cl

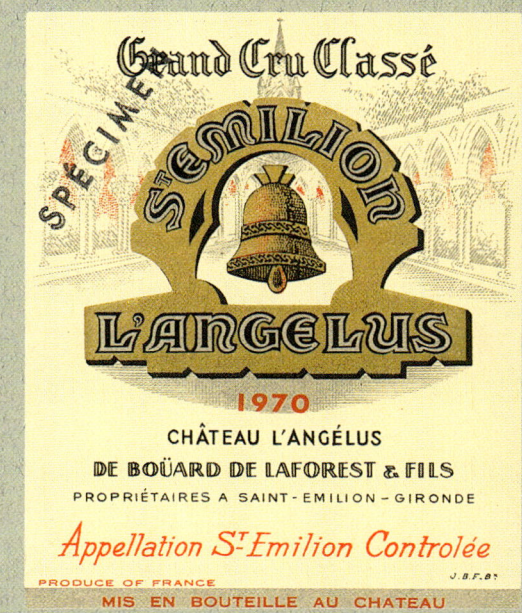

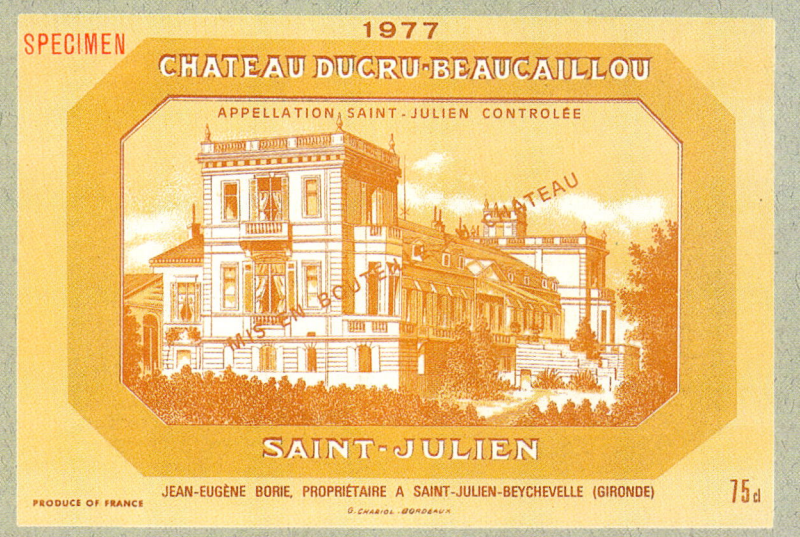

Château L'Angélus — Saint-Émilion

SPECIMEN
Grand Cru Classé
St EMILION L'ANGELUS
1970
CHÂTEAU L'ANGÉLUS
DE BOÜARD DE LAFOREST & FILS
PROPRIÉTAIRES A SAINT-EMILION – GIRONDE
Appellation St Emilion Controlée
PRODUCE OF FRANCE
MIS EN BOUTEILLE AU CHATEAU

Château Ducru-Beaucaillou — Saint-Julien

SPECIMEN
1977
CHATEAU DUCRU-BEAUCAILLOU
APPELLATION SAINT-JULIEN CONTROLÉE
MISE EN BOUTEILLE AU CHATEAU
SAINT-JULIEN
PRODUCE OF FRANCE
JEAN-EUGÈNE BORIE, PROPRIÉTAIRE A SAINT-JULIEN-BEYCHEVELLE (GIRONDE)
75 cl

Château-Margaux — Pillet-Will

CHÂTEAU - MARGAUX
1ER VIN 1903
Pillet-Will

Château Montrose — Médoc

MÉDAILLES D'OR
Expositions Universelles — Paris 1867, Paris 1878.
GRANDE Médaille Ministérielle 1871
Château Montrose
Médoc
Mathieu Dollfus
1883
MISE EN BOUTEILLE AU CHATEAU

SAUTERNES-APPELLATION CONTRÔLÉE
Château d'Yquem
Lur-Saluces
1949
MIS EN BOUTEILLE AU CHÂTEAU

Château d'Yquem
Lur-Saluces
1904

GRAND VIN
CHÂTEAU D'YQUEM
Mähler-Besse & Cie
TRADE
MARK
BORDEAUX

1991
SAUTERNES
APPELLATION SAUTERNES CONTROLÉE
MIS EN BOUTEILLE PAR YVON MAU
A GIRONDE-SUR-DROPT (GIRONDE) FRANCE
14%vol.
75cl
PRODUIT DE FRANCE

CORDIER
1er CRU CLASSÉ DE SAUTERNES
CHATEAU
LAFAURIE-PEYRAGUEY
SAUTERNES
APPELLATION SAUTERNES CONTROLÉE
Mis en bouteilles au Château
A BOMMES. SAUTERNES
75cl
1979
PRODUCE OF FRANCE
D. Cordier
PROPRIÉTAIRE
EXPORTATION STRICTEMENT RÉSERVÉE

CHÂTEAU RIEUSSEC
1er Grand Cru
SAUTERNES
1942
APPELLATION CONTROLÉE
Mis en Bouteille au Château
Vicomte du Bouzet

On raconte au pays de l'«or vert» - et sans doute a-t-on raison de le faire - que sous l'appellation de «Vin d'Aussey», les crus d'Alsace furent les premiers à trôner sur toutes les tables princières d'Europe, au Moyen Âge. Rien d'étonnant donc si, aujourd'hui, la route du vin y déroule, en bordure des Vosges et depuis les plaines basses du Rhin, un ruban vagabond long de quelque 120 km. De village souriant en forêt secrète, de winstube en caveau de dégustation, l'inconditionnel de la longue flûte se repaît sans fin le regard d'imagerie populaire et de paysages aux courbes délicates que l'on croirait sortis tout droit d'albums d'autrefois. Hansi est toujours parmi nous, les cigognes aussi, dans la réalité comme dans la fiction, au creux des collines, au pied des maisons à colombages, au flanc de la bouteille. Coutumes traditionnelles merveilleusement perpétuées par les étiquettes des Réal Sica, à Bennwihr, des C. Kraemer, à Epfig, des J.-Ph. et M. Becker, à Zellenberg, des Producteurs Réunis à Hunawihr. Images rassurantes, filles de l'artisanat local et qui ne pouvaient naître qu'ici, entre Thann et Colmar, Sélestat et Molsheim. Elles ont gardé ce charme désuet de leur géographie aux sonorités étranges : Guebwiller, Soultzmatt, Orschwir, Rouffach, Riquewihr, Ribeauvillé, Kaysersberg, Ottrott…

Hansi toujours parmi nous

Toutes, hélas, ne baignent pas dans la même euphorie naïve. La plupart d'entre elles se téléscopent toujours par leurs formes et leurs couleurs. Des mises en page insupportables de banalité souffrent d'un graphisme navrant.

*Quand l'Alsace
ne se renouvelle pas!*

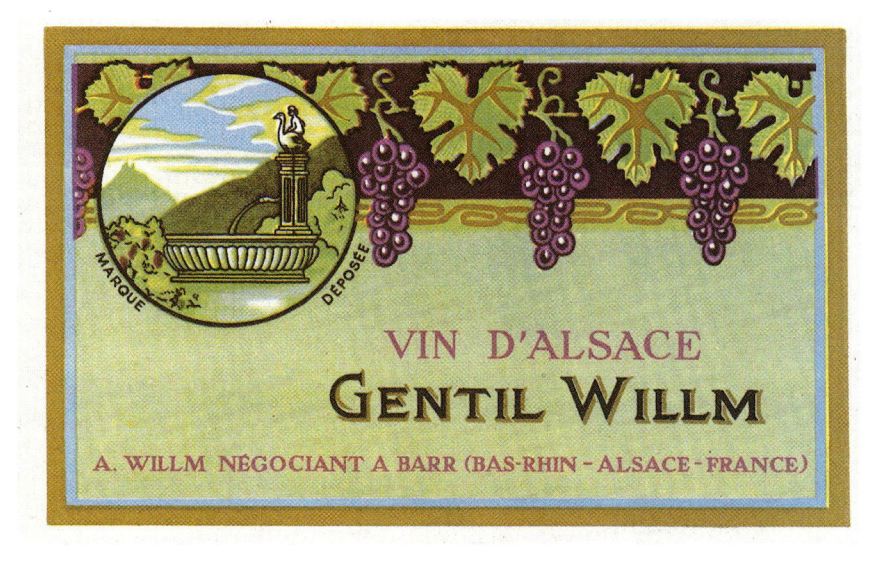

Et puis, brusquement, le coup de soleil: cette superbe collection Josmeyer, elle aussi victime (heureuse) de l'«effet» Rothschild, mais de la plus somptueuse façon. Une Alsace entièrement

*Page de gauche
De l'or liquide…*

101

Vin d'Alsace

SYLVANER — 70 cl
MIS EN BOUTEILLE PAR L'UNION VINICOLE DIVINAL A OBERNAI ALSACE, FRANCE

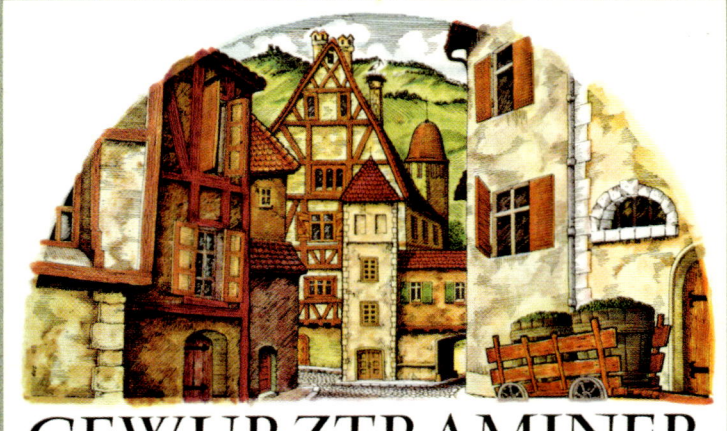

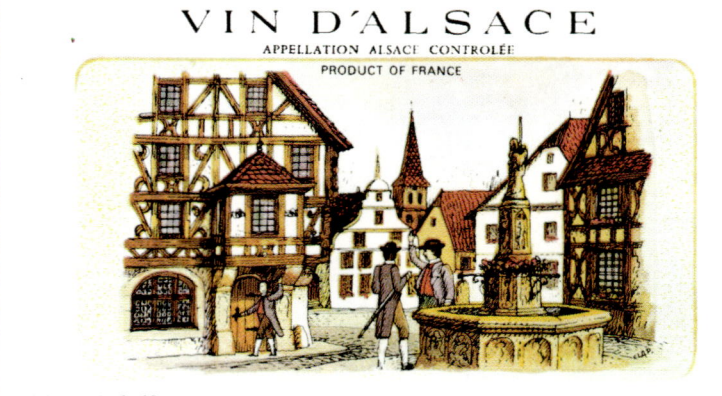

GEWURZTRAMINER
APPELLATION VIN D'ALSACE CONTROLÉE
GEYL & BASTIAN, NÉGOCIANTS à VENDENHEIM (B-Rhin) et BEBLENHEIM (H. Rhin)
CRÉATION JEANBIN

GEWURZTRAMINER
APPELLATION VIN D'ALSACE CONTROLÉE
GEYL & BASTIAN, NÉGOCIANTS à VENDENHEIM (B-Rhin) et BEBLENHEIM (H. Rhin)
CRÉATION JEANBIN

VIN D'ALSACE
APPELLATION ALSACE CONTROLÉE
PRODUCT OF FRANCE
HRA 518-63
1991 **Pinot d'Alsace** 750 ml
MIS EN BOUTEILLE A LA PROPRIETE PAR
LES VIGNERONS DE BENNWIHR ET ENVIRONS 68630 BENNWIHR HAUT-RHIN-FRANCE

VIN D'ALSACE
PINOT
APPELLATION VIN D'ALSACE CONTROLEE
MARQUE **GEYL & BASTIAN** DÉPOSÉE
GEYL & BASTIAN S.A. - NÉGOCIANTS A VENDENHEIM (BAS-RHIN)
70 cl

CONSTANT TEMPÉ-COLMAR
SÉLECTION DE VINS D'ALSACE
A SERVIR TRÈS FRAIS
WETTERWALD FRÈRES, BORDEAUX

VIN D'ALSACE
APPELLATION ALSACE CONTROLEE
IMPRIMERIE ALSATIA COLMAR

1991 ALSACE RIESLING APPELLATION ALSACE CONTRÔLÉE "LE KOTTABE"® JOSMEYER mis en bouteille par: JOS MEYER & FILS, à F 68920 WINTZENHEIM 12% VOL — PRODUCE OF FRANCE — 750 ml	**1991** ALSACE GEWURZTRAMINER APPELLATION ALSACE CONTRÔLÉE Cuvée des Folastries* JOSMEYER mis en bouteille par: JOS MEYER & FILS, à F 68920 WINTZENHEIM PRODUCE OF FRANCE	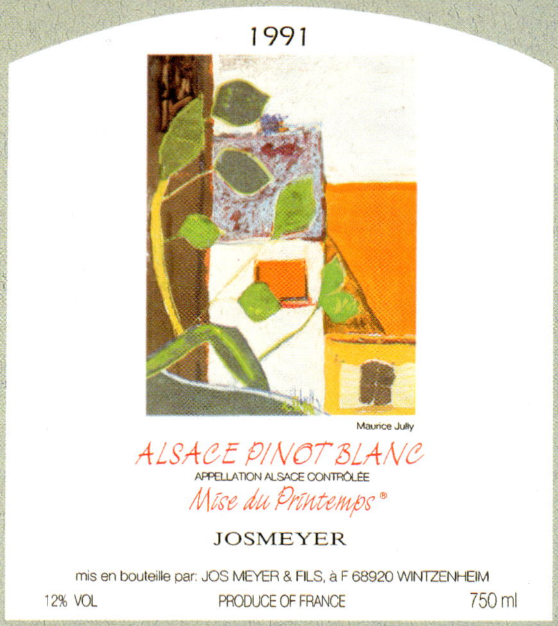 **1991** ALSACE PINOT BLANC APPELLATION ALSACE CONTRÔLÉE Mise du Printemps* JOSMEYER mis en bouteille par: JOS MEYER & FILS, à F 68920 WINTZENHEIM 12% VOL — PRODUCE OF FRANCE — 750 ml
 **1994** ALSACE PINOT BLANC APPELLATION ALSACE CONTRÔLÉE Mise du Printemps* JOSMEYER mis en bouteille par: JOS MEYER & FILS, à F 68920 WINTZENHEIM 11,5% VOL — PRODUCE OF FRANCE — 750 ml	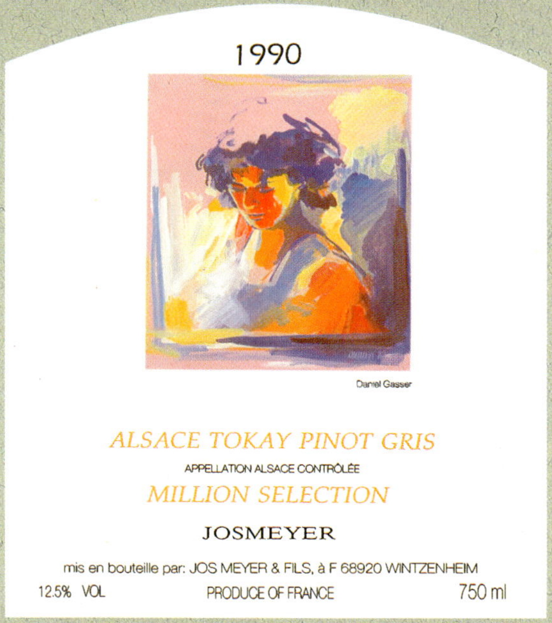 **1990** ALSACE TOKAY PINOT GRIS APPELLATION ALSACE CONTRÔLÉE MILLION SELECTION JOSMEYER mis en bouteille par: JOS MEYER & FILS, à F 68920 WINTZENHEIM 12,5% VOL — PRODUCE OF FRANCE — 750 ml	 **1992** ALSACE RIESLING APPELLATION ALSACE CONTRÔLÉE "LE KOTTABE"® JOSMEYER mis en bouteille par: JOS MEYER & FILS, à F 68920 WINTZENHEIM 11,8% VOL — PRODUCE OF FRANCE — 750 ml
 **1992** ALSACE PINOT BLANC APPELLATION ALSACE CONTRÔLÉE Mise du Printemps* JOSMEYER mis en bouteille par: JOS MEYER & FILS, à F 68920 WINTZENHEIM 12% VOL — PRODUCE OF FRANCE — 750 ml	 **1989** ALSACE RIESLING APPELLATION ALSACE CONTRÔLÉE "LE KOTTABE"® JOSMEYER mis en bouteille par: JOS MEYER & FILS, à F 68920 WINTZENHEIM ALC. 12% by VOL — PRODUCE OF FRANCE — 750 ml	 **1993** ALSACE TOKAY PINOT GRIS APPELLATION ALSACE CONTRÔLÉE LE FROMENTEAU® JOSMEYER mis en bouteille par: JOS MEYER & FILS, à F 68920 WINTZENHEIM 12% VOL — PRODUCE OF FRANCE — 750 ml

Double page précédente

*Le poids de la tradition…
Quand l'Alsace se renouvelle*

remise à neuf, sans hiatus avec son passé. Wintzenheim propulsé à l'avant-plan de l'œnographilie. Les albums des collectionneurs pavoisent.

Le chant des bulles

Voici bien longtemps que s'est déclarée, en Champagne, la guerre des bouteilles. Donc celle des étiquettes. La tradition remonte haut dans le temps, aux aurores du romantisme lorsque, en avance de plusieurs générations sur les autres vignobles, celui de la Montagne de Reims et des environs produisait des vignettes somptueuses, souvent doublées d'un goût parfait.
À vins d'exception, il fallait des ambassadrices d'exception, susceptibles de claironner bien haut la renommée de leurs créateurs. Leurs vertus ont défié le temps; le temps n'a plus eu qu'à faire le reste.

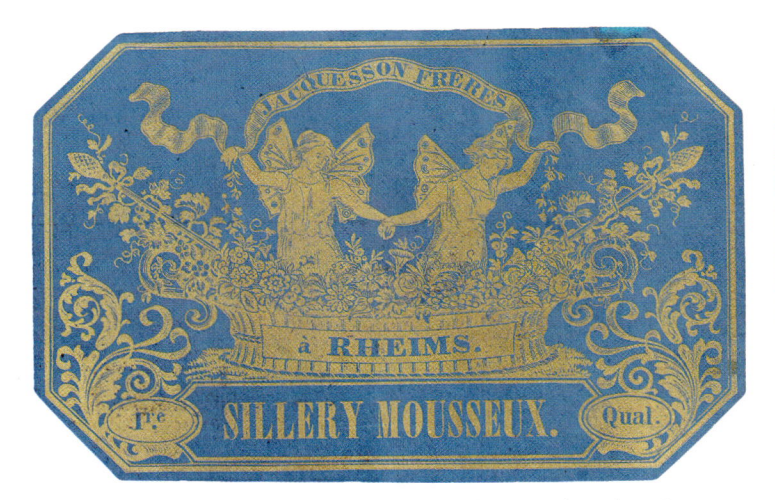

Inutile de le dissimuler: le Champagne est un produit de luxe. Comme tel, il exige des armes publicitaires de haut niveau. L'étiquette les précède toutes. Elle est nécessairement éblouissante, enchanteresse, majestueuse. Elle a impérativement de la classe.
Ses propriétaires ne sauraient se permettre, à l'égard de sa conception, la moindre ladrerie, sous peine d'anesthésie commerciale. C'est à qui aura la plus riche, la plus remarquable, la plus superlative. Au plus fort de ce combat quincaillier, où l'or et l'argent se gaufrent à flots, un écueil menace, que tous n'évitent pas : le clinquant, cette boursouflure de la vanité qui finit tôt ou tard par se déclarer, faute de maîtrise de soi. Il est des étiquettes champenoises trop bruyantes, trop voyantes, trop astiquées.

Et les deux pages suivantes

1830-1840: l'âge d'or de l'étiquette champenoise

104

AY
MOUSSEUX
QUALITÉ
SUPÉRIEURE
B. & E. PERRIER CHÂLONS
Bin & Ene PERRIER
À CHÂLONS-SUR-MARNE.

Jn PERRIER FILS & Co
SILLERY
Mousseux
QUALITÉ
Supérieure
CHALONS
MARNE.

SILLERY GRAND MOUSSEUX
QUALITÉ SUPÉRIEURE

À RHEIMS.
SILLERY MOUSSEUX.
Qual.

SILLERY MOUSSEUX DE 1842
Qualité
exquise
P. A. MUMM & Co REIMS

Qualité
supérieure
RUINART PERE & FILS
RHEIMS
Sillery mousseux

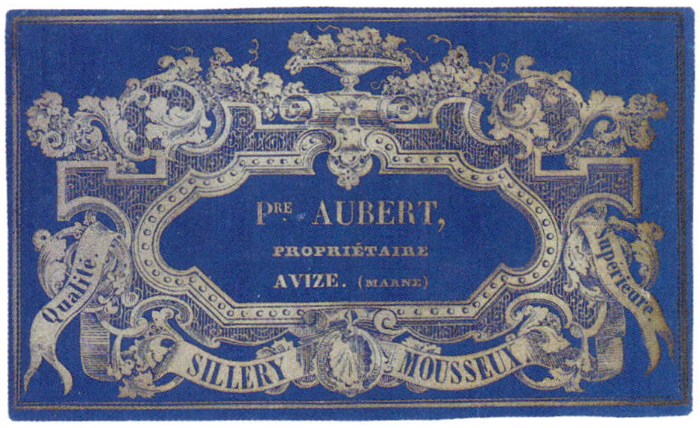
Pre AUBERT,
PROPRIÉTAIRE
AVIZE. (MARNE)
Qualité
Supérieure
SILLERY
MOUSSEUX

SILLERY MOUSSEUX.
C. QUINET à MONS.

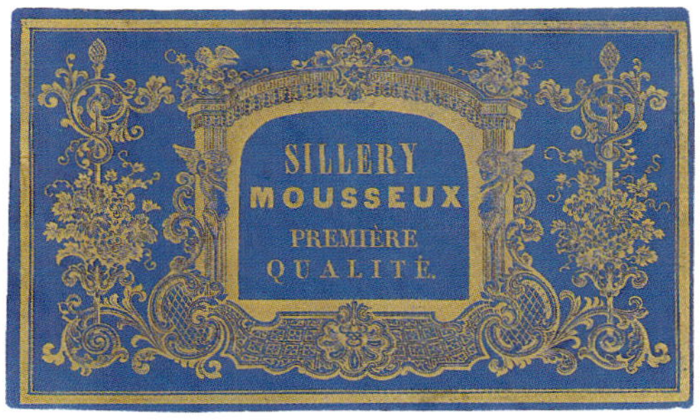
SILLERY
MOUSSEUX
PREMIÈRE
QUALITÉ.

SILLERY
grand mousseux.
Première Qualité
H. PIPER & Cie à REIMS
Successeurs de Veuve HEIDSIECK.

Sillery
AUGER-GODINOT
À REIMS.
Marne
mouss.
OEIL DE PERDRIX

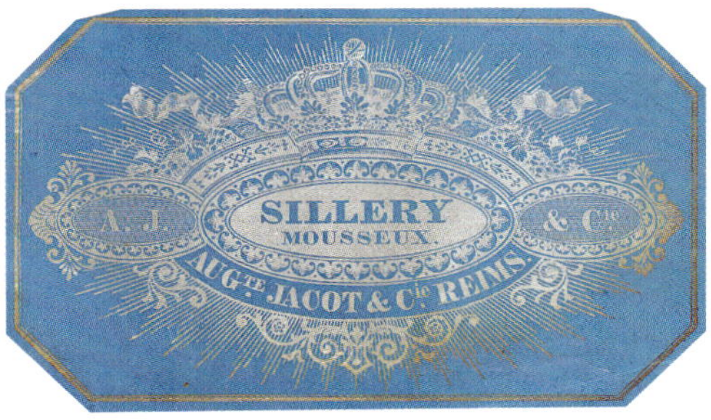
A. J.
SILLERY
MOUSSEUX
& Cie
AUGte JACOT & Cie REIMS

AY MOUSSEUX QUALITÉ SUPre
PH. A. CHOCQUEEL

AUBERTIN & Cie AU CHATEAU DE FAGNIÈRES
ANCIENNE MAISON R. BISTON d'EPERNAY
CRÈME de BOUZY
QUALITÉ
MOUSSEUX
EXTRA
Fournisseurs brévetés
DE S.A.ROYALE MONSEIGNEUR LE PRINCE FRÉDÉRIC des PAYS-BAS

LANSON PERE & FILS
SILLERY
MOUSSEUX.
QUALITÉ
SUPÉRIEURE.
A RHEIMS

H. Piper & Co
Reims.

BOUZY MOUSSEUX
D. MILLOT
PROPRIÉTAIRE
À EPERNAY, MARNE
QUALITÉ SUPÉRIEURE

GRAND VIN IMPÉRIAL
de St Martin
AY-Champagne.

DOERR-PERRUCHOT
ET
LABOURÉ Jne.
Premre
Qualté
AVIZE. (MARNE)
AY MOUSSEUX.

AUGER-GODINOT
À REIMS
Marne.
SUPÉRIEURE
QUALITÉ.
Sillery mousseux

L. GYSEL SAGARY
à AY - Champagne
Qualité
Supérieure
FLEUR DE
SILLERY

OEIL DE
PERDRIX Mx
FLEUR DE
Van der Veken Père & fils
à REIMS.
CHAMPAGNE

SILLERY MOUSSEUX
PREMIÈRE QUALITÉ

SILLERY
mousseux.
Qualité Supérre
LENICE

RIVART AINÉ A REIMS
EXTRA
FORTE
SILLERY MOUSSEUX

BOUZY
mousseux,
Supérre Qualité
EMILE DELVALLÉE
Négociant en Vins, à Valenciennes
(Maison à REIMS)

RENAUD AINÉ
SILLERY MOUSSEUX.
PREMIÈRE QUALITÉ
REIMS.

SILLERY
AUGte SOYEZ FILS
à
REIMS.
MOUSSEUX
QUALITÉ
SUPÉRre

VINS FINS DE CHAMPAGNE
FOUCHER, Ve OLIVIER & Cie
à MAREUIL sur AY.
Oeil de Perdrix
QUALITÉ SUPÉRIEURE.

A. DUTEMPLE & FILS.
à PIERRY
Près ÉPERNAY
AY
MOUSSEUX
PREMIÈRE QUALITÉ.
DÉPOSÉE

VERZENAY
MOUSSEUX
Qualité
SCOHYERS-DORLODOT
à
REIMS.
Supérieure

LABOURÉ ROI
& FRÈRE
A AVIZE
Champagne
AY MOUSSEUX SUPÉRIEUR.

SUPÉRIEURE
AUGER-GODINOT
A REIMS,
Marne.
QUALITÉ.
VIN ROSÉ

St HILAIRE
REIMS
Vinho da
estrela
Superior
SILLERY MOUSSEUX
Qualidade
St HILAIRE à Reims

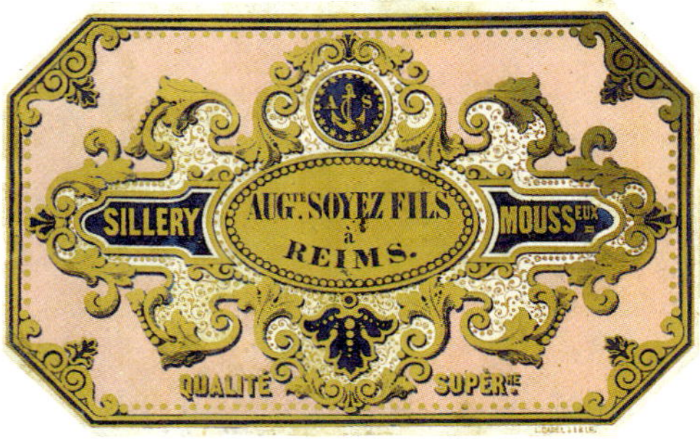
SILLERY
AUGte SOYEZ FILS
à
REIMS.
MOUSSEUX
QUALITÉ
SUPÉRre

de St Martin
ŒIL DE PERDRIX
à Ay-Champagne

Où la bataille fait le mieux rage, c'est dans la recherche à tout prix de la bouteille singulière et de l'appellation du cru de prestige auquel elle est destinée. Ici, le vacarme est total, la surenchère impitoyable. Écoutons le bruit des trompettes: le Sourire de Reims, les Soirées Parisiennes, La Préférence, Stradivarius, Grand Siècle Alexandra, Catherine de Médicis, Comtes de Champagne, Tradition, Charles VII, La Grande Dame, La Royale, Signature, Dom Ruinart, Noble Cuvée… Rude combat que celui-là: à force de vouloir se démarquer, tout le monde se démarque et la vue de l'amateur se trouble. Au firmament de tant de célébrités, le blason s'impose, soit qu'il coiffe l'étiquette, soit qu'il lui donne sa forme entière. Qui ne connaît la «Dom Pérignon» de Moët?

Conscients de la qualité «souveraine», «intégrale», «sauvage» des étiquettes d'autrefois, certains producteurs ont astucieusement imaginé de les remettre à l'honneur.

La nostalgie des temps anciens

CHAMPAGNE
BLANC DE NOIRS
1er CRU
LA TRUFFE NOIRE
750 ml
PRODUCE OF FRANCE
12% VOL.
ÉLABORÉ PAR SCEAD - CHAMPILLON 51160 AY - FRANCE - MA-2363-06-24807
L 11159

CHAMPAGNE
AYALA
BRUT
Château d'Aÿ
75cl e N.M. 106.001
12% Alc./Vol.
PRODUCE OF FRANCE
ÉLABORÉ PAR S.A AYALA
51160 AY FRANCE

BRUT
BRUT
CHAMPAGNE
Patrick Moreaux
à TROISSY
750 ml
RC-23676-01
12% vol.
Elaboré par Patrick MOREAUX, à Troissy 51700, France

LES PERLES DE LA DHUY
CHAMPAGNE
Autréau
DE CHAMPILLON-FRANCE
Brut
750ML
12% VOL.
PRODUCE OF FRANCE
ELABORÉ PAR SARL LES VIGNOBLES CHAMPENOIS 51160 CHAMPILLON, FRANCE NM-411-001

F. DELACOUR
Champagne
75cl e
12% Vol.
ELABORÉ PAR NM 246 A 51-230 F MA 2410-21-00246 - SÉLECTIONNÉ ET DISTRIBUÉ PAR CARREFOUR - EVRY - FRANCE
Carrefour

CHAMPAGNE
Cuvée Angélique
NM-306-001
Elaboré par Cristian Senez à Fontette 10360 France
BRUT
12% by vol
PRODUCE OF FRANCE
750 ml

MOËT et CHANDON à Epernay
Fondée en 1743
Champagne
Cuvée Dom Pérignon
Vintage 1988
12.5% VOL.
75cl
Brut
élaboré par CHAMPAGNE MOËT & CHANDON à EPERNAY, FRANCE - Muselet EPARNIX®
NM 250 001

MOËT et CHANDON à Epernay
Fondée en 1743
Champagne
Cuvée Dom Pérignon
Rosé
Vintage 1985
12.5% VOL.
75cl
Brut
élaboré par CHAMPAGNE MOËT & CHANDON à EPERNAY, FRANCE - Muselet EPARNIX®
NM 250 001

Pour nombre d'entre eux, ce retour aux sources se solde par une indiscutable réussite. Voir Jacquesson, Billecart-Salmon, Bruno Paillard, Bollinger, Henriot, Ruinart, Heidsieck, Lanson et les autres. Comme tous n'ont pas le même passé lointain, et faute de pouvoir puiser valablement dans le leur, certains s'inspirent de celui des autres. Mais la beauté n'est-elle pas intemporelle et n'appartient-elle pas à tout le monde, dès l'instant qu'elle n'est pas entachée de contrefaçon ?

À gauche
L'étiquette champenoise moderne : la nécessité d'éblouir

Dans le bas
Le passé au présent

Dans la course à l'originalité, Taittinger occupe une place de choix. L'idée d'un habillage intégral sous lequel la bouteille disparaîtrait tout entière, fut un coup de génie. Le premier artiste de renommée internationale appelé à donner le coup d'envoi de cette collection prestigieuse fut Vasarely, en 1983, à l'occasion de la mise en circulation du millésime 1978. Et depuis, d'autres «grands» de la peinture contemporaine se sont également succédés au tableau d'honneur : Arman, Masson, Vieira da Silva, Roy Liechtenstein, Hartung, Imaï...
Chaque flacon de cette «Taittinger Collection» est tirée à quelques dizaines de milliers d'exemplaires. À acheter de toute urgence, en primeur, sous peine de les payer ultérieurement dix fois le prix, sinon davantage, chez Sotheby's ou Christie's.

À présent, l'œnographile se gratte le cuir chevelu : il n'avait pas prévu ça. Le voilà condamné à se faire, de surcroît, collectionneur de bouteilles, avec interdiction de les boire ! Il en profitera pour leur ajouter le flacon dessiné par Gallé à la fin du siècle dernier dans le plus pur style Belle Époque. D'où le nom octroyé à cette bouteille touchante, à la limite du kitch.

Écrin de verre serti d'anémones en arabesques, la bouteille «Belle Époque» de Perrier-Jouët n'est plus seule en son genre. Depuis 1986, en effet, et fidèle à sa philosophie d'entreprise «pionnière» dans le mécénat culturel, la célèbre firme d'Épernay organise chaque année, et en collaboration avec l'École Nationale Supérieure des Beaux-Arts de Paris, un concours réservé aux jeunes artistes contemporains, destiné à récompenser les meilleurs créateurs de décors originaux peints sur Jéroboam ou sur Magnum. Le thème en est libre mais il est impératif de retrouver dans l'expression de l'artiste un certain symbolisme en accord avec le champagne. L'œuvre primée est alors éditée en série limitée.
En l'espace d'une décennie, la compétition a rencontré un fulgurant succès tandis que le collection de bouteilles décorées s'est singulièrement développée. Le prix de 50 000 francs qui y est attaché n'y est sans doute pas étranger.

Le spécialiste de l'étiquette de Champagne est un homme heureux. Pour peu que sa collection commence sous Louis-Philippe, il se trouve à la tête d'alignements de vignettes sublimes dont les plus remarquables sont encore à venir. Nul doute qu'au secret des ateliers, des imprimeurs bien inspirés ambitionnent de faire aussi bien et, pourquoi pas, mieux que leurs habiles prédécesseurs d'il y a deux siècles. À la seule idée de ce que pourrait être la collection qu'il transmettra à ses petits-enfants, l'œnographile ajoute une larme d'émotion aux bulles qui crépitent à la surface de son verre.

Made in Switzerland

Même conventionnelle - elle peut l'être souvent -, l'étiquette suisse est rarement médiocre. De la connivence entre styliste-créateur et couturier-réalisateur naissent en règle générale des images d'une rigueur parfaite. Ensemble, ces deux coauteurs de l'étiquette totalisent une telle quantité d'heures-expérience que le fruit de leur collaboration déclenche immanquablement l'intérêt sinon l'admiration.

Page suivante
La ruée vers l'or...
Le rose de l'émotion, le bleu nuit : une couleur rarement utilisée en Champagne

LOUIS ROEDERER
CHAMPAGNE
BRUT PREMIER®
Louis Roederer
Brut
Reims
375 ml℮

CHAMPAGNE
Cuvée
GRAND TRIANON
1985
Alfred ROTHSCHILD et Cie
BRUT
EPERNAY
75cl℮
12,5%vol

CHAMPAGNE
H.Petitjean & Cie
à AMBONNAY
BRUT
750 ml
CARTE D'OR MILLESIME 1983
12% VOL.
ELABORE PAR S.A. PETITJEAN AMBONNAY FRANCE PRODUCE OF FRANCE

PRODUCE
OF FRANCE
CHAMPAGNE
DELAHAIE
à EPERNAY
BRUT
75 cl.
12% vol

JL
CHAMPAGNE
Joël Lemaire
BRUT
Grande Réserve
12% Vol.
750 ml

Champagne
Goussard-Delagneau
BRUT
RÉSERVE
à Avirey Lingey
750 ml
12% vol

ROSÉ
ROSÉ
Champagne
JACQUART®
BRUT
Reims
APPELLATION D'ORIGINE CONTROLEE
750 ML ℮
ALC. 12,5% BY VOL

BRUT ROSÉ
CHAMPAGNE
Adam-Garnotel
1er CRU
à Rilly-la-Montagne
12% vol
750 ml

CHAMPAGNE
Bauchet
BRUT ROSE

CHAMPAGNE
1989
1989
G. Richomme
MILLESIME
BRUT
BARBONNE-FAYEL
12% vol
750 ml

Vintage
CHAMPAGNE
BOLLINGER
ROSÉ
1985
Brut
12% Vol
75cl

TRADE
MARK
CHAMPAGNE
CASTELGER
BRUT ROSÉ
12% Vol.
PRODUCE OF FRANCE
A VAUCIENNES
PAR EPERNAY
750 ml

LA «GRANDE ROSE» DE LA CATHÉDRALE DE REIMS
DEPUIS
1891
SINCE
1891
GRANDE ROSE
CHAMPAGNE ROSÉ
REIMS BRUT FRANCE
MONTAUDON
750 ml
Alc 12% Vol.
PRODUCT OF FRANCE

CHAMPAGNE
BRUT
Laurent-Perrier
Brut
CUVÉE
ROSÉ BRUT
750ml
12% vol.

PRODUCE
OF FRANCE
RJ
CHAMPAGNE
René Jacquesson et Fils
BRUT
à CHAVOT
750 ml
12% vol

L'étiquette suisse est loyale comme le vin qu'elle annonce. Méticuleux comme leurs horlogers, les viticulteurs élaborent des produits irréprochables, aseptisés à l'extrême, conscients de ne jamais pouvoir rivaliser avec leurs confrères des pays limitrophes quant à la haute qualité, mais à tout jamais convaincus de s'être ainsi mis au-dessus de tout soupçon de négligence. Semblablement, les imprimeurs font preuve d'une efficacité et d'une conscience professionnelle totales, réussissant cette fois l'exploit de surpasser la plupart de leurs concurrents voisins, dans ce domaine où leur pays a toujours excellé: l'imprimerie.

Les maîtres-mots de l'étiquette suisse sont le nom du cépage utilisé et celui de la région concernée. Il n'est pas rare de se trouver en présence de raisins identiques apparaissant sous des dénominations différentes à mesure que l'on change de territoire, le goût du vin suivant le mouvement. Le Fendant de Sion n'a rien de commun avec celui de Sierre. Astringent ici, il est corpulent et voluptueux là-bas. Souvent, une appellation secondaire lui est ajoutée, cadastralement authentifiable ou prosaïquement fantaisiste: Brûlefer, Balavaud, Sainte-Anne, Grandgousier… Parfois même, il arrive à l'amateur de ne plus savoir sur quel pied de vigne danser: le Johannisberg est-il simplement le nom valaisan du cépage sylvaner ou se considère-t-il comme un type de vin à part entière?

Mais qu'il soit blanc ou rouge, doux ou sec, «élégant» ou solidement charpenté, le vin suisse surgit comme par magie de l'étiquette. À son nom et à l'image qui le véhicule se superpose d'emblée le contenu du verre. Dôle, Muscat, Amigne, Malvoisie ne peuvent avoir d'autres étiquettes que celles qu'ils ont déjà et les nouvelles qui viennent au monde seront de la même veine suggestive. Nulle part ailleurs dans le vignoble mondial le vin ne colle d'aussi près à l'étiquette et vice-versa.

Quelques séries d'étiquettes suisses sont devenues de grands classiques de l'œnographilie: les «vitraux» de Robert Héritier (voir chapitre quatrième); la collection «Grand Croix» de Jean et Pierre Testuz, en Dézaley; le site urbain de Sion, de Benjon et Charly Favre, propriétaires-encaveurs. Il n'est pas superfétatoire de les rappeler ici. On découvrira, ailleurs dans ce livre, d'autres étiquettes helvètes «grand cru» qui mériteraient d'être classées, une fois pour toutes.

∴ *Principales dénominations suisses apparaissant sur l'étiquette*

Amigne: cépage blanc du Valais. Il produit un vin doux aux nuances dorées. On ne sait pas grand-chose de ses origines.
Arvine: (Petite Arvine): cépage du Valais. Il donne un vin savoureux, bien charpenté.

Benjon et Charly Favre: grands vins, grandes étiquettes

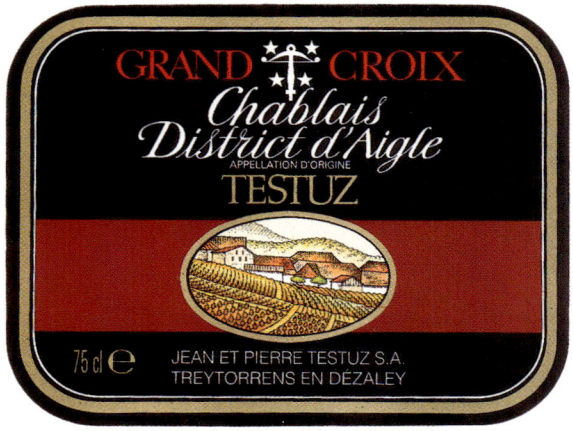

GRAND CROIX Lavaux
APPELLATION D'ORIGINE
TESTUZ
75 cl — JEAN ET PIERRE TESTUZ S.A. TREYTORRENS EN DÉZALEY

GRAND CROIX St Saphorin
APPELLATION D'ORIGINE
TESTUZ
75 cl — JEAN ET PIERRE TESTUZ S.A. TREYTORRENS EN DÉZALEY

GRAND CROIX Dézaley
APPELLATION D'ORIGINE
TESTUZ
GRAND CRU
75 cl — JEAN ET PIERRE TESTUZ S.A. TREYTORRENS EN DÉZALEY

GRAND CROIX Aigle
APPELLATION D'ORIGINE
TESTUZ
75 cl — JEAN ET PIERRE TESTUZ S.A. TREYTORRENS EN DÉZALEY

GRAND CROIX Chablais District d'Aigle
APPELLATION D'ORIGINE
TESTUZ
75 cl — JEAN ET PIERRE TESTUZ S.A. TREYTORRENS EN DÉZALEY

GRAND CROIX Salvagnin
APPELLATION D'ORIGINE
TESTUZ
75 cl — JEAN ET PIERRE TESTUZ S.A. TREYTORRENS EN DÉZALEY

GRAND CROIX Epesses
APPELLATION D'ORIGINE
TESTUZ
75 cl — JEAN ET PIERRE TESTUZ S.A. TREYTORRENS EN DÉZALEY

GRAND CROIX Yvorne
APPELLATION D'ORIGINE
TESTUZ
75 cl — JEAN ET PIERRE TESTUZ S.A. TREYTORRENS EN DÉZALEY

Blauburgunder: Pinot Noir de la Suisse Alémanique.
Chasselas: le cépage suisse le plus courant. Son nom apparaît rarement sur l'étiquette.
Clevner: autre nom du Blauburgunder.
Dôle: le symbole rouge du Valais. Issu du Gamay et du Pinot Noir, il est susceptible d'examen officiel. Les étiquettes de Dôle sont à elles seules un thème de collection, tant elles sont nombreuses et variées.
Dorin: nom du Chasselas, au canton de Vaud.
Ermitage: cépage d'origine française rhônale dont il a gardé toutes les caractéristiques. En Valais, le vin de l'amitié.
Fendant: vin blanc le plus répandu dans la vallée du Rhône. Sans doute le plus célèbre des vins suisses. Les Valaisans affirment volontiers que Sion est doublement capitale: du canton et du Fendant.
Gamay: cépage abondant autour du lac Léman et en Valais. En France, il donne le Beaujolais.
Goron: synonyme de Dôle, mais refusé à l'examen.
Humagne: désigne indifféremment, dans le Valais, un cépage rouge ou blanc, sans apparentement l'un avec l'autre. L'un des plus anciens vins du canton.
Johannisberg: nom du Sylvaner, en Valais. Il donne un vin musclé qui ne manque cependant pas de finesse.
Malvoisie: Pinot Gris du Valais. Il n'a pas la finesse de son homonyme alsacien.
Merlot: cépage rouge originaire de la Gironde, utilisé surtout dans le Tessin.
Salvagnin: l'équivalent de la Dôle valaisanne.

Page de gauche

Immuablement belle: la collection Grand Croix de Jean et Pierre Testuz, de Treytorrens en Dézaley

Que la montagne est belle!

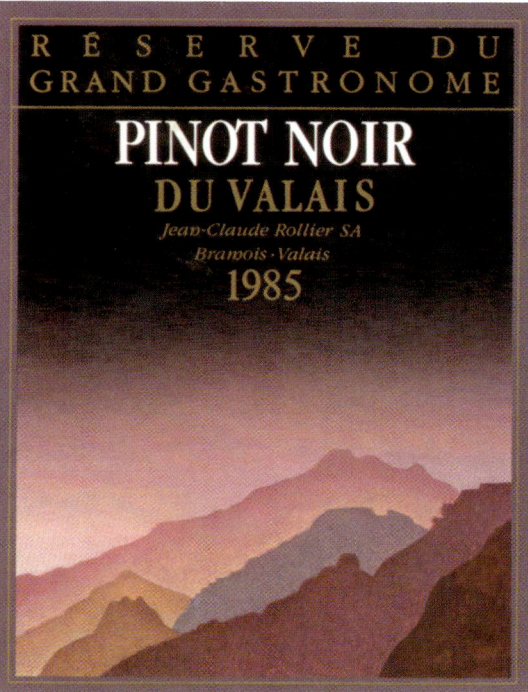

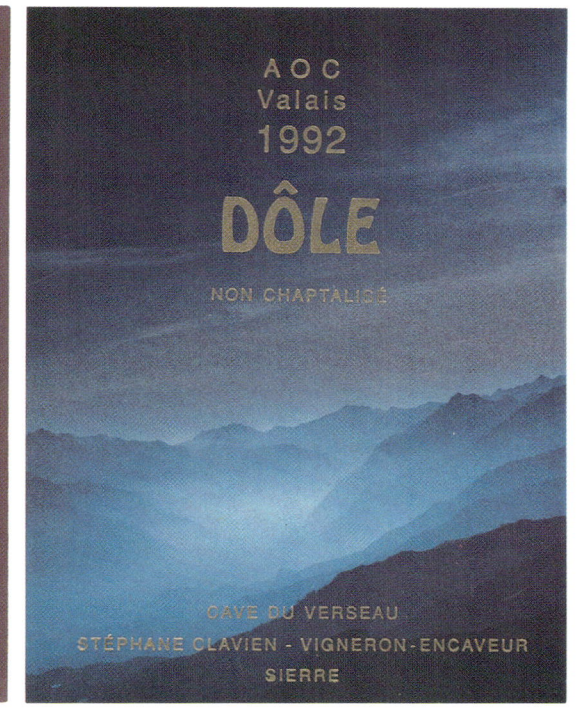

«A» comme Allemagne & Autriche

Les Allemands sont-ils d'une sagesse extrême ou simplement obstinés? Au nom d'une conception étroite de la démocratie, ils se refusent à établir le moindre classement à l'intérieur de leurs vignobles, laissant à l'amateur quelque peu déboussolé le soin de sortir seul du labyrinthe dans lequel il s'est engagé.

Dès 1868, cependant, le roi de Prusse faisait hiérarchiser les vins de la région Moselle-Saar-Ruwer, aussitôt répartis en 8 catégories de qualités. En réalité, le souverain ne faisait qu'imiter d'autres initiatives semblables prises ailleurs par d'autres princes. Comme ses motivations dégageaient un fort relent de fiscalité, les viticulteurs se firent tirer l'oreille et l'entreprise péréclita. Et voilà pourquoi l'étiquette allemande ne parle jamais de grand ou de premier cru classé, ce qui ne l'empêche nullement d'être particulièrement prolixe, ni de mentionner les types de vins existants, nous savons déjà lesquels.

De toute manière, l'œnophile averti connaît ses classiques. Sa mémoire a définitivement enregistré les noms d'Egon Müller, dont le domaine sarrois a atteint, depuis longtemps déjà, les cimes de la célébrité. Celle des prix pratiqués, aussi. Il sait que le Rheingau, cœur du Rhône

Page de droite
Allemagne:
des étiquettes orgueilleuses

vinicole, doit une bonne part de sa renommée au Schloss Johannisberg offert par l'empereur d'Autriche reconnaissant au prince de Metternich, en 1816. Depuis, les descendants de ce bienheureux acquéreur n'ont jamais cessé de produire des vins de grande qualité.

Il apprécie les vins secs et vivifiants de Franconie, les «Schillerweinen» de Stuttgart. Il sait que les meilleurs vignobles de Hesse Rhénane bordent la rive gauche du fleuve, de part et d'autre de Nierstein et que le vignoble du Palatinat est le plus grand, le plus sec, le plus ensoleillé d'Allemagne. Il collectionne ces vastes étiquettes, surchargées d'armoiries et de blasons tonitruants qui ne savent trop de quel côté du temps tourner leurs visages: le passé ne désarme pas, le futur tente d'hypothétiques débarquements. L'abondance des mentions obligatoires en font de pesants messages que l'amateur prend en définitive rarement la peine de déchiffrer, se satisfaisant de l'impression d'opulence qui s'en dégage.

Une conclusion s'impose à lui: l'étiquette allemande ne sera jamais modeste. Elle est et restera un étalage d'informations et de considérations officielles auxquelles l'image dispute tant bien que mal l'espace laissé disponible. Le moment est venu d'en expliciter quelques-unes:

∴ **AP Nr**: (Amtliche Prüfungsnummer): numéro de dégustation professionnelle
Bestimmtes Anbaugebiet: région spécifiée
Erzeugerabfüllung: mise en bouteille d'origine
Gutsabfüllung: cette expression remplace, depuis 1993, la précédente
Weinbaugebiet: région vinicole
Weinkellerei: entreprise vinicole
Winzergenossenschaft: (Winzerverein): coopérative

Est-ce par réaction que l'étiquette autrichienne, très proche parente à bien des égards de l'allemande, secoue avec une telle intensité, depuis la seconde moitié des années 1980, vignobles et rotatives?

Autriche:
de ravissantes ambassadrices

À quelque chose catastrophe est bonne. Les amoureux du vin honnête n'ont pas oublié le séisme qui fit trembler d'effroi la gent vinicole autrichienne tout entière, en 1985. Cette année-là, certains producteurs peu scrupuleux, inconscients et criminels à la fois, imaginèrent de falsifier leurs vins en les additionnant… d'antigel. Grâce à ce subterfuge, des vins inconsistants

Label 1 (Müller-Thurgau)

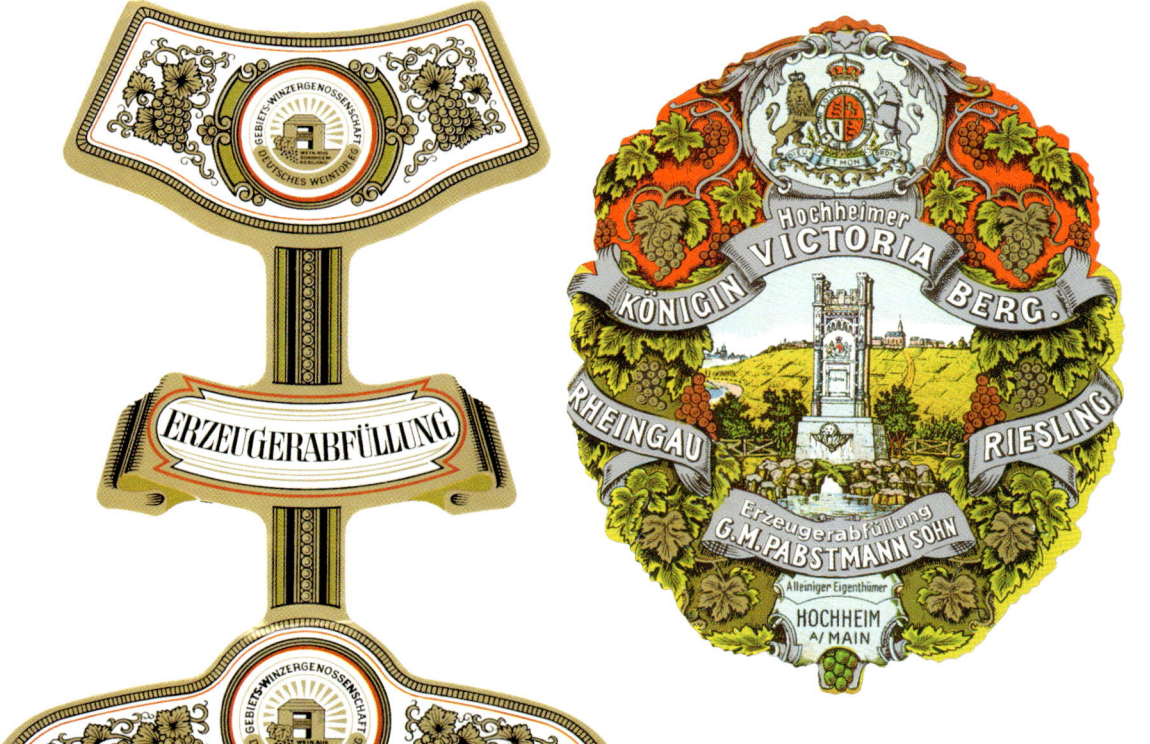

GEBIETS-WINZERGENOSSENSCHAFT
DEUTSCHES WEINTOR EG

ERZEUGERABFÜLLUNG

GEBIETS-WINZERGENOSSENSCHAFT
DEUTSCHES WEINTOR EG

RHEINPFALZ

1982er

Müller-Thurgau

QUALITÄTSWEIN

Amtliche Prüfungsnummer 5 042 092 454 82

THEYER MAINZ 18   e 1 l

ERZEUGERABFÜLLUNG
GEBIETS-WINZERGENOSSENSCHAFT EG
DEUTSCHES WEINTOR
ILBESHEIM / SÜDL. WEINSTRASSE

Label 2 (Königin Victoria Berg)

Hochheimer
KÖNIGIN VICTORIA BERG
RHEINGAU   RIESLING
Erzeugerabfüllung
G.M. PABSTMANN SOHN
Alleiniger Eigenthümer
HOCHHEIM A/MAIN

Label 3 (Aßmannshäuser Höllenberg)

ERZEUGT IM KLOSTER EBERBACH

RHEINGAU

Cabinet

1954er

Aßmannshäuser Höllenberg

Spätburgunder

NATURREIN

Verwaltung der Staatsweingüter
Eltville

Eigener Kellerabzug und Korkbrand

Label 4 (Jungkenn)

JUNGKENN

RHEINPFALZ

Net Contents: **1979**   Alcohol:
750 Milliliter   9% to 11%
(25,4 Fl. Ozs.)   by volume

Deidesheimer Hofstück Spätlese

Qualitätswein mit Prädikat - A. P. Nr. 5 907 256 002 81
White table wine   Product of Germany
Shipped and bottled by: Ernst Jungkenn, Oppenheim am Rhein

0,75 L

Warenzeichen gesetzlich geschützt   G101

Label 5 (Schloss Johannisberger Beerenauslese)

ERZEUGER   ABFÜLLUNG
Fürst v. Metternich'scher   Schloss Johannisberger
RHEINGAU

DEUTSCHER   AMTLICHE
QUALITÄTSWEIN   1976er   PRÜFUNGS-NR.
MIT PRÄDIKAT   **BEERENAUSLESE**   26026 002 77

Label 6 (Schloss Johannisberger Rosalack)

**QUALITÄTSWEIN
MIT
PRÄDIKAT
RHEINGAU**

A. P. Nr. 26026 004 77

1976er

Schloss Johannisberger

Rosalack

AUSLESE

Erzeuger-Abfüllung
Fürst von Metternich-Winneburg'sche
Domäne Schloß Johannisberg/Rheingau

Page de droite
L'audace, timorée,
des pays «neufs»…

se donnaient brusquement une corpulence inusitée. Il y eut plus de peur que de mal mais, celui-ci étant fait, le tollé se répercuta jusqu'à l'autre extrémité de la planète Vin. La réaction des autorités fut immédiate et brutale, la refonte complète du système de contrôle qui s'ensuivit ayant pour heureuse conséquence de déclencher auprès des viticulteurs un zèle et un enthousiasme peu ordinaires qui revivifièrent le vignoble autrichien en profondeur. Surpris, le monde découvrit que le 8e consommateur mondial était parfaitement à même de produire des vins de grande qualité, dès l'instant que les fraudeurs se retiraient sous leur tente. L'étiquette ne pouvait faire autrement que se mettre au rythme du renouveau et l'œnographile vit apparaître sur le marché des vignettes totalement dépoussiérées, débarrassées de leurs vieux clichés. Des séries vedettes attirèrent l'attention sur elles, aujourd'hui âprement recherchées.

Funiculi, funicula

On fait en Italie, plus grand producteur mondial, tous les types de vins, répartis sur plus de 200 zones viticoles que se partagent d'innombrables producteurs. La qualité et la non-qualité procèdent de la même variété et du même gigantisme. La Péninsule est, subséquemment, capable du meilleur comme du pire. De certains vignobles du Sud ou de la Sicile, on dit pudiquement que leurs vins ne sont pas commercialisables. On le croit volontiers. Mais on sait aussi, en contrepoint à cette navrante constatation, que les mots Barolo, Brunello, Sassicaia, Solaia, Tignanello, Darmagi sont synonymes de miracles de l'homme et de la nature. C'est déjà annoncer préventivement que l'étiquette italienne n'est pas près de nous livrer son plus surprenant secret. C'est engager également l'œnographile à y réfléchir longuement avant de se lancer, à corps perdu, dans ce maquis de papier sinon pour en extraire quelques têtes de cuvées déjà classiques mais toujours irrésistibles, en dépit d'une évidente propension à l'ostentation.

Marchesi de Frescobaldi :
de la classe et de la race…

Il les trouvera avec le plus d'aisance au sein de la légendaire Toscane où des noms prestigieux, issus tout droit de la Renaissance florentine - Antinori, Frescobaldi… - s'obstinent avec un bel acharnement à assurer le renom des majestueux grands Chianti. Mais qu'il n'hésite pas à

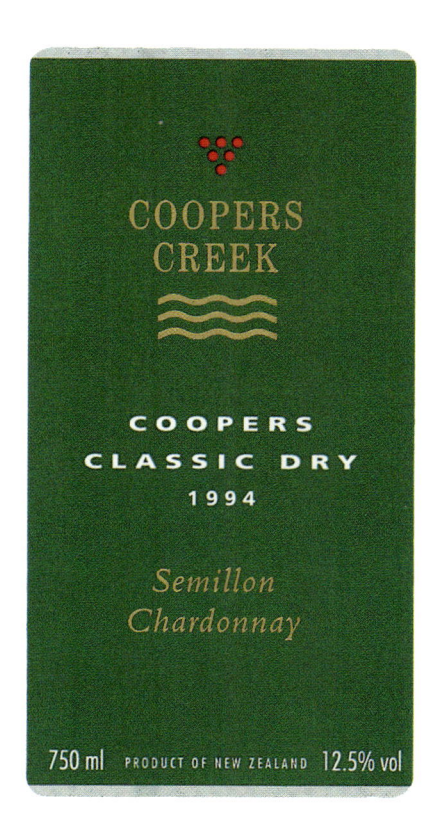

COOPERS CREEK

COOPERS CLASSIC DRY
1994

Semillon Chardonnay

750 ml   PRODUCT OF NEW ZEALAND   12.5% vol

CUVAISON

Chardonnay

Napa Valley

1987

ALC. 13.0% BY VOL

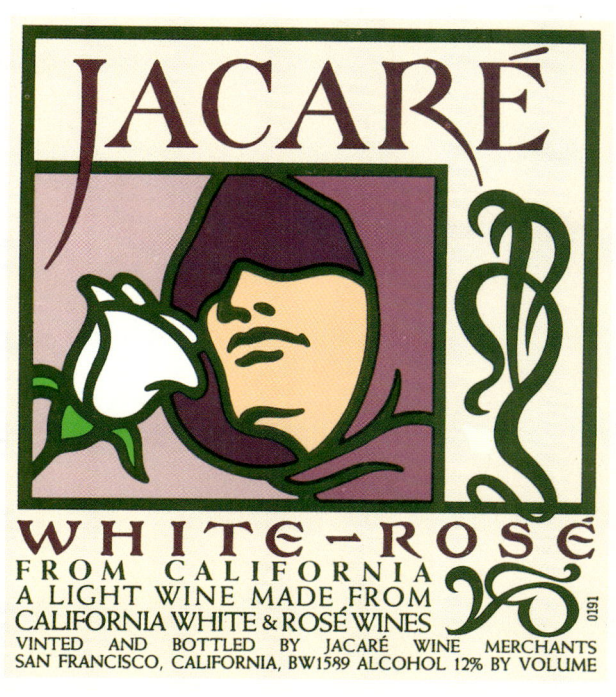

JACARÉ

WHITE · ROSÉ

FROM CALIFORNIA
A LIGHT WINE MADE FROM
CALIFORNIA WHITE & ROSÉ WINES

VINTED AND BOTTLED BY JACARÉ WINE MERCHANTS
SAN FRANCISCO, CALIFORNIA, BW1589 ALCOHOL 12% BY VOLUME

JACARÉ

CRYSTAL BLANC

FROM CALIFORNIA
A LIGHT WHITE WINE WITH A UNIQUE CHARACTER
VINTED AND BOTTLED BY JACARÉ WINE MERCHANTS SAN FRANCISCO, CA BW1589 ALC. 12% BY VOL 0190

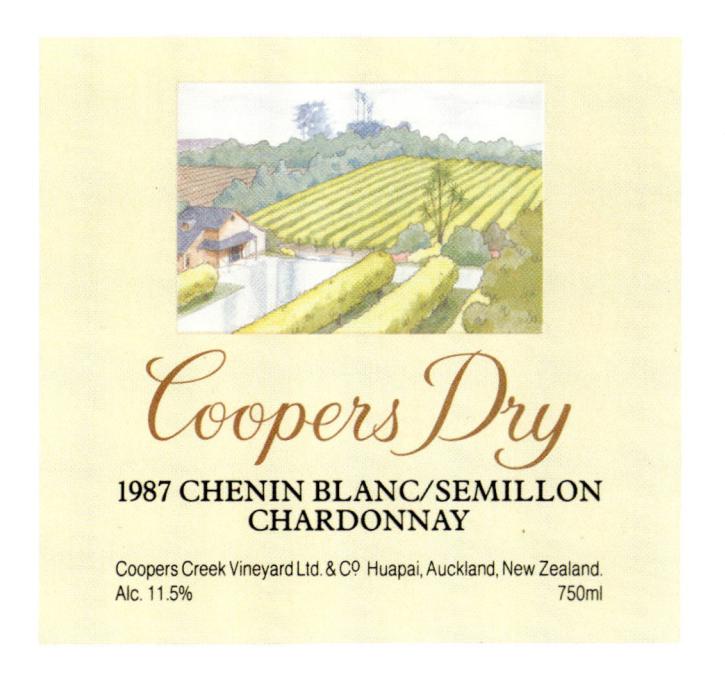

Coopers Dry

1987 CHENIN BLANC/SEMILLON CHARDONNAY

Coopers Creek Vineyard Ltd. & Co. Huapai, Auckland, New Zealand.
Alc. 11.5%   750ml

BROWN BROTHERS

John Francis Brown, Founding Father   First vintage Milawa Vineyard 1889

Shiraz

PRODUCED & BOTTLED AT MILAWA BY BROWN BROTHERS   MILAWA VINEYARD PTY LTD MILAWA VICTORIA

VICTORIAN

This wine portrays a distinctive full bodied style, rich in flavour and soft on the palate. It is an elegant and balanced dry red wine which may be enjoyed now or aged for future development.

WINE MADE IN AUSTRALIA   750 ml

LES FAVARTS

CHIROUBLES

APPELLATION
CHIROUBLES
CONTRÔLÉE

75 cl e

THÉODORE RÉGNIER · NÉGOCIANT · BELLEVILLE (RHÔNE) FRANCE

LES BOIS-DE-CERF

MOULIN-À-VENT

APPELLATION
MOULIN-À-VENT
CONTRÔLÉE

75 cl e

LES PETITS-FILS DE CLAUDE RÉGNIER · NÉGOCIANTS · GEVREY-CHAMBERTIN (CÔTE D'OR) FRANCE

LES RÉGALES

FLEURIE

APPELLATION
FLEURIE
CONTRÔLÉE

75 cl e

LES PETITS-FILS DE CLAUDE RÉGNIER · NÉGOCIANTS · GEVREY-CHAMBERTIN (CÔTE D'OR) FRANCE

LE MONTENON

BEAUJOLAIS

APPELLATION
BEAUJOLAIS
CONTRÔLÉE

75 cl e

THÉODORE RÉGNIER · NÉGOCIANT · BELLEVILLE (RHÔNE) FRANCE

LES BONNAIRES

MORGON

APPELLATION
MORGON
CONTRÔLÉE

75 cl e

THÉODORE RÉGNIER · NÉGOCIANT · BELLEVILLE (RHÔNE) FRANCE

LE GIRON

JULIÉNAS

APPELLATION
JULIÉNAS
CONTRÔLÉE

75 cl e

VINCENT & BENAT, PROPRIÉTAIRES, DOMAINE LE COTOYON À PRUZILLY FRANCE

LES RAMURES

CHÉNAS

APPELLATION
CHÉNAS
CONTRÔLÉE

75 cl e

THÉODORE RÉGNIER · NÉGOCIANT · BELLEVILLE (RHÔNE) FRANCE

LA TERRADE

CÔTE DE BROUILLY

APPELLATION
CÔTE DE BROUILLY
CONTRÔLÉE

THÉODORE RÉGNIER - NÉGOCIANT-ÉLEVEUR - BELLEVILLE (RHÔNE) FRANCE

remonter vers le Nord, en Lombardie ou dans le Haut-Adige : des joies pures l'y attendent. Il n'y aura de cesse de s'être rendu propriétaire de quelques ravissantes séries comme celle que publie la coopérative Cornaiano Appiano Colterenzio. L'élégance coutumière à l'italienne.

∴ *Petit lexique du vin Italien*

Abbocato : moelleux, légèrement sucré (littéralement : à la bouche)
Amabile : suave, sensiblement doux
Annata : millésime (synonyme : vendemmia)
Asciuto : sec (synonyme : secco)
Cantina sociale : association de viticulteurs
Chiaretto : légèrement coloré (littéralement : clairet)
Classico : classique (produit dans la zone d'origine, avant les extensions autorisées)
Cooperativa : coopérative de viticulteurs
Fattoria : domaine
Frizzante : légèrement pétillant
Invecchiato : vieilli (souvent en fûts de chêne)
Liquoroso : liquoreux
Passito : produit à partir de raisins partiellement séchés
Riserva : vieilli plus longuement que de coutume
Spumante : mousseux
Secco : sec
Tenuta : domaine
Uva : raisin
Vigneto : vignoble, souvent synonyme de «cru»
Vitigno : cépage

Page de gauche
*Beaujolais :
la noblesse de la simplicité*

Un goût de trop peu…

Les nouveaux «continents» du vin, eux qui n'ont pas à se désembourber la mémoire de tous les acquis culturels dans lesquels s'empêtre bien souvent la vieille Europe, avaient toutes les raisons du monde de laisser à leurs étiquettes le champ libre et l'on devait raisonnablement s'attendre, de leur part, à des innovations, des audaces, voire des provocations. On est loin du compte. Les choses se passent, le plus fréquemment, comme si les responsables de l'habillage ne savaient par quel bout prendre l'étiquette ni quel style adopter. Que ce soit en Californie, en Nouvelle-Zélande, en Australie ou en Afrique du Sud, rien de réellement fracassant ne vient surprendre notre affection pour l'étiquette. En dépit d'une évidente modernité, les chocs esthétiques sont rares. L'originalité y tient davantage dans la forme que dans le contenu. Là où il reste beaucoup à apprendre sur l'élaboration du vin, il en reste autant à découvrir sur celle de l'étiquette. L'une et l'autre marchent de pair. Mais l'œnographile est patient.

Quant aux bouteilles des vins issus des pays circumméditerranéens, de Chypre à l'Algérie et du Maroc à la Grèce, elles portent trop souvent des étiquettes «impossibles» que le collectionneur hésite à introduire dans ses albums. Il sait, lui, qu'un grain gâté a tôt fait de contaminer les autres. Par quelle aberration, diantre, le soleil du midi engendre-t-il d'aussi piètres images ?

L'étiquette nouvelle est arrivée

Ce que les nouveaux vins du monde n'ont réussi qu'à moitié, les vins nouveaux de France le réussissent à merveille. Vins nouveaux et vins de primeur : qui les définira un jour avec précision ? Certainement pas le Larousse pour qui le vin de primeur est un «vin mis à la consommation aussitôt que possible après les vendanges. Le meilleur exemple est le Beaujolais primeur, commercialisé à la mi-novembre.» N'est-ce pas là la définition du Beaujolais Nouveau ?

Querelle byzantine en-dehors de laquelle se tient l'œnographile. Il a mieux à faire : se divertir

Double page suivante
*Toutes les couleurs de la palette
Tous les tons de la gamme*

GEORGES DUBŒUF
BEAUJOLAIS NOUVEAU
APPELLATION BEAUJOLAIS CONTROLÉE
MIS EN BOUTEILLE PAR
GEORGES DUBŒUF
A F. 71570
ROMANÈCHE-THORINS
Alc.12%Vol.
37,5 cl
PRODUCE OF FRANCE

GEORGES DUBŒUF
BEAUJOLAIS NOUVEAU
APPELLATION BEAUJOLAIS CONTROLÉE
MIS EN BOUTEILLE PAR
GEORGES DUBŒUF
A F. 71570
ROMANÈCHE-THORINS
Alc.12%Vol.
37,5 cl
PRODUCE OF FRANCE

GEORGES DUBŒUF
BEAUJOLAIS NOUVEAU
APPELLATION BEAUJOLAIS CONTROLÉE
MIS EN BOUTEILLE PAR
GEORGES DUBŒUF
A F. 71570
ROMANÈCHE-THORINS
Alc.12%Vol.
75 cl
PRODUCE OF FRANCE

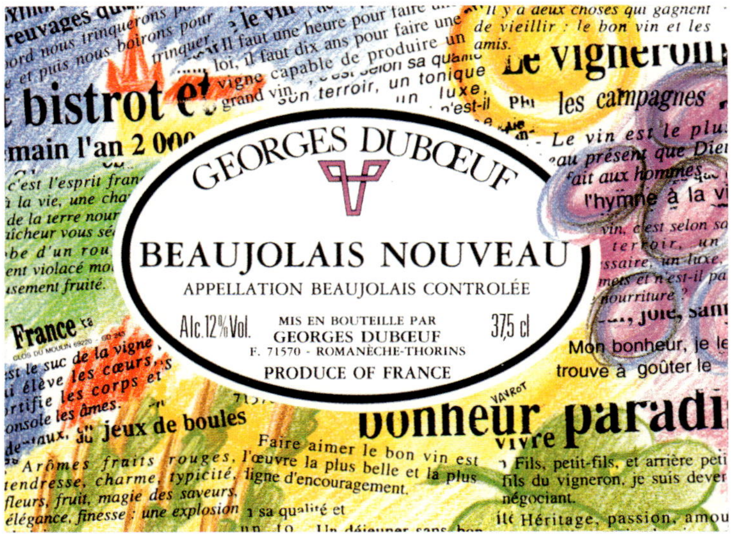
GEORGES DUBŒUF
BEAUJOLAIS NOUVEAU
APPELLATION BEAUJOLAIS CONTROLÉE
MIS EN BOUTEILLE PAR
GEORGES DUBŒUF
F. 71570 - ROMANÈCHE-THORINS
Alc.12%Vol.
37,5 cl
PRODUCE OF FRANCE

GEORGES DUBŒUF
RÉCOLTE 1994
COTES-DU-RHONE
NOUVEAU
APPELLATION COTES-DU-RHONE CONTROLÉE
MIS EN BOUTEILLES PAR
LES VINS GEORGES DUBŒUF
71570 ROMANÈCHE-THORINS
FRANCE
12.5%Vol.
75 cl
PRODUCE OF FRANCE

GEORGES DUBŒUF
BEAUJOLAIS-VILLAGES
NOUVEAU
APPELLATION BEAUJOLAIS-VILLAGES CONTROLÉE
MIS EN BOUTEILLES PAR
LES VINS GEORGES DUBŒUF
71570 ROMANÈCHE-THORINS FRANCE
Alc.12.5%Vol.
75 cl
PRODUCE OF FRANCE

GEORGES DUBŒUF
BEAUJOLAIS VILLAGES
NOUVEAU
APPELLATION BEAUJOLAIS-VILLAGES CONTRÔLÉE
MIS EN BOUTEILLE PAR
GEORGES DUBŒUF
A F. 71570
ROMANÈCHE-THORINS
Alc.12%Vol.
37,5 cl
PRODUCE OF FRANCE

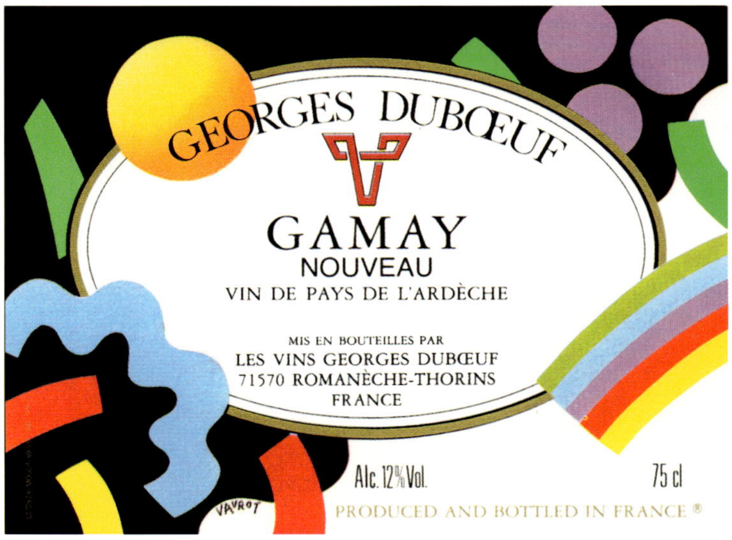
GEORGES DUBŒUF
GAMAY
NOUVEAU
VIN DE PAYS DE L'ARDÈCHE
MIS EN BOUTEILLES PAR
LES VINS GEORGES DUBŒUF
71570 ROMANÈCHE-THORINS
FRANCE
Alc.12%Vol.
75 cl
PRODUCED AND BOTTLED IN FRANCE ®

Côtes du Rhône Primeur

Appellation Côtes du Rhône Contrôlée

12% vol.   75 cl

MIS EN BOUTEILLE PAR TRILLES A 34370 MAUREILHAN - FRANCE

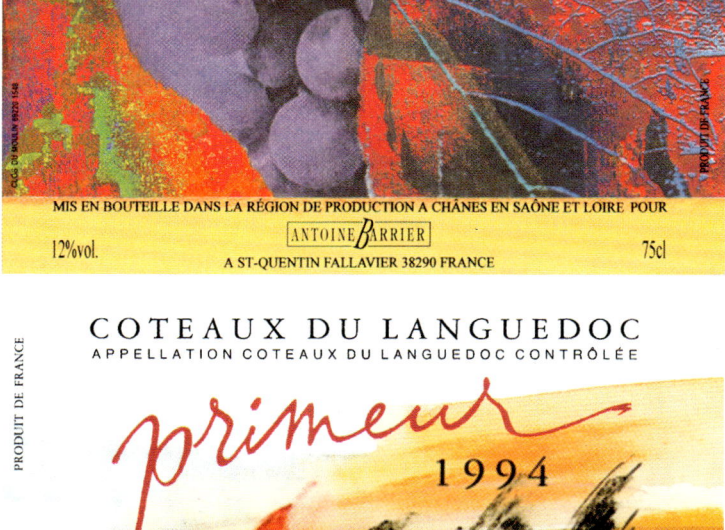

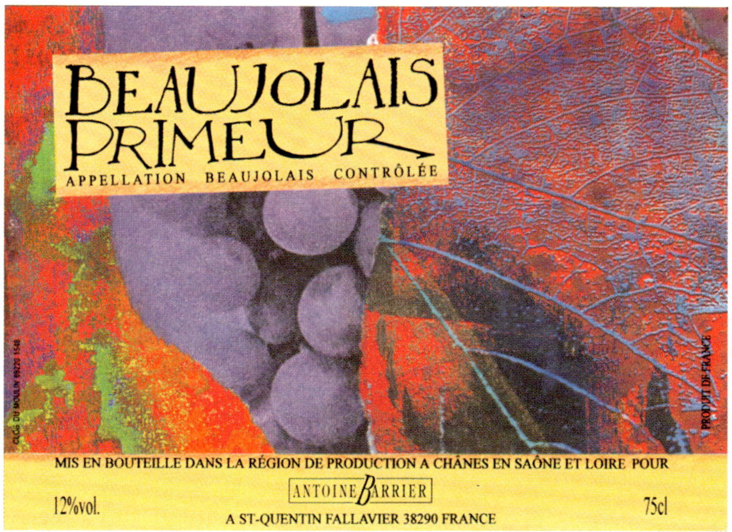

Beaujolais Primeur
APPELLATION BEAUJOLAIS CONTRÔLÉE

MIS EN BOUTEILLE DANS LA RÉGION DE PRODUCTION A CHÂNES EN SAÔNE ET LOIRE POUR

ANTOINE BARRIER

12%vol.   A ST-QUENTIN FALLAVIER 38290 FRANCE   75cl

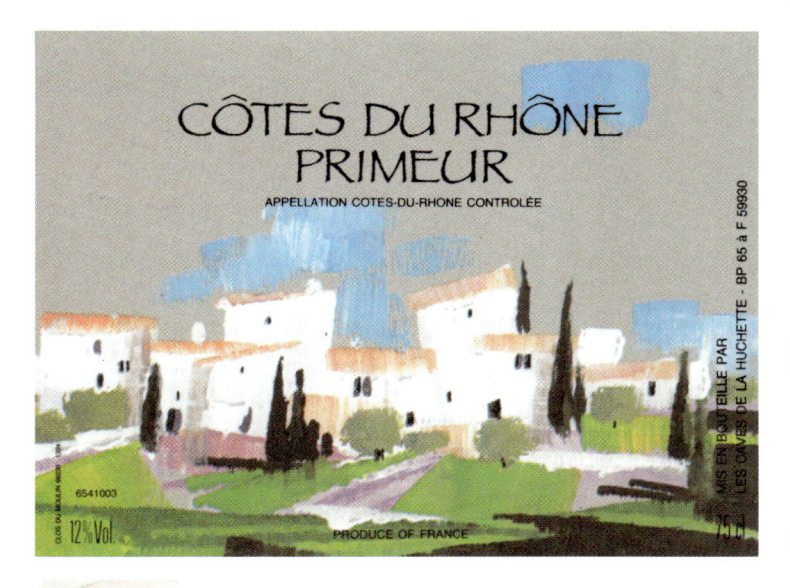

CÔTES DU RHÔNE PRIMEUR
APPELLATION COTES-DU-RHONE CONTROLEE

12% Vol.   PRODUCE OF FRANCE

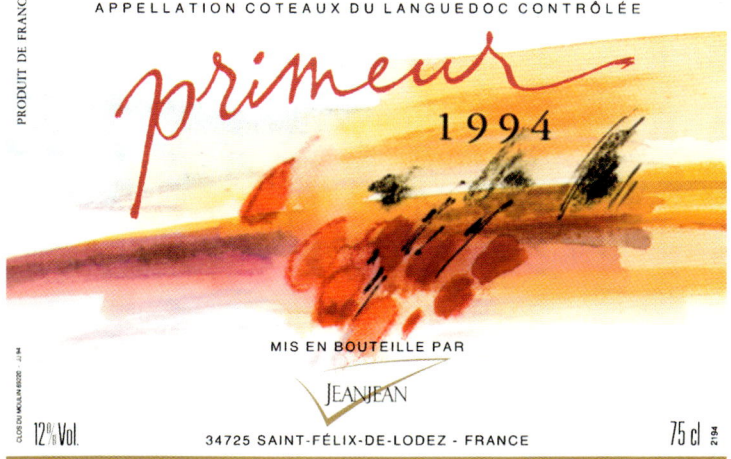

MIS EN BOUTEILLE PAR LES CAVES DE LA HUCHETTE - BP 65 à F 59930

COTEAUX DU LANGUEDOC
APPELLATION COTEAUX DU LANGUEDOC CONTRÔLÉE

primeur 1994

PRODUIT DE FRANCE

MIS EN BOUTEILLE PAR

JEANJEAN

12%Vol.   34725 SAINT-FÉLIX-DE-LODEZ - FRANCE   75 cl

PRODUIT DE FRANCE

BEAUJOLAIS PRIMEUR
APPELLATION BEAUJOLAIS CONTRÔLÉE

12.5%Vol.   100 cl

MIS EN BOUTEILLE A CHANES
PAR LES CAVES DE L'ARDIÈRES
A ROMANÈCHE-THORINS - FRANCE

PRODUCE OF FRANCE

BEAUJOLAIS PRIMEUR
APPELLATION BEAUJOLAIS CONTRÔLÉE

12%Vol.   75 cl

MIS EN BOUTEILLE POUR LES CAVES DE LA HUCHETTE
PAR F. PLESSIS A SAINT-JEAN-D'ARDIÈRES 69220 - FRANCE

PRODUIT DE FRANCE

Beaujolais Primeur
APPELLATION BEAUJOLAIS CONTRÔLÉE

MIS EN BOUTEILLE DANS LA RÉGION DE PRODUCTION A CHANES (SAONE-ET-LOIRE)
POUR ANTOINE BARRIER A SAINT-QUENTIN FALLAVIER - 38290 - FRANCE

12%vol.   75 cl

PRODUIT DE FRANCE

Saveurs d'Automne

VIN DE PAYS D'OC
PRIMEUR
VENDANGES 1994

JEANJEAN

12% vol.   75 cl

MIS EN BOUTEILLE PAR JEANJEAN - 34725 ST-FÉLIX-DE-LODEZ FRANCE

longuement de l'abondance des étiquettes où - nihil novum… - le pire côtoie le meilleur, par bonheur en surnombre. Comme les vins concernés n'appartiennent pas à l'establishment vinicole et qu'ils changent de robe et de goût d'une vendange à l'autre, leurs producteurs peuvent se laisser aller sans vergogne à toutes les fantaisies, à tous les débridements, à tous les débordements. Reste à savoir quelle est leur part d'intervention dans l'élaboration de leur propre image de marque.

C'est vrai qu'il existe un style du Beaujolais, et plus particulièrement s'il est nouveau (ou en primeur) et qu'un air de famille unit ces innombrables étiquettes aux couleurs éclatantes, au graphisme fou, dont les commanditaires se nomment Dubœuf, Mommessin, Chenu, Bouchacourt, Marinet, Lacondemine, Quinson…

S'inquiète-t-on de vérité historique ? Il suffit de remonter la filière qui y conduit. Ce style haut en inspiration créatrice ? C'est celui des façonniers attachés au Clos du Moulin, à Belleville-sur-Saône. Ce style du Clos du Moulin ? C'est celui de Claude Clévenot, P-D G de cette imprimerie de toutes les avant-gardes qui a marqué de son empreinte indélébile tout le vignoble de France, Gironde comprise. Car ses étiquettes ne s'en tiennent plus aux seules limites des dix crus du Beaujolais et à leurs satellites. C'est l'hexagone entier qui en est touché et déjà la Suisse, cependant peu encline à chercher ailleurs ce qu'elle peut trouver sur ses propres terres, participe au défilé de mode. Aujourd'hui, plus personne ne le conteste: Claude Clévenot crée les plus belles étiquettes de vins. À la manière des Dior, des Courrèges, des Saint-Laurent, elle habille la bouteille avec une grâce, une distinction, un raffinement ignorés avant elle. Conséquence inévitable, elle fait école. «Piètre disciple qui ne dépasse pas son maître», dit le sage. Mais que Claude Clévenot y prenne garde: la voie qu'elle a tracée est aussi large que royale. Bien des «créateurs» peuvent y prendre place. Comment se débarrasser de la concurrence ? Faire autre chose et mieux. Oui, mais… quoi et comment ?

Coups de gueules

D'authentique lignée ou de noblesse fraîchement acquise sinon imaginée, de sang pur ou frelaté, comtes, vicomtes, marquis, ducs et princes sont largement présents dans le vignoble. Qui leur reprochera, sinon quelques esprits chagrins, de vouloir faire figurer sur leurs étiquettes blasons et armoiries ? La tentation de les arborer est d'autant plus forte que leur présence confère aux vins ainsi claironnés un label d'ancienneté qu'aucun autre emblème ne saurait leur accorder. Un vin «blasonné» est un vin «vieux». Un vin «vieux» est un vin de qualité… En fanfare, l'héraldique et la particule viennent au secours du vigneron qui se place, grâce à elles, sous la protection d'une lointaine extraction que seul un manant mal embouché oserait leur dénier. Par ailleurs, une couronne d'or, un écusson fleurdelisé, une cape d'hermine, un heaume empanaché n'ont jamais fait de mal à personne.

À ce grand jeu de l'étalage d'ordres, de cordons et de devises, l'Allemagne et l'Italie arrivent en tête, suivies de près par d'hypothétiques Muscats de Samos ou d'ailleurs, de singuliers Portos généralement anonymes ou d'énigmatiques «vins italiens». La France, quant à elle, sait se montrer plus réservée, vertu qui la rapproche d'autant de la loyauté.

Le rouge et le noir

Et l'or. À trois, sang, deuil et fortune misent entièrement sur le respect qu'inspire leur conjonction. Ils ont leur emplacement tout désigné au flanc de la bouteille de rouge à l'austérité

Page suivante
Les «armoriées», souvent criardes ou, dans le bas, bruyantes, mais de bon aloi (Suisse alémanique)

Treize-Vents Villette

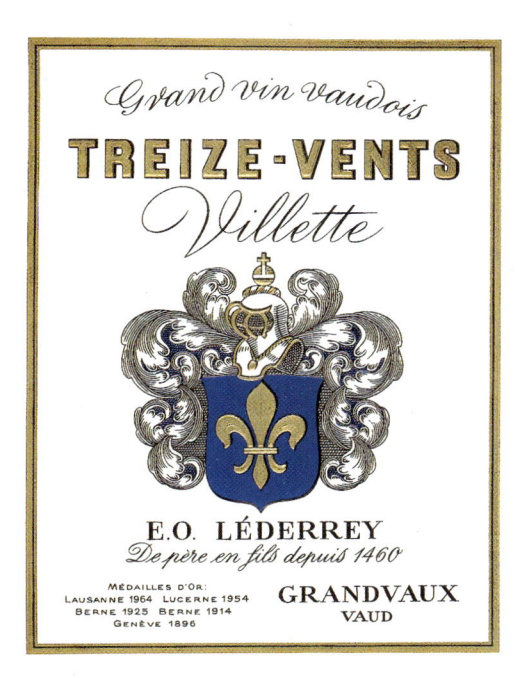

Grand vin vaudois
TREIZE-VENTS
Villette

E.O. LÉDERREY
De père en fils depuis 1460

Médailles d'Or:
Lausanne 1964 Lucerne 1954
Berne 1925 Berne 1914
Genève 1896

GRANDVAUX
VAUD

Chateau Ste Anne

MIS EN BOUTEILLE AU CHATEAU

Chateau Ste Anne
BANDOL
APPELLATION BANDOL CONTROLEE
1990

Marquis Dutheil de la Rochère
propriétaire-récoltant 83330 Ste Anne d'Evenos, Var, France
Tel. 94 90 35 40

750ml
12,5 % vol.

Commune de Morges

COMMUNE DE MORGES

Mise en bouteilles à la propriété
Distribué par Bolle & Cie, Morges

Johannisberg Riesling

RHEINGAU
1979ER
BEREICH
Johannisberg
Riesling
QUALITÄTSWEIN b. A.
A. P. Nr. 6 907 124 002 80

RHEIN-WEIN
DEUTSCHES ERZEUGNIS

Contenido 0,75 de Ltr.

Posthofkellerei, Bacharach/Rhein

Franz Hahn

ABFÜLLER: WEINKELLEREI
Franz Hahn
ALBERSWEILER   a.d. WEINSTRASSE

WAPPEN DER FAMILIE HAHN

QUALITÄTSWEIN b. A.

Mußbacher Eselshaut
Müller-Thurgau

Amtl. Prüf-Nr. 5 001 081 134 82

0.7 L

RHEINPFALZ

Rutishauser Labels

Flaacher WORRENBERG

Bernecker

Wilchinger SÜSSDRUCK

Brestenberger

Berlinger UNTERSEE

Hüttwiler

RUTISHAUSER PFLEGT WEIN — WEINKELLEREIEN RUTISHAUSER SCHERZINGEN

FRUCHTIGER OSTSCHWEIZER BLAUBURGUNDER

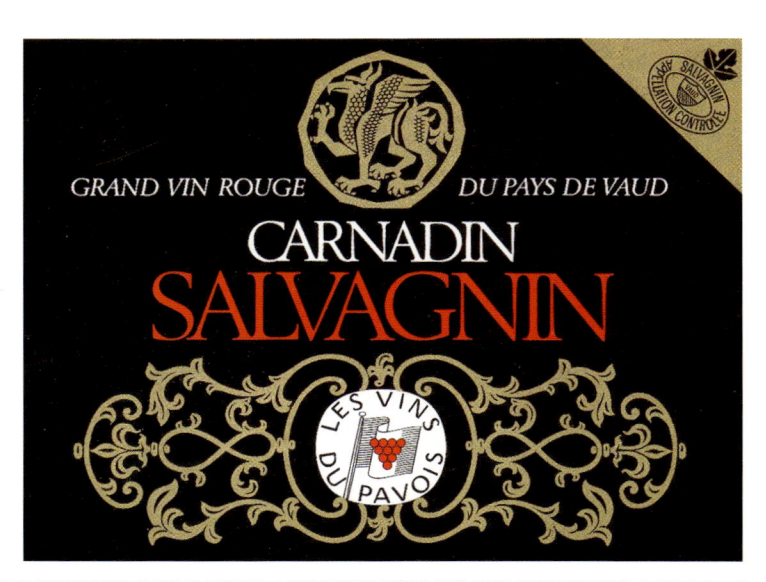

Label 1
GRAND VIN ROUGE DU PAYS DE VAUD
CARNADIN
SALVAGNIN
LES VINS DU PAVOIS

Label 2
SALVAGNIN
Des vignobles de la Ville de Morges
Mise en bouteilles à la propriété
Distribué par Bolle & Cie, Morges

Label 3
BELHONNEUR
PINOT NOIR
Cuvé et vieilli en fût, dans la vérité de son terroir
Elevé et mis en bouteille sous garantie d'origine *
YVORNE
Appellation d'origine
HENRI BADOUX AIGLE

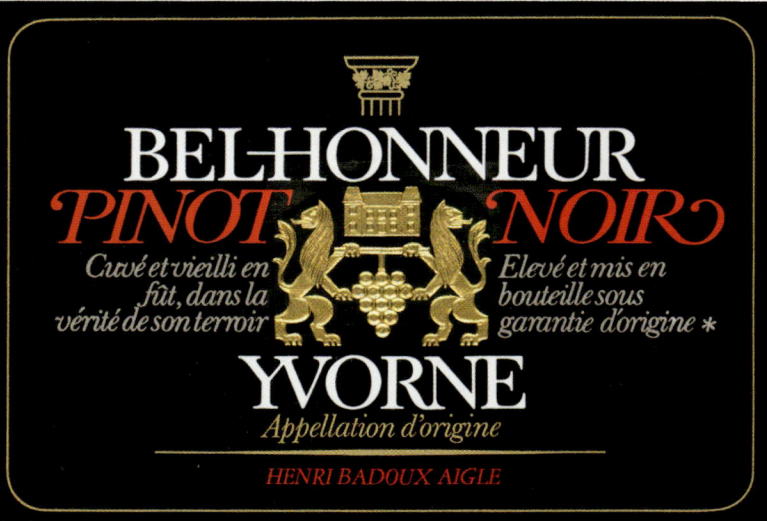

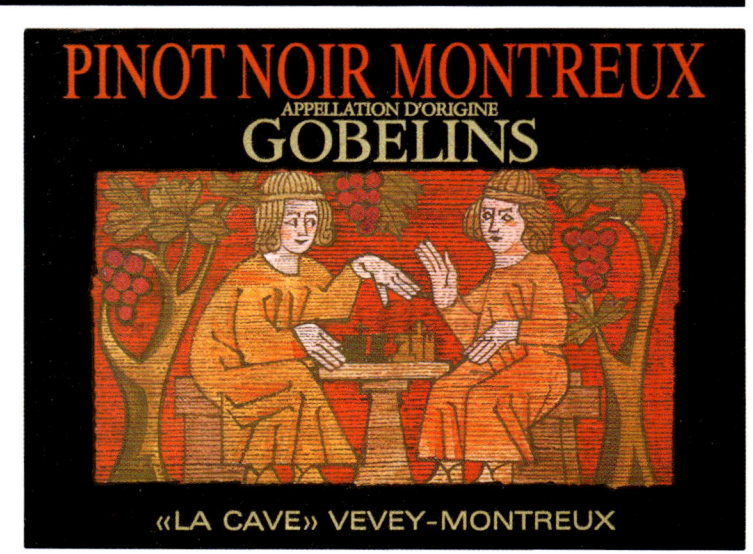

Label 4
CHÂTEAU DE COINSINS
APPELLATION COINSINS D'ORIGINE
GRAND CRU DE LA CÔTE
PROPRIETE DE L'ETAT DE VAUD
EXCLUSIVITE UVAVINS MORGES

Label 5
PINOT NOIR MONTREUX
APPELLATION D'ORIGINE
GOBELINS
«LA CAVE» VEVEY-MONTREUX

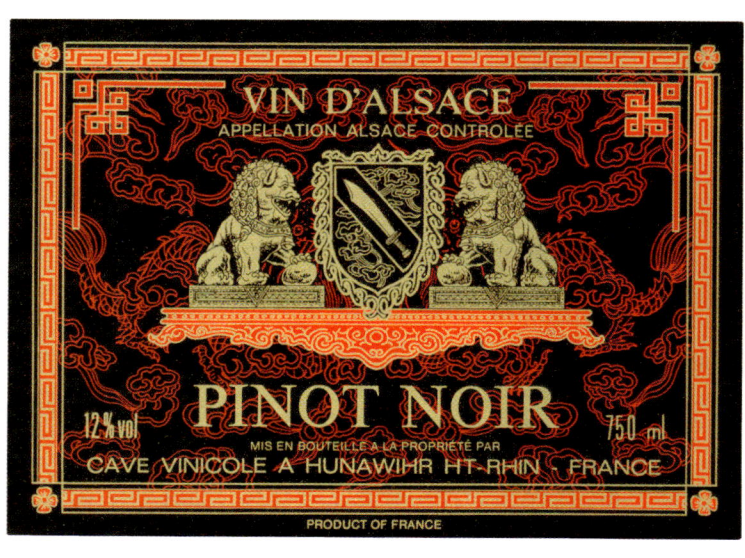

Label 6
MOLINO DELLE STREGHE
GRAVE DEL FRIULI
Denominazione di origine controllata
0,750 l   **MERLOT**   12% VOL.
Imbottigliato da Azienda Molino delle Streghe s.n.c. Biauzzo - Italia

Label 7
VIN D'ALSACE
APPELLATION ALSACE CONTROLÉE
PINOT NOIR
12 % vol   750 ml
MIS EN BOUTEILLE A LA PROPRIÉTÉ PAR
CAVE VINICOLE A HUNAWIHR HT-RHIN - FRANCE
PRODUCT OF FRANCE

de laquelle ils s'intègrent parfaitement. Les Suisses en raffolent, les Italiens en sont moyennement épris, les Alsaciens ne les dédaignent pas, à l'occasion. Rien de tel que ces trois hautains messagers pour annoncer un Salvagnin vaudois ou une Dôle valaisanne. Le Pinot Noir, de quelque origine qu'il soit, ne saurait s'offrir plus somptueux habit. L'œil, déjà, est conquis, le cœur ému. Reste à combler la bouche, moins prompte à se satisfaire de ce qui n'a jamais fait le moine. Car quand le vin bien étiqueté est tiré, il faut se décider à le boire. Dès ce moment, les artifices ne jouent plus. Rouge, noir et or se postent en attente, prêts à se retirer sur la pointe des ceps, honteux si le produit aussi cérémonieusement annoncé ne tient pas d'aussi grandiloquentes promesses.

Page de gauche
Sang, deuil, fortune

L'œnographile se console mieux et plus vite. Il sait que, de toutes manières et avec la complicité des grands jeteurs de poudre aux yeux, il va pouvoir composer de fort belles pages, parmi les plus sublimes de ses albums.

Histoires de l'art

En matière d'illustration d'étiquettes, les bouchées se mettent doubles. Il aura suffi d'une ou deux décennies pour que tous les styles de l'histoire de l'art graphique prennent place sur la bouteille, du primitif au romantique, du Renaissance au classique, du figuratif à l'abstrait, du nouveau au déco, du cubique à l'hyperréaliste, du pop à l'op, de l'op à l'anti. Il n'y a qu'à parcourir la «galerie» Mouton-Rothschild pour se faire une idée exacte de toutes les tendances qui ont marqué la peinture contemporaine au cours de la seconde moitié de XXe siècle.

Entre abstraction et figuratif

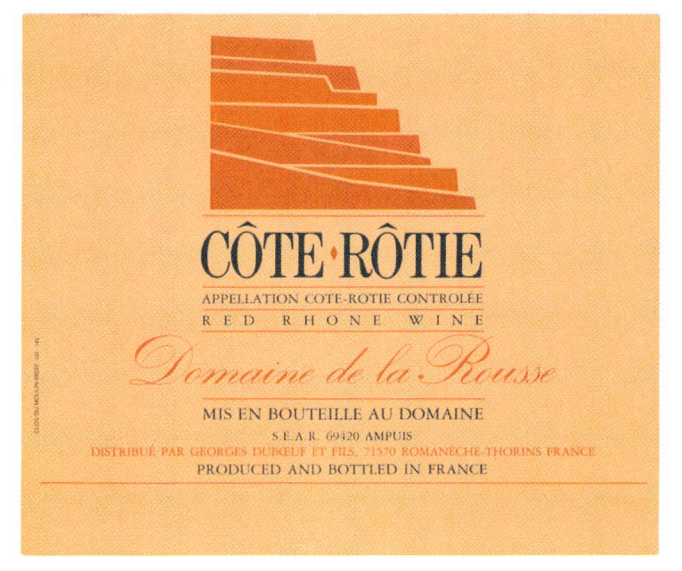

Cabernet
Montechiari
Toscana
g.renoy

Rosso
Montechiari
Toscana
g.renoy

Nero
Montechiari
Toscana
g.renoy

Vin Rouge
CHÂTEAU DE CORNEILLA
Appellation d'origine contrôlée
Mis en bouteille au château
75 cl
PRODUCE OF FRANCE

PAINTING BY STEFAN KNAPP
CUVÉE PRINTANIÈRE
1985
TIRAGE DE JAUBERTIE
BERGERAC SEC
APPELLATION BERGERAC SEC CONTRÔLÉE
MIS EN BOUTEILLE AU CHÂTEAU
HENRY RYMAN S.A.
PROPRIÉTAIRE À COLOMBIER DORDOGNE
PRODUCE OF FRANCE
75 cl.

LANNA
1989
Tradition des Colombiers
Le Grand Art
MÉDOC
APPELLATION MÉDOC CONTROLÉE
Société de Vinification de Prignac - Médoc 33340
12,5% vol.
PRODUCE OF FRANCE
150 cl
MIS EN BOUTEILLE A LA PROPRIETE

FENDANT DE SIERRE
Valais Appellation d'origine contrôlée
1992
ROUVINEZ VINS
SIERRE
75cle
12% vol
VIN SUISSE · SCHWEIZER WEIN · SWISS WINE

LE TOURMENTIN
SIERRE
APPELLATION D'ORIGINE
RÉCOLTE
1990
ROUVINEZ
SIERRE

LA TRÉMAILLE
SIERRE
ASSEMBLAGE DE CÉPAGES NOBLES
RÉCOLTE
1991
ROUVINEZ
SIERRE

DÔLE DE SIERRE
Valais Appellation d'origine contrôlée
1992
ROUVINEZ VINS
SIERRE
75cle
12,5 % vol
VIN SUISSE · SCHWEIZER WEIN · SWISS WINE

Bordeaux
APPELLATION BORDEAUX CONTROLÉE
MIS EN BOUTEILLE PAR MÄHLER BESSE, NÉGOCIANTS A BORDEAUX · FRANCE
PRODUCT OF FRANCE
MÄHLER BESSE & C°

RESTAURANT
LA GOULUE
MOULIN ROUGE
MOULIN ROUGE
MOULIN ROUGE
CONCERT
BAL
TOUS Les SOIRS
LA GOULUE
VIN DE TABLE FRANÇAIS
MIS EN BOUTEILLE PAR
Borie Manoux
11% alc/vol
A 33300 FRANCE
PRODUCT OF FRANCE
750 ml

Feuille de De Feure, le Pont, époque 1905
Cuvée Spéciale
VIN DE TABLE FRANÇAIS
Mis en bouteille par Robert Giraud s.a.,
33240 SAINT-ANDRÉ-DE-CUBZAC - FRANCE
ROBERT GIRAUD
PRODUCT OF FRANCE
PRODUIT DE FRANCE
11,5 % vol
100 cl e

Champagne
APPELLATION D'ORIGINE CONTRÔLÉE
750 ml
produce of france
M.A. 9.017.939
SEM
MAXIM'S

· CHAMPAGNE ·
PERRIER-JOUËT
EPERNAY-FRANCE
GRAND BRUT
e
PRODUCE OF FRANCE
75cl
NM-267-001

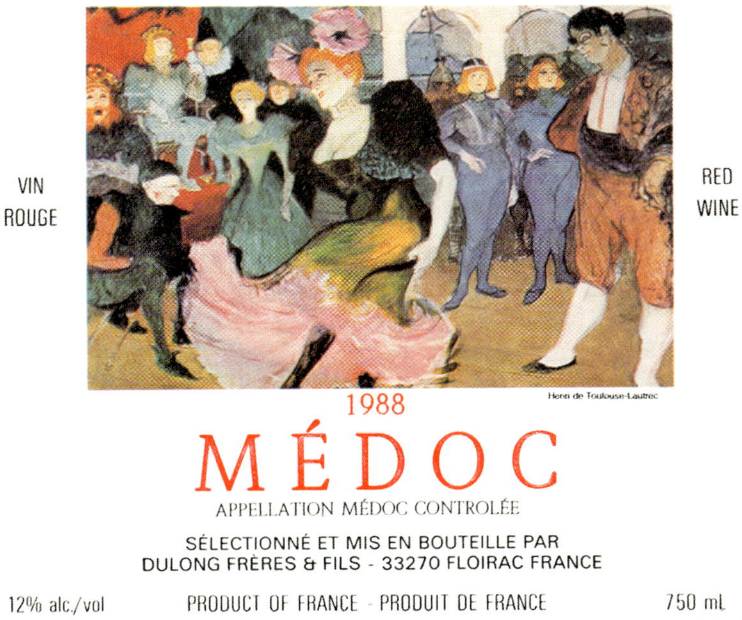
VIN
ROUGE
RED
WINE
Henri de Toulouse-Lautrec
1988
MÉDOC
APPELLATION MÉDOC CONTROLÉE
SÉLECTIONNÉ ET MIS EN BOUTEILLE PAR
DULONG FRÈRES & FILS - 33270 FLOIRAC FRANCE
12% alc./vol
PRODUCT OF FRANCE - PRODUIT DE FRANCE
750 mL

PRODUCE OF FRANCE
1994
Olivier de Sérac
Gaillac Primeur
APPELLATION GAILLAC CONTROLÉE
MIS EN BOUTEILLE A LA PROPRIÉTÉ
75 cl
11,5 % vol.
Cave de Rabastens
81800 RABASTENS FRANCE

Double page précédente
En prendre et en laisser…

Dans le bas
À la fortune du pinceau

Et puis, toujours à la mode : la «Belle Époque»

Forts de la liberté intégrale qui leur est consentie, les créateurs s'en donnent à cœur joie, conscients que le temps des miniaturistes aquarellistes faiseurs de bouvreuils, de pinsons, de rouges-gorges est passé et que l'absolue nécessité de quitter les chemins de la routine les harcèle chaque jour un peu plus. La conséquence est incontournable : tout étant autorisé, le «n'importe quoi» l'est également. Voici venu le temps du délire.

L'imagination aiguisée par la nécessité, nos facteurs d'étiquettes se lancent dans le non-figuratif intégral, soit qu'ils fignolent avec le plus grand soin des formes géométriques oniriques, soit qu'ils couvrent à larges coups de brosse la surface qui leur est assignée de traînées de couleurs à l'état pur. Le résultat est ce qu'il est lorsque le hasard préside à la fièvre créatrice. Certains de ces audacieux novateurs signent leur production, comme le fait Stefan Knapp pour le compte de Henri Ryman, propriétaire à Colombier, en Dordogne, d'autres s'en abstiennent et c'est parfois dommage : on aimerait connaître l'identité du géniteur des étiquettes Georges Dubœuf destinées à certains crus des Côtes du Rhône, du Ventoux, du Lubéron et mises en scène par l'Imprimerie Clos du Moulin, à Belleville-sur-Saône. Dotées d'un réel pouvoir de suggestion, elles évoquent à merveille les terroirs concernés. Preuve qu'il est encore possible, à l'occasion, de se souvenir du vin.

Précisons toutefois qu'une étiquette pouvant être le résultat de la collaboration de plusieurs concepteurs, il est logique que leurs noms n'apparaissent pas au bas de la carte d'identité du vin. C'est souvent le cas en Suisse, chez Roth et Sauter, par exemple.

Papiers de verre

Les premières étiquettes étaient de verre, frappées en relief au col de la bouteille. Il était donc tout naturel qu'elles retournent un jour au verre qui les avait enfantées, comme un hommage à une matière noble, fastueuse entre toutes.

C'est à la connivence d'un trio de créateurs suisses que l'étiquette contemporaine doit l'une de ses plus prestigieuses réussites : Max Roth, maître d'œuvre et animateur de l'imprimerie Roth et Sauter, à Denges-Lausanne, Robert Héritier, artiste valaisan du vitrail, de la gravure et de la fresque et Emmanuel Bosshart, lettriste et coloriste de talent. Ensemble, ils donnèrent naissance en 1960 à un ensemble de vignettes d'une grande beauté, inégalées jusqu'ici.

Mais ne sont-ce pas les Fils Maye, producteurs à Riddes, dans le Valais, et commanditaires d'une suite révolutionnaire, qui prirent le plus de risques lorsque, négligeant tous les conseils de prudence qui leur furent prodigués à cette occasion, ils se lancèrent dans cette aventure insolite ? Il en résulta une collection unique qui n'en finit pas de faire l'admiration de tous, imprimeurs, concepteurs, œnophiles, œnographiles.

Robert Héritier décéda en 1971. Ses habillages fulgurants sont là pour témoigner de son art accompli de la décoration spectaculaire. Une disciple, au moins, a repris le flambeau qu'il avait aussi magistralement allumé : Isabelle Fontannaz, maître-verrier à Vétroz, dans le Valais également. Son étiquette élancée représentant Sainte-Marie-Madeleine, réalisée pour le compte d'André Fontannaz, vigneron-encaveur, n'a rien à envier à celles imaginées, voici un quart de siècle, par Roth-Héritier-Bosshart.

Page de droite
Une grande classique : la belle collection de vitraux de papier de Robert Héritier
Et un exemple du grand art d'Isabelle Fontanaz

Elle sert de figure de proue à toute la gamme des vins produits par la Maison familiale, enrichissant d'autant l'éventail de ce que l'art étiquetier a engendré de plus fascinant, offrant au collectionneur l'une de ses pages les plus précieuses.

PETITE ARVINE
DU VALAIS
JEAN DES CRÊTES
LES FILS MAYE SA
RIDDES
EN VALAIS
SUISSE

PAIEN
TRAMINER DU VALAIS
FRANC-TIREUR
VIEUX PLANT DU VALAIS
LES FILS
MAYE SA
RIDDES
EN VALAIS
SUISSE

AMIGNE
DU VALAIS
L'OISELEUR
LES FILS
MAYE SA
RIDDES
EN VALAIS
SUISSE

GIRANDOLE
DÔLE
CUVÉE RÉSERVÉE
LES FILS
MAYE SA
RIDDES
EN VALAIS
SUISSE

MALVOISIE
LE PRIMAT
PINOT GRIS
DU VALAIS
LES FILS
MAYE SA
RIDDES
EN VALAIS
SUISSE

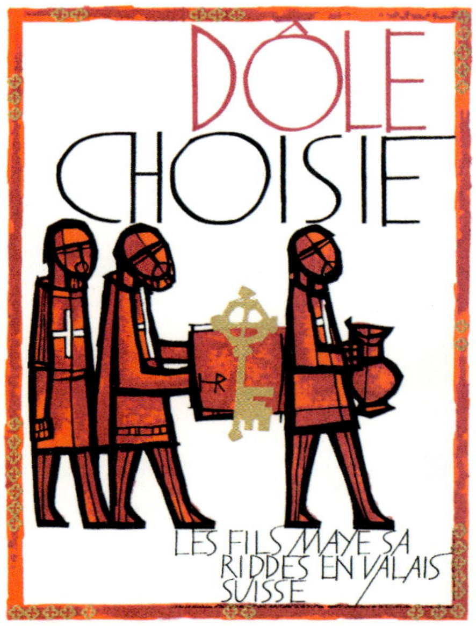
DÔLE
CHOISIE
LES FILS MAYE SA
RIDDES EN VALAIS
SUISSE

GRANDGOUSIER
FENDANT
GRAND VIN
LES FILS
MAYE SA
RIDDES
EN
VALAIS
SUISSE

REINE BLANCHE
BLANC DE PINOT NOIR DU VALAIS
LES FILS
MAYE SA
RIDDES
EN
VALAIS
SUISSE

Pinot Noir
de Vétroz
APPELLATION D'ORIGINE CONTRÔLÉE VALAIS
ANDRÉ
FONTANNAZ
VÉTROZ
VALAIS
1992

Encore des bulles

Et voici l'irrésistible ascension de la B.D...

Celle que l'on a surnommée le «9ᵉ art» ne pouvait pas ne pas se mêler aux multiples péripéties de l'ébouriffante aventure de l'étiquette. Née en Europe et aux USA, la Bande Dessinée s'est hissée depuis longtemps au rang de phénomène mondial et le fait qu'elle met en scène des héros infiniment plus célèbres que leurs parents spirituels n'est pas la moins surprenante de ses caractéristiques.

On connaît Lucky Luke, Gaston Lagaffe, Flash Gordon, Corto Maltese, les Peanuts; connaît-on autant Morris, Franquin, Alex Raymond, Hugo Pratt, Charles Schultz? Une exception de taille confirme la règle: Hergé, créateur de Tintin.

Longtemps la bête noire de tous ceux qui, bon gré mal gré, serrent entre leurs mains les rênes de l'éducation - parents, enseignants, fonctionnaires - et voyaient en elle le ferment d'un abêtissement intensif, la BD a fini par imposer sa charge émotionnelle et son réel pouvoir d'information. Elle est lue mais aussi enseignée, disséquée aussi bien par les adultes, ces anciens enfants, que par les jeunes, explorée par les chercheurs de tous poils en quête de sujets de thèses, de colloques ou de séminaires, dressée sur les tréteaux de la fête par les Barnums du Festival ou de l'Expo, exploitée jusque dans ses ultimes retombées par les forçats du marketing. La BD en espérait-elle autant?

Désormais, elle fait partie des pratiques culturelles de l'honnête homme du XXᵉ siècle. Hier encore décriée, elle est à présent saluée, adulée, honorée, menacée presque d'asphyxie par tant d'éloges convergents. Des dictionnaires encyclopédiques lui sont consacrés en propre qui se livrent une guerre sans merci sur le marché international de l'édition.

Dépassés par la soudaineté et l'ampleur des événements, les créateurs-vedettes ne savent plus où donner du crayon, la dernière (?) astuce étant de les convaincre d'entrer en fanfare dans l'univers du vin. C'est chose faite et, il faut bien l'admettre, le résultat est à la hauteur des espérances. Déjà rejoints par les philatélistes, les œnographiles ont trouvé auprès des fanas de la BD une nouvelle raison de persévérer sur la voie de la découverte. Grâce aux «comics», la vigne s'est attribué un nouvel ambassadeur de choix. Une certaine civilisation prend un nouvel envol.

Le syndrome Mouton-Rothschild

Ils sont nombreux à en être atteints et leurs rangs grossissent chaque jour. Nombreux à vouloir faire comme «lui». Nombreux à penser qu'orner leur étiquette d'une œuvre d'art (?) insufflera à leur entreprise un rythme nouveau. Les juristes spécialisés en droits moraux auraient sans doute bien des choses à dire à ce sujet et sans doute les ont-ils déjà dites. Mais comment, diantre, s'y prendre pour protéger pareille idée et la doter d'un brevet qui la mettrait à l'abri des contrefaçons? Quoi qu'il en soit, il est trop tard. Le mal - si mal il y a - est fait. Qui serait assez fou pour entreprendre de l'endiguer et d'arrêter sa propagation dans le vignoble mondial?

Impossible, aujourd'hui, de recenser toutes les autres séries d'étiquettes bâties sur le modèle Mouton-Rothschild. Le malheur veut qu'à côté de réussites esthétiques certaines, on dénombre des ratés lamentables. N'est pas Philippe de Rothschild qui veut. Le mieux n'est-il cependant pas de battre des mains? C'est ce que font les collectionneurs, toujours heureux de découvrir de nouveaux sujets de joies œnographiles. À leur intention, en voici quelques-unes, dont la récolte ne manquera pas de soulever les enthousiasmes:

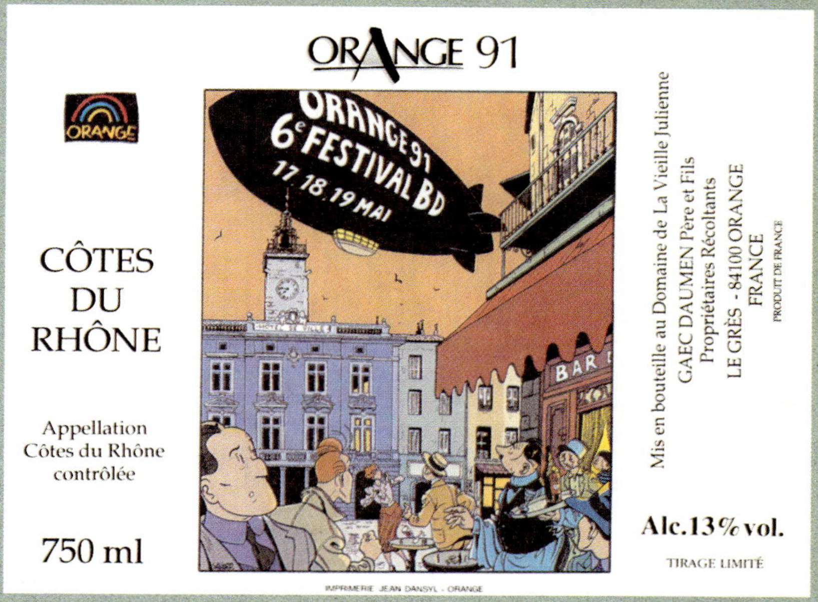
ORANGE 91
ORANGE 91
6e FESTIVAL BD
17.18.19 MAI
BAR
ORANGE
CÔTES DU RHÔNE
Appellation Côtes du Rhône contrôlée
750 ml
Mis en bouteille au Domaine de La Vieille Julienne
GAEC DAUMEN Père et Fils
Propriétaires Récoltants
LE GRÈS - 84100 ORANGE
FRANCE
PRODUIT DE FRANCE
Alc.13% vol.
TIRAGE LIMITÉ
IMPRIMERIE JEAN DANSYL - ORANGE

ORANGE 90
ORANGE
CÔTES DU RHÔNE
Appellation Côtes du Rhône contrôlée
750 ml
5e FESTIVAL BANDE DESSINÉE
Mis en bouteille au Domaine de La Vieille Julienne
GAEC DAUMEN Père et Fils
Propriétaires Récoltants
LE GRÈS - 84100 ORANGE
FRANCE
PRODUIT DE FRANCE
Alc.13% vol.
TIRAGE LIMITÉ
IMPRIMERIE JEAN DANSYL - ORANGE

ORANGE
8ème FESTIVAL BD
ORANGE 93
AU THEATRE ANTIQUE
14,15 et 16 MAI 93
CÔTES DU RHÔNE
Appellation Côtes du Rhône contrôlée
750 ml
Mis en bouteille au Domaine de La Vieille Julienne
GAEC DAUMEN Père et Fils
Propriétaires Récoltants
LE GRÈS - 84100 ORANGE
FRANCE
PRODUIT DE FRANCE
Alc.13% vol.
TIRAGE LIMITÉ
IMPRIMERIE JEAN DANSYL - ORANGE

9e FESTIVAL de BANDE DESSINEE
ORANGE
THEATRE ANTIQUE 27 28 29 MAI 94
L'Orient imaginaire
ORANGE
CÔTES DU RHÔNE
Appellation Côtes du Rhône contrôlée
750 ml
Mis en bouteille au Domaine de La Vieille Julienne
GAEC DAUMEN Père et Fils
Propriétaires Récoltants
LE GRÈS - 84100 ORANGE
FRANCE
PRODUIT DE FRANCE
Alc.13% vol.
TIRAGE LIMITÉ
IMPRIMERIE JEAN DANSYL - ORANGE

ORANGE 87
FESTIVAL B.D.
8-9-10 MAI
ORANGE
CÔTES DU RHÔNE
Appellation Côtes du Rhône contrôlée
750 ml
2e FESTIVAL BANDE DESSINÉE
Mis en bouteille au Domaine de La Vieille Julienne
GAEC DAUMEN Père et Fils
Propriétaires Récoltants
LE GRÈS - 84100 ORANGE
FRANCE
PRODUIT DE FRANCE
Alc.13% vol.
TIRAGE LIMITÉ
IMPRIMERIE JEAN DANSYL - ORANGE

ORANGE 92
ORANGE
CÔTES DU RHÔNE
Appellation Côtes du Rhône contrôlée
750 ml
7e FESTIVAL BANDE DESSINÉE
Mis en bouteille au Domaine de La Vieille Julienne
GAEC DAUMEN Père et Fils
Propriétaires Récoltants
LE GRÈS - 84100 ORANGE
FRANCE
PRODUIT DE FRANCE
Alc.13% vol.
TIRAGE LIMITÉ
IMPRIMERIE JEAN DANSYL - ORANGE

∴ **Collection CHÂTEAU SIRAN. Grand Cru Exceptionnel Margaux. Miailhe, propriétaire à Labarde**

La collection Siran est née en 1980. Après avoir opté pour un écusson illustré hors format, ses concepteurs ont fait marche arrière et sont revenus au rectangle droit traditionnel agrémenté de la reproduction d'une œuvre d'art aux dimensions d'un grand timbre-poste. Deux réussites particulières sont à mettre en évidence, les étiquettes de 1983 et 1984. La première célèbre l'ère du micro-ordinateur. Elle est signée A. Cosio, un peintre du Sud-Est asiatique dont le style fait immanquablement penser à Vasarely. La deuxième est due au pinceau de Jean-Pierre Alaux et représente une jeune fille en fleurs, entre les allégories du printemps et de l'automne, antidote à l'hiver nucléaire annoncé en son temps par Orwell dans son célèbre roman d'anticipation.

Pour le reste, les étiquettes de Château Siran sont restées semblables à elles-mêmes. Elle ne recherchent aucune autre similitude avec Mouton-Rothschild tout en faisant preuve d'une réelle originalité.

Collection MARC KREYDENWEISS. Vigneron propriétaire à Andlau (Alsace)

C'est par sa forme insolite arrondie au sommet, plus que par son contenu, que la collection Kreydenweiss se singularise. Depuis sa création en 1984, ses étiquettes se sont raffinées en même temps que le support papier gagnait en qualité et en distinction. Très inégale déjà dans son illustration, elle aurait avantage à se fixer également dans sa présentation.

Collection CHÂTEAU TOUTIGEAC. Bordeaux. Philippe Mazeau, propriétaire à Targon

Une collection qui indispose quelque peu par sa trop grande similitude avec Mouton-Rothschild. Un souffle véritable fait défaut.

Collection AUJOUX. Jean-Marc Aujoux, producteur à Saint-Georges-de-Reneins

Dans la course à l'originalité à tout prix, la collection Aujoux a découvert un créneau inutilisé en s'ornant de compositions artistiques « à la manière de… ». L'œil découvre au passage, parfois avec beaucoup de complaisance, «Dufy», «Gauguin», «Renoir», «Cézanne», «Bernard Buffet»… L'idée vaut ce qu'elle vaut mais le collectionneur y trouve son compte. Jean-Marc Aujoux également, sans doute.

Collection BRUNO PAILLARD. Champagne. Reims

Directement inspirée par l'étiquette Mouton-Rothschild, celle de Bruno Paillard sauve habilement la mise par sa grâce et la pureté de son graphisme et de sa mise en page. Une image à la

Château Siran — Margaux

1981 — CHATEAU SIRAN — GRAND CRU EXCEPTIONNEL — MARGAUX — APPELLATION MARGAUX CONTRÔLÉE — W.-A.B. Miailhe — PROPRIÉTAIRE A LABARDE PAR MARGAUX (GIRONDE) — 75 cl — PRODUCT OF FRANCE — MIS EN BOUTEILLE AU CHÂTEAU

1980 — CHATEAU SIRAN — GRAND CRU EXCEPTIONNEL — MARGAUX — APPELLATION MARGAUX CONTRÔLÉE — W.-A.B. Miailhe — PROPRIÉTAIRE A LABARDE PAR MARGAUX (GIRONDE) — 75 cl — PRODUCT OF FRANCE — MIS EN BOUTEILLE AU CHÂTEAU

1982 (Mundial 82 par Jean Miró) — CHATEAU SIRAN — GRAND CRU EXCEPTIONNEL — MARGAUX — APPELLATION MARGAUX CONTRÔLÉE — W.-A.B. Miailhe — Ancienne propriété des comtes de Toulouse-Lautrec — PROPRIÉTAIRE A LABARDE PAR MARGAUX (GIRONDE) — 12% ALC. by vol. — 75 cl — PRODUCT OF FRANCE — MIS EN BOUTEILLE AU CHÂTEAU

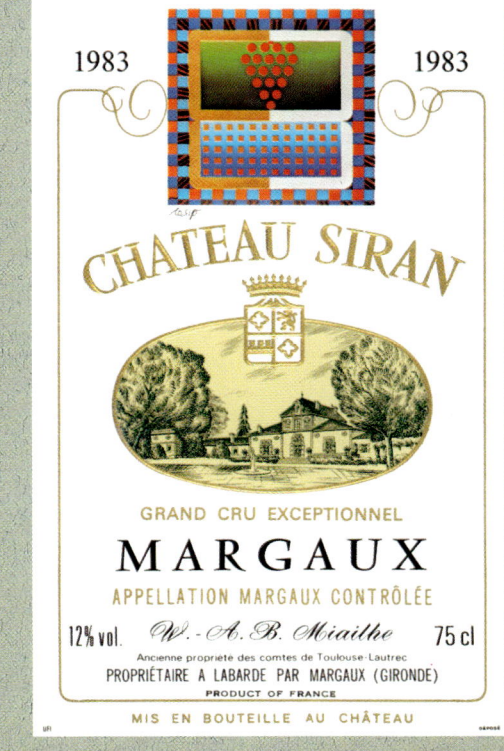

1983 — CHATEAU SIRAN — GRAND CRU EXCEPTIONNEL — MARGAUX — APPELLATION MARGAUX CONTRÔLÉE — 12% vol. — W.-A.B. Miailhe — 75 cl — Ancienne propriété des comtes de Toulouse-Lautrec — PROPRIÉTAIRE A LABARDE PAR MARGAUX (GIRONDE) — PRODUCT OF FRANCE — MIS EN BOUTEILLE AU CHÂTEAU

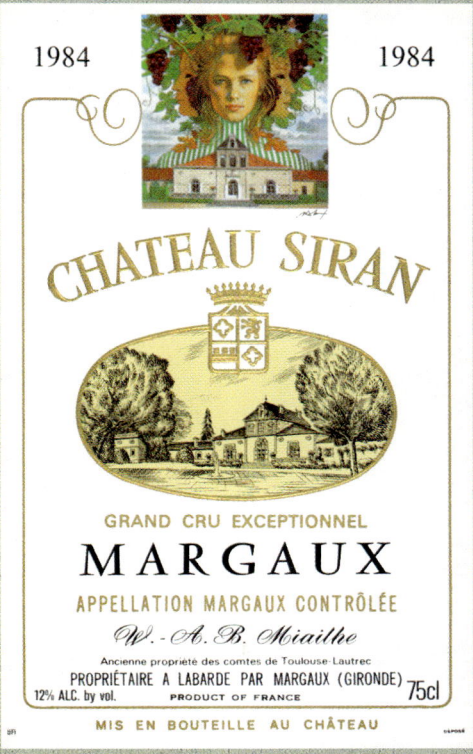

1984 — CHATEAU SIRAN — GRAND CRU EXCEPTIONNEL — MARGAUX — APPELLATION MARGAUX CONTRÔLÉE — W.-A.B. Miailhe — Ancienne propriété des comtes de Toulouse-Lautrec — PROPRIÉTAIRE A LABARDE PAR MARGAUX (GIRONDE) — 12% ALC. by vol. — 75 cl — PRODUCT OF FRANCE — MIS EN BOUTEILLE AU CHÂTEAU

Marc Kreydenweiss — Alsace

ALSACE 1988 — Kritt Gewurztraminer — APPELLATION ALSACE CONTROLEE — MARC KREYDENWEISS — VIGNERON PROPRIETAIRE A ANDLAU F-67140 — 13,5% Vol. — 750 ml — MIS EN BOUTEILLE AU DOMAINE — PRODUCT OF FRANCE — RAYMOND E. WAYDELICH

ALSACE 1989 — Kritt Klevner — APPELLATION ALSACE CONTROLEE — MARC KREYDENWEISS — VIGNERON PROPRIETAIRE A ANDLAU F-67140 — Alc. 14% by Vol. — Net cont. 750 ml — MIS EN BOUTEILLE AU DOMAINE — PRODUCT OF FRANCE — TOMI UNGERER

ALSACE 1992 — Kritt Klevner — APPELLATION ALSACE CONTROLEE — MARC KREYDENWEISS — VIGNERON PROPRIETAIRE A ANDLAU F-67140 — Alc. 13% by Vol. — Net cont. 750 ml — MIS EN BOUTEILLE AU DOMAINE — PRODUCT OF FRANCE — Dominique VATRON

PRODUIT DE FRANCE
BEAUJOLAIS
APPELLATION BEAUJOLAIS CONTRÔLÉE
12.5% Vol.
Jean-Marc Aujoux
700 ml
JEAN-MARC AUJOUX · ST-GEORGES-DE-RENEINS · FRANCE

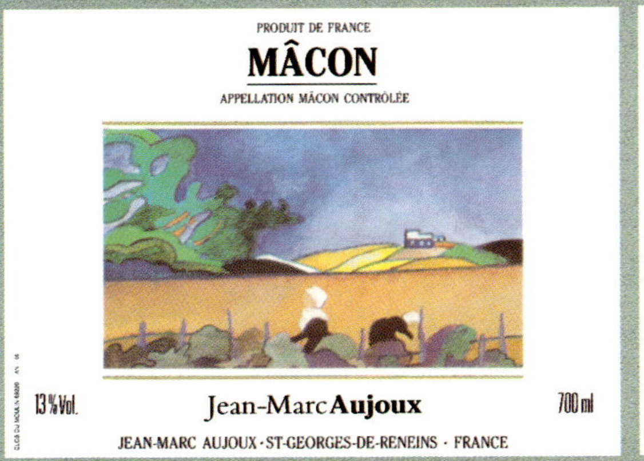

PRODUIT DE FRANCE
MÂCON
APPELLATION MÂCON CONTRÔLÉE
13% Vol.
Jean-Marc Aujoux
700 ml
JEAN-MARC AUJOUX · ST-GEORGES-DE-RENEINS · FRANCE

PRODUIT DE FRANCE
BEAUJOLAIS-VILLAGES
APPELLATION BEAUJOLAIS-VILLAGES CONTRÔLÉE
12.5% Vol.
Jean-Marc Aujoux
700 ml
JEAN-MARC AUJOUX · ST-GEORGES-DE-RENEINS · FRANCE

Champagne Bruno Paillard
Reims - France
Blanc de Noirs
75cl
Brut
Millésimé 1973

Champagne
BRUNO PAILLARD
Brut
Reims - France
1985
750ML
Product of France

Champagne Bruno Paillard
Reims - France
Blanc de Blancs
75cl
Brut
Millésimé 1975
PRODUCE OF FRANCE

Champagne Bruno Paillard
Reims - France
75cl
Brut
Millésimé 1976
PRODUCE OF FRANCE

Champagne Bruno Paillard
Reims - France
75cl
Brut
Millésimé 1981
PRODUCE OF FRANCE

Champagne Bruno Paillard
Reims - France
75cl
Brut
Millésimé 1979
PRODUCE OF FRANCE

RISERVA 1983
CASTELLO
DI VOLPAIA
Chianti Classico
denominazione di origine controllata
750ml · ALCOHOL 12.5% BY VOL.
Giovannella Stianti
№ 1709

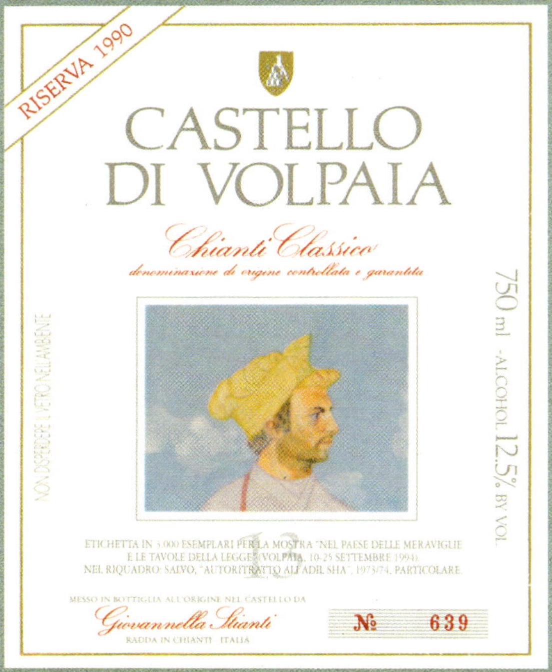

RISERVA 1990
CASTELLO
DI VOLPAIA
Chianti Classico
denominazione di origine controllata e garantita
750 ml · ALCOHOL 12.5% BY VOL.
Giovannella Stianti
№ 639

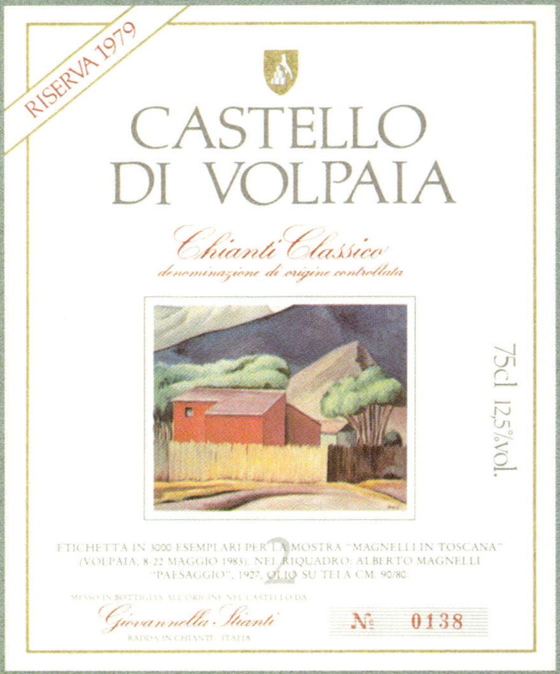

RISERVA 1979
CASTELLO
DI VOLPAIA
Chianti Classico
denominazione di origine controllata
75cl 12,5% vol.
Giovannella Stianti
№ 0138

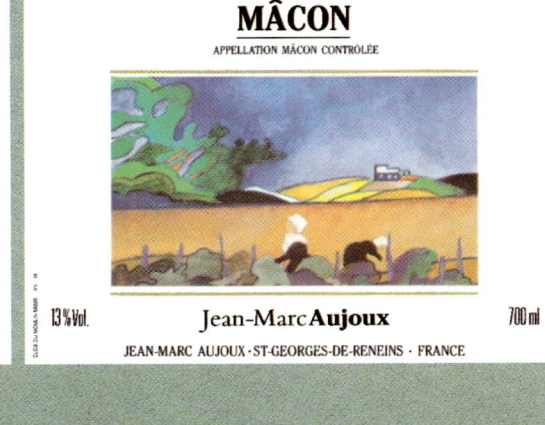

Œuvre originale
Hilaire
PRODUCT OF FRANCE
CONT. 750 ML
RED TABLE WINE
ALC. 12 % BY VOL.
CHATEAU
CANON CHAIGNEAU
Lalande-de-Pomerol
APPELLATION LALANDE-DE-POMEROL CONTRÔLÉE
1983
750ml
Mis en Bouteille au Château
Famille Marin-Audra, Propriétaire à Néac, Gironde

Œuvre originale
A. Defossez
Château
Canon Chaigneau
Lalande-de-Pomerol
Appellation Lalande-de-Pomerol Contrôlée
1982
750ml
Mis en Bouteille au Château
Famille Marin-Audra - Propriétaire à Néac, Gironde

Œuvre Originale
Menguy
PRODUCT OF FRANCE
CONT. 750 ML
RED TABLE WINE
ALC. 12 % BY VOL.
CHATEAU
CANON CHAIGNEAU
Lalande-de-Pomerol
APPELLATION LALANDE-DE-POMEROL CONTRÔLÉE
1984
750ml
Mis en Bouteille au Château
Famille Marin-Audra, Propriétaire à Néac, Gironde

Cuvée Saint-Michel
1993
COLLIOURE
APPELLATION COLLIOURE CONTROLEE
PRODUCE OF FRANCE - MISE EN BOUTEILLE A LA PROPRIÉTÉ
CELLIER DES TEMPLIERS - 66650 BANYULS-SUR-MER - FRANCE
13% vol
75cl
Nº 60225

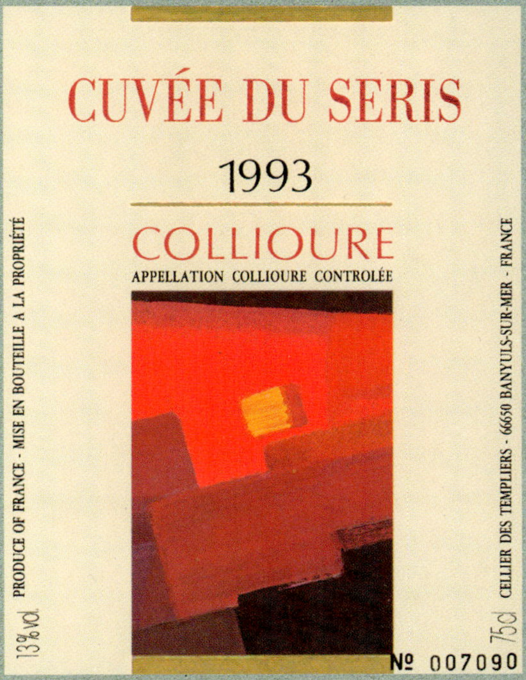
CUVÉE DU SERIS
1993
COLLIOURE
APPELLATION COLLIOURE CONTROLEE
PRODUCE OF FRANCE - MISE EN BOUTEILLE A LA PROPRIÉTÉ
CELLIER DES TEMPLIERS - 66650 BANYULS-SUR-MER - FRANCE
13% vol
75cl
Nº 007090

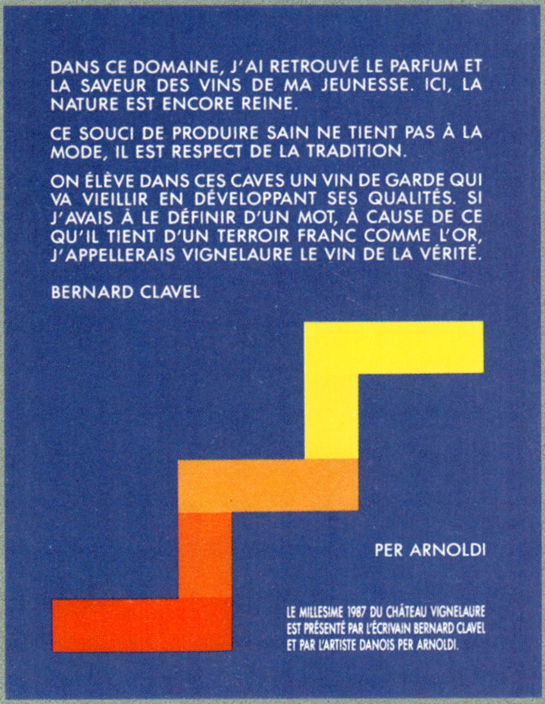
DANS CE DOMAINE, J'AI RETROUVÉ LE PARFUM ET LA SAVEUR DES VINS DE MA JEUNESSE. ICI, LA NATURE EST ENCORE REINE.
CE SOUCI DE PRODUIRE SAIN NE TIENT PAS À LA MODE, IL EST RESPECT DE LA TRADITION.
ON ÉLÈVE DANS CES CAVES UN VIN DE GARDE QUI VA VIEILLIR EN DÉVELOPPANT SES QUALITÉS. SI J'AVAIS À LE DÉFINIR D'UN MOT, À CAUSE DE CE QU'IL TIENT D'UN TERROIR FRANC COMME L'OR, J'APPELLERAIS VIGNELAURE LE VIN DE LA VÉRITÉ.
BERNARD CLAVEL
PER ARNOLDI
LE MILLESIME 1987 DU CHÂTEAU VIGNELAURE EST PRÉSENTÉ PAR L'ÉCRIVAIN BERNARD CLAVEL ET PAR L'ARTISTE DANOIS PER ARNOLDI.

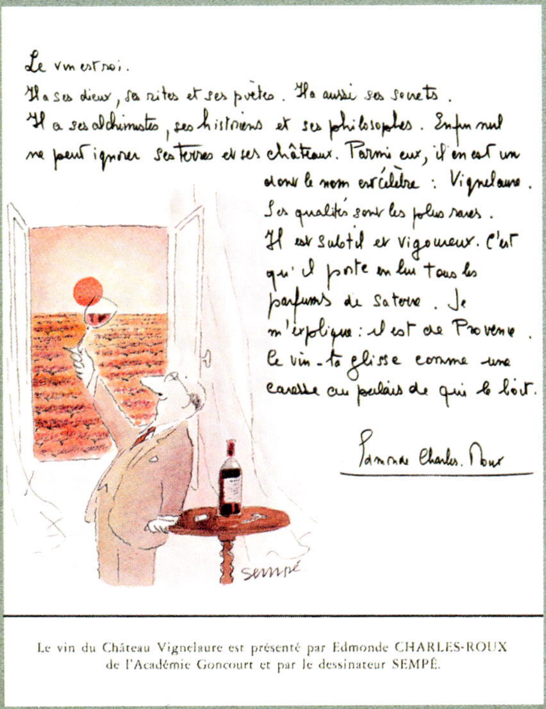
Le vin est roi.
Il a ses dieux, ses rites et ses poètes. Il a aussi ses secrets.
Il a ses alchimistes, ses historiens et ses philosophes. Enfin nul ne peut ignorer ses terres et ses châteaux. Parmi eux, il en est un dont le nom est célèbre : Vignelaure.
Ses qualités sont les plus rares.
Il est subtil et vigoureux. C'est qu'il porte en lui tous les parfums de sa terre. Je m'explique : il est de Provence.
Ce vin-là glisse comme une caresse au palais de qui le boit.
Edmonde Charles-Roux
Sempé
Le vin du Château Vignelaure est présenté par Edmonde CHARLES-ROUX de l'Académie Goncourt et par le dessinateur SEMPÉ.

Un compagnon de César, Lucius Meccarius Pistor, ne voulut pas rentrer à Rome après la conquête des Gaules. Terre de Vignelaure, voici la tablette qu'il écrivit sur toi : « Amis, j'ai trouvé pour toujours, ici, la patrie de mes rêves. Que la vigne ombrage ma maison de son ombre d'or. Venez ! Son vin nous tressera la vraie couronne de laurier. »
Rien n'a changé depuis.
Vignelaure est encore le vin de gloire.
Daniel Boulanger
Le vin du Château Vignelaure est présenté par Daniel BOULANGER de l'Académie Goncourt et par le dessinateur Ronald SEARLE.

Voilà, dans un de ses plus brillants millésimes, un vin portant un nom prédestiné, original, vif de couleur comme de bouquet et dont la réputation ne saurait que grandir. Je le vois très bien couler à la table des Goncourt. Il a de l'esprit et quelque chose de raffiné dans le naturel. A votre santé comme à la nôtre !
Hervé Bazin
Peynet
Le vin du Château Vignelaure est présenté par Hervé BAZIN de l'Académie Goncourt et par le dessinateur PEYNET.

Label 1
«Trésors du Musée de São Paulo 1988»
Renoir
«Rose et Bleue»
1881

Fendant
Cuvée 1987
«Renoir»

Appellation d'origine
Sélectionné dans les Caves Orsat à Martigny

FONDATION PIERRE GIANADDA MARTIGNY

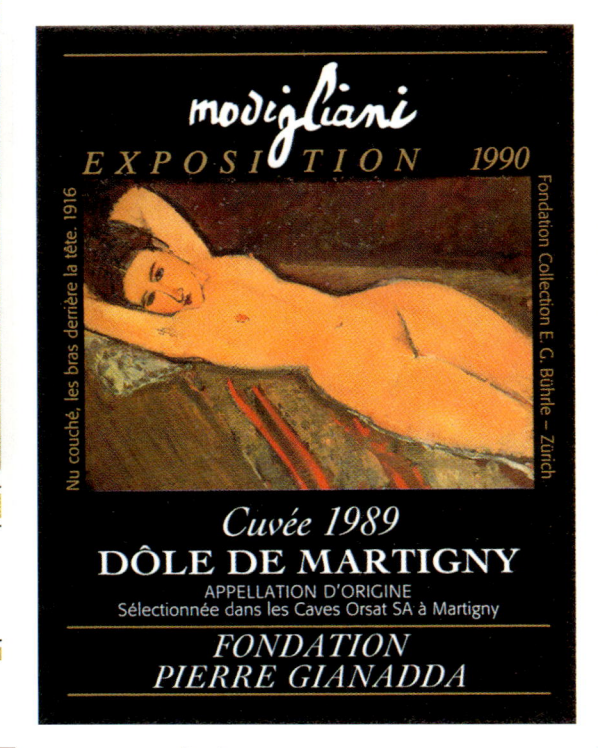

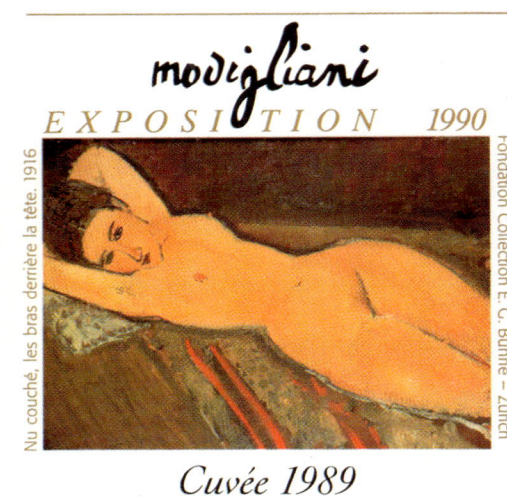

Label 2
Modigliani
EXPOSITION 1990

Nu couché, les bras derrière la tête. 1916 — Fondation Collection E. G. Bührle – Zürich

Cuvée 1989
DÔLE DE MARTIGNY
APPELLATION D'ORIGINE
Sélectionnée dans les Caves Orsat SA à Martigny
FONDATION PIERRE GIANADDA

Label 3
Modigliani
EXPOSITION 1990

Nu couché, les bras derrière la tête. 1916 — Fondation Collection E. G. Bührle – Zürich

Cuvée 1989
MARTIGNY
APPELLATION D'ORIGINE
Sélectionné dans les Caves Orsat SA à Martigny
FONDATION PIERRE GIANADDA

Label 4
Hodler
EXPOSITION 1991

700e anniversaire de la Confédération helvétique — Guillaume Tell. 1897. Musée des Beaux-Arts, Soleure.

Cuvée 1990
DÔLE DU VALAIS
APPELLATION D'ORIGINE
Sélectionnée dans les Caves Orsat SA à Martigny
FONDATION PIERRE GIANADDA

Label 5
Hodler
EXPOSITION 1991

700e anniversaire de la Confédération helvétique — Guillaume Tell. 1897. Musée des Beaux-Arts, Soleure.

Cuvée 1990
MARTIGNY
APPELLATION D'ORIGINE
Sélectionnée dans les Caves Orsat SA à Martigny
FONDATION PIERRE GIANADDA

Label 6
Braque
EXPOSITION 1992

Georges Braque – Nature morte au pichet – 1932 – Collection particulière

Cuvée 1991
DÔLE DU VALAIS
APPELLATION D'ORIGINE CONTRÔLÉE
Sélectionnée dans les Caves Orsat SA à Martigny
FONDATION PIERRE GIANADDA

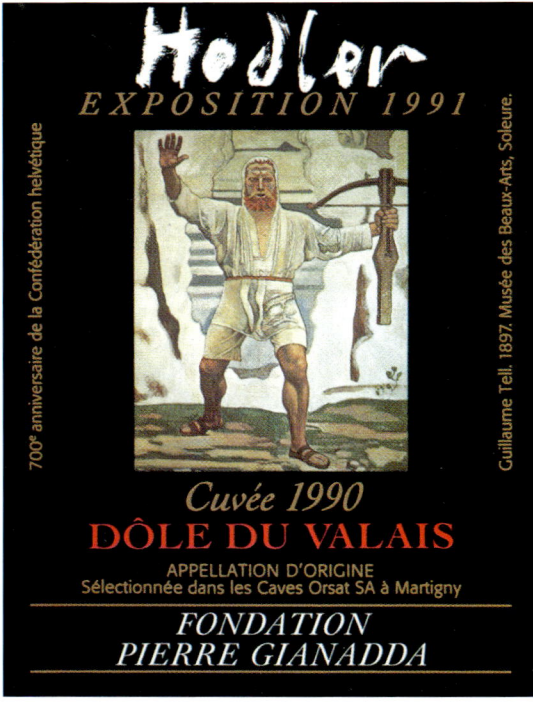

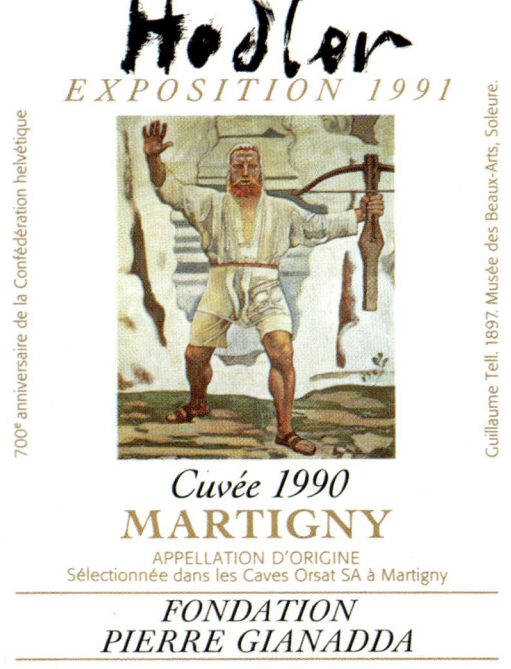

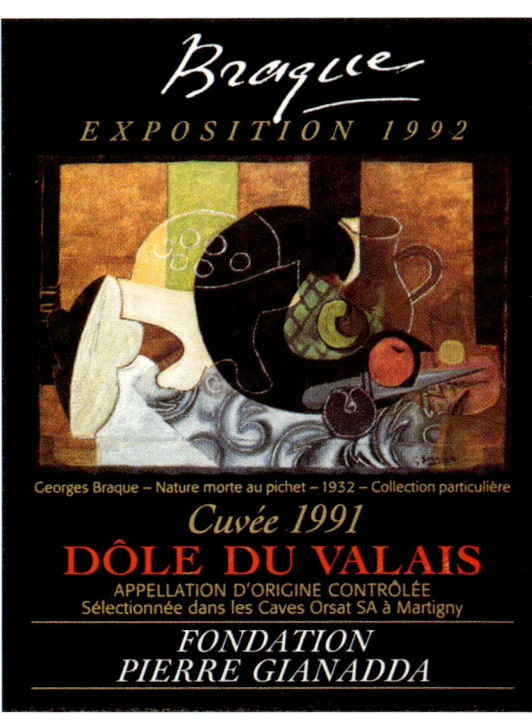

Label 7
Braque
EXPOSITION 1992

Georges Braque – Nature morte au pichet – 1932 – Collection particulière

Cuvée 1991
MARTIGNY
APPELLATION D'ORIGINE CONTRÔLÉE
Sélectionnée dans les Caves Orsat SA à Martigny
FONDATION PIERRE GIANADDA

Label 8
Degas
EXPOSITION 1993

Edgar Degas – Quatre danseuses en scène – 1885–90 – Musée d'art de Saõ Paulo

Cuvée 1992
DÔLE DU VALAIS
APPELLATION D'ORIGINE CONTRÔLÉE – VALAIS
Sélectionnée dans les Caves Orsat SA à Martigny
FONDATION PIERRE GIANADDA

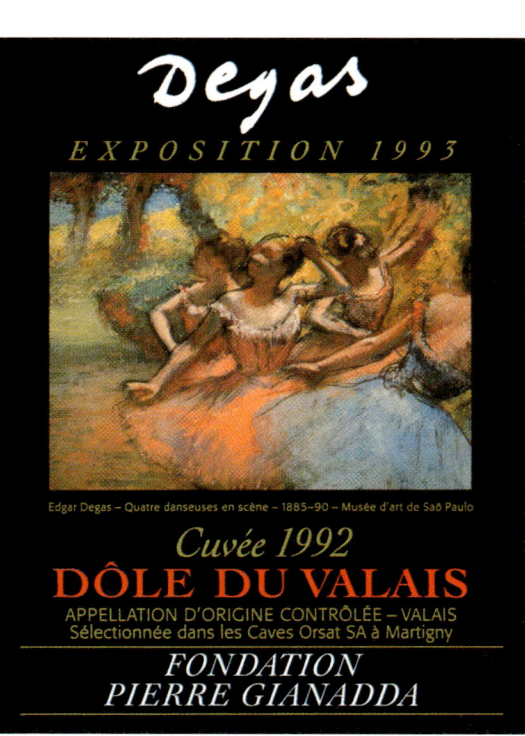

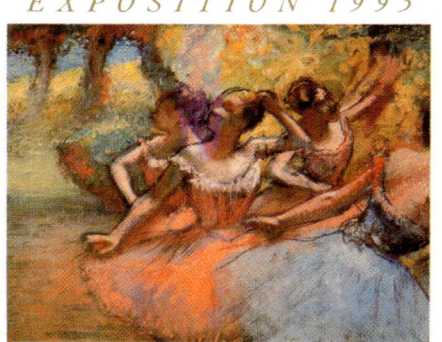

Label 9
Degas
EXPOSITION 1993

Edgar Degas – Quatre danseuses en scène – 1885–90 – Musée d'art de Saõ Paulo

Cuvée 1992
MARTIGNY
APPELLATION D'ORIGINE CONTRÔLÉE – VALAIS
Sélectionnée dans les Caves Orsat SA à Martigny
FONDATION PIERRE GIANADDA

mesure de la qualité du produit qu'elle annonce. L'heureux propriétaire n'hésite pas à utiliser des œuvres issues de ses propres collections.

Collection CASTELLO DI VOLPAIA. Giovannella Stianti, producteur. Radda, Chianti. Italie
Cette très belle série a commencé sa carrière en 1979. Depuis, chaque année, a paru une «etichetta» doublement numérotée, tirée à 3 000 exemplaires seulement, chacune à l'occasion d'une exposition d'art locale. Imprimée sur un beau papier légèrement gaufré, dans un format au-dessus des dimensions habituelles, elle mérite une place de choix dans l'album du collectionneur.

Collection CHÂTEAU CANON CHAIGNEAU. Lalande-de-Pomerol. Famille Marin-Audra, propriétaire à Néac. Gironde
La nostalgie de Mouton-Rothschild saute aux yeux. Ce qui n'empêche pas la réussite, grâce surtout à la qualité des œuvres reproduites et au talent de ses auteurs, Hilaire en tête.

Collection CELLIER DES TEMPLIERS. Producteur à Banyuls-sur-mer
Ou le triomphe de l'art abstrait. De fort belles couleurs au service de beaucoup de séduction.

Collection CHÂTEAU VIGNELAURE. Côteaux d'Aix-en-Provence. Vignelaure S.A. propriétaire à Rians
Fière de produire des vins «en provenance de vignes cultivées sans engrais chimiques, ni herbicides, ni insecticides de synthèse» et désireuse de se distinguer des autres disciples de Philippe de Rothschild, la société Vignelaure a pris l'(excellente) habitude de confier la présentation de ses récoltes annuelles à un créateur graphique doublé d'un écrivain de renom. Texte et image se complètent ainsi très délicatement. Le collectionneur se délecte, qui assiste aux heureuses rencontres de papier de Daniel Boulanger et Ronald Searle, de Peynet et Hervé Bazin, d'Edmonde Charles-Roux et Sempé, de Régine Deforges et Wiaz, de Bernard Clavel et Per Arnoldi, de Cécile Muhlstein et François Nourissier... L'humour, souvent est au rendez-vous. L'émotion, toujours.

Collection FONDATION PIERRE GIANADDA. Sélection des Caves Orsat, à Martigny. Suisse
Couturiers de la bouteille de réputation mondiale, les Suisses se devaient d'avoir «leurs» galeries d'art au royaume du vin. La série produite, à l'occasion de ses expositions annuelles, par la Fondation Pierre Gianadda à Martigny, est tout simplement superbe. Commencée en témoignage de sa cuvée 1987 «Renoir», elle s'est poursuivie régulièrement par ses Dôles et ses Fendants Henri Moore, Modigliani, Hodler, Braque, Degas... Authentiques, cette fois.

Bien d'autres collections, nées dans l'Hexagone ou hors France, volontairement ciblées dans la ligne de Mouton-Rothschild, mériteraient d'être détaillées. Contentons-nous d'en signaler quelques-unes: Yvon Mau, en Gironde; Stellenbosch, en Afrique du sud; Cave Vinicole de Turckheim, dans le Haut-Rhin; Château Bourdieu La Valade, en Fronsadais; Château Moulin-Fontmurée, à Montagne-Saint-Emilion; Miguel Torrès, au Chili... Plus ou moins bien conçues, elles pèchent trop souvent par manque d'inspiration. Au collectionneur de séparer de l'ivraie ce qu'il pense être le bon grain.

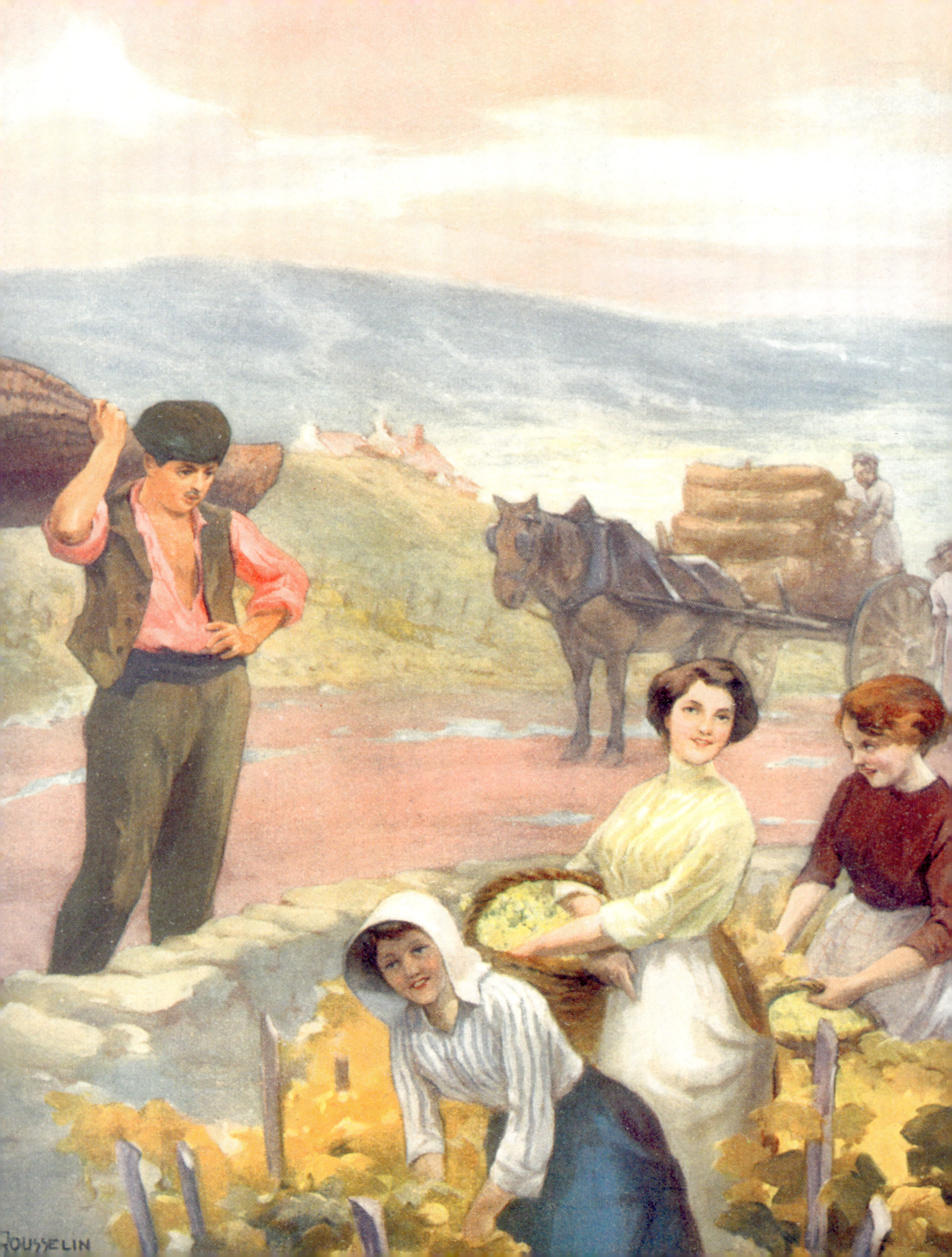

L'étiquette illustrée et ses thèmes

« Marchez ! L'humanité ne vit pas d'une idée !
Elle éteint chaque soir celle qui l'a guidée,
Elle en allume une autre à l'immortel flambeau… »
Lamartine

Œnographilie, œnografolie

À la recherche du vocable sous lequel pourraient se rassembler les collectionneurs d'étiquettes de vin et après avoir rejeté l'«éthylabélophilie» déjà proposée par les Belges ainsi que l'«œnosémiophilie» imaginée par les Suisses, j'écrivais, dans un ouvrage précédent (Les Etiquettes de Vin - Un Monde Merveilleux, 1981): «Je propose, plus simplement, le terme «œnographilie». Il offre l'appréciable avantage d'être facile à retenir, aisé à prononcer, et englobe du même coup les autres «vieux papiers», témoins de l'amour éternel de l'homme pour le vin: factures, tarifs, cartes-réclames, cartes-adresses, prix courants. Autant de documents parallèles indispensables à quiconque désire faire vivre plus intensément ses collections d'étiquettes. À moins que, venue d'ailleurs, une meilleure appellation réussisse à faire l'unanimité des principaux intéressés, les collectionneurs eux-mêmes. L'avenir nous le dira.»

L'avenir nous l'a dit. Le mot a fait fortune, en France et en Belgique, où des fédérations nationales et régionales de collectionneurs d'étiquettes se sont constituées, les unes après les autres, à l'enseigne de l'œnographilie. Dont acte. Et puisqu'œnographile il y a, il n'est pas inutile d'essayer d'en tracer le profil.

Il en est d'essentiellement sélectifs qui fouillent frénétiquement le passé des étiquettes sur les traces de celles qui leur permettront de poser les jalons de leurs obscures origines. Ils ont l'opiniâtreté de l'archéologue et, comme lui, savent se réjouir de maigres trouvailles. Ceux-là connaissent des joies pures, à nulles autres pareilles.

À l'opposé de ces orpailleurs, il en est d'autres qui, intéressés d'abord par la quantité, ramassent et entassent à qui mieux mieux d'impressionnantes piles de papier qu'ils serrent dans des cartons à chaussures, ravis à chaque fois que leur trésor s'enrichit d'un nouveau millier d'exemplaires. Le nombre d'étiquettes réunies leur tient lieu d'exploit et rien ne les comblerait tant que voir leur nom figurer un jour au Guinness Book des records.

La troisième catégorie est celle des «sélectionneurs». Ils opèrent par thèmes, délibérément choisis dans l'espace ou dans le temps, dans l'art ou dans la tradition. Leurs collections vont des plus larges aux plus restrictives et s'intitulent, c'est selon, «Bourgogne», «Bordeaux», «Médoc», «Alsace», «Vins de Pays», «Étranger», «Californie», «Crus Classés», «Côtes de Nuits», «Travaux de la Vigne», «XIXe siècle», «Humour», «Bande Dessinée», «Peinture», «Avant-garde», «Bateaux», «Arts Déco», «La Femme»… Ils ont été guidés, dans leurs préférences, soit par le contenu de la bouteille et le rêve que déclenche en eux la musique des appellations, soit par l'illustration de l'étiquette, les purs esthètes se rabattant uniquement sur les «belles», une option malaisée à opérer.

Car tous les motifs existent ou existeront, l'étiquette étant condamnée à n'en ignorer aucun

Les vendanges en Bourgogne, d'après un tableau de G. Rousselin

dès l'instant où ses créateurs ont pour impérieuse obligation de «se renouveler». C'est bien en cela que réside le défi. Lorsque toutes les fleurs des campagnes et des jardins, tous les oiseaux de la volière, tous les instruments de l'orchestre, tous les cépages, tous les uniformes de toutes les armées, toutes les disciplines sportives auront été explorés jusqu'à la redondance, il faudra bien se résoudre à imaginer «autre chose»…
Quitte à ne plus se souvenir que c'est de vin qu'il s'agit.

Trois coups de pinceau font aujourd'hui une étiquette «d'art». L'originalité à tout prix débouche souvent sur le vide. Écartelée en tous sens, l'étiquette prend toutes les formes, rajeunissant par la même occasion l'univers des thèmes, n'en assurant pas pour autant la qualité.

Les images sont à la mode. Toutes les images: gravure, carte postale, chromo, affiche… Les plus anciennes étant les plus rares, les plus rares sont les plus recherchées, les plus recherchées les plus chères. L'étiquette n'échappe pas au cercle infernal; la spéculation n'a plus qu'à entrer en jeu. Au sein de la plupart des cercles d'œnographiles, la vente d'étiquettes est prohibée. Sage prescription qui permet à cette douce manie de la collection de demeurer en marge de trafics éhontés. Aucune règle, hélas, n'empêchera jamais les marchands de pénétrer dans le temple de l'œnographilie. Ils y sont déjà. Ils y étaient déjà avant que n'éclate l'œnografolie. Une estampe ancienne sera toujours une estampe ancienne, monnayée comme telle.

On conçoit l'irritation des viticulteurs, des négociants, des réalisateurs, sans cesse sollicités par la vague montante des collectionneurs qui ont appris à connaître leurs sources les plus fécondes. Fort heureusement, des accords tacites naissent çà et là entre imprimeurs et fédérations d'œnographiles, les uns assurant aux autres, à intervalles réguliers, un contingent d'étiquettes nouvelles à partager entre leur adhérents, à charge pour ceux-ci de ne plus les importuner autrement. Une bonne manière de respecter les activités de chacun.

Inutile donc d'encore vouloir enseigner au collectionneur définitivement averti l'art de se procurer des étiquettes. Il en sait long à ce sujet. Quant au débutant, qu'il se fasse membre d'une Association. D'œnographiles.

On n'arrête pas le progrès. D'accord. Etait-ce un progrès que d'«inventer» l'étiquette auto-collante, ce cauchemar du collectionneur, cette diablesse qui résiste à tous les séjours dans tous les bains à toutes les températures? Par bonheur, on n'arrête pas davantage l'esprit d'invention de l'œnographile. Tout récemment, une firme japonaise a lancé sur le marché un film lui-même autocollant et transparent destiné à protéger les étiquettes des bouteilles ou à les en décoller. Il suffit, paraît-il, de disposer le feuillet magique sur l'étiquette, tout en le laissant déborder sur la bouteille, préalablement dépoussiérée. L'adhérence étant bien uniforme, il ne reste plus qu'à relever le feuillet en faisant suivre le mouvement par l'étiquette. Celle-ci n'oppose plus de résistance et le vilain tour imaginé par les fabricants d'étiquettes autocollantes est déjoué. Mais connaît-on cette astuce que m'a suggérée un producteur alsacien et qui consiste tout bonnement à emplir la bouteille d'eau très chaude? «Aucune colle d'aucune sorte ne résiste, m'a-t-il confié, à pareil traitement.»

Nanti de ses précieuses collections, l'œnographile n'a plus qu'un ultime problème à résoudre : où et comment ranger ses étiquettes? Certainement pas en les re-collant sur les feuilles de papier d'un album sans personnalité. Ce serait les tenir pour peu de chose et condamner les collectionneurs futurs, ses successeurs, à les re-décoller… Mieux vaut les glisser dans les pochettes soudées de feuillets pour philatélistes, faits de matière plastique inerte, seule manière de les conserver plates et intactes. Belle manière aussi, hélas, de se ruiner en achats d'albums onéreux. Car tel est bien le paradoxe auquel est confronté le collectionneur: offrir à des étiquettes de peu de valeur marchande un habitat de luxe. Mais qui donc a dit: «Il est difficile de vaincre ses passions et impossible de les satisfaire»?

«L'œnographilie... créatrice de rêves»

C'est sous ce titre que je découvre dans le bulletin trimestriel «Vinolabel Belgium» du mois de mai 1995, un émouvant article signé Marcelle Van Ruyskensvelde, de toute évidence une collectionneuse fervente et passionnée. Inutile de vouloir ajouter un quelconque commentaire à ce texte édifiant, révélateur du pouvoir de dépaysement de l'étiquette:

«Ce matin, il fait gris, le vent souffle en rafales et la pluie crépite sur les vitres. Bref, le ciel nous tombe sur la tête! De quoi me rendre un peu nostalgique. Je branche la radio. Qu'entends-je? Des nouvelles tristes et déconcertantes. Ce monde que j'aimerais voir changer, s'améliorer, persiste dans la cruauté.
Notre classeur d'étiquettes artistiques traîne sur la table du salon. Un peu mélancolique, je m'attarde, le feuillette distraitement et je m'arrête, par hasard, devant ces reproductions d'affiches dessinées par Toulouse-Lautrec (étiquettes superbes élaborées par la SCEA du Château Malromé, qui devint en 1883 la propriété de la Comtesse de Toulouse-Lautrec, née Tapié de Ceyleran et mère de Henri de Toulouse-Lautrec) et voilà mon imagination qui s'envole vers le Rouergue, ce «pays vert du Midi», et je revois Rodez, Villefranche de Rouergue, Cajarc, Cordes et bien sûr le Château du Bosc (près de Sauveterre) où Henri de Toulouse-Lautrec passa une grande partie de son enfance. C'est dans le vallon entourant ce château qu'en mai 1878, à l'âge de 14 ans, il fit une chute malencontreuse qui le rendit difforme pour la vie. Et puis, mes pensées gambadent vers le musée d'Albi, installé dans le château jouxtant la cathédrale, où l'on peut admirer une toute grande partie de son œuvre.

Dominique Chan:
«Premières heures at the bois de Boulogne»

Quel plaisir que l'œnographilie qui, non seulement, nous permet d'assouvir notre instinct de collectionneur mais nous apporte, quand nos idées sont moroses, ces instants de rêve, de soleil et de ciel bleu.»

Monseigneur le vin

Atlas du cœur

L'imbroglio topographique qui régit le vignoble est total et le néophyte qui s'initie à l'art de connaître et de reconnaître les crus se met aussitôt dans l'obligation de s'armer de patience. Il lui faut bien du temps et autant d'expérience pour accepter l'idée qu'un nom de village célèbre, calligraphié au centre de l'étiquette bourguignonne, puisse désigner un vin de qualité inférieure à celle d'un «simple» climat. Il connaît Gevrey-Chambertin, Chambolle-Musigny, Vosne-Romanée ; les vocables Chambertin, Musigny, La Tache lui sont infiniment moins familiers. Il connaît Beaune mais ne connaît pas les Grèves, les Bressandes, les Fèves, les Cras. Il s'étonne qu'il y ait tant de champagnes mais aucun «Reims», aucun «Epernay». Les vins de cette montagne du nord portent le nom de leur région. Au sud, en revanche, en bordure de Garonne, la région porte le nom de la cité-capitale ! Entre les deux, le vignoble s'est identifié au fleuve Loire ! Il s'arrache quelques cheveux puis hausse les épaules et poursuit sa longue marche. Parvenu en Suisse, le chassé-croisé reprend de plus belle. Il découvre que les vins ont été baptisés, ici, d'un nom de cépage, là, d'un nom de commune. Il erre entre Aigle, Yvorne, Villeneuve et Vully, consultant fébrilement sa carte du Tendre sur laquelle Johannisberg a disparu…

Des cités viticoles célèbres

Devenu œnographile, il se réjouit de pareil embouteillage et rassemble, ravi, les étiquettes porteuses de vues de villes. Aux photos ramenées de voyage, il a tôt fait de préférer ses chères estampes. Ainsi représentées, les cités vinicoles dégagent un charme autrement prenant. Elles trahissent la tendresse, la sensibilité de l'artisan qui les a peintes, gravées ou dessinées. À chaque fois qu'il feuillette les pages de son atlas du cœur, son sang accélère sa course : Chinon (ah ! ses ruines où erre toujours le fantôme de Jeanne d'Arc !), Cahors (ah ! son superbe pont aux trois donjons sur le Lot !), Chillon (ah ! l'image de son château dans les eaux du Léman !), Neufchâtel (ah ! son lac sur fond de montagnes !), Collioure (ah ! ses criques ensoleillées !), Mâcon, Bordeaux, Porto, Malaga, Montepulciano, Sierre, Chypre…

Œnographilie, quels étranges dépaysements nous te devons !

Châteaux en Espagne

Ce bon La Fontaine savait parfaitement de quoi il dissertait lorsqu'il composait les mésaventures de Perrette et de son pot au lait : «Quel esprit ne bat la campagne, qui ne fait châteaux en Espagne ?» Comme on aimerait que tous les vins produits dans le monde eussent un «château» pour origine. Que l'on prononce ce mot magique et l'imagination se débride dans un grand déferlement de tourelles, de donjons, de pont-levis, de douves et de chemins de ronde. C'est Versailles et c'est Windsor, Chenonceau et Schönbrunn que notre mémoire reconstitue aussitôt dans le décor mirifique de leurs parcs sans fin et dont on est un instant l'heureux propriétaire. L'amateur sait bien, lui, toute la fascination qu'exerce sur son esprit prompt à l'émerveillement la mention «mise en bouteille au château», souvent tracée à l'encre rouge au travers de l'étiquette entière. Rien d'aussi sérieux, d'aussi rassurant, en définitive, qu'un «vin de château».

Page de droite
Ah ! Mon beau château !

Aigle
APPELLATION
D'ORIGINE
ASSOCIATION VINICOLE AIGLE

1987
CHATEAU
LAGREZETTE
Dame Honneur
Château Lagrezette
Monument historique classé
APPELLATION CAHORS CONTRÔLÉE
VIEILLI EN FÛT DE CHÊNE
S.C.A. DOMAINE DE LAGREZETTE
A.D. PERRIN A CAILLAC (LOT) FRANCE
PRODUCE OF FRANCE
12%Vol.
Propriété vendangée depuis 1503.
Mise en bouteille à la propriété.
C.O. 46140
750ml e

CORTESE
DELL'ALTO MONFERRATO
DENOMINAZIONE DI ORIGINE CONTROLLATA
del Castello di Tagliolo
IMBOTTIGLIATO ALL'ORIGINE
NELLE CANTINE DEL MARCHESE
OBERTO PINELLI GENTILE
TAGLIOLO MONFERRATO (AL)
ITALIA
0,75 LITRI e 12%VOL-R.I.V./535/AL
NON DISPERDERE IL VETRO NELL'AMBIENTE

GRAND BOURGEOIS EXCEPTIONNEL
CHATEAU D'AGASSAC
LUDON MÉDOC
Appellation Haut-Médoc Controlée
Société Civile, Propriétaire
Mis
en Bouteille
au Château
Récolte
1969

PRODUCT OF FRANCE
1994
1994
CHÂTEAU
MONTREUIL-BELLAY
CABERNET DE SAUMUR
MIS EN BOUTEILLE
AU CHÂTEAU
12% vol.
75 cl
Mme de THUY
PROPRIÉTAIRE 49260
MONTREUIL-BELLAY - FRANCE

NYON
Appellation d'origine
NYON
Des vignobles de Nyon
en la Côte vaudoise
Élevé en nos chais de la Cave de Nyon
Exclusivité Uvavins-Morges
383.7

La réalité est moins idyllique, car s'il est vrai que le mot permet parfois à la fiction de rejoindre la réalité, il est tout aussi fréquent, sinon plus, que derrière ces sept diablesses de lettres se cache un bâtiment sans grand éclat, aux allures trop modestes pour lui mériter l'appellation «château». La démonstration est ainsi faite: un «château» vinicole n'est pas nécessairement un château tout court. Et vice-versa. Ainsi l'a voulu la loi française.

Ce n'est un secret pour personne: la Gironde a le quasi-monopole du château vinicole. Le mot y est synonyme de «cru», de «clos», de «domaine». Il signifie que sur le territoire concerné par l'appellation sont situés tous les bâtiments d'exploitation, nécessaires à l'élaboration du vin. D'où le décret du 30 septembre 1949 qui stipule que «les vins vendus sous un nom de château doivent provenir d'une exploitation existant réellement et être exactement qualifiés par ce mot.» La «coutume loyale et constante» est ainsi assurée et prohibé l'emploi abusif du terme.

Il est des vins, célèbres au demeurant, qui sont doublement châteaux vinicoles. Ne fait-on pas du Château-Chalon à Château-Chalon? Est-ce pour cette raison que ce nectar unique se situe en tête des plus grands vins du monde (oublié cependant dans l'énoncé des «cent» cité plus haut)? Doté d'un exceptionnel pouvoir de vieillissement, il joue aisément les centenaires sans perdre pour autant une seule de ses vertus cardinales. Autant pour le Château d'Arlay, vin de paille jurassien que seuls quelques bienheureux initiés peuvent parfois déguster sur place. Autant pour le Château-Grillet, autre vin de légende, des Côtes-du-Rhône. Autant pour nombre d'autres châteaux non girondins qui n'ont pas attendu que la loi vienne se dicter elle-même dans le vignoble pour se tailler une place d'envergure au soleil de la célébrité.

Que les fervents de la découverte s'en aillent donc de part et d'autre de l'estuaire de la Gironde. Ils y découvriront d'authentiques «châteaux-châteaux» (Margaux, Lamarque, Haut-Brion, Issan, La Brède, La Rivière, Agassac, Tayac, Pichon-Longueville...) à côté de pseudo-châteaux pastiches dépourvus de tout intérêt vinicole ou archéologique. À eux de faire le tri.

Pour le collectionneur, le château est un beau sujet de divertissement. Il possède dans ses albums des étiquettes préfabriquées issues de catalogues obsolètes, porteuses d'images rutilantes représentant des manoirs de fantaisie aux appellations célèbres, Latour et Lafite inclus. Sur place, «là-bas», le profane déchante: point de toits en poivrières, ni de tours d'angle, ni de fenêtres aux arcs surbaissés au quartier-général des premiers grands crus classés. Avec la première gorgée, la déception s'en va.

Viticulture et art graphique

Il n'est pas indispensable d'être grand amateur de vins pour être grand amateur de vignobles, ces paysages fabriqués de toutes pièces par des hommes enthousiastes, architectes-jardiniers malgré eux. Ils valent leur pesant d'émotion à chaque période de l'année et nombreux sont ceux qui les préfèrent au printemps débutant, lorsque rien ne vient encore dissimuler la perfection de leurs compositions géométriques et que les ombres portées des ceps multiplient à l'infini les effets optiques. Aucune herbe folle, jamais, ne réussira à s'y enraciner.

Tous les vignobles du monde ont ce trait commun: le silence profond qui les imprègne durant la plus grande partie de l'année. Ils ont alors des recueillements de cathédrales auxquels il est difficile de rester insensible. Ils sont un hymne muet de l'homme à l'homme lui-même.

Aucune région vinicole n'échappe à cette dorsale enchanteresse: la route des vins. Pour qui a la vue courte, elle franchit les mêmes vagues de terrain, dévale les mêmes collines, parcourt les mêmes plaines, traverse les mêmes villages. Il faut avoir perdu tout pouvoir d'émerveillement, tout don d'observation pour s'enfoncer à ce point dans l'aveuglement. Rien ne ressemble aussi

*Magistrale,
la série Volg Winterthur
(Suisse alémanique)*

Meilener RÄUSCHLING
WEINKELLEREIEN VOLG WINTERTHUR

Weininger RÄUSCHLING
WEINKELLEREIEN VOLG WINTERTHUR

Endinger HÖRNLIBUCK
EIGENBAU DR. KARL WEIBEL

Bernecker BEERLI
WEINKELLEREIEN VOLG WINTERTHUR

Rafzer BEERLI
WEINKELLEREIEN VOLG WINTERTHUR

Steiner BEERLI
WEINKELLEREIEN VOLG WINTERTHUR

peu à un vignoble qu'un autre vignoble. J'en suis persuadé, une anthologie des plus beaux de France, de Suisse, d'Italie ou d'ailleurs reste à faire. Comme il reste à découvrir le peintre ou le graphiste qui s'inspirerait d'eux et d'eux seulement.

Les faiseurs d'étiquettes l'ont bien compris qui n'ont jamais manqué de mettre le vignoble en vedette dans leurs compositions. De la pointe du pinceau, ils nous entraînent tout au long des terrasses minitieusement construites du pays de Vaud, au pied des collines inspirées où s'étale la plaine du Rhin, au sommet des panoramas sans limites de la vallée de la Marne. L'éblouissement est semblable, semblable le plaisir de disposer en fresques ces modestes estampes que seul un artiste du cru pouvait réussir. Inutile, en effet, d'envoyer en Roussillon, en Valais, en Bourgogne, en Toscane, un Bernard Buffet, un Folon, un Alechinsky. Ils n'en ramèneraient jamais que des Buffet, des Folon, des Alechinsky. L'âme de Riquewihr, de Kaysersberg, de Bergheim appartient aux fils spirituels de Hansi. Pourvu qu'ils ne le pastichent pas.

Quand la beauté se passe de définition…

Au florilège du vignoble figurent de multiples séries d'étiquettes superbement réussies. J'en ai retenu deux, ici. L'une s'intitule «Les Contemporains». Elle chante le Minervois, Faugères, Fitou, Corbières… et sort tout droit des ateliers féeriques du Clos du Moulin, une imprimerie beaujolaise de pointe que nous connaissons bien. L'autre, moins récente, célèbre les paysages mal connus de la Suisse alémanique et fut créée pour le compte des «Weinkellereien Volg

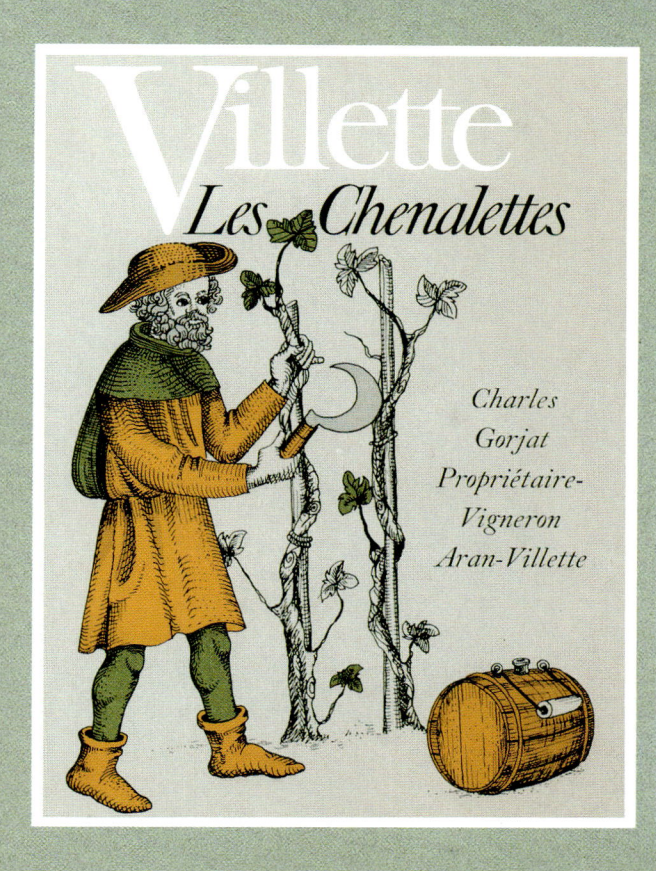

Villette — Les Chenalettes

Charles Gorjat
Propriétaire-Vigneron
Aran-Villette

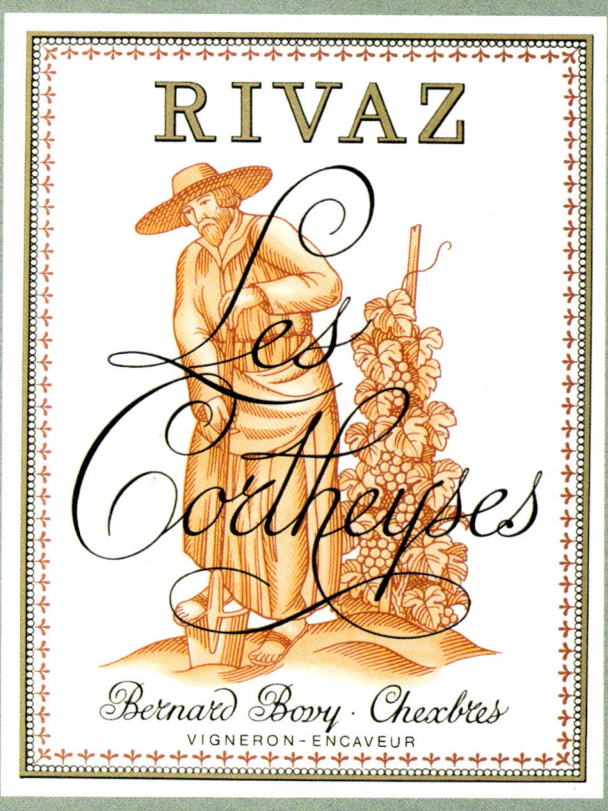

RIVAZ — Les Cortheyses

Bernard Bovy · Chexbres
VIGNERON-ENCAVEUR

gamay de peissy

Les Perrières
Bernard Rochaix
Vigneron-Encaveur
1242 PEISSY

APPELLATION D'ORIGINE CONTRÔLÉE

1994

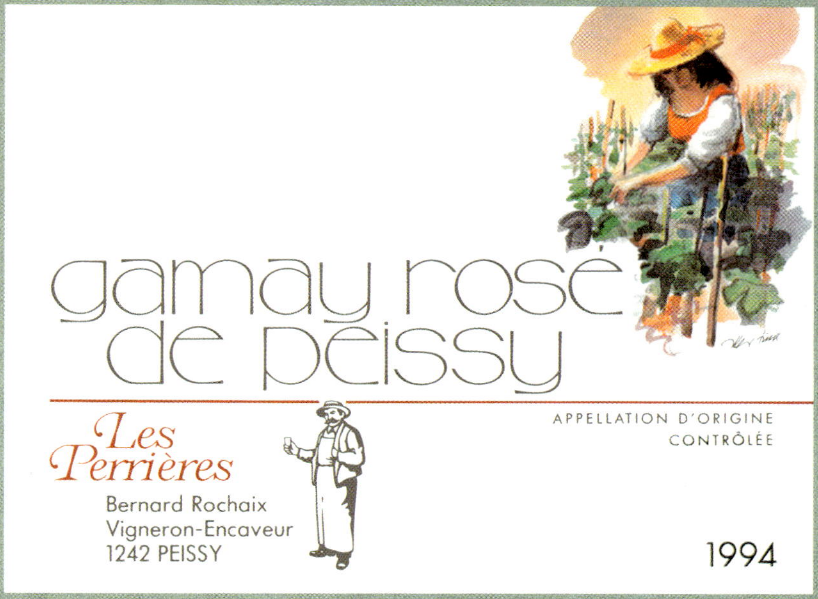

gamay rosé de peissy

Les Perrières
Bernard Rochaix
Vigneron-Encaveur
1242 PEISSY

APPELLATION D'ORIGINE CONTRÔLÉE

1994

côtes du rhône

Appellation Côtes du Rhône contrôlée

MIS EN BOUTEILLE POUR
COMPTOIR DES BOISSONS DU DOUBS
RN 83 à ROCHE LEZ BEAUPRE
par F 21170

100 cl   12 % vol.

EMB 21258

YVORNE

PREMIER CHOIX — PREMIER CHOIX

SVP

SOCIÉTÉ VINICOLE DE PERROY S.A.

Winterthur». Toutes deux sont exemplaires, magistrales. Honte à l'œnographile qui ne les possèderait pas dans ses collections...

À la sueur du front
Le vin doit beaucoup à la nature. Il doit davantage à l'homme...

La vigne est tyrannique. Elle ne prétend offrir ses fruits qu'au prix d'une peine incessante. Certaines mémoires très lointaines ont gardé souvenance de ces temps héroïques où le vignoble était planté en foule, comprenez en ordre dispersé, sans alignement aucun. L'ouvrier d'alors le savait mieux que quiconque, lui que l'on voyait sans cesse penché vers la terre, à la «fossoyer» après l'avoir soigneusement sarclée, désherbée. Le temps d'attacher les premières feuilles et le fossoyage recommençait de plus belle, jusqu'à ce que, juillet revenu, un troisième labour manuel s'imposait.

L'abandon de la culture en foule au profit de celle en ligne va singulièrement faciliter la besogne du vigneron. La charrue apparaît dans les vignobles plans ou en pente douce. Le fossoyage fait place au buttage et au débuttage, des opérations infiniment moins épuisantes. Niveler la terre, effacer les «cavaillons» laissés par la charrue deviennent affaire de patience plus que d'énergie. Là où la vigne est disposée en escalier, le treuil intervient qui allège encore les travaux. Surviennent alors les tracteurs dont le modèle «enjambeur» fait merveille... là où son passage est possible. De puissantes machines broient, épandent, transportent, évacuent. Les «allées» ainsi dégagées sont à nouveau livrées à l'action traditionnelle mais efficace de la bêche. On connaît le résultat: la vigne se mue en jardin que n'eussent pas désavoué les Le Nôtre ou les Capability Brown.

Bien sûr, l'herbe - la mauvaise - est toujours présente, toujours à ramener entre les ceps l'ouvrier qui ne s'est jamais fait de réelle illusion: le travail dans la vigne n'est rien d'autre qu'un cercle infernal. Le voilà donc qui se met en demeure d'assurer à l'exigeante vigne ce qu'elle a toujours attendu de lui, quelles que fussent les techniques en usage: la netteté du sol. Dans l'intervalle, il a amendé la terre nourricière et débattu longuement de la suprématie de l'engrais chimique ou de la fumure minérale. À l'issue de tant de peines, une récompense de taille l'attend: la qualité du vin s'est encore améliorée. Rien de plus gratifiant que de participer à l'élaboration d'un produit noble.

Les travaux de la vigne devaient nécessairement inspirer les créateurs d'étiquettes, trop heureux de trouver en eux une motivation essentielle, éloignée de toute soumission à la fantaisie. Sans doute les machines nouvelles sont-elles absentes de cette imagerie intemporelle; il n'en demeure pas moins que se crée ainsi, d'un bout à l'autre du vignoble, un véritable musée de papier de la vigne que le collectionneur complète avec une joie toute particulière. Faut-il le répéter: œnographilie sans œnophilie ne serait que ruine de l'âme du vin.

Une manière de se dé-fouler
Ah! le joli temps où l'on retroussait culottes, cottes et cotillons puis, bondissant dans la cuve, on se mettait à marcher, inlassablement, pieds nus, dans un océan de grappes, démontrant ainsi qu'il n'était pas besoin de pressoir pour presser et qu'un coup d'orteil bien calibré permettait de mieux mesurer l'écrasement des pépins et des rafles, riches en éléments nuisibles. Une opération mal perçue par les citadins, ignorant tout des choses de la terre, toujours à s'inquiéter de savoir si le bain de pieds préalable est obligatoire.

Mais n'est-ce pas Zola qui, dans «La Terre», nous entretient de ce vigneron «en train de vendanger encore, foulant depuis le matin, tout nu.» Bigre.

VINO DA TAVOLA
ROSSO
DELLA PROVINCIA DI
SONDRIO
PERLA DI FLURINA
ANNATA 1984
CANTINA TELLINA SA
CAMPASCIO
ITALIA
75 cl

DÔLE
TERRA
VALLESIA
SÉLECTION,
DES COTEAUX
ORSAT
MARTIGNY SUISSE
ORSAT

Traminer Schloßberg
KALTERERSEE D.O.C.
Martel A.G. St. Gallen

Pinot noir
DE
Salquenen
LES FILS DE CHARLES FAVRE, SION / VS

LES JACOBINS
CHIROUBLES
APPELLATION CHIROUBLES CONTRÔLÉE
VIN GARANTI
SINCÈRE ET LOYAL

2370

HS
caves des hospices. sarlat - dordogne.
BERGERAC
APPELLATION BERGERAC CONTROLEE
PRODUCE OF FRANCE

Comme ailleurs, dans le vignoble la poésie s'en va et, hormis quelques exceptions bien connues (à Porto, par exemple), le spectacle insolite de la longue marche sur place a disparu du paysage viticole. Le fouloir a remplacé le fouleur. La mécanique a, une fois de plus, marqué un point. Qui s'en plaindra, sinon les rêveurs? Les hommes, quant à eux, se réjouissent de pouvoir se lever moins matin.

Pour les vins blancs, le foulage, préalable à toute fermentation, est indispensable : il facilite le pressurage des raisins à venir ainsi que l'écoulement du jus. Si besoin est, le bienheureux vigneron mécanisé fait appel au fouloir-égrappoir, une drôle de machine qui écrase le raisin tout en le séparant de la rafle. Friands de vins tendres et peu tanniques, les Beaujolais renoncent généralement à l'opération du foulage.

Les imagiers de l'étiquette se sont rués sur le thème du foulage, évocateur entre tous. Parfois avec bonheur, souvent à contre-courant de l'esthétique. Faut-il le préciser, ce sont rarement des vins de haute extraction qui s'autorisent une réclame aussi simplement anecdotique, quand bien même des expressions tapageuses la soulignent : vin supérieur, élite, grand vin de France. Le mérite de ces vignettes : nous promener joyeusement d'un bout à l'autre de l'Europe viticole ; augmenter d'autant les joies de l'œnographile.

Ces merveilleux fous vinifiants et leurs drôles de machines

On en trouve encore un peu partout dans les terres à vins, souvent à l'endroit même où ils furent construits, pour l'éternité. L'explorateur de vignobles les connaît bien. Il en vu beaucoup en Bourgogne, au Clos de Vougeot par exemple, pareils à ce qu'ils étaient au XIIe siècle de leur naissance, sortis de l'imagination créatrice de quelque ingénieur-artiste visionnaire, toujours disposés à l'emploi, à la demande : quatre superbes enchevêtrements de poutres géantes aussi proches des machines de guerre de Jules César que du pressoir. Grand voyageur de la vigne, Bertall décrivait ainsi le château, en 1878 : «Ce qu'il y a de vraiment remarquable, c'est la halle aux pressoirs. Sous le vaste toit qui se trouve à droite de l'entrée, sont encore les vieux engins établis par les abbés de Cîteaux. Énormes madriers, gigantesques pièces de bois reliées entre elles par des arbres entiers mus au moyen de vis à pressoirs cyclopéennes ; immenses machines qui ne peuvent être mises en action que par de puissantes barres de cabestan, auxquelles il faut atteler une troupe d'hommes vigoureux.»

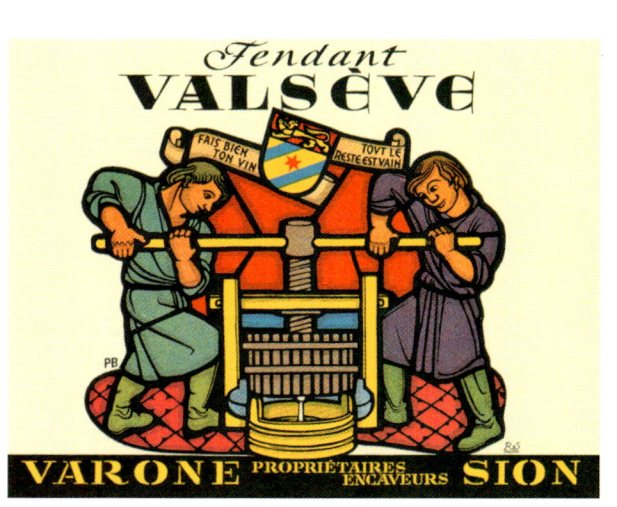

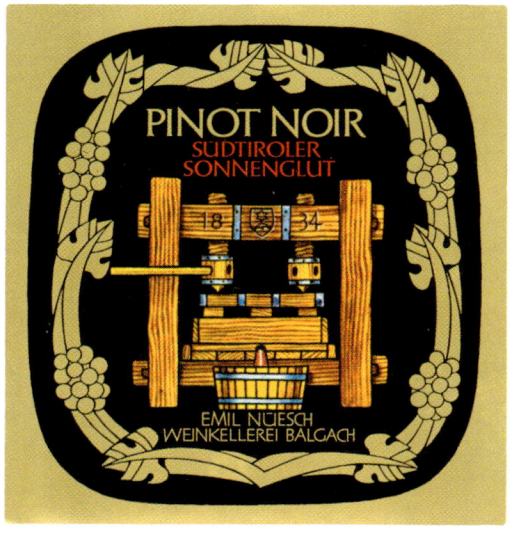

Quand la sueur se mêle au jus de la treille…

Il en a découvert à Chenôve, à 3 km de Dijon, sur la route de Beaune. Deux superbes bêtes de bois, parfaitement identiques, mises l'une dans le prolongement de l'autre au centre d'une halle immense. Quatre poutres entoisées ont servi à leur édification, voici plus de sept siècles, dans laquelle n'intervint jamais aucune pièce de fer. On raconte aux alentours que Marie de Bourgogne s'en venait souvent par ici rechercher la compagnie des «faiseurs de vin». Le cabestan de sa vis géante s'appelle toujours, depuis, «la Margot».

Il a rendu visite au vieux pressoir du Clos de Tart, bâti en 1570 et qui ne fut mis à la retraite qu'aux alentours de 1930. Il s'est extasié devant les pressoirs du Musée de Beaune. Pour n'être qu'âgés de deux siècles, ils n'en sont pas moins fantasmagoriques que les précédents. Il s'est attardé autour du pressoir quatre fois centenaire du «vrai» château de Pommard, celui dont Jacques Laplanche est l'heureux propriétaire.

Il a participé aux agapes fraternelles des Compagnons du Beaujolais qui se déroulent à Lacénas, au château de Montauzan, sous la protection légendaire du célèbre «pressoir à dame». Il a poussé jusqu'en Thurgovie, en Suisse orientale. Au château de Bachtobel, il a regardé fonctionner le pressoir à levier, en action depuis 1779. Il a salué au passage le pressoir de Ravoire, dans le Valais, construit en 1600, et celui de Champagne, dans le Vaud, monté en 1706. Il a fait le détour par le Musée d'Unterlinden, à Colmar, pour s'emplir le regard du spectacle majestueux de vieux pressoir de Hattstatt, millésimé 1687.

Il en a rencontré de toutes les espèces, de tous les formats, de toutes les époques, de tous les mystères : pressoirs à levier, à contrepoids, à vis, hydrauliques, mécaniques, verticaux, horizontaux, pneumatiques. De loin en loin, il a patienté jusqu'à ce que commence la fermentation du moût, enivré par l'odeur puissante du pain qui cuit et par la douce chaleur irradiée des cuves gigantesques. Il a fixé longuement l'étrange marmite à faire du vin. Par magie ?

Le pressoir de l'étiquette offre la même variété que celui de la réalité et ce n'est pas une mince jouissance que d'en aligner les différents types issus de multiples contrées dans les pages d'un album, particulièrement si l'œnographile ébloui se donne simultanément la peine d'en rédiger quelque notice explicative. L'occasion est belle, en effet, de prendre ses distances par rapport à la seule compilation et pénétrer de plain-pied dans l'univers de la connaissance.

Priorité au chêne

Le tonneau, sous toutes ses variantes - elles sont nombreuses ! - hante véritablement l'univers et le vocabulaire du vin tout entiers. Quel assoiffé n'a rêvé un jour de s'identifier à lui, à l'instar d'Emile Goudeau, poète montmartrois :

A ! si la Seine était de ce bon vin de Beaune
Et que mon ventre fût large de plusieurs aunes,
Je m'en irais dessous un pont,
M'y coucherais de tout mon long,
Et je ferais descendre
La Seine dans mon ventre.

L'œnophile, œnographile ou non, a toutes les peines du monde à mémoriser les nuances que cachent, dans l'univers de la futaille, les mots-clés, à commencer par le terme «tonneau» lui-même, plus vaste ici qu'ailleurs, sinon inexistant, sauf dans les livres de comptes. À Bordeaux, il vaut 900 litres, mais jamais personne n'a vu semblable vaisseau manié sur les quais de la Gironde. Il est égal à quatre barriques, lesquelles sont équivalentes à 225 litres, idéalement.

La barrique bourguignonne vaut 228 litres, la champenoise 200, la rhodanienne 220. À Beaune comme à Reims on préfère parler de «pièces». Quel Parisien se souvient que dans sa bonne ville, jadis, le «muid» valait 274 litres de vin ? Quel débardeur du port de Nantes, de La Rochelle ou de Bordeaux charrie encore une «feuillette», ce «tonneau dont la contenance varie, suivant les régions, de 114 à 136 litres» ? Mais que dire des «foudres» dont les dictionnaires se contentent de nous dire qu'ils sont des «tonneaux de grande capacité, de 50 à 300 hectolitres»?Quel mot inventer pour désigner les gigantesques vases vinaires de la maison Byrrh, à Thuir, dans les Pyrénées, dont le plus vaste a (avait?) une capacité d'un million de litres et dont la réalisation prit quelque quinze années, de 1935 à 1950? Nous voilà loin des quelques décilitres que le vigneron emporte avec lui dans son «baril»!

Le château de Heidelberg, en Allemagne, eut quatre foudres fameux dont un seul a subsisté, achevé en 1750 pour le prince Charles-Théodore de Pfalz. Cette célébrité, magistralement sculptée aux armoiries de son propriétaire d'alors, peut contenir 220 000 litres, soit sept fois plus que le magnifique foudre de la cave Fonjallaz d' Epesses, en Suisse. Il fut construit en même temps que celui que l'on trouve dans une cave de Rolle, sorti d'un atelier de Nyon. Tous deux furent fabriqués pour être présentés à l'Exposition nationale de Genève, en 1896. Sept ans auparavant, Monsieur Eugène Mercier, champion du «champagne, vin du peuple», avait fait traîner un foudre géant de 200 000 bouteilles vers le site de l'Exposition Universelle de Paris. À vide, déjà, il pesait ses vingt tonnes. Sculpté par Navlet, l'auteur des bas-reliefs qui décorent les caves Pommery, à Reims, l'incroyable vaisseau de bois avait pris la route qui relie Epernay à Paris tiré par vingt-quatre bœufs et dix-huit chevaux de renfort. Sur son passage, les ponts trop faibles furent consolidés, les maisons gênantes achetées puis abattues, les barrières d'octroi déplacées. Citons enfin, pour l'anecdote, le foudre colossal de Durckheim, en Allemagne, susceptible d'abriter plusieurs centaines de… buveurs. Il semble bien qu'il n'ait jamais rien fait d'autre, depuis sa construction en 1934, et que sa capacité d'un million sept cent mille litres n'a jamais pu être réellement vérifiée.

Personne ne l'ignore, le chêne est le bois de prédilection des tonneliers, encore que la tentation d'utiliser de temps à autre le mélèze ou le sapin, plus tendres, soit grande. Il l'est aussi des éleveurs qui trouvent en lui des substances mystérieuses, tel le tanin, propres à enrichir le vin qu'on lui confie. Mais quel qu'il soit, le bois présente cet appréciable avantage de permettre, à travers ses fibres, le mariage de l'air et du vin, opération indispensable au bon épanouissement de celui-ci. En Bordelais, les grands crus s'offrent le luxe annuel de tonneaux de chêne neufs. Dans le même temps, leurs propriétaires cèdent à un prix devenu abordable ceux qui servirent déjà. L'opportunité est belle pour les crus de moins haute lignée de séjourner à leur tour dans des vaisseaux ainsi ennoblis, avec le muet espoir de leur arracher un peu de leurs vertus cardinales.

Aujourd'hui, tonneaux, barriques et foudres sont entrés dans la légende. Le ciment, l'inox sont là pour poursuivre l'érosion de la face poétique du métier du vin. Le collectionneur d'étiquettes se contente d'écouter les uns et les autres débattre de savoir qui a raison, de celui qui vinifie «en bois» ou «en métal». L'étiquette, elle, et jusqu'à plus ample informé, est toujours imprimée sur papier. Et c'est bien suffisant pour nous permettre d'embarquer pour Cythère.

Pierre Dupont naquit à Lyon en 1821 et y mourut 49 ans plus tard, trop tôt pour un poète-chansonnier de talent à qui les hommes du vin doivent une bonne part de leur réputation de joyeux compères. Perle de choix dans son abondante production, «LE TONNEAU» nous en dit plus long et plus précis que tous les manuels professionnels, la sagesse en plus:

De la vigne le bois tortu
Festonne les collines.
Mais que deviendrait la vertu
De ces grappes divines
Si pour conserver la liqueur,
Qui chasse tant de peines,
Il ne croissait sur les hauteurs
Châtaigniers et grands chênes.
    Refrain
Pan, pan, pan, pan, pan, pan, pan, pan,
Chasse les cercles du tonneau,
Maillet sonore,
Pour enfermer le vin nouveau,
Fils de l'Aurore,
Pour enfermer le vin nouveau,
Fils de l'Aurore.

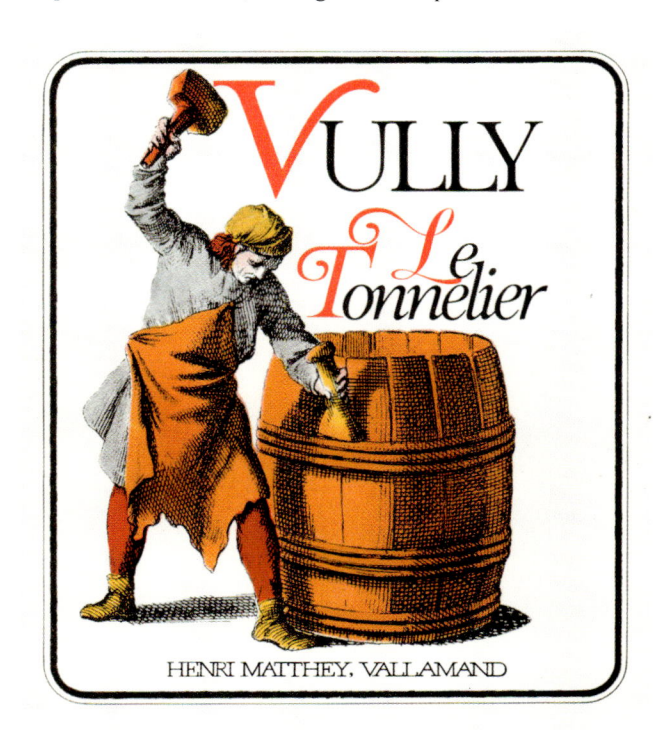

À votre très bonne santé!

Entre le vaisseau et les lèvres, il y a la coupe, de tous les instruments de la liturgie vineuse celui qui revêt le plus de formes, se façonne dans le plus grand nombre de matériaux, se pare des noms les plus variés.

Pendant longtemps, l'artisan chargé de le façonner n'eut en vue que l'objet lui-même, indifférent au liquide qu'il devait retenir dans ses flancs. Il fit donc de merveilleux hanaps en vermeil, de séduisantes channes en étain ou de vulgaires pots de fer, froids dans la main, brûlants dans la bouche. Les uns rutilaient à la lumière des candélabres, les autres demeuraient stupidement muets sur la table, mais aucun ne laissait apparaître les vertus physiques du vin, comme font ces femmes exagérément pudiques qui se mettent au lit tout habillées.

Dans les mêmes temps reculés, circulèrent des récipients de verre, taillés, gravés, sablés, décorés, colorés, hauts, bas, larges, étroits, hexagonaux, circulaires, avec ou sans pied, refermés sur eux-mêmes, béants sur le vide, ultra-raffinés à Murano, cent fois ciselés en Bohème, tous objets d'apparat bien faits pour orner une vitrine de salon ou de musée mais tout à fait impropres à étancher quelque soif. Ils présentaient l'appréciable avantage de montrer plus et de cacher moins sans toutefois révéler l'exacte personnalité du nectar en eux incarcéré.

L'amateur y a mis le temps, mais il a fini par percevoir les vertus du verre de cristal pur, fin, incolore, qui pousse l'élégance jusqu'à se rendre invisible, laissant toute la place à celui pour qui il a été conçu: Monseigneur le Vin. Depuis, le dialogue est devenu possible et… fructueux.

Haro donc sur ces œnophiles de théâtre qui s'obstinent à servir le Chablis dans des verres bleu cobalt, le Latour dans des récipients sans nom, fruits d'un récent héritage familial, aux tons verdâtres incertains. Ce sont les mêmes qui versent le champagne dans des dés à coudre et le Beaujolais dans des verres à Porto. Je passe sous silence les derniers barbares qui portent à table, aux soirs d'anniversaire, les gobelets agrémentés de canards en relief ramenés de la station-service voisine, en échange d'un carnet de timbres-primes.

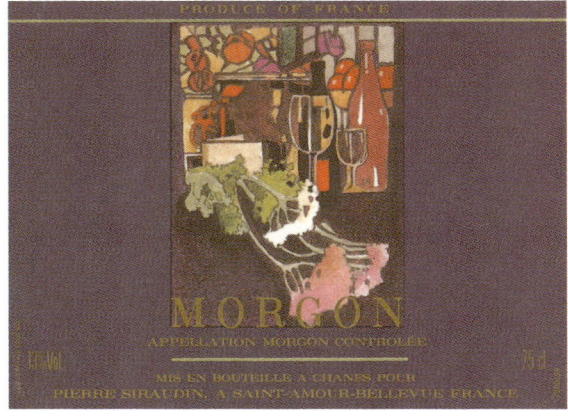

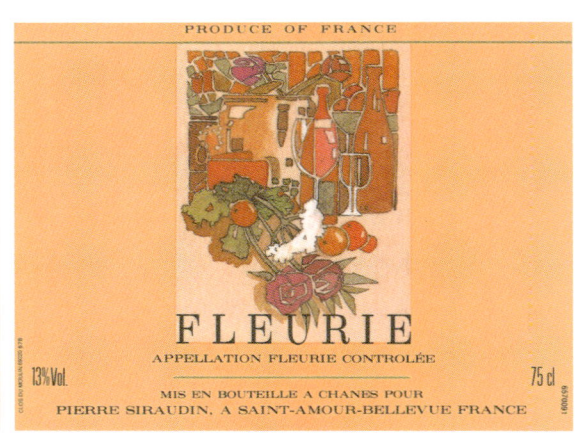

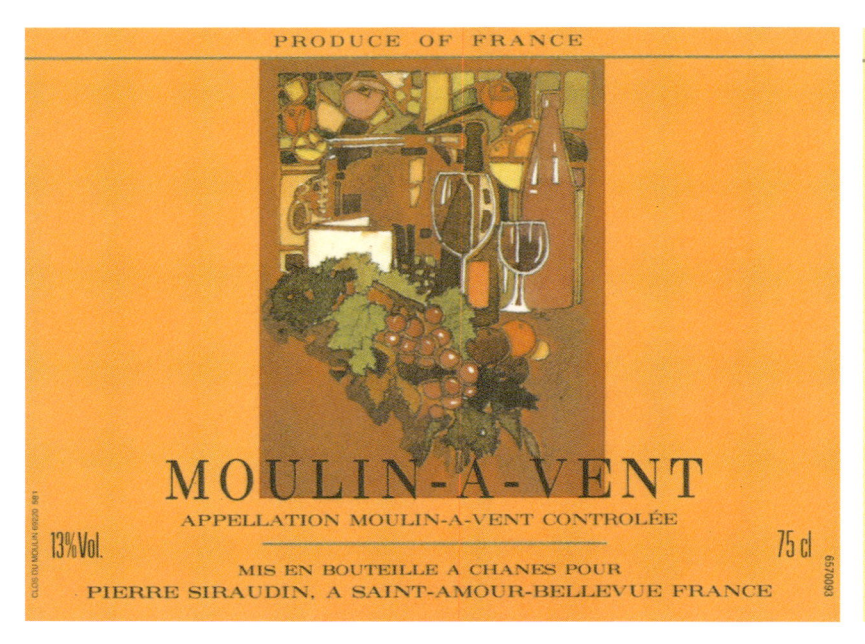

Variations sur un même thème (Création Clos du Moulin, à Belleville-sur-Saône)

Au hasard de quelques heureuses rencontres, il arrive ou il arriva au buveur de bonne volonté de se désaltérer grâce à un (ou une):

broc: «Messire Guillaume Chappedelaine, voyant que les brocs étaient vides, fit apporter du vin.» **Anatole France**

ballon: «Un ballon de blanc sec.» (**Monsieur Tout-le-Monde**)

channe: en Suisse, broc d'étain

chope: «Paris se retournait au bruit que faisaient là quatre-vingts ou cent bons garçons, en fumant des pipes, en vidant des chopes.» **Alphonse Daudet**

coupe: «C'était l'idée même de danser ainsi avec des coupes de champagne à portée de main qui était faite pour plaire à ma petite camarade.» **Jules Romains**

flûte: «De temps en temps un des couples s'arrêtait près de la cheminée pour lamper une flûte de vin mousseux.» **Maupassant**

gobelet: «Sur ces mots, frère Ange vida le gobelet.» **Anatole France**

hanap: «J'aime mieux voir les Turcs en campagne
Que de voir nos vins de Champagne
Profanés par des Allemands:
Ces gens ont des hanaps trop grands;
Notre nectar veut d'autres verres.»
La Fontaine

*Page de droite
(…) c'est agréable!*

EST! EST!! EST!!!
di Montefiascone
DENOMINAZIONE DI ORIGINE CONTROLLATA

MARTINVS

PRODOTTO E IMBOTTIGLIATO ALL'ORIGINE DA
CANTINA DI MONTEFIASCONE
SOC. COOP. a r.l. - MONTEFIASCONE - ITALIA
750 ml ℮   ITALIA   11,5% vol.

Hallauer Beerli
KLETTGAU   SCHAFFHAUSEN

Martel AG St. Gallen

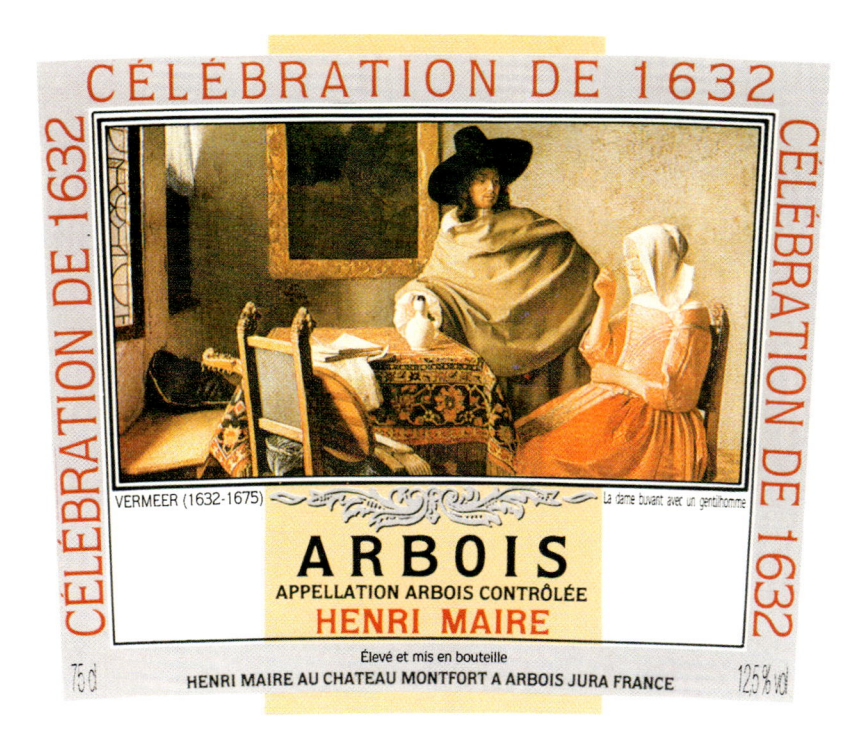

CÉLÉBRATION DE 1632

VERMEER (1632-1675)   La dame buvant avec un gentilhomme

ARBOIS
APPELLATION ARBOIS CONTRÔLÉE
HENRI MAIRE

Élevé et mis en bouteille
HENRI MAIRE AU CHATEAU MONTFORT A ARBOIS JURA FRANCE
75 cl   12,5 % vol

FRAIRIE

| DORIN GRAND VIN DE LAVAUX | SELECTION DE LA CAVE VEVEY-MONTREUX |

LE BOUTILLIER
APPELLATION CÔTES-DU-RHÔNE CONTRÔLÉE

SÉLECTIONNÉ PAR BUESS SA VINS FINS SISSACH

PINOT NOIR
DE SALQUENEN

Johannes Trunk

Johanniterkellerei
KUONEN + GRICHTING   SALGESCH VS

pichet: «Le verre tendu, si le cafetier relevait trop tôt le pichet à bec, je savais commander «bord à bord».» Colette

pinte: «Donnez-moi une pinte de Guinness, je vous prie.» Michel Butor

pot: «On ne se sépare pas comme ça! s'exclame Marcel Kuhn. On va boire un pot.» G. Duhamel

verre: «… lançant sur la table le beau verre à patte qui se fracasse en mille morceaux.» Flaubert

Qu'il répète alors, avec ses heureux compagnons de table, ces strophes du poète Lucien Machy:

«Tendez vos verres, vos pichets,
Du vin nouveau coule, approchez,
Plus rouge et plus chaud que deux lèvres.
Approchez tandis qu'il est temps,
C'est du soleil qui luit dedans:
Le soleil de nos jeunes fièvres.

Il serait tard, trop tard demain!
Si les roses n'ont qu'un matin,
Le vin n'est doux qu'une heure à peine.
Buvons-le donc dès maintenant,
Buvons, buvons nos gais vingt ans,
Buvons si notre tasse est pleine.»

Une odeur de sainteté
«Saint Vincent clair et beau
Met du vin au tonneau.»

Les hommes, et les vignerons en particulier, savent ce qu'il y a lieu de penser des dictons météorologiques, aussi près de la vérité que la pomme de l'arbre dont elle est tombée. Ceux qui s'inspirent de saint Vincent sont légion; ils ne manquent donc pas de se contredire et mieux vaut les considérer l'œil goguenard et le sourire en coin.

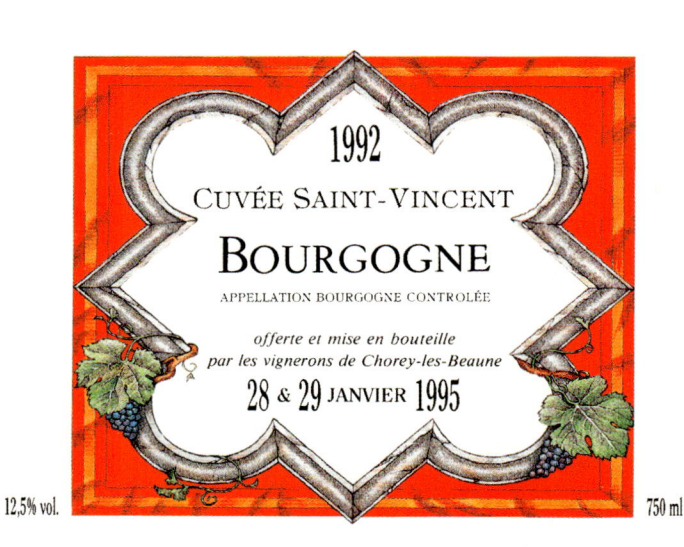

Les traditions ne naissent que parce qu'un jour les hommes en ont décidé. Sans la vigoureuse impulsion donnée par la Confrérie des Chevaliers du Tastevin, en 1938, la «saint Vincent tournante» n'aurait sans doute jamais fait parler d'elle et le souvenir de ce diacre martyr, décédé le 22 janvier de l'an 204 à Saragosse, se serait vraissemblablement dissous dans les brumes de la Bourgogne, à tout jamais.

Au lieu de cela, saint Vincent se porte aujourd'hui le mieux du monde, en tous cas dans la mémoire des vignerons et dans les traditions qu'ils ont fait vivre, non seulement entre Chablis et Mâconnais, mais sur l'ensemble des terres à vin. Quant à savoir pourquoi, l'affaire est autrement délicate. Les étymologistes les plus sages - les moins aventureux aussi - se contentent d'en trouver la raison dans les trois premières lettres qui composent son nom. Après tout, pourquoi pas ? Exacte ou erronée, l'explication n'empêchera plus jamais les cortèges de sillonner les ruelles des villages vinicoles, d'un clocher à l'autre et d'une année à la suivante. Quant à nous, poètes puisqu'œnographiles, nous prêtons l'oreille aux sages propos de notre confrère Pierre Dupont et nous les applaudissons de grand cœur:

Pourquoi nos vignerons pur sang
Ont-ils pour patron, pour compère,
Le glorieux martyr Vincent ?
La raison en est toute claire:

C'est qu'avant d'être ce beau vin
Que dans les verres on voit luire,
Il a fallu que le raisin
Du pressoir subit le martyre.

La Nature

Le Roi Soleil
«O Soleil! Toi sans qui les choses
Ne seraient que ce qu'elles sont.»
Edmond Rostand, Chanteclerc

Le soleil ne brille-t-il que sur la Suisse ? On serait tenté de le penser. Rares, en effet, sont les étiquettes d'autres provenances qu'éclairent ses rayons bienfaisants.

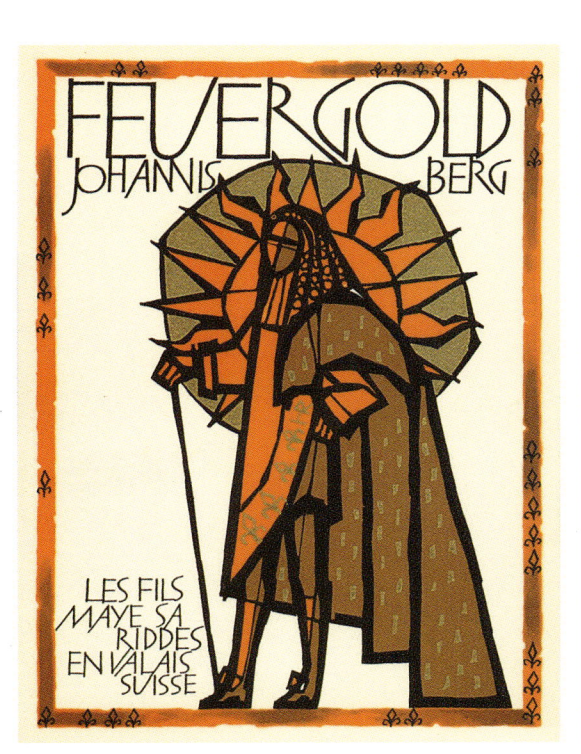

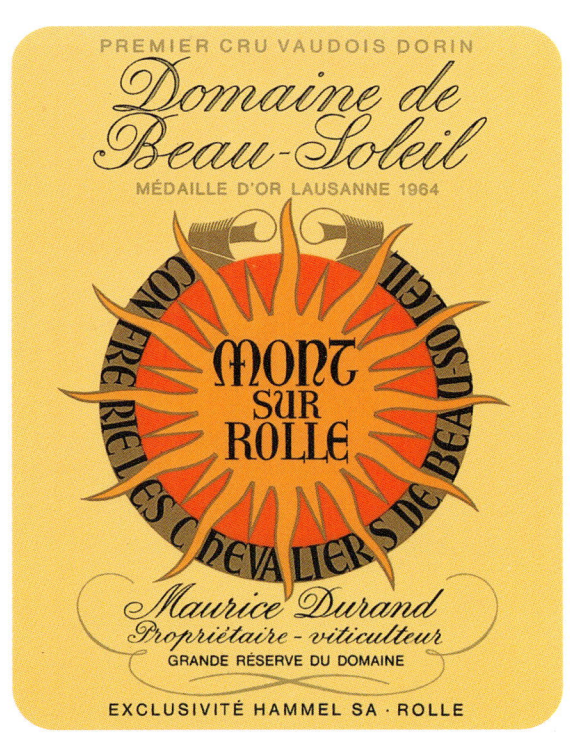

Ceux du sud, de la Provence, du Languedoc, du Roussillon, d'Afrique ou de Californie sont-ils à ce point habitués à sa présence qu'ils ont fini par ne plus l'apercevoir ? Ont-ils oublié tout ce qu'ils lui doivent, ignorent-ils que là-bas, plus au nord, du côté des plats pays aux brumes éternelles, le raisin fait défaut parce que le soleil fait généralement de même? Hâtons-nous donc vers l'Helvétie, au creux de ces vallées immenses où flamboient le Sunnehalder, le Soleil de Sierre, le Beau-Soleil, le Goldene Sonne, le Feuergold. Nous en ramènerons des étiquettes de lumière qui réchaufferont avantageusement les pages de nos albums grelottants. Et prenons patience: un moment viendra où, Phébus arrêtant son char dans l'atelier des imprimeurs-créateurs, reprendra sur la bouteille la place qui lui revient d'autorité. Car on n'en parle pas assez, c'est certain. On fait mine d'oublier les ensoleillements salutaires de mai et de juin, déterminants pour la floraison de la vigne. On passe sous silence ce que les meilleurs millésimes doivent aux ensoleillements généreux de février à novembre. Il est vrai que rien n'est simple dans le vignoble et qu'il faut se méfier des excès: excès de pluies, excès de sécheresse. C'est de l'équilibre entre toutes les conditions météorologiques que naissent les vins parfaits.

L'œnographile ne s'encombre que rarement de philosophie agricole. Ce qu'il veut, c'est du soleil, ardent, brasillant, glorieux, qui fulgure de tous ses ors sur l'étiquette jusqu'à devenir entre les pages de ses albums ce qu'il est dans la réalité: l'astre central d'un système, brillant foyer de sa collection.

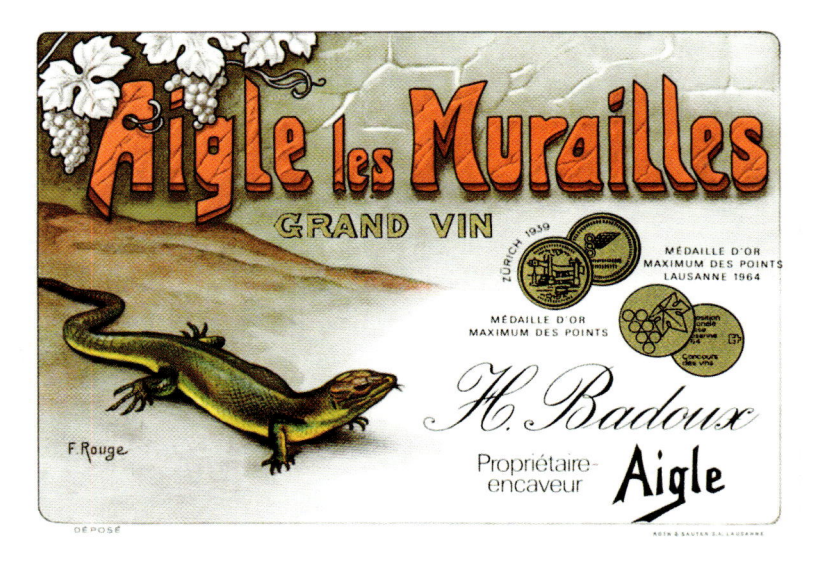

L'amateur connaît bien l'«Aigle les Murailles» de Henri Badoux, producteur vaudois, et sa célèbre étiquette au lézard. À l'opposé sur la bouteille, la contre-étiquette conclut: «Le lézard se sèche la langue. C'est le plus subtil dégustateur de soleil. Fermant les yeux pour mieux savourer la chaleur, qui lui donne des frissons de plaisir, il s'enivre de lumière sur la pierre chaude de la muraille. Et proclame, dans un battement de sa gorge dorée, que le vin d'ici c'est du soleil liquide mis en réserve pour le bonheur des hommes.»

Dites-le avec des fleurs
«Versons ces roses près de ce vin,
Près de ce vin, versons ces roses.
Et buvons à l'autre, afin
Qu'au cœur nos tristesses encloses
Prennent en buvant quelque fin.»
Pierre de Ronsard

Qui ne se souvient de la série des fleurs des prés et des champs réalisée dans les années 70 par Pierre Albuisson, jadis Meilleur Ouvrier de France, dont la défunte imprimerie Marchand, de Thoissey, avait fait sa tête d'affiche. Reprise, puis considérablement développée par Claude Clévenot, au Clos du Moulin, à Belleville, elle figure toujours en tête des plus belles collections d'étiquettes établies sur le thème de la nature et l'on ne saurait citer de meilleur archétype du

CHARDONNAY
VIN DE PAYS D'OC

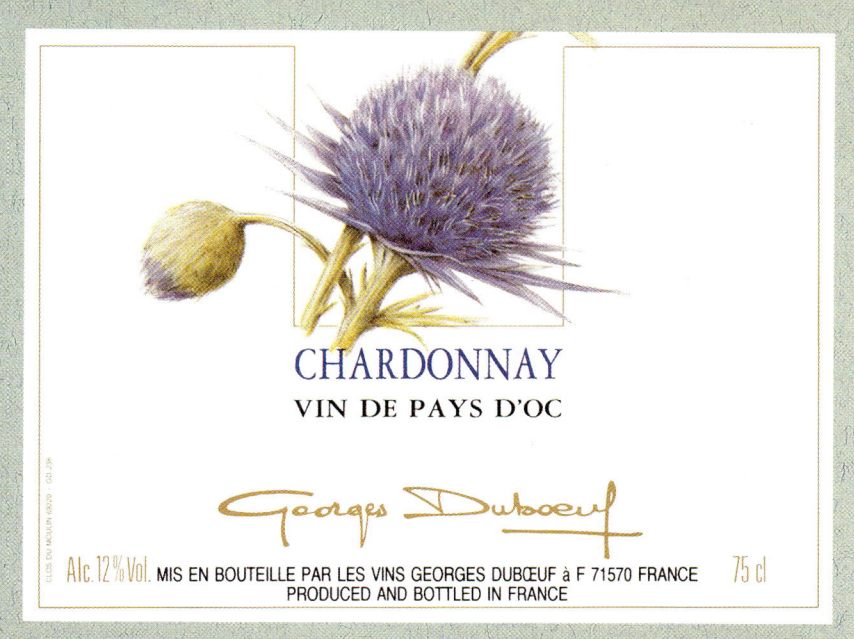

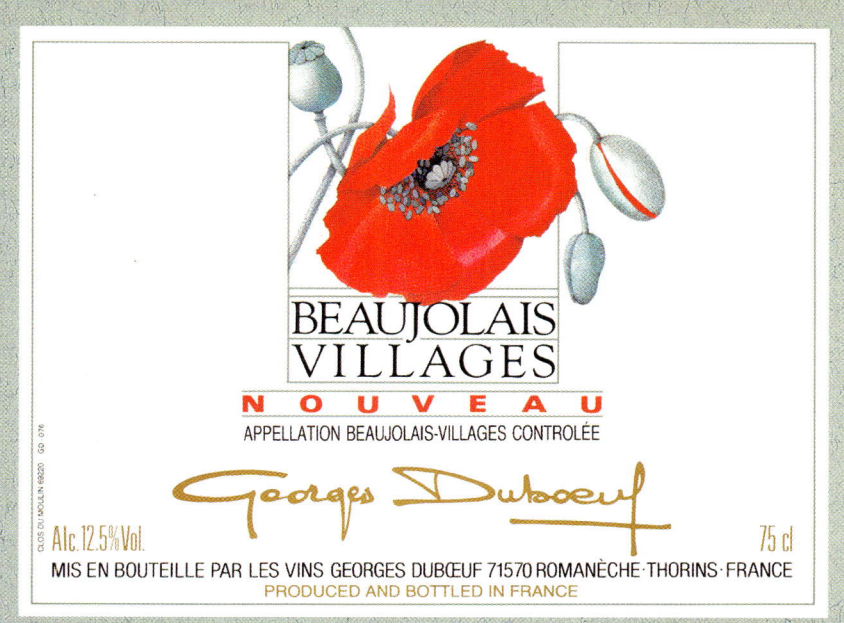

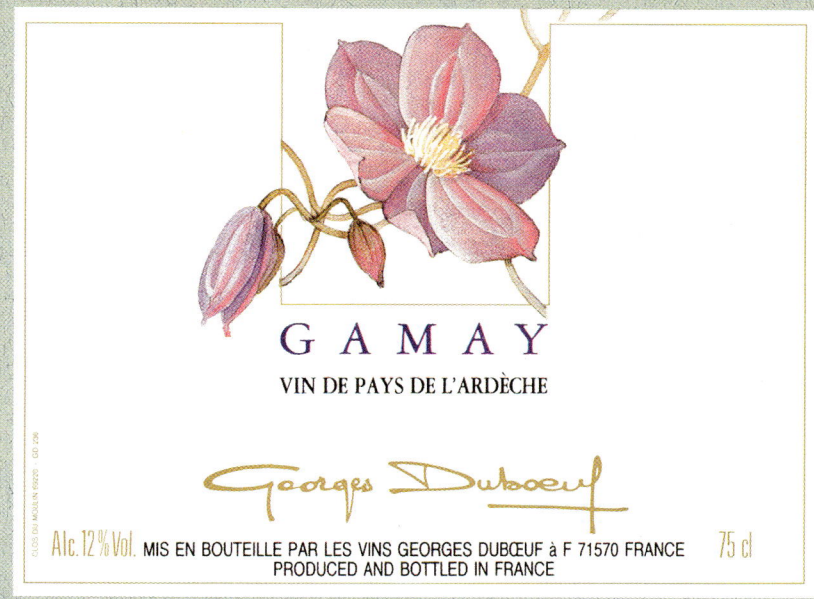

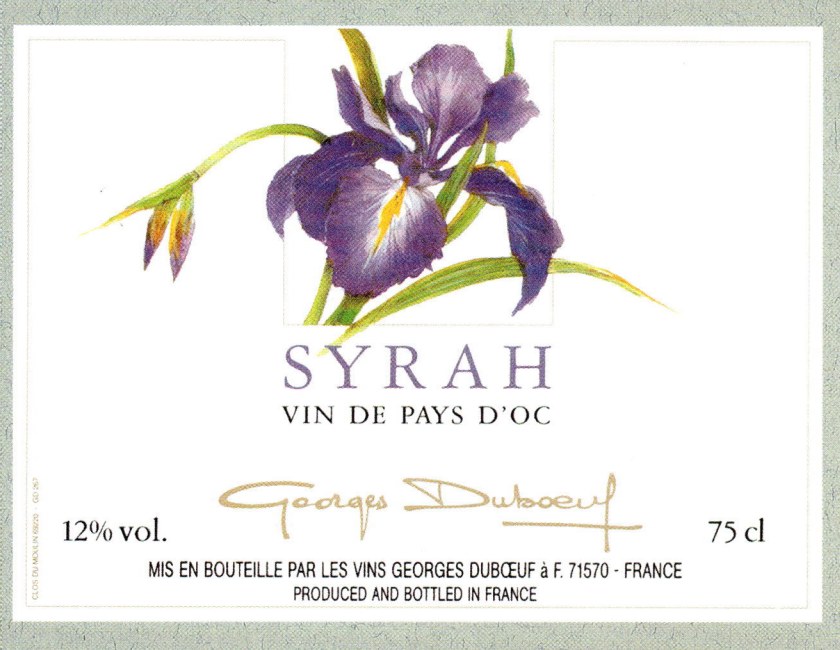

Georges Duboeuf

Alc. 12% Vol. MIS EN BOUTEILLE PAR LES VINS GEORGES DUBŒUF à F 71570 FRANCE — 75 cl
PRODUCED AND BOTTLED IN FRANCE

SYRAH
VIN DE PAYS D'OC

Georges Duboeuf

Alc. 12% Vol. MIS EN BOUTEILLE PAR LES VINS GEORGES DUBŒUF à F 71570 FRANCE — 75 cl
PRODUCED AND BOTTLED IN FRANCE

BEAUJOLAIS VILLAGES
NOUVEAU
APPELLATION BEAUJOLAIS-VILLAGES CONTROLÉE

Georges Duboeuf

Alc. 12.5% Vol. — 75 cl
MIS EN BOUTEILLE PAR LES VINS GEORGES DUBŒUF 71570 ROMANÈCHE-THORINS·FRANCE
PRODUCED AND BOTTLED IN FRANCE

GAMAY
VIN DE PAYS DE L'ARDÈCHE

Georges Duboeuf

Alc. 12% Vol. MIS EN BOUTEILLE PAR LES VINS GEORGES DUBŒUF à F 71570 FRANCE — 75 cl
PRODUCED AND BOTTLED IN FRANCE

SYRAH
VIN DE PAYS D'OC

Georges Duboeuf

12% vol. — 75 cl
MIS EN BOUTEILLE PAR LES VINS GEORGES DUBŒUF à F. 71570 - FRANCE
PRODUCED AND BOTTLED IN FRANCE

Georges Duboeuf

MUSCAT DE BEAUMES DE VENISE
APPELLATION MUSCAT DE BEAUMES DE VENISE CONTROLÉE
VIN DOUX NATUREL

MIS EN BOUTEILLES PAR
LES VINS GEORGES DUBŒUF
71570 ROMANÈCHE-THORINS - FRANCE
Alc. 15% Vol. — 75 cl
PRODUCED AND BOTTLED IN FRANCE

genre que celles réalisées - depuis toujours ? - pour le compte de Georges Duboeuf, indétrônable Roi du Beaujolais. Les nuances en sont d'une exceptionnelle délicatesse, le dessin d'un rigoureux classicisme doublé d'une précision de botaniste.

L'herbier réalisé à partir de ces chefs-d'œuvre de papier a sa place toute réservée dans les rayons d'une bibliothèque d'ouvrages d'art et ce serait pure chicanerie grognonne que de reprocher à cette imagerie de choix de s'éloigner trop de ce qu'elle prétend annoncer, le vin. Qui doute un instant de l'impact de l'«effet Clévenot» qu'elles déclenchent aussitôt aperçues n'a qu'à parcourir les rayons spécialisés, chez Marks and Spencer, Baker Street, à Londres, pour s'en persuader sans réserve. Quant à l'argument «c'est l'étiquette qu'on achète», il ne tient pas longtemps devant cet autre, péremptoire, «c'est le vin que l'on boit».

À tire d'aile

«Disparaisse l'homme, disparaisse l'homme aboli par ses sottises, et les fêtes du renouveau ne seront pas moins solennelles, célébrées par la fanfare du merle.»

J.-H. Fabre, Souvenirs entomologiques

Pépiant, gazouillant, sifflant, jasant, roucoulant, coqueriquant de tous leurs becs, ils nous arrivent essentiellement de Suisse et de France en une joyeuse migration anachronique, assez nombreux pour emplir de leurs couleurs et de leurs chants un vaste album-volière, fleuron des collections de l'œnographile.

Certaines séries, déjà «anciennes», ont acquis la célébrité. Un jour viendra où Louis Tête, producteur à Saint-Didier-sur-Beaujeu, aura épuisé l'alpha et l'oméga de la gent ailée de nos campagnes, du «chloris chloris» au rouge-queue (phoenicurus-phoenicurus), du geai (garrolus glaudarius) au bouvreuil pivoine (pyrrhula- pyrrhula) en passant par le rouge-gorge (erithacus-rubecula), tous harmonieusement complétés par les Belles Grives de Georges Duboeuf, de Romanèche-Thorins, et les fauvettes de David et Foillard, à Saint-Georges-de-Reneins.

D'Helvétie nous parvient le cri du chouca, du merle, du bruant, de la caille, du faisan et même du paon. Le thème, cette fois, gagne en somptuosité, dans la grande tradition de prestige de l'imprimerie suisse. L'œnographile exulte, encouragé par la découverte de l'étiquette très recherchée au coq souffleur de cor, symbole de l'«azienda agricola» Pighin, de Risano, en Italie.

Par le miracle de l'étiquette de vin, voici la tenderie réhabilitée. Mais une tenderie sans filet, sans piège, sans frayeur, sans agonie. Sans commerce illicite d'espèces en voie de disparition. Sans taxidermiste s'évertuant à sauvegarder les couleurs des poètes siffleurs assassinés. L'œnographilie ne nous a pas livré sa dernière vertu.

Un regard perçant

Il a une vue perçante, le bec crochu, le torse emplumé jusqu'aux doigts, les serres puissantes. Royal, il peut atteindre trois mètres d'envergure. Impérial, il se distingue par sa nuque d'un blanc sale. Criard, il a un plumage foncé avec des taches plus claires. Il bâtit son aire dans des endroits inaccessibles. Il trompette. Il glatit. Il est le roi des animaux, l'oiseau de Jupiter. La Fontaine en parle à loisir, estimant que :

«Les uns ont la grandeur et la force en partage.

Le faucon est léger, l'aigle plein de courage.»

Hugo, aussi, aime à vanter ses qualités :

«L'aigle, c'est le génie : oiseau de la tempête

Qui des monts les plus hauts cherche le plus haut faîte.» Odes et ballades

«L'aigle ouvrit son œil fauve où l'âpre éclair palpite.» Légende des siècles

FIN BEC

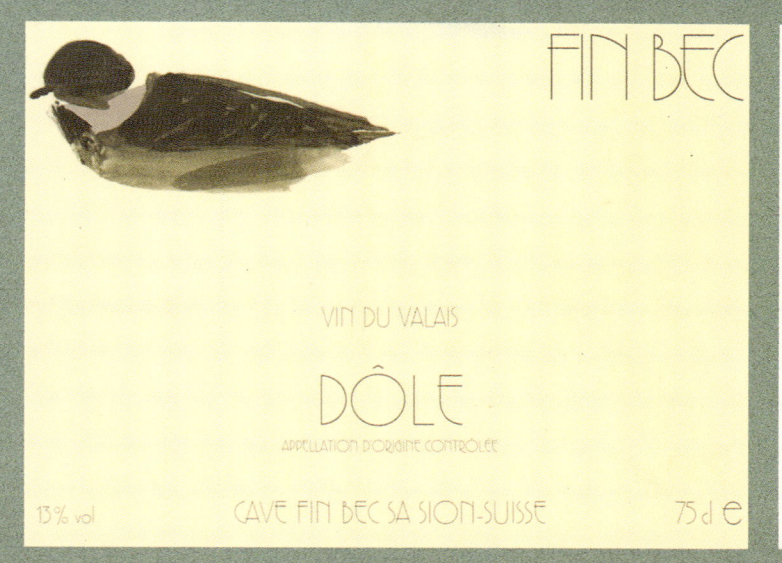

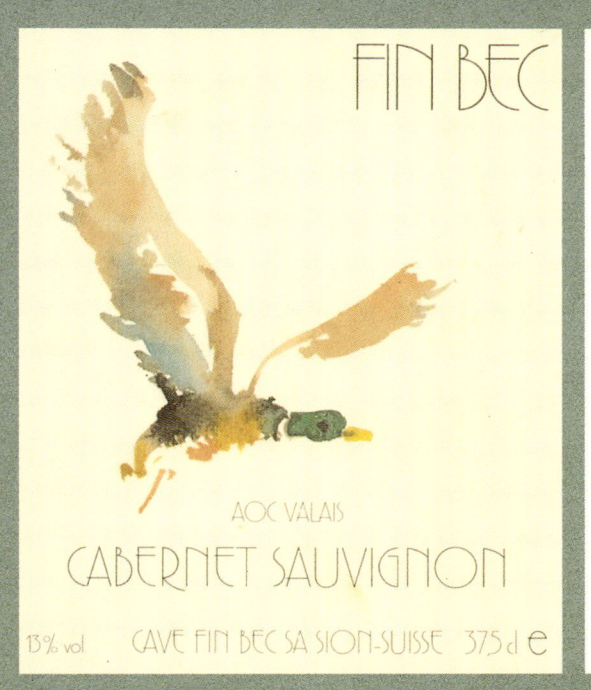

VIN DU VALAIS

DÔLE
APPELLATION D'ORIGINE CONTRÔLÉE

13% vol   CAVE FIN BEC SA SION-SUISSE   75 d e

PRODUIT DE FRANCE

Moulin-à-Vent

APPELLATION MOULIN-À-VENT CONTRÔLÉE

12,5% vol   Sélectionné et mis en bouteille par   75 cl
S.A. GUYOT - Négociant-Éleveur à Taluyers (Rhône) France
création imp. gougenheim lyon

PRODUCE OF FRANCE

ROUGE QUEUE M et F - Phœnicurus Phœnicurus

SAINT-AMOUR
APPELLATION SAINT-AMOUR CONTROLÉE

Mis en bouteilles par *Louis Tête* St-Didier-s-Beaujeu 69 FRANCE   75 cl

---

PRODUCE OF FRANCE

Mis en bouteilles par *Louis Tête* SAINT-DIDIER-SUR-BEAUJEU 69 FRANCE

ROUGE-GORGE - ERITHACUS RUBECULA

BROUILLY
APPELLATION BROUILLY CONTROLÉE

13% Vol.   75 cl

FIN BEC

AOC VALAIS

CABERNET SAUVIGNON

13% vol   CAVE FIN BEC SA SION-SUISSE   37,5 cl e

APPELLATION D'ORIGINE CONTROLÉE

VALAIS

FIN BEC "MER"
MARQUE DÉPOSÉE

12% vol   CAVE FIN BEC SA SION-SUISSE   75 cl e

1992

Le Bruant

CHARDONNAY

APPELLATION GENÈVE
D'ORIGINE

MIS EN BOUTEILLE PAR
LA CAVE DE GENÈVE

75 cl e

AIGLE ROUGE
MARQUE DEPOSÉE

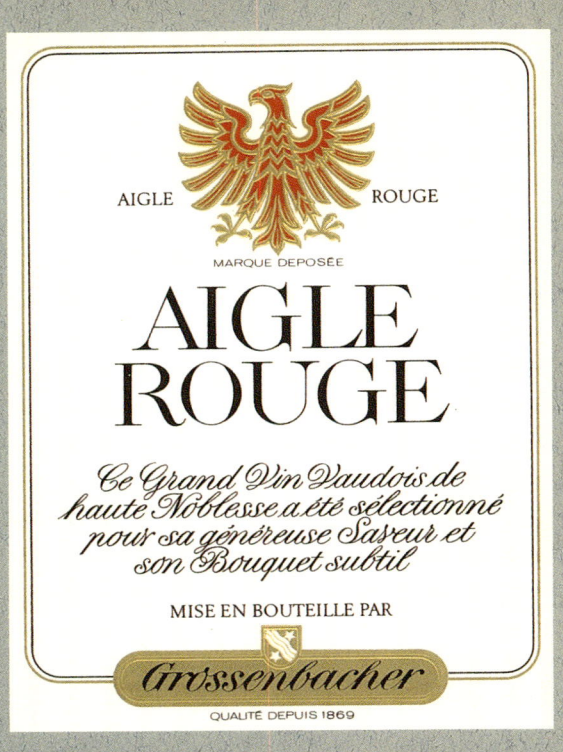

AIGLE ROUGE

Ce Grand Vin Vaudois de haute Noblesse a été sélectionné pour sa généreuse Saveur et son Bouquet subtil

MISE EN BOUTEILLE PAR

Grossenbacher

QUALITÉ DEPUIS 1869

Grand Champagne NAPOLEON
VERTUS FRANCE

Champagne
BRUT

INTERNATIONAL PRESTIGE CLUB

ÉLABORÉ PAR
CH. & A. PRIEUR
VERTUS - FRANCE

JUNGKENN

Produce of Germany — **RHEINHESSEN** — German Bottling

1977 Niersteiner gutes Domtal

Bottled by: Ernst Jungkenn, Weingut, Oppenheim am Rhein
Qualitätswein b. A. - A. P. Nr. 4 907 256 67 78
e 0,7 L   Imported by: J. R. Parkington & Co. Ltd., London W1Y ODX

Warenzeichen gesetzlich geschützt

SANG BARBARE
Dôle du Valais

HENRY BETRISEY & FILS
PROPR.-ENCAVEUR ST. LÉONARD

MATHIEU CARLIER

CÔTES DU RHÔNE

Appellation Côtes-du-Rhône Contrôlée

Mis en bouteille dans la région de production   75 cl

POUR MATHIEU CARLIER F 84190

MATHIEU CARLIER

CROZES HERMITAGE

Appellation Crozes Hermitage Contrôlée

Mis en bouteille dans la région de production   75 cl

POUR MATHIEU CARLIER F 84190

Il est, par antonomase, Napoléon Iᵉʳ, empereur des Français, mis en vers par… Victor Hugo :
«Le grand aigle tombant de l'empire céleste,
Sème sa trace au loin de son plumage épars.» Odes et ballades

Emblématique, il est noir en Prusse, blanc en Pologne. À l'église, il se métamorphose en pupitre. Reproduit au revers d'une pièce d'or, il vaut dix dollars, aux États-Unis.
De certains individus au regard perçant, on dit qu'ils ont des yeux d'aigle. Esprit supérieur, Voltaire s'exclame : «J'ai parlé comme un moineau qui ne doit pas juger les aigles de son pays.»
De Meaux, l'aigle Bossuet faisait frémir les protestants, opposants du roi Louis.
Il change de nom comme d'habitat : «circaète» dans les régions de centre ou de sud de la France, «gypaète» dans les hautes montagnes, «uraète» en Australie, «spizaète», je ne sais plus où.
Il est un familier de l'étiquette à la surface de laquelle, et en dépit de ses encombrants attributs, le graphiste-créateur réussit ce miracle de l'inscrire tout entier. À une ou deux têtes, il y occupe toute la place, à la grande satisfaction des producteurs de Germanie auxquels il apporte puissance et protection.

Cherchez la petite bête

«Je suis l'insecte aimé du poète et des Dieux.»
Jean Aicard, Poèmes de Provence

Point n'est besoin d'épuisette pour les capturer ni de pointes d'acier pour les épingler dans une vitrine mortuaire. Ils se laissent docilement détacher de la bouteille au flanc de laquelle le producteur avait cru pouvoir les fixer à jamais. C'était compter sans l'éclectisme de l'œnographile qui trouve dans la collection d'insectes une nouvelle raison de se mettre en chasse et de jouer les entomologistes en chambre. Selon son tempérament, il s'identifie à Fabre, rêvant déjà de nouveaux «Souvenirs» ou à La Fontaine dont il ambitionne de prolonger la liste de ses Fables. Lui qui raffolait des grillons mais non de leur chants stridents et obsédants, le voilà comblé. Il tourne avec précaution les pages de ses albums silencieux - il ne faudrait pas qu'ils s'envolent ! - tout en sirotant, à la santé de Mathieu Carlier, le Crozes Hermitage, le Côtes du Rhône ou le Vacqueyras, dispensateurs des plus belles félicités.

Quelle étiquette pour quel mets ?

Attendu que : tous les goûts, même les plus pervers, sont dans la nature humaine ;
Attendu que : rien n'est plus malencontreusement contraignant qu'une règle, imaginée par quelques-uns à l'usage de tous les autres ;
Attendu que : le nombre de vins élaborés dans le monde tend vers l'infini ;
Attendu que : d'un millésime à l'autre, un même vin a autant de chances d'évoluer vers le pire que vers le meilleur ;
Attendu que : le (bon) goût d'un vin sera toujours fonction de son origine et de son état de maturité ;
Attendu que : les mets les plus classiques sont mijotés d'autant de manières différentes qu'il y a de différents chefs aux fourneaux ;
Attendu que : il ne faut jamais confondre dîner présidentiel et partie de campagne ;
Attendu que : le vin «idéal» n'est pas de ce monde ;
Attendu que : l'un sacrifie tout au mets, l'autre au vin ;
Attendu que : certains sous-doués de la table confondent aisément, à l'aveugle ou non, coca et Latricières-Chambertin ;
Attendu que : bons amis se traitent autrement que repris de justice ;
Attendu que : un excellent fromage peut assassiner un vin qui l'est aussi ;

pour tous ces motifs, et bien d'autres encore, je décrète que rien n'est aussi vain que vouloir célébrer à tout prix et en toutes circonstances les noces du manger et du boire et que rien n'est aussi proche du ridicule que ces interminables nomenclatures qui prétendent se substituer à notre palais et organiser les accordailles forcées de ce qui nous entre en bouche.

Fi donc de ces assemblages arbitraires et saugrenus:
- cheesecake et Coteaux-du-Layon, couscous et Madiran, gigot à l'ail et Tempranillo, chou farci et pinotage d'Afrique du sud, bœuf Stroganoff et Melnik de Bulgarie, saucisson et Lambrusco…
- légumes crus et Bardolino, vinaigrette et Torrontès, pâté de gibier et Garrafeira… Ne serait-ce que parce que la plus belle des caves ne peut offrir que ce qu'elle a et que c'est nous gâcher l'appétit que malmener à ce point notre conscience.

Rien n'est-il donc vrai ni vraisemblable en ce bas monde gastronomique?
Que si. Pour le savoir, fions-nous à l'étiquette des vins blancs. Elles nous renseignent à merveille, par l'image, sur la nature du compagnon de table qu'attend le contenu de la bouteille: brochet, gardon, écrevisse, anguille, barbue, turbot, sole, merlan, langouste, homard… L'artiste, aussi, a son mot à dire.

Femmes, que vous êtes jolies
*«Qui n'aime point le vin, les femmes ni le chant,
restera un sot toute sa vie durant.»*
attribué à **Martin Luther**

Mais quelle est donc la réaction des féministes, des deux sexes, qui découvrent la femme ainsi représentée en tant que telle sur l'étiquette? Le Femme, thème de collection. Au même titre que les Vendanges, les Fleurs des champs, les Oiseaux des campagnes, les Militaires, les Voiliers, le Sport, la Chasse ou les Saints du paradis. La Femme-Femme, aux jupes haut relevées, le verre à la main, la grappe à la bouche, de préférence en galante compagnie. Couples alanguis dans l'herbe des prés, sous la menace directe de quelque cupidon perfide. Vins sans grand retentissement, aux noms «évocateurs»: Trinquamour, Saint-Amour, Folamour, Brindamour, Rosamour, Feu d'Amour, Cuisse de Bergère… Étiquettes sans envergure, à oublier aussitôt aperçues, rassemblées davantage pour témoigner que pour ravir. Vénus soit louée, il y a les

1990
CUVÉE PINOT BLANC
ÖSTERREICHISCHER SEKT
KLOSTERSEKT

Bordeaux
APPELLATION BORDEAUX CONTROLÉE
MIS EN BOUTEILLE PAR MÄHLER-BESSE, NÉGOCIANTS A BORDEAUX - FRANCE
PRODUCT OF FRANCE
11,8 % vol.
750 ml
MÄHLER BESSE & C°

PRODUCT OF FRANCE
SAINT EMILION
APPELLATION SAINT-ÉMILION CONTROLÉE
MIS EN BOUTEILLE PAR
ALEXIS LICHINE & C°
ALEXIS LICHINE & C° - NÉGOCIANTS A BORDEAUX FRANCE

CHATEAU
D'AUROS
DUC NAIMES
CUVÉE DES GOLFEURS
1989
BORDEAUX BLANC SEC
1989
Appellation Bordeaux Contrôlée
11,5% Vol.
MIS EN BOUTEILLE AU CHATEAU
75 cl
PRODUCE OF FRANCE

COLLECTION PRIVÉE
1989
PAUILLAC
Appellation Pauillac Contrôlée
12 % vol.
75 cl
ÉLEVÉ ET MIS EN BOUTEILLE
DANS SES CHAIS PAR CORDIER A BORDEAUX (FRANCE)
POUR KRING VAN WIJNVRIENDEN
PRODUCE OF FRANCE

CUVÉE
MARIANNE
VIN DE TABLE DE FRANCE
MIS EN BOUTEILLE A "F" 84700 POUR
12% vol.
75 cl
S.A.R.L. LA GOULETTE A CODOLET - GARD - FRANCE

BORDEAUX
APPELLATION BORDEAUX CONTROLÉE
Cuvée Vive la France
750 ml
PRODUCT OF FRANCE
12 % Vol.
MIS EN BOUTEILLE PAR SODICRU - NÉGOCIANT A 33850 LEOGNAN

Product of France
LAJOLIE
CHARDONNAY
Vin de Pays d'Oc
Mis en bouteille par R. TOURNIER négociant-éleveur à 21700 FRANCE
Imported by : SAINT GEORGES, BEVERLY HILLS, California
Alc. 11,5% by Vol. - 750 ML - Contains Sulfites - French Table Wine

autres, réussies, fort belles même et qui permettent de parler, sans rougir, d'hommage ardent à l'éternel féminin. Caressantes à l'œil, elles sortent un instant la femme du méchant ghetto où le créateur-concepteur l'avait isolée, malgré lui, malgré elle. Grâce à ses chères étiquettes, l'œnographile se façonne son jardin secret où nulle pensée autre que la sienne n'a accès. Barbe-Bleue pacifique, il met les favorites de ses songes intimes sous le cello de ses albums. Elles n'y prennent aucune ride, éternelles de cette éternité sans faille, plus belles même à mesure que passent les modes, à jamais muettes. Sophocle aurait-il raison: «Le silence donne aux femmes de la considération». Allons: chassez le phallocrate, il revient au galop…

Le vin fripon

Curiosa: un mot ambigu, bien connu des bibliophiles qui savent parfaitement ce que cache ce latinisme pudibond. Dans les catalogues spécialisés, des pages brûlantes se rangent sous sa bannière, pour le plus grand bonheur des amateurs de littérature «amoureuse».

Enfer: ainsi désigne-t-on, dans les bibliothèques officielles, ce lieu clos, cadenassé à triple tour, où l'on incarcère les livres licencieux, généralement illustrés de façon corrélative et réservés à un public d'adultes «avertis». Ce que le bon peuple appelle, fort ingénûment, les «bouquins cochons». On découvre, dans ces étranges réserves rigoureusement surveillées, de surprenantes œuvres, signées de noms que l'on croyait généralement, et de bonne foi, au-dessus de tout soupçon…

L'étiquette a son «curiosa» et son «enfer». À la réflexion, elle ne pouvait s'y soustraire, tant est grande la tentation du styliste ou du photographe de se laisser aller à ce que stylistes et photographes ont fait de tous temps: représenter la femme dans l'appareil qui lui sied le mieux, pourvu que les formes s'y prêtent.

Voici donc venus les temps inéluctables des «gastrominettes», superbes créatures de rêve habillées d'un collier, négligemment allongées sur le sable fin de grèves imaginaires. Il y a loin de l'AOC de Savoie aux plages de la Méditerranée, mais quel Tartuffe aurait le front de se voiler la face ou de vouloir les rhabiller à coups de pinceaux? Le photographe qui les a saisies «en naturel» connaît à fond le chant des sirènes.

Dessinées par M. Gourdon, quelques Côtes-du-Rhône de J.M. Saut, à Codolet, ont de quoi tenir la comparaison. Difficile de ne pas s'y attarder. De «cuvée sexy» en «primeur passion», le rythme cardiaque prend de la vitesse. Ce sera bien autre chose lorsque surgiront sous ses prunelles clignotantes les nus d'Aslan, un peintre de la femme de réputation inter-continentale. La Goulette à Codolet (encore…) a trouvé là de bien persuasives ambassadrices. Chœur des outragés: quel rapport entre le vin et la femme? Étrange question, en vérité et qui ne mérite aucune réponse.

La vie quotidienne

Le plaisir d'être à table

«Est-il rien de plus agréable en ce bas monde que de s'asseoir, avec trois ou quatre vieux camarades, devant une table bien servie, dans l'antique salle à manger de nos pères; et là, de s'attacher gravement la serviette au menton, de plonger la cuiller dans une bonne soupe aux queues d'écrevisses, qui embaume, et de passer les assiettes en disant: «Goûtez-moi cela, mes amis, vous m'en donnerez des nouvelles.»

L'envie me démange d'ajouter à ces lignes apéritives extraites de «L'Ami Fritz» d'Erckmann-Chatrian: «…puis de détacher l'étiquette des vénérables bouteilles dégustées afin de les ranger avec un soin

75 cl
COTES-DU-RHONE
APPELLATION CÔTES-DU-RHÔNE CONTRÔLÉE
cuvée sexy
SPECIAL
PUB
ALEXANDER
Mis en bouteilles par J.-M. SAUT à CODOLET 30200 - Tél. 66.90.18.64
PRODUIT DE FRANCE

Cuvée des Gastrominettes
VIN DE SAVOIE
APPELLATION VIN DE SAVOIE CONTRÔLÉE
Apremont
11 % vol.
75 cl
Mis en bouteille par
Maison Philippe VIALLET - Négociant - 73190 APREMONT - Tél. 79 28 33 29

PRODUIT DE FRANCE
CÔTES DU RHÔNE
APPELLATION CÔTES DU RHÔNE CONTROLÉE
CUVÉE ÉROTIQUE®
1982
150 cl
mis en bouteille par S.A.R.L. LA GOULETTE A CODOLET - GARD - FRANCE

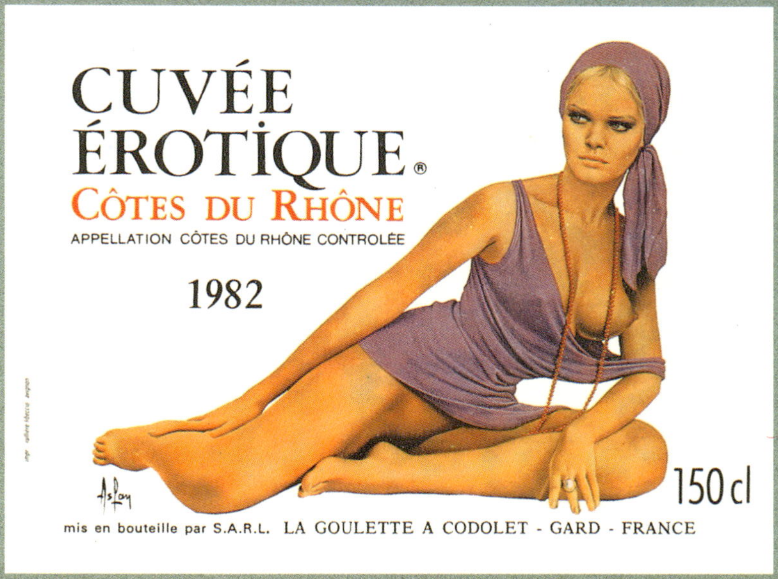
CUVÉE ÉROTIQUE®
CÔTES DU RHÔNE
APPELLATION CÔTES DU RHÔNE CONTROLÉE
1982
150 cl
mis en bouteille par S.A.R.L. LA GOULETTE A CODOLET - GARD - FRANCE

75 cl
COTES-DU-RHONE
APPELLATION CÔTES-DU-RHÔNE CONTRÔLÉE
12,5% vol.
PRIMEUR PASSION
Mis en bouteilles par J.-M. SAUT à CODOLET 30200 FRANCE -Tél. 66.90.18.64
Fax : 66.90.11.57
PRODUIT DE FRANCE

VIN D'ALSACE
APPELLATION ALSACE CONTROLEE
70 cl
CUVEE AMOUREUSE
BERNARD SCHWACH
Propriétaire-Viticulteur
Ribeauvillé (Haut-Rhin)
PRODUCE OF FRANCE
MIS EN BOUTEILLE A LA PROPRIETE

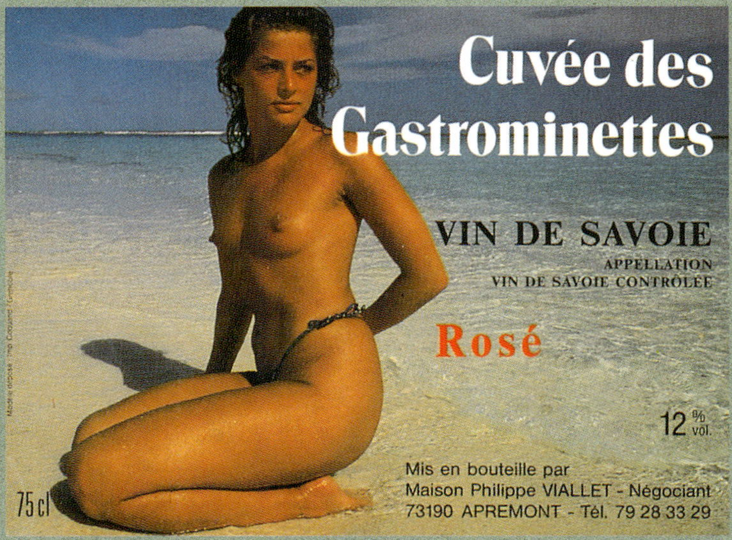
Cuvée des Gastrominettes
VIN DE SAVOIE
APPELLATION
VIN DE SAVOIE CONTRÔLÉE
Rosé
12 % vol.
Mis en bouteille par
Maison Philippe VIALLET - Négociant
73190 APREMONT - Tél. 79 28 33 29
75 cl

CÔTES DU RHÔNE
APPELLATION CÔTES DU RHÔNE CONTROLÉE
1982
CUVÉE ÉROTIQUE.
PRODUIT DE FRANCE
75 cl
mis en bouteille par S.A.R.L. LA GOULETTE A CODOLET - GARD - FRANCE

religieux dans la mémoire vivante et infaillible d'un album. Mieux qu'une photographie, rarement pourvue de charge symbolique, elle saura raviver à chaque contemplation les multiples émotions qui accompagnèrent le dépucelage des souverains flacons.»

Jamais à court d'esprit, Talleyrand définissait ainsi la richesse culinaire de la France: «l'Angleterre est un pays où l'on trouve trois sauces et trois cents religions; en France, on trouve trois religions et trois cent sauces.» Mais combien de restaurants?

L'étiquette à vocation gastronomique directe n'a pas été oubliée - comment le pouvait-elle? - par nos créateurs, éternels chasseurs d'idées-forces. La seule vue de la haute toque du maître-queux suffit déjà à faire saliver l'œnographile et celui qui ne l'est pas. À plus forte raison celle de «Cinq Chefs» précédés d'une batterie de cuisine, sinon cette autre d'une servante, elle-même appétissante en diable, porteuse d'un plateau garni pour deux.

Que nous voilà loin du premier de tous les banquets qu'ait connu l'humanité et qui fut, ainsi que chacun sait, composée d'une pomme servie par un serpent dans les bosquets de l'Eden. Que de chemin parcouru depuis! De l'âge de la pierre taillée, notre ancêtre est passé à celui de la pierre polie, à celui du bronze, du fer, de la porcelaine. Et s'il lui arrive encore de manger avec les doigts, c'est uniquement pour lécher les reliefs de l'une des trois cents sauces nationales. Entre-temps, il a inventé l'auberge et le cabaret, vieux comme le monde civilisé. Le restaurant, tel que nous le connaissons aujourd'hui, où l'on peut pénétrer librement pour se faire servir un repas à la demande, attendra quelque peu pour jaillir de son imagination. Il y aura d'abord les tables d'hôte, les traiteurs-rôtisseurs, qui s'en allaient par la ville porter à domicile des pièces entières ou servaient chez eux des repas commandés à l'avance. Qui voulait dîner en-dehors des heures de fonctionnement des tables d'hôte devait se satisfaire de la cuisine vulgaire des auberges, fréquentées par une clientèle douteuse, subissant le bruyant voisinage des buveurs. Dans le même temps, à la table des princes et des grands financiers, la gastronomie française connaissait des raffinements inégalés. Enfin, les premiers cabarets dits «élégants» vinrent et l'ordre se mit à régner autour des estomacs affamés.

Il est des étiquettes qui, décidément, inspirent davantage que d'autres.

Fouette, cocher!

La turbodiesel, la 4 X 4, la grande familiale, la 16 soupapes, la 8 cylindres en V, l'urbaine électronique, la Celica, la Scorpio, la Maxima QJ figurent rarement sur l'étiquette de vin. Comme si le film de notre mémoire collective s'était brutalement déchiré et arrêté sur des images d'époques révolues. Comme si l'on avait jeté sur les routes du vin tous les véhicules surannés remisés dans tous les musées de l'équipage du monde.

L'asphalte de papier appartient donc quasi tout entier au défilé silencieux de véhicules antédiluviens à traction chevaline qui eurent, à tout le moins, le bon goût d'être élégants et de porter de jolis noms: berline, break, cab, cabriolet, calèche, vis-à-vis, vinaigrette, victoria, coche, coucou, drag, fiacre, landau, mail-coach, milord, patache, sulky, tapecul, tilbury, tonneau…

Voyageur impénitent, le choix ne te manque pas. Prends les rênes au hasard de tes fantasmes et tu traverseras les villages tranquilles au petit trot, tu parcourras la campagne moins vite qu'une abeille, allant de château en château. Il te suffira de passer le grand pont de la Gironde pour te retrouver autre part, en d'autres temps. Mais prends garde, un avertissement t'est destiné, buriné dans la pierre du parapet:

De ce bourg, Montaigne fut maire,
Président y fut Montesquieu.
Signe-toi, passant débonnaire,
Avant d'aborder un tel lieu.

Chez nous, un bon ange t'adresse,
Si du moins tu sais tour à tour
Honorer les chais de l'ivresse,
Honorer les lits de l'amour.

Va ta route, œnographile, mais ne néglige pas la sagesse de ces mots rimés d'André Berry, chantre de la Garonne.

Toutes voiles dehors

À en croire l'étiquette, le vin ne remonte les fleuves, ne traverse les océans qu'à la seule voile. L'œnographile est le dernier à s'en étonner. Depuis qu'il l'explore, de thème en thème, il s'est définitivement familiarisé avec ces images obstinément tournées vers le passé.

Au moins a-t-il appris à distinguer le brick du cap-hornier, la caraque de la caravelle, le trois-mâts du cotre, le cutter de la gabare, la galiote de la galère, le long-courrier de la marie-salope et le schooner du morutier. Il connaît même l'existence du steamer, du ferry-boat, du transatlantique et du remorqueur. Et comme il a l'oreille fine, il entend, le soir tombant, les matelots entonner en chœur, la pinte à la main, les refrains d'une marine fantômatique qui serait toujours au service de Louis XV:

> *Quand la mer Rouge apparut,*
> *Aux yeux de Grégoire,*
> *Aussitôt ce buveur crut*
> *Qu'il n'avait qu'à boire.*
> *Mais mon voisin fut plus fin:*
> *Voyant que ce n'était pas vin,*
>
> *Il la pas, pas, pas,*
> *Il la sa, sa, sa,*
> *Il la pas, il la sa,*
> *Il la passa toute,*
> *Sans en boire une goutte.*

Mais tous les chantres du tonneau n'ont pas le pied marin. Sous le Louis précédent, ils braillaient, en bordure des quais:

> *Heureux celui qui chemine*
> *Sur la terre et non sur l'eau,*
> *Qui fait passer son vaisseau*
> *Par le vent de la cuisine.*

Ensemble, pour le refrain:

> *L'embarquement est divin*
> *Quand on vogue, vogue, vogue,*
> *L'embarquement est divin*
> *Quand on vogue sur le vin.*

> *Ne parlons que de la terre,*
> *Ne parlons plus de la mer;*
> *C'est un plaisir de voguer*
> *À la table avec un verre.*
>
> *Pour s'embarquer dessus l'onde,*
> *Faut être sans jugement:*
> *Qui va sur cet élément*
> *Peut bien dire adieu le monde…*

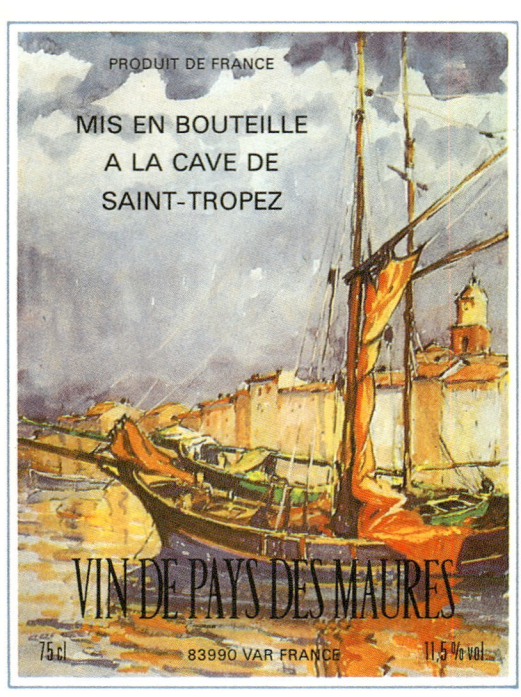

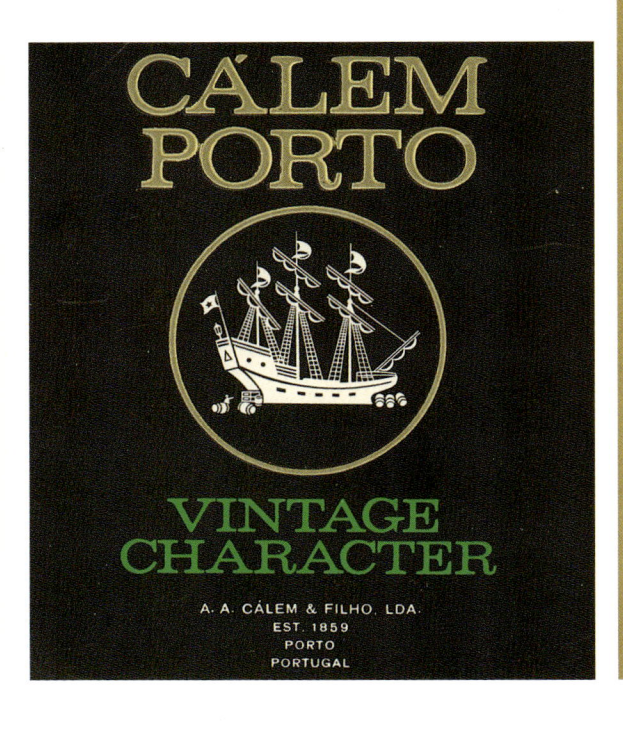

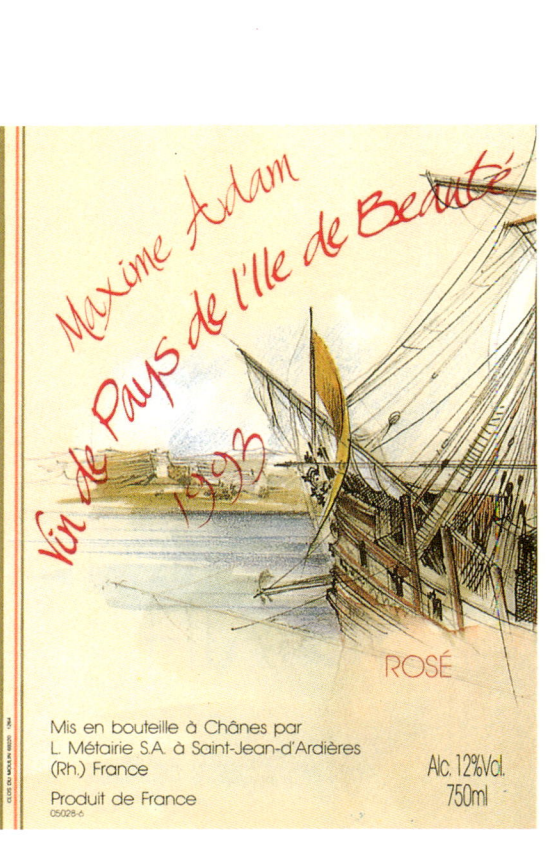

restaurant
Luc's
Brasserie
CLARET
APPELLATION BORDEAUX SUPERIEUR CONTROLEE
11,5% alc.vol.
Mis en bouteille à F 33270 pour G.& F, Négociants à Bordeaux
produce of France
75 cl.

Schweizerische Landesausstellung
ZÜRICH 1883.
HERRLIBERGER 1870
MICHEL & KUHN
Restaurateurs.

Hotel Victoria
J. Fourneau
PROPRIÉTAIRE
BIARRITZ

HOTEL DE L'OASIS
AMERICAN BAR
LONDON HOUSE
BOULD DE LA RÉPUBLIQUE.ALGER
SPARKLING
VIN MOUSSEUX
SAUMUR
CUVÉE RÉSERVÉE
3484

LENÔTRE
LE PRÉ-CATELAN
CUVÉE LENOTRE
VIN DE TABLE FRANÇAIS BLANC
PRODUIT DE FRANCE
12%Vol.
MIS EN BOUTEILLE PAR V.G.D. A 71570372 FRANCE
75 cl

RR
Corton Royal
RÉSERVE DE 1889
Importé par le Restaurant Royal
DE LA HAYE
CAPITAIN-GAGNEROT
à LADOIX-CORTON (Côte-d'Or)
DÉPOSÉ

Propriété privée

La tradition est ancienne. Au XIXe siècle, déjà, il n'était pas rare que des restaurateurs avertis songent à offrir à leur clientèle des vins «maison» qu'un producteur tout aussi bien inspiré leur réservait en exclusivité. À ne pas confondre avec les vins «du patron» d'à présent, à l'occasion fort honnêtes, mais dont l'origine plonge souvent dans l'insondable. Au prix où ils figurent à la carte, ils peuvent difficilement se réclamer d'un haut pedigree. Pour le reste, tout permet de supposer que le Corton Royal Réserve 1889 que Capitain-Gagnerot, viticulteur renommé à Ladoix, livrait au Restaurant Royal de La Haye, avait toutes les vertus de ses grands crus d'aujourd'hui. Autant pour le Herrliberger 1870 de Michel et Kuhn, restaurateurs à Zurich.

Pré-Catelan, Hôtel Intercontinental, Piazza Lorenzo, Ville de Nimègue, Hôtel Sofitel, Troisgros, Georges Blanc, Maxim's, Bocuse… la ritournelle des tables réputées assorties d'une étiquette personnalisée est sans limites. Sans préjudice de vignettes voyageuses qui finissent leur odyssée sur les rayons de Harrods, à Londres, ou dans les succursales de Courrèges, quelque part au Japon. Les jeux de l'étiquette se rient des frontières.

Que le meilleur gagne…

Tout le monde en convient: il y a loin du vin aux activités sportives et l'on serait tenté de hausser les épaules à la vue de cette iconographie du muscle envahissant à son tour l'étiquette. Ce serait oublier cependant que mousseux et champagnes furent de tous temps présents aux arrivées des grandes compétitions et qu'une victoire se fête par définition en épandages de bulles, qu'il s'agisse d'un «Dry» du «Grand Vin des Steeple-Chase», d'une «réserve» de championnat du monde de pétanque, d'une autre «des aérostiers». Au temps de leur splendeur sans faille, les «Girondins» n'eurent-ils pas leur «cuvée spéciale»? Le Paris-Dakar, sa cuvée AOC? Le Grand Prix Passing Shot, son Bordeaux particulier?

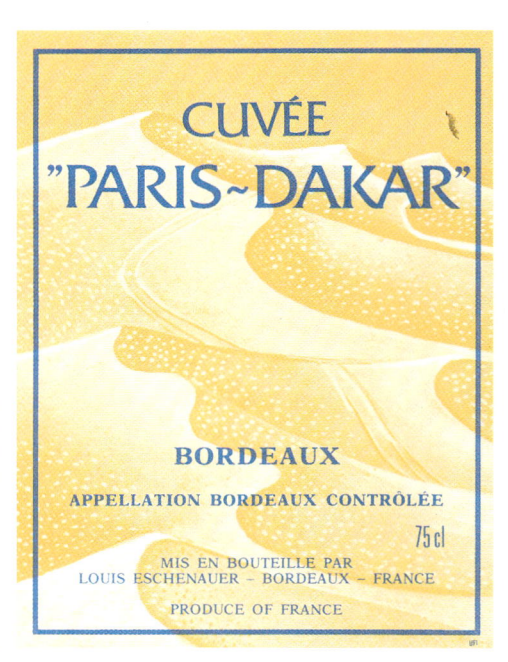

Jusqu'ici, rien que de bien naturel. Le vin engendre la joie, la célèbre et l'entretient tout à la fois, une triple fonction qu'il accomplit le mieux du monde du haut d'un podium. Moins évidente est la liaison Lenôtre-Clos du Moulin, une imprimerie-créatrice qu'aucune gageure n'arrête. Nous lui devons une série devenue classique en l'espace de quelques années à peine et très appréciée des fanas de la montgolfière, du golf, du sport équestre, du surf, du rugby, de la course automobile. Mais pourquoi diable cette dernière n'a-t-elle droit qu'à l'image d'un «bolide» préhistorique? Toujours cette même peur de marier vin, produit hautement respectable, et modernité. De l'audace, oui, mais au ralenti.

BROUILLY
APPELLATION BROUILLY CONTRÔLÉE

MIS EN BOUTEILLES PAR LES PRODUCTEURS RÉUNIS

MAISON DU VIGNERON
QUINCIÉ (RHONE) FRANCE
PRODUIT DE FRANCE

75 cl

JULIÉNAS
APPELLATION JULIÉNAS CONTRÔLÉE

MIS EN BOUTEILLES PAR LES PRODUCTEURS RÉUNIS

MAISON DU VIGNERON
QUINCIÉ (RHONE) FRANCE
PRODUIT DE FRANCE

e 750 ml

SAINT-VÉRAN
APPELLATION SAINT-VÉRAN CONTROLÉE

MIS EN BOUTEILLES PAR LES PRODUCTEURS RÉUNIS

ALC. 12,5% By Vol **CELLIER DES SAMSONS** e 750 ml
"LE PONT DES SAMSONS" QUINCIÉ-EN-BEAUJOLAIS (RHONE)
PRODUIT DE FRANCE
IMPORTÉ EN EXCLUSIVITÉ PAR IMPODRA

BOURGOGNE ALIGOTÉ
APPELLATION BOURGOGNE ALIGOTÉ CONTROLÉE

MIS EN BOUTEILLES PAR LES PRODUCTEURS RÉUNIS

MAISON DU VIGNERON
QUINCIÉ (RHONE) FRANCE
PRODUIT DE FRANCE

e 750 ml

CHIROUBLES
APPELLATION CHIROUBLES CONTRÔLÉE

MIS EN BOUTEILLES PAR LES PRODUCTEURS RÉUNIS

CELLIER DES SAMSONS "LE PONT DES SAMSONS"
QUINCIÉ (RHONE) FRANCE
PRODUIT DE FRANCE

75 cl

MORGON
APPELLATION MORGON CONTRÔLÉE

MIS EN BOUTEILLES PAR LES PRODUCTEURS RÉUNIS

MAISON DU VIGNERON
QUINCIÉ (RHONE) FRANCE
PRODUIT DE FRANCE

75 cl

À cordes ou à vent

« Il n'est point d'être si brut, si dur, si furieux, dont la musique ne change pour un moment la nature. L'homme qui n'a pas de musique en lui et qui n'est pas ému par le concert des sons harmonieux, est propre aux trahisons, aux stratagèmes, aux rapines. »

Shakespeare, Le Marchand de Venise

Sauf à se trouver intégrés dans une scène de fête, les instruments de musique inspirent mollement les artistes appelés à imaginer des étiquettes, pas plus que les producteurs, toujours clients potentiels de l'imprimeur-créateur. L'univers du vin ne serait-il pas mélomane? Ou faut-il chercher ailleurs la raison de cette bouderie? Par exemple dans le fait que le terrain tout entier fut occupé depuis les années 1980 déjà par la célèbre série du Cellier des Samsons, producteurs à Quincié-en-Beaujolais, et réalisée par l'incontournable imprimerie Clos du Moulin? Quelque quinze étiquettes au total, impeccablement mises en page, aux tons «bonbons anglais» de circonstance, et qui furent pour beaucoup dans le succès commercial des vins ainsi mis en valeur, au son de l'épinette, de la flûte de Pan, du hautbois, de la guitare, de la clarinette, de l'accordéon, du tambour et de la trompette, du violon et du métronome, du cor de chasse, de la harpe, de la viole, de la mandoline. La source est inépuisable, mais attention: à trop tirer sur la corde de la contrebasse, elle finit par casser...

La tradition

La garde-robe de l'étiquette

*«Légère et court vêtue, elle allait à grands pas,
Ayant mis ce jour-là, pour être plus agile,
Cotillon simple et souliers plats.»*

La Fontaine

L'étiquette est capable de tout, y compris de se reconvertir en musée des traditions populaires. Au chapitre du costume, elle excelle, étant admis, une fois pour toutes, que le futur ne la concerne pas et que seul un certain folklore vestimentaire ancestral mérite de figurer au répertoire. Ici, comme ailleurs, des classiques ont gardé leur prestige, talonnées cependant par de nouvelles venues de gala. Les costumes régionaux des Caves Mövenpick de Bursins, dans le Vaud, n'ont pas «vieilli». On les contemple, on les recherche avec toujours autant d'âpreté et de joie. Leur concurrence immédiate se nomme Tradition Valaisanne, deux remarquables séries de quatre étiquettes, l'une à fond blanc cerné d'or, l'autre à la fois naïve et réaliste, illustrée de personnages locaux en plan «américain». Toutes proviennent des Caves d'Orsat, à Martigny, et présentent les vins qui assurent le mieux la réputation du canton: Johannisberg, Dôle, Fendant, Goron.

Tout aussi somptueux, voici le couple de vendangeurs endimanchés de Henri Carron, à Fully. On le retrouve tantôt sur fond blanc, tantôt sur fond noir, au service des mêmes vins que ci-dessus, le Pinot Noir en sus. L'ensemble relève de la plus pure perfection graphique.
Au faîte des étiquettes costumières les plus réussies figurent désormais, à mérite égal, les Fils de Charles Favre, de Sion, toujours dans le Valais. Leur «Dame de Sion» et son pendant, la vendangeuse, brillent de tout leur éclat dans l'album de l'œnographile. Des exemples à suivre de toute urgence.

Je cite pour mémoire les «Vitis» mis en bouteille par la Cave de Genève, des vignettes de beaucoup d'élégance qui pèchent hélas par une trop grande discrétion de l'illustration. Et je garde pour la fin provisoire, l'inaltérable Dorin Sélection La Côte, de la Cave des Viticulteurs de Morges, une étiquette hors pair, manifestement appelée à faire carrière définitive.

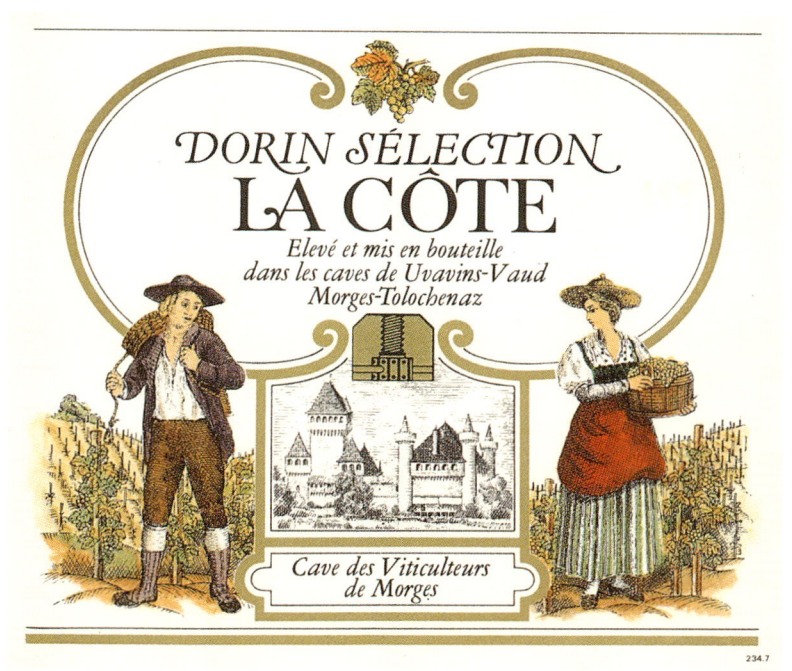

DORIN SÉLECTION LA CÔTE

Elevé et mis en bouteille
dans les caves de Uvavins-Vaud
Morges-Tolochenaz

Cave des Viticulteurs de Morges

GORON Vieille Roche

CAVE HENRI CARRON S/A
FULLY·VALAIS

Fendant de la Dame de Sion

APPELLATION D'ORIGINE CONTRÔLÉE

LES FILS DE CHARLES FAVRE S/A SION - VALAIS

Goron
TRADITION ★★★ VALAISANNE
CORNELIAZ

ORSAT MARTIGNY SUISSE

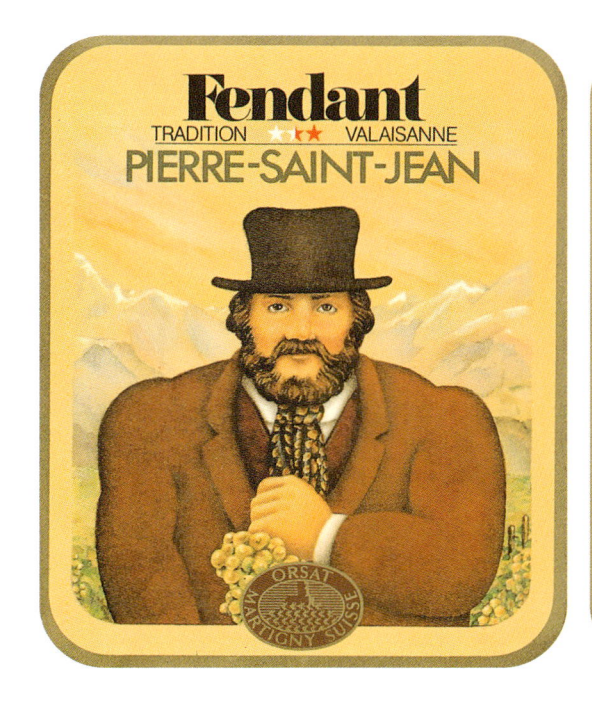

Fendant
TRADITION ★★★ VALAISANNE
PIERRE-SAINT-JEAN

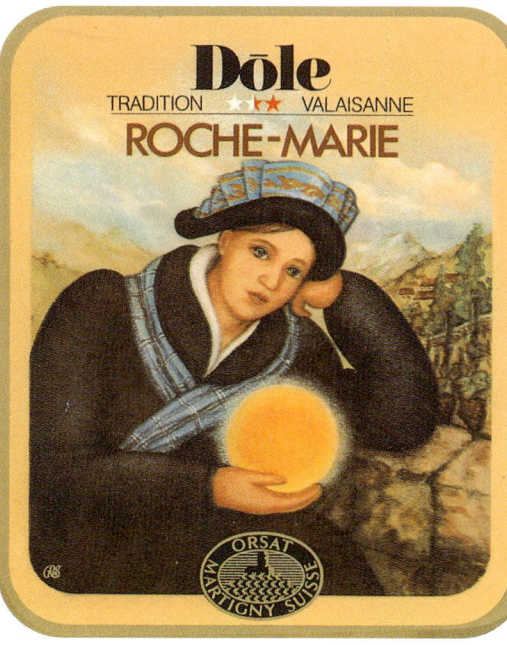

Dôle
TRADITION ★★★ VALAISANNE
ROCHE-MARIE

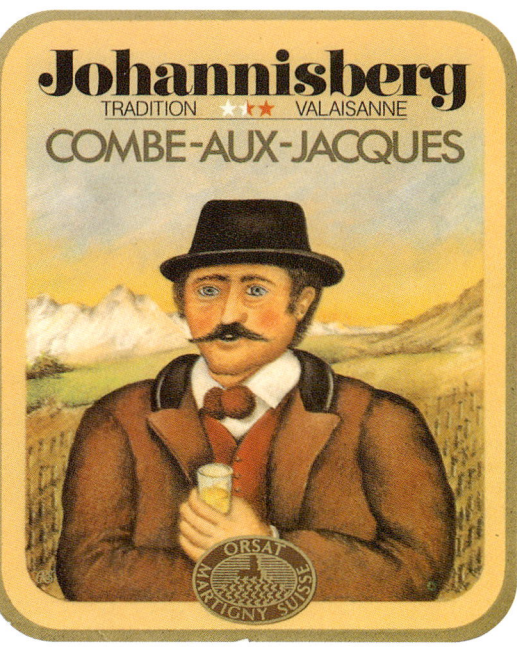

Johannisberg
TRADITION ★★★ VALAISANNE
COMBE-AUX-JACQUES

Le lecteur l'aura remarqué : seule la Suisse alimente ce survol de l'étiquette vestimentaire. C'est que seule la Suisse a cru devoir s'y consacrer d'aussi près. Chauvinisme ? Certes non. Amour sacré, respect inconditionnel du patrimoine national. À travers ces costumes chatoyants, c'est l'homme, c'est la femme que célèbre, une fois de plus, le vin d'Helvétie. Grâce lui en soit rendue.

Bonne chasse

«Si les femmes ne peuvent pas se tenir de pleurer, est-ce que les hommes sont maîtres de cet instinct qui les pousse vers la chasse, fils d'une terre giboyeuse où criaillent le soir les faisans qui se branchent, où rappellent les perdrix dans les chaumes, où les lapins par bandes sortent des bois à l'assaut des récoltes ?»

Maurice Genevoix, Raboliot

De tous les chasseurs acharnés qui peuplent la planète, l'œnographile est le plus tenace. Tôt levé, couché tard, il harcèle sans relâche son gibier : confrères en collectionnite, imprimeurs, créateurs, viticulteurs, négociants, propriétaires, amis, brocanteurs. Il n'est de bourse d'échange, de foire aux vieux papiers, de marché aux puces qu'il ne fréquente assidûment. Les longs déplacements ne le rebutent pas, non plus que les attentes interminables. Il sait qu'au bout de la traque, la récompense l'attend et que, toujours, quelques précieuses trouvailles viendront compléter son tableau de chasse.

L'œnographile ne rentre jamais bredouille : son opiniâtreté l'emporte à chaque fois sur les réticences rencontrées. Car son sport favori n'est pas une simple partie de plaisir. Il y faut de l'audace, du courage, de la santé. L'affût peut être long, le safari le conduire très loin de son point d'ancrage. Il n'est pas seul à vouloir débusquer l'animal rare. Un concurrent plus prompt, parfois lui rafle sous le nez la pièce convoitée. Il en est quitte pour trouver un second souffle et se remettre à l'ouvrage de plus belle.

L'œnographile est organisé : il a ses rabatteurs qui poussent le gibier vers lui, qui le renseignent, qui le secondent, au risque de se prendre à leur tour au jeu, finissant par garder par devers eux ce qu'ils ont eu tant de mal à dénicher. La famille, alors, s'agrandit. La fièvre monte. Quand l'œnographile rentre chez lui, la longue journée accomplie, il vide sa gibecière sur la table tandis que son cœur se met au galop. Le jeu en a valu la chandelle. Il ramène un Pommard Vaumuriens de derrière les fagots, étiquette de classe comme il les aime. Chasseroux, Grand-Veneur, Bien-Allé, la Suisse l'a gâté. Tiens, une très ancienne : Grand Vin des Chasseurs, Carte Blanche, en provenance de Saint-Hilaire Saint-Florent. Son âge ? Un problème à résoudre plus tard, en même temps que la datation de cet autre Grand Veneur, Bordeaux Mousseux de Th. Bellemer. Une merveille…

Toutes compléteront avec beaucoup de bonheur sa Cuvée Prestige de la Chasse, produite par les Maîtres Vignerons de Saint Tropez, une collection célébrissime mais tellement exaltante, tant par la qualité de l'illustration que par la charge émotionnelle de ses intitulés : Un Passage, La Sauvagine, Nuit de Hutte, La Passée, La Dame des Bois, l'Ouverture. Le Coup du Roi, Le Déboulé, L'Arrêt, La Billebaude, Le Coq Noir, Le Brame, La Battue, L'Approche, Le Caribou, La Pirsch, Le Garenne, L'Agachon…

L'œnographile, à présent, s'assoupit. Sa femme, attendrie, recueille à temps le verre de Côtes de Provence qui lui tombait des mains. Il rêve à d'autres lendemains de chasse, assortis d'autres trophées. Sa devise : toujours plus oultre.

En bas
*Le déjeuner de chasse,
Chromolithographie ancienne,
d'après Carle Vanloo*

À chacun sa religion

«Tous les dimanches, en sortant des vêpres, le digne homme allait lui faire sa cour ; et quand il était là-haut, assis au bon soleil, sa mule près de lui, ses cardinaux tout autour étendus au pied des souches, alors

BORDEAUX MOUSSEUX

Grand Veneur

Cuvée Réservée — TH. BELLEMER

GRAND VIN DES CHASSEURS

Carte Blanche

VIN MOUSSEUX — St Hilaire St Florent

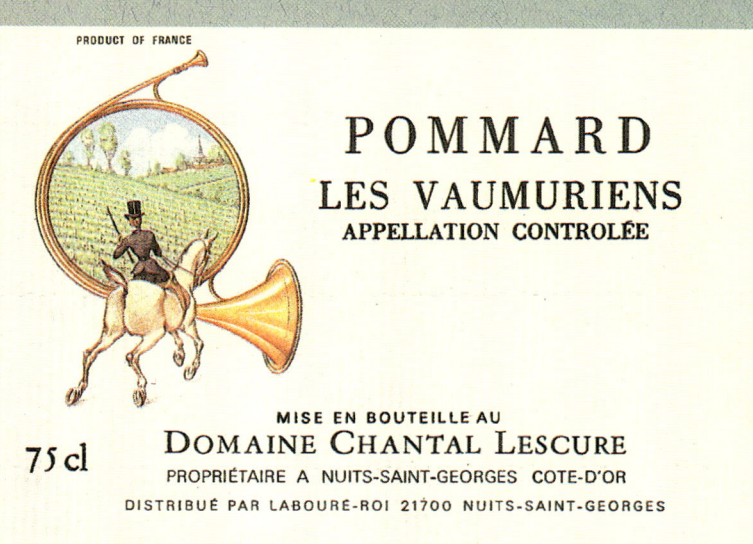

PRODUCT OF FRANCE

POMMARD

LES VAUMURIENS

APPELLATION CONTROLÉE

75 cl

MISE EN BOUTEILLE AU
Domaine Chantal Lescure
PROPRIÉTAIRE A NUITS-SAINT-GEORGES COTE-D'OR
DISTRIBUÉ PAR LABOURÉ-ROI 21700 NUITS-SAINT-GEORGES

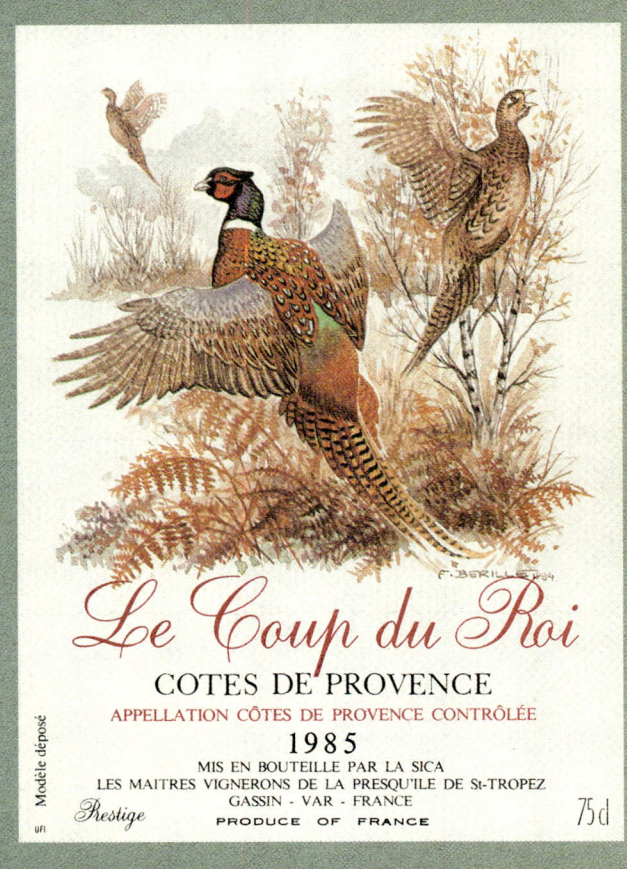

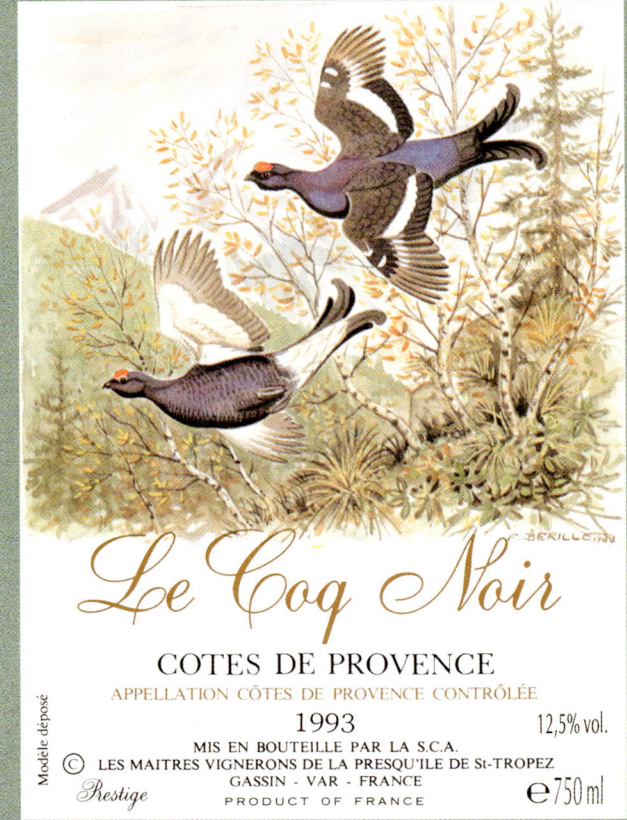

Le Coup du Roi
CÔTES DE PROVENCE
APPELLATION CÔTES DE PROVENCE CONTRÔLÉE
1985
MIS EN BOUTEILLE PAR LA SICA
LES MAITRES VIGNERONS DE LA PRESQU'ILE DE St-TROPEZ
GASSIN - VAR - FRANCE
Prestige — PRODUCE OF FRANCE — 75 cl

Le Coq Noir
CÔTES DE PROVENCE
APPELLATION CÔTES DE PROVENCE CONTRÔLÉE
1993 — 12,5% vol.
MIS EN BOUTEILLE PAR LA S.C.A.
LES MAITRES VIGNERONS DE LA PRESQU'ILE DE St-TROPEZ
GASSIN - VAR - FRANCE
Prestige — PRODUCT OF FRANCE — e 750 ml

---

la chênaie — gamay de peissy
élevé en fût de chêne
APPELLATION D'ORIGINE CONTRÔLÉE
Les Perrières
Bernard Rochaix
Vigneron-Encaveur
1242 PEISSY
1994

PINOT NOIR DE PEISSY
élevé en fût de chêne
APPELLATION D'ORIGINE CONTRÔLÉE
Les Perrières
Bernard Rochaix
Vigneron-Encaveur
1242 PEISSY
1994

PINOT GRIS DE PEISSY
APPELLATION D'ORIGINE CONTRÔLÉE
Vendange tardive
vin légèrement doux
Les Perrières
Bernard Rochaix
Vigneron-Encaveur
1242 PEISSY
1994

CHARDONNAY DE PEISSY
APPELLATION D'ORIGINE CONTRÔLÉE
Les Perrières
Bernard Rochaix
Vigneron-Encaveur
1242 PEISSY
1994

il faisait déboucher un flacon de vin du cru - ce beau vin, couleur de rubis qui s'est appelé depuis le Châteauneuf-des-Papes - et il le dégustait par petits coups, en regardant sa vigne d'un air attendri. »

A. Daudet, La Mule du Pape

Il faut rendre à Leurs Saintetés, aux Éminences, aux Monseigneurs ce qui leur appartient et ne pas craindre de conduire papes, évêques et prieurs vers l'étiquette, s'ils ont quelque raison de s'y trouver, d'autant qu'ils ne détestent pas cela et que les boissons fortes sont des denrées qui leur sont depuis toujours familières. La tradition est longue qui fait des gens d'église des champions du marketing vinicole. Que de moines propriétaires, que d'abbés viticulteurs, que de capucins œnophiles, que de cisterciens œnologues, que de convers ampélographes, que de trappistes manipulateurs, que de cordeliers encaveurs depuis l'invention du vin par Bacchus ! De l'habile Révérend Père Gaucher au génial bénédictin Dom Pérignon, les pieux mentors auxquels le divin nectar doit une large part de ses vertus ne se comptent plus. Et je laisse pour la banale anecdote la réputation de paillardise que certains ecclésiastiques se sont taillée, pas toujours malgré eux. On peut être contemplatif et ne pas dédaigner les bons fruits de la terre.

Au royaume du vin, chacun croit. À l'immensité de son univers créatif d'abord, qui va de sa simple beauté plastique à ses transmutations les plus mystiques, à ses effets euphorisants ensuite. Au demeurant, chacun y est soi-même créateur: vigneron, peintre, musicien, poète. Chacun croit en chacun. Jamais Foi ne fut aussi immense, jamais autant d'adorateurs ne se sont lancés, ensemble, dans un monothéisme à ce point planétaire. Le Vin, objet de toutes nos espérances. Voilà une déclaration de principe qui valait bien quelques somptueuses étiquettes. Elles existent. Demandez à l'œnographile de vous les montrer.

De bons Patrons

Ils protègent de la peste et du choléra, de la rage et de la diphtérie, de la carie dentaire et de la malaria, de la lèpre et de l'hystérie. Ils empêchent le gel, arrêtent la grêle, détournent la tempête. Ils déclenchent la pluie quand la terre desséchée se fissure et ramènent le soleil trop longtemps absent. Ils font que la récolte est bonne, le vin excellent, le marché prospère. Invisibles, ils parcourent le vignoble dont ils chassent le malin. Ils patronnent tous les métiers, toutes les corporations, toutes les gildes, toutes les confréries. Ils sont des deux sexes, le masculin l'emportant sur l'autre, ainsi qu'il se doit.

Sur l'étiquette, ils vont mitrés ou auréolés, la crosse ou le cep à la main, parfois les deux. Ils se nomment Joseph, Agnan, Luc, Guérin, Roch, Théodule, Saphorin, Mayol, Michel, Éloi, Catherine, Madeleine. Ils sont universellement célèbres ou connus de quelques-uns seulement. On les vénère, on les célèbre, on les fête. On les promène, on les fleurit, on les chante.

Du Paradis céleste où ils demeurent, ils contemplent les hommes du vin accomplir leur tâche quotidienne, se félicitant de leur zèle. En foi de quoi, ils poursuivent la leur qui est d'être de bons saints, attentifs, prévenants, généreux. Mais lequel d'entre eux a pris les œnographiles sous son aile protectrice ?

Guirlandes et flonflons

Certes, le vigneron n'a pas inventé la fête, mais il l'a singulièrement sacralisée. Sans doute son sang - où coule pas mal de vin - se souvient-il, à travers les innombrables générations qui l'ont précédé, des Bacchanales, des Saturnales, des Vulcanales, des orgies de la Rome ancienne et de leurs paroxysmes. Depuis, il a appris à dominer la bête: sa fête à lui est moins brutale. Elle répond à un impérieux besoin de fraternité. Elle est un moment-clé de la vie sociale. Elle ramène les hommes vers les hommes, les remettant régulièrement en contact les uns avec les

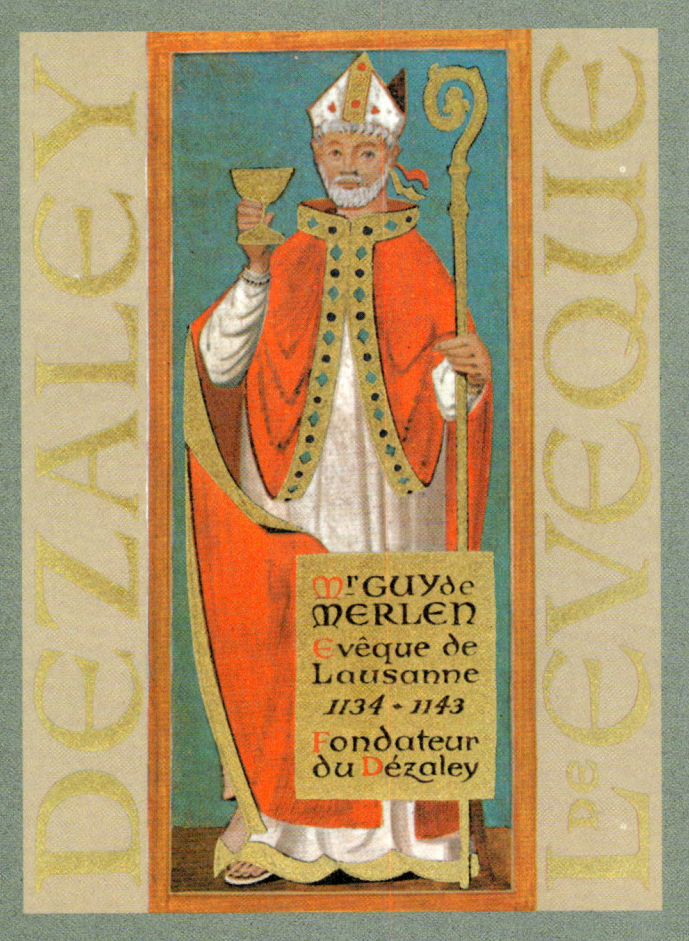

DEZALEY DE L'EVEQUE

Mr GUY de MERLEN
Evêque de Lausanne
1134 - 1143
Fondateur du Dézaley

Pourpre EMINENCE Salvagnin
Henri Badoux Propr. Encaveur Aigle

Cuvée Saint Luc
MEDOC
APPELLATION MEDOC CONTROLEE
LES VIEUX COLOMBIERS
1992
SOCIETE DE VINIFICATION DE PRIGNAC EN MEDOC GIRONDE FRANCE
MIS EN BOUTEILLE A LA PROPRIETE
PAR SV DE PRIGNAC MEDOC A U.M. GAILLAN MEDOC (GIRONDE) FRANCE
PRODUCE OF FRANCE
75cl 12%vol.

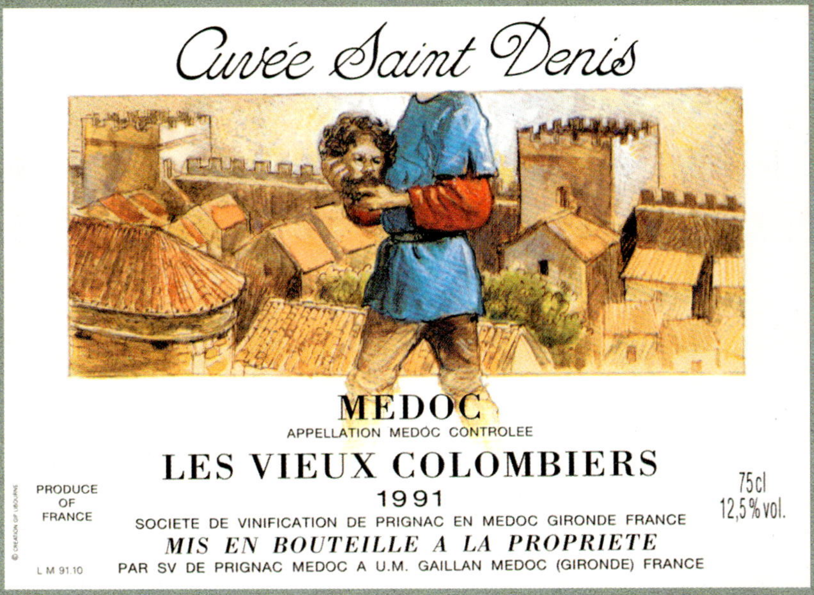

Cuvée Saint Denis
MEDOC
APPELLATION MEDOC CONTROLEE
LES VIEUX COLOMBIERS
1991
SOCIETE DE VINIFICATION DE PRIGNAC EN MEDOC GIRONDE FRANCE
MIS EN BOUTEILLE A LA PROPRIETE
PAR SV DE PRIGNAC MEDOC A U.M. GAILLAN MEDOC (GIRONDE) FRANCE
PRODUCE OF FRANCE
75cl 12,5%vol.

Cuvée Saint-Renaud
MEDOC
APPELLATION MEDOC CONTROLEE
LES VIEUX COLOMBIERS
1994
SOCIETE DE VINIFICATION DE PRIGNAC EN MEDOC GIRONDE FRANCE
MIS EN BOUTEILLE A LA PROPRIETE
PAR SV DE PRIGNAC MEDOC A U.M. GAILLAN MEDOC (GIRONDE) FRANCE
PRODUCE OF FRANCE
75cl 12%vol.

"L'Elixir du Père Gaucher"
1992
CÔTES de PROVENCE
APPELLATION CÔTES-DE-PROVENCE CONTROLEE
MIS EN BOUTEILLE PAR LA S.C.A. LES MAITRES VIGNERONS
DE LA PRESQU'ILE DE ST-TROPEZ - GASSIN - VAR - FRANCE
PRODUCT OF FRANCE
13%vol. 750ml

autres, après l'inévitable dispersion des activités journalières toujours recommencées. Elle enseigne à ceux qui y prennent part les vertus de l'unanimité retrouvée. Pendant quelques heures, quelques jours, l'unisson retrouve ses droits.

La fête, c'est un jour pas comme les autres. Étant l'affaire de tous, elle aide l'homme à se socialiser. Elle le divertit, elle rompt la monotonie de l'existence.

Il y a, bien entendu, les grandes fêtes de la nation, obligatoires: 14 juillet, 11 novembre, 8 mai, Fête de Jeanne d'Arc, de la Libération, des Mères, du Carnaval… Il y a les fêtes mondaines, réservées à quelques-uns: festin, garden-party, raoût. Il y a les fêtes populaires qui reviennent comme reviennent le saisons: kermesses, foires. Il y a les fêtes intimes, que l'on célèbre entre soi, habitants d'un même village: Fête du Blé, de la Moisson, des Roses, des Jonquilles, autant que les Fêtes Galantes. Verlaine les affectionnait:

« C'est la fête du blé, c'est la fête du pain…
Tout bruit, la nature et l'homme dans un bain
De lumière si blanc que les ombres sont roses. »

Il y a la fête du Raisin et du Vin, celle où le vin est à la fête. Il y a la fête des Vendanges où se vendangent les amitiés, les amourettes, les amours. Il y a la fête des œnographiles, grands rassembleurs d'étiquettes de fêtes, du Lyonnais et du pays de l'Aude, de Féchy et de Vully, de Vevey et de Zurich, d'Espagne ou d'Italie. Une fête pour les yeux…

L'Histoire

Happy Birthday

Le choix est vaste. Je prends donc au hasard, parmi les vins de circonstances d'abord: le Fendant; «Les Raccards» des Caves Orsat, une sélection réservée au «Fussball-Club» de Bâle; la Cuvée Claude Michelet en provenance des Côtes du Forez, mise en bouteille à l'occasion de la Fête du Livre de Saint-Etienne; la Cuvée Spéciale Château de Samonac, un Côtes de Bourg destiné à être bu au Congrès des Polices Municipales de France, à Andernos-les-Bains…

«Fanas» de 7e Art, on ne vous oublie pas: Bertrand a dessiné pour vous l'étiquette du Bordeaux embouteillé par Cordier à l'occasion du Festival du Cinéma francophone de Fort-de-France, en 1987; Vance (vous savez bien: Bruce Hawker, Blueberry, XIII, Bruno Brazil…) a laissé là, un instant, ses planches de BD, pour se charger de celle du Château Renaissance qui devait arroser le XIIIe Festival International du Film Fantastique de Bruxelles, en 1993…

Passons aux jubilés proprement dits: le cinquantième de l'Indépendance du Liban, un Château Kefraya fort joliment illustré; le cinquantième de la Brasserie La Chope, à Rennes, un Bordeaux AOC sélectionné par Borie-Manoux; le centième du «Reiter Club» (club équestre) de Bâle, un Neuchâtel de chez Buess; le cent-trentième du journal Le Progrès, un Beaujolais Nouveau, ainsi qu'il sied; le cent cinquantième de H.J. Hansen, d'Odense, au Danemark… Des broutilles. Ce qui suit est autrement solennel.

1886 - 1986: la statue de la Liberté qui garde l'entrée du port de New York a cent ans. Une aubaine pour l'œnographile qui voit affluer les étiquettes commémoratives bleu-blanc-rouge, des couleurs communes aux deux nations concernées. En Champagne, Leclerc Briant réussit une brillante opération: au jour anniversaire précis - 4 juillet 1986 -, il fait apposer sur chaque timbre-poste authentique qui décore ses étiquettes le cachet postal du «1er Jour». Mieux: l'étiquette de ses magnums se voit gratifiée de deux timbres-poste, américain et français, pourvus des cachets correspondants apposées l'un à New York, l'autre à Paris, tous deux datés

COTEAUX DU LYONNAIS
Appellation Coteaux du Lyonnais Contrôlée
Mis en bouteille par
L.M. à F 21700
Sélectionné par La Grande Cave
Négociant-Éleveur à Vougeot (Côte d'Or) France
37,5 cl
Product of France
12% vol.

L 104 891

KERMESSE
DES JEUNESSES CAMPAGNARDES
FOREL
27 JUILLET 1929
VIN DE FÊTE
R. GORJAT & CIE, FOURNISSEURS
DEP
Nº 356

VIN D'ALSACE
APPELLATION ALSACE CONTROLÉE
Gutedel
ZIEGLER
FRANCE
MIS EN BOUTEILLE PAR
100 cl
LES CHAIS RÉUNIS D'ALSACE S. I. C. A. A SIGOLSHEIM (HAUT-RHIN)

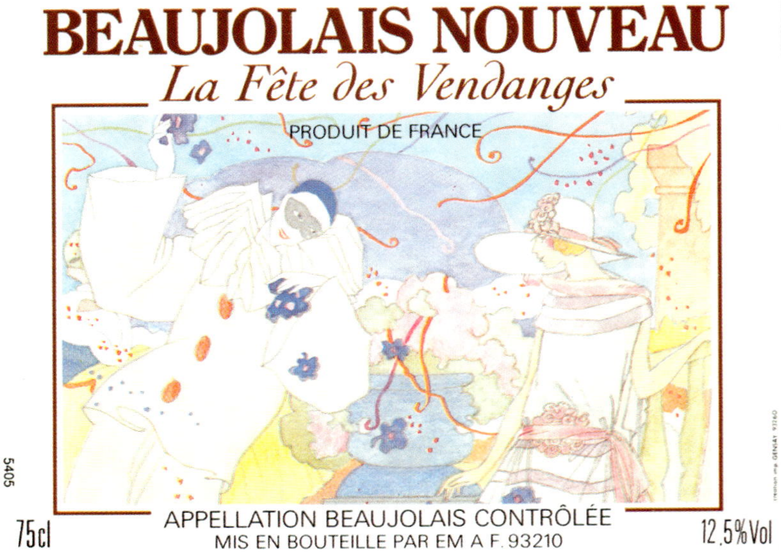
BEAUJOLAIS NOUVEAU
La Fête des Vendanges
PRODUIT DE FRANCE
5405
75cl
APPELLATION BEAUJOLAIS CONTRÔLÉE
MIS EN BOUTEILLE PAR EM A F. 93210
12,5%Vol

Zürcherisches Kantonal-Turnfest
in
ENGE
29 & 30 Juni 1890
FESTWEIN
RAFZER 1887
Fr. 1.

130ème Anniversaire du Progrès
BEAUJOLAIS
nouveau
Appellation Beaujolais Contrôlée
1989
150 cl e
12,5% Vol.
Mise en bouteille pour Le Progrès
par l'Union Interprofessionnelle des Vins du Beaujolais

CÔTES
DU
FOREZ
CUVEE
CLAUDE MICHELET
APPELLATION D'ORIGINE
VIN DELIMITE DE QUALITE SUPERIEURE
Mis en bouteille par les Vignerons
Foréziens - Trelins 42130
V.D.Q.S
IK 901
12%vol
e 75cl
FÊTE DU LIVRE
ST-ETIENNE
19.20.21
OCTOBRE 1990

L'ESTANDON
Bicentenaire de la Révolution
1789 - 1989
CÔTES DE PROVENCE
APPELLATION CÔTES DE PROVENCE CONTRÔLÉE
MIS EN BOUTEILLE PAR J. BAGNIS & FILS A CUERS (VAR / FRANCE)
750 ml PRODUIT DE FRANCE - PRODUCE OF FRANCE 12,5 % alc. / vol.

1789 Bicentenaire de la Révolution 1989
MÉDOC
APPELLATION MÉDOC CONTRÔLÉE
LES VIEUX COLOMBIERS
1989
PRODUCE
OF
FRANCE
SOCIÉTÉ DE VINIFICATION DE PRIGNAC EN MÉDOC GIRONDE FRANCE
MIS EN BOUTEILLE A LA PROPRIÉTÉ
PAR S.V. DE PRIGNAC MÉDOC A U.M. GAILLAN MÉDOC (GIRONDE) FRANCE
75 cl
12,5 % vol.

CÔTES DU FOREZ
ETE MUSICAL
MUSIQUES DE LA TERRE
LOIRE FOREZ
APPELLATION D'ORIGINE
VIN DELIMITE DE QUALITE
SUPERIEURE
V.D.Q.S
CUVÉE 95
IK 901
INFORMATIONS
RESERVATIONS
ADDIM LOIRE
Tél. 77 33 12 53
11,5% vol
e 75 cl.
France Telecom
Fondation
Télérama
DEPARTEMENT DE LA LOIRE

Leclerc Briant
BRUT
CHAMPAGNE
APPELLATION D'ORIGINE CONTROLEE
USA
FRANCE
1886
1986
Liberté
1886-1986
REPUBLIQUE FRANÇAISE
2,20
PARIS
PREMIER JOUR D'EMISSION
CUVÉE SPECIALE de la LIBERTÉ
FIRST DAY OF ISSUE
Liberty
1886-1986
Nº 00414
LIBERTY ISLAND
JUL 4 1986
NY/NJ 10004
FIRST
DAY
OF
ISSUE
USA 22
CUMIÈRES - 51200 - ÉPERNAY - FRANCE
PRODUCT OF FRANCE
1,5 l
ALC 12 % BY VOL

du même 4 juillet ! Un exploit, n'est-il pas ? Au passage, saluons la Cuvée de l'Armistice, une Sélection de Vieilles Vignes produite par Marcel Schlosser, viticulteur à Andlau, en Alsace.

Et le Débarquement ? Célébré à deux reprises, aux 40e et 50e anniversaires, celui-ci concomitant de celui de la Libération. Du bleu, du blanc, du rouge.

Je garde pour la bonne bouche l'Événement par excellence : le Bicentenaire de la Révolution qui déclencha, en 1989, une avalanche d'étiquettes telle, qu'elles suffisent depuis à être une collection à elles seules. Une imagerie (bleu-blanc-rouge…) d'une exceptionnelle richesse. Une débauche de sans-culottes, de preneurs de Bastilles, de proclamations des Droits de l'Homme et de Serments du Jeu de Paume. Leur recensement méritera, un jour, un catalogue exhaustif. Mais l'entreprise est-elle réalisable ?

Chapeau bas

L'empereur Napoléon III, el rei Dom José, the queen Victoria, de koningin Wilhelmina, tous en veulent… Tous, en ces moments de sérénité que même les souverains parfois connaissent, se font ouvrir leur cave d'Ali Baba, et là, à l'abri des regards envieux, se laissent aller à l'humili-té, cernés de toutes parts par l'amoncellement des bouteilles aux noms magiques !

Leur plus grande joie : contempler leur effigie sur les flancs de leurs cuvées réservées, puis faire monter les précieux flacons à table, afin que nul n'en ignore.

Alors, alors seulement ils se sentent rois. Ô puissance de l'étiquette !

Pinacothèque

Et l'homme créa l'étiquette à son image. Naquit ainsi une vaste galerie de portraits où se côtoient, dans un joyeux anachronisme, mille et une célébrités, véridiques ou imaginaires. Non sans motif, il est vrai.

« De souche vigneronne bourguignonne, Alphonse de Lamartine a fait passer le souffle de son inspiration romantique dans des poèmes d'une beauté sensible, à la louange du vin… » C'est la contre-étiquette de la Cuvée Lamartine sélectionnée par E. Chevalier, négociant à Charnay-les-Macon, qui le dit. Et sans aucun doute est-ce vrai. Qu'on se souvienne :

« Écoute le cri des vendanges
Qui monte du pressoir voisin,
Vois les sentiers rocheux des granges
Rougis par le sang du raisin. »

Que « le » Cardinal ait eu un penchant pour l'eau-de-vie de vin, nul n'en doute. Un autre médaillon que l'histoire justifie.

Réserve Cardinal

EAU-DE-VIE
DE VIN
G. BONHOMME & Cº
MAISON FRANÇAISE

Fondée en 1875

VILLENEUVE
Vin de l'Empereur

Napoléon III, suivant le conseil du médecin, goûta un jour le Villeneuve à cause de ses grandes qualités. Il le trouva si bon qu'il anoblit son docteur et ne voulut plus d'autre vin.

FONJALLAZ S.A. EPESSES

SANGIOVESE DI ROMAGNA

DENOMINAZIONE DI ORIGINE CONTROLLATA

1983

GIULIO CESARE

DISTRIBUTORI
CANTINA SAN GIACOMO
SCHULER CIE SA
SVITTO E LUCERNA

PRODUCE OF FRANCE

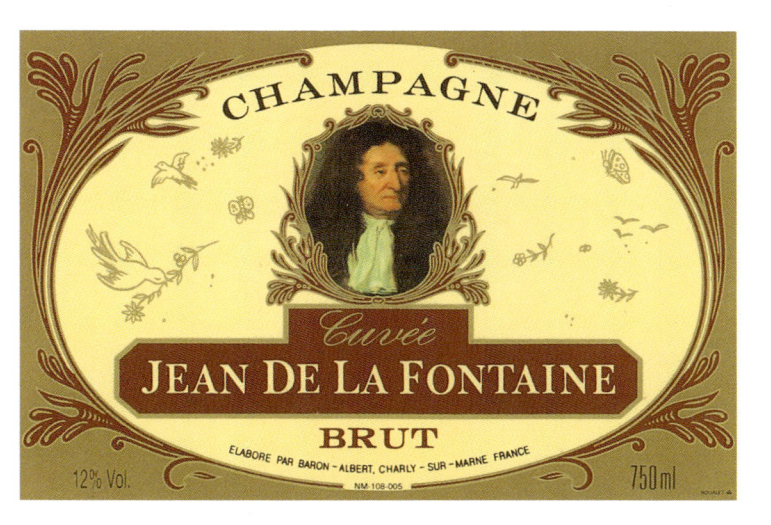

Gargantua

1994 — 1994

Gargantua, au seul son des pinthes et flacons

entrait en ecstase comme s'il goustait les joyes du paradis

Côtes du Rhône

APPELLATION CÔTES-DU-RHÔNE CONTROLÉE

12% vol.

MIS EN BOUTEILLE PAR LES PRODUCTEURS RÉUNIS DE L'UNION DES VIGNERONS DES CÔTES DU RHÔNE A TULETTE (DRÔME) FRANCE

75 cl

La Pucelle
Vin de Table Français

750 ml — 12% Vol.

Dupard Aîné

Mis en bouteille par
Dupard Aîné
à 21190 - 512
France

CUVÉE LAMARTINE

APPELLATION MACON VILLAGES CONTROLÉE

CHEVALIER

75 cl

SÉLECTIONNÉ PAR E. CHEVALIER & FILS, NÉGOCIANTS-ÉLEVEURS A CHARNAY-LES-MACON (S. & L.)

CHAMPAGNE

Cuvée

JEAN DE LA FONTAINE

BRUT

12% Vol.

ELABORE PAR BARON - ALBERT, CHARLY-SUR-MARNE FRANCE

NM-108-005

750 ml

BURGHOFER
OBERNEUNFORN
Beerliwein aus edlen Blauburgunder Trauben

KILIAN KESSELRING
1583–1650
Erhielt 1628 die Oberleitung der Grenzverteidigung im 30jähr. Krieg

WEINKELLEREIEN VOLG WINTERTHUR

REMIGER
Beerliwein aus edlen Blauburgunder Trauben

RUDOLF VON HABSBURG
1213–1291
Der mächtigste aller Habsburger Grafen

WEINKELLEREIEN VOLG WINTERTHUR

MEILENER KLEVNER
Beerliwein aus edlen Burgunder Trauben

HANS WALDMANN
1435–1489
Bürgermeister von Zürich

WEINKELLEREIEN VOLG WINTERTHUR

ZIZERSER
Beerliwein aus edlen Blauburgunder Trauben

ANDREAS BRÜGGER
1588–1653
Oberst des Regimentes Brügger in königlich französ. Diensten, das 1624 die Luzisteig gegen Österreich verteidigte

WEINKELLEREIEN VOLG WINTERTHUR

TRASADINGER
Beerliwein aus edlen Blauburgunder Trauben

JOHANNES VON MÜLLER
1752–1809
Grösster Schweizer Historiker und grosser Weinliebhaber

WEINKELLEREIEN VOLG WINTERTHUR

MONDSTEINER
AU
Beerliwein aus edlen Blauburgunder Trauben

KARL HEINRICH GSCHWEND
1736–1809
Forderte und erlangte mit seiner Deputation 1798 von der Tagsatzung zu Frauenfeld die Freierklärung der Landvogtei Rheintal

WEINKELLEREIEN VOLG WINTERTHUR

N'est-ce pas dans sa «librairie» du château de Montaigne que Michel Eyquem du même nom dicta ses premiers «Essays»? Quoi d'étrange si un Bergerac s'en illustre?

Insatiable Gargantua qui, «au seul son des pinthes et flacons entrait en ecstase comme s'il goustait les joyes du paradis». N'avait-il pas sa place obligée sur ce Côtes de Rhône de l'Union des Vignerons de Tulette, dans la Drôme?

Et Jean de La Fontaine? N'était-il pas grand temps, en 1981, qu'il entre dans la cour des Champagnes de chez Baron Albert, à Charly-sur-Marne, lui qui naquit dans la vallée de la Marne et s'apprêtait à y faire célébrer le tricentenaire de son décès survenu en 1695?

François Ier à Amboise, ornant une Appellation Touraine Contrôlée du Domaine Jean-Claude Poupault, à Chargé: quoi de plus naturel?

Bonaparte sur l'étiquette d'un Brut de Ch. et A. Prieur, à Vertus… Ouais…

Voltaire associé à une Cuvée Bourgogne à son effigie… Chanson Père et Fils nous expliquent pourquoi: «Ce vin mûri dans le calme et la fraîcheur de notre Bastion de l'Oratoire, cave-forteresse du XVe siècle, est un hommage à l'homme de goût dont Voltaire, ancien client de notre Maison, fût (sic) en son temps, le parfait modèle.» Dommage que l'étiquette n'en soit pas un également.

Et Giulio Cesare? Et la Pucelle? Et Falstaff? Et pourquoi Don Quichotte de la Manche à cheval sur une barrique, surmonté du nom SANCHO? Les voies de l'étiquette ne sont pas toujours pénétrables.

L'émotion, réelle, profonde, vient de la procession de personnalités locales - écrivains, historiens, officiers, peintres, poètes, bourgmestres, députés - immortalisées par les «Weinkellereien Volg» de Winterthur, superbe série de personnages en gros plan, aux teintes délicates. Avec leurs blasons respectifs, ils occupent toute la surface de l'étiquette. À se procurer de toute urgence si l'on veut mériter le titre d'œnographile.

Portez… armes!

Passé obligé.

Ceux de l'étiquette nous arrivent tout droit du Moyen Âge ou de l'Ancien Régime. Ils sont arbalétriers, archers, arquebusiers, mousquetaires, carabiniers, pertuisaniers, piquiers. De la Révolution, ils sont réquisitionnaires. De l'Empire, grognards. De la Commune, fédérés. De l'étranger, bachi-bouzouks, evzones, janissaires, mamelouks, pandours, tommies. Il y a les bons, les mauvais, les vieux, les chevronnés.

Ils ne savent pas toujours parfaitement pourquoi ils prennent les armes, les soldats. «Le monde va comme il va». C'est l'opinion de Voltaire:

«Il lui demanda quel était le sujet de la guerre. Par tous les Dieux, dit le soldat, je n'en sais rien; ce n'est pas mon affaire; mon métier est de tuer et d'être tué pour gagner ma vie; il m'importe qui je serve… Si vous voulez savoir pourquoi on se bat, parlez à mon capitaine.»

Ils sont généralement de chair à canon et d'os. Ils sont parfois de plomb. Parfois, ils sont de papier. Comme sur les étiquettes. Ceux-là sont rassurants. Leurs armes ne sont pas chargées. Le torse bombé, raides pour l'éternité, ils ne feront jamais de mal à personne, ni à homme, ni à femme, ni à vieillard, ni à enfant, ni à mouche. Ils font la guerre pour rire, pas pour pleurer. Ils paradent, mais pour la galerie, uniquement. On les aime parce qu'ils sont beaux, inoffensifs, prestigieux. C'est l'uniforme qui veut ça. Ils se mettent au garde-à-vous sans rechigner, à l'alignement en silence. Ils y restent.

Aussi longtemps que tel est le bon plaisir de l'œnographile.

Double page suivante, droite
*Une parfaite réussite
du Clos du Moulin à Belleville-
sur-Saône: la collection Comte
Jean de Bernadotte*

FÄHNDRICHWY
MARTHALER
BLAU-
BURGUNDER
HANS TOGGENBURGER
AUS MARTHALEN
1606 FÄHNDRICH
DER GRAFSCHAFT KYBURG
WEINKELLEREIEN
VOLG·WINTERTHUR

ČESKÉ VINAŘSKÉ ZÁVODY N. P. PRAHA ZÁVOD STARÝ PLZENEC
TŘI
MUŠKETÝŘI
ZNÁMKOVÉ BÍLÉ VÍNO
ATHOS
MC 0,7 l
17 Kčs

DÔLE
DU VALAIS
CHANTEROSE
75 cl e
JEAN & PIERRE TESTUZ S.A.
TREYTORRENS-DEZALEY CULLY

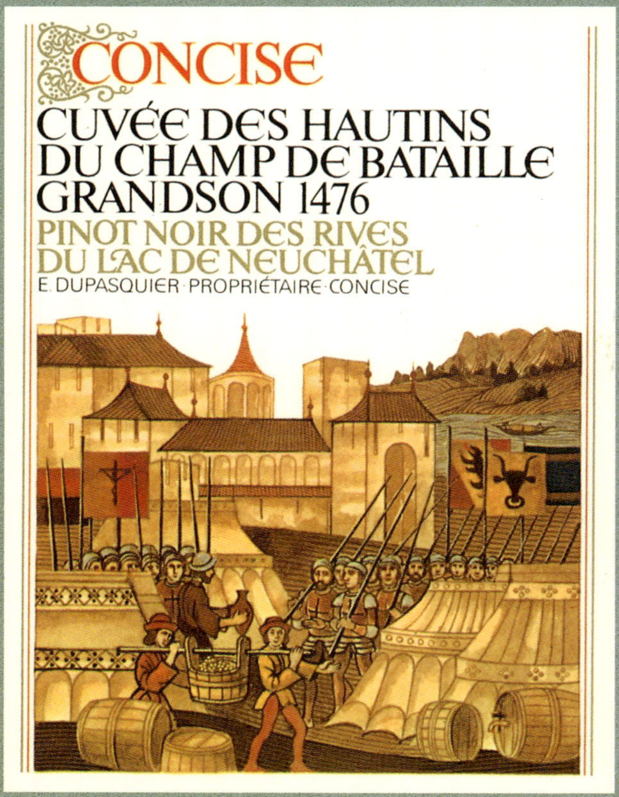
CONCISE
CUVÉE DES HAUTINS
DU CHAMP DE BATAILLE
GRANDSON 1476
PINOT NOIR DES RIVES
DU LAC DE NEUCHÂTEL
E. DUPASQUIER·PROPRIÉTAIRE·CONCISE

DÔLE DU VALAIS
CFP
LE DÉSERTEUR
Réserve Louis Bourban Haute-Nendaz
Sélectionnée chez Orsat Martigny

PRODUCE OF FRANCE
Comte Jean de Bernadotte
COTES DE PROVENCE
APPELLATION COTES-DE-PROVENCE CONTROLÉE
rosé
375 ml
MIS EN BOUTEILLE PAR
JEAN DE BERNADOTTE
A 69830 FRANCE

PRODUCE OF FRANCE
Comte Jean de Bernadotte
COLLECTION IMPÉRIALE
Domaine du Prieuré de Grave
BEAUJOLAIS
APPELLATION BEAUJOLAIS CONTROLÉE
375 ml
MIS EN BOUTEILLE PAR
JEAN DE BERNADOTTE A 69830 FRANCE

COLLECTION IMPÉRIALE
PRODUCE OF FRANCE
Comte Jean de Bernadotte
COTES-DU-RHONE
APPELLATION COTES-DU-RHONE CONTROLÉE
375 ml
MIS EN BOUTEILLE PAR
JEAN DE BERNADOTTE A 69830 FRANCE

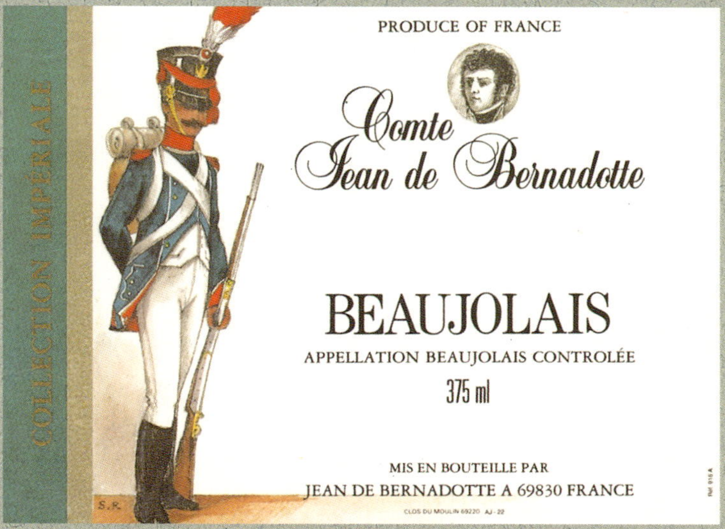
COLLECTION IMPÉRIALE
PRODUCE OF FRANCE
Comte Jean de Bernadotte
BEAUJOLAIS
APPELLATION BEAUJOLAIS CONTROLÉE
375 ml
MIS EN BOUTEILLE PAR
JEAN DE BERNADOTTE A 69830 FRANCE

COLLECTION IMPÉRIALE
PRODUCE OF FRANCE
Comte Jean de Bernadotte
MORGON
APPELLATION MORGON CONTROLÉE
750 ml
MIS EN BOUTEILLE PAR
JEAN DE BERNADOTTE A 69830 FRANCE

COLLECTION IMPÉRIALE
PRODUCE OF FRANCE
Comte Jean de Bernadotte
CHABLIS
APPELLATION CHABLIS CONTROLÉE
375 ml
MIS EN BOUTEILLE PAR
JEAN DE BERNADOTTE A 69830 FRANCE

COLLECTION IMPÉRIALE
PRODUCE OF FRANCE
Comte Jean de Bernadotte
BEAUJOLAIS VILLAGES
APPELLATION BEAUJOLAIS-VILLAGES CONTROLÉE
375 ml
MIS EN BOUTEILLE PAR
JEAN DE BERNADOTTE A 69830 FRANCE

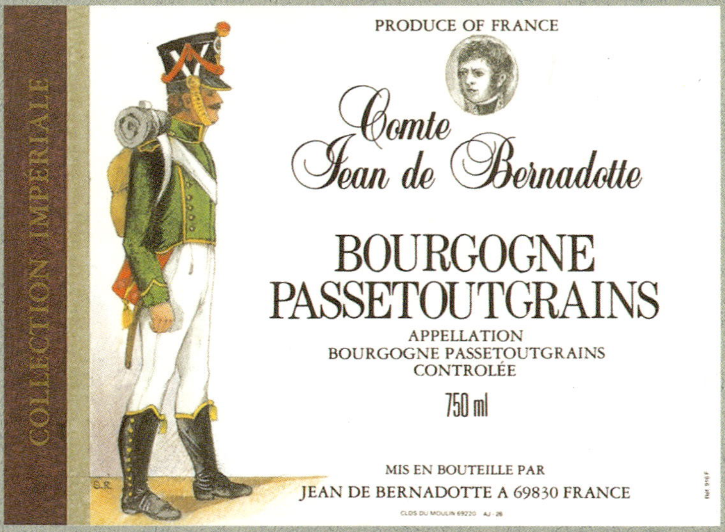
COLLECTION IMPÉRIALE
PRODUCE OF FRANCE
Comte Jean de Bernadotte
BOURGOGNE PASSETOUTGRAINS
APPELLATION
BOURGOGNE PASSETOUTGRAINS
CONTROLÉE
750 ml
MIS EN BOUTEILLE PAR
JEAN DE BERNADOTTE A 69830 FRANCE

Vins des Chevaliers Dôle
chevaliers A.O.C.

12,5 % vol. 0,75 l.
vins des chevaliers
hoirie mathier-kuchler
salquenen, valais, suisse

Fürstberger Auslese Walenstadter
Rebberg Paul Hubatka-Eberle

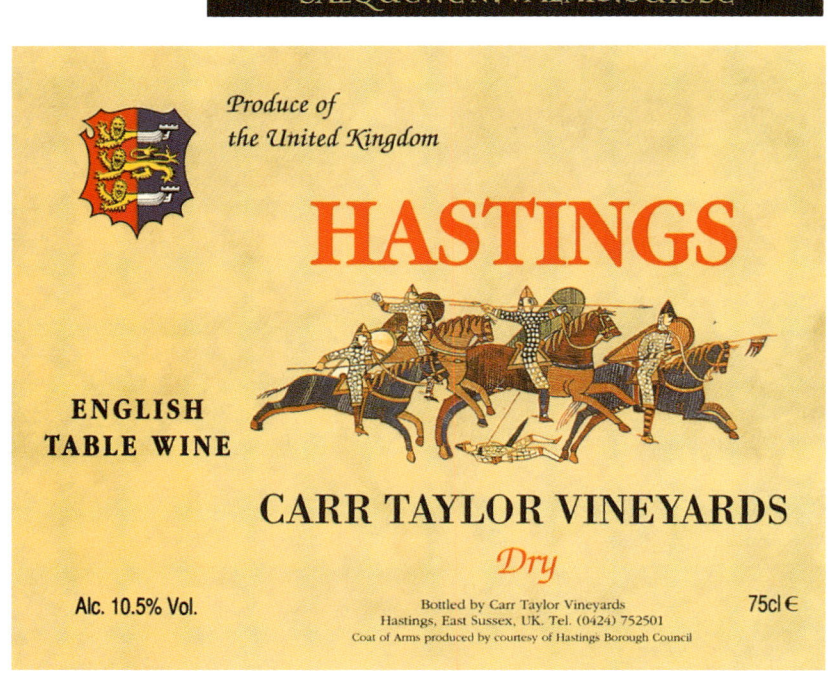

Hastings
Produce of the United Kingdom

ENGLISH TABLE WINE

CARR TAYLOR VINEYARDS

Dry

Alc. 10.5% Vol. 75cl ℮
Bottled by Carr Taylor Vineyards
Hastings, East Sussex, UK. Tel. (0424) 752501
Coat of Arms produced by courtesy of Hastings Borough Council

ALIGOTÉ du CHÂTEAU
Mise du Château

APPELLATION BOURGOGNE ALIGOTÉ CONTRÔLÉE
S.C. DOMAINE DU CHATEAU DE MARSANNAY
PROPRIÉTAIRE A MARSANNAY, CÔTE D'OR - FRANCE
DISTRIBUTEUR EXCLUSIF D. DE L'ARGILLIÈRE MARSANNAY CÔTE D'OR
12,5%vol FRANCE 75cl

Iselisberger
Herzog Welf VI
Edler Blauburgunder aus der Thurtaler Sonnenhalde

Wein Kellereien Volg Winterthur

Schon der im 12. Jahrhundert lebende Herzog Welf VI schätzte den Wein von dieser ausgezeichneten Reblage am Hang ob der Thur

CASTELGIOCONDO®
BRUNELLO DI MONTALCINO
denominazione di origine controllata

19 75

imbottigliato dal viticoltore all'origine
tenuta di Castelgiocondo S.p.A.-Montalcino-Italia

826 SI 75 cl. ℮ 13% vol.

Au triple galop

Ils ont la guerre dans le sang. Leur ardeur au combat ne connaît pas de bornes. Ils sont preux par atavisme, paladins par vocation. Ils ne chevauchent que de fiers destriers.

Mais lequel a le plus d'allure, du cheval, sous son caparaçon flamboyant, paré des couleurs de la victoire, ou de son cavalier, raide comme la vengeance dans son corset d'acier, l'oriflamme à bout de bras?

Au plus fort de la bataille, la dame de leurs pensées les stimule de son image fugace tandis que là-bas, au foyer délaissé, elle se désespère, relayée dans son affliction par Alfred de Musset:

«Beau chevalier qui partez pour la guerre,
Qu'allez-vous faire
Si loin de nous?
J'en vais pleurer, moi qui me laissais dire
Que mon sourire
Était si doux.»

Pauvre Barberine, ligotée à sa quenouille. C'est qu'elle connaît les hommes et plus particulièrement ceux qui se déplacent à cheval à la vitesse du vent. Elle sait que du cavalier au cavaleur il n'y a que l'espace d'une lettre. Elle pousse un profond soupir et reprend son attente.

Insatiable, l'étiquette a fait main basse sur cette source d'inspiration providentielle toute en panache, s'appropriant du même coup sa gloire, sa magnificence, sa splendeur. De Hastings à Montalcino, de Saumur à Salquenen, elle dévore l'espace, traverse les vignes par milliers, ne s'octroyant de répit que le temps du coup de l'étrier.

Une fois de plus, l'œnographile a fort à faire pour suivre sa trace et ne rien perdre de ses chassés-croisés. Mais que de belles pages d'albums, au terme de cette chevauchée fantastique!

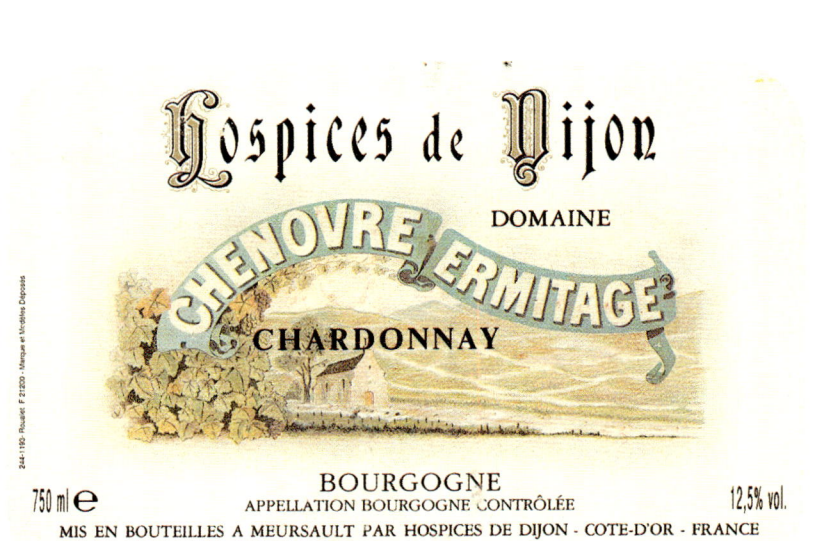

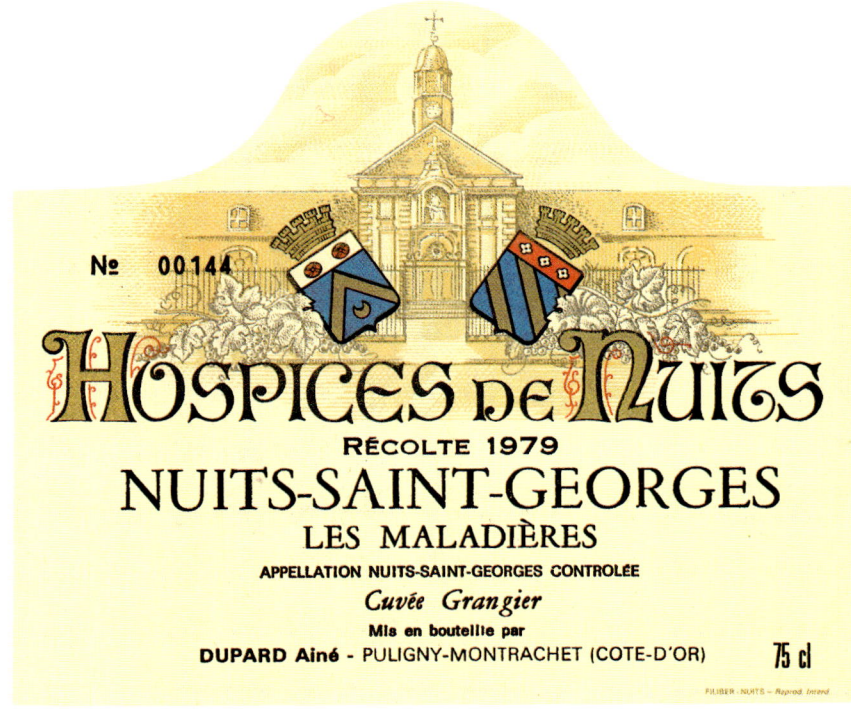

Hospices de Dijon
DOMAINE CHENOVRE ERMITAGE
CHARDONNAY

750 ml — BOURGOGNE — 12,5% vol.
APPELLATION BOURGOGNE CONTRÔLÉE
MIS EN BOUTEILLES A MEURSAULT PAR HOSPICES DE DIJON - COTE-D'OR - FRANCE

N° 00144
Hospices de Nuits
RÉCOLTE 1979
NUITS-SAINT-GEORGES
LES MALADIÈRES
APPELLATION NUITS-SAINT-GEORGES CONTROLÉE
Cuvée Grangier
Mis en bouteille par
DUPARD Aîné - PULIGNY-MONTRACHET (COTE-D'OR)
75 cl

PRODUCT OF FRANCE
APPELLATION CHABLIS GRAND CRU CONTROLEE
❖ CHABLIS ❖
Clos des Hospices
DANS LES CLOS
GRAND PREMIER CRU

Mis en bouteilles par
J. MOREAU & FILS
à CHABLIS
750ml — alc. 12.5 % by vol.
SEULS PROPRIÉTAIRES N° 04386

Hospices
de Nuits-Saint-Georges
CUVÉE CARNOT — 1937
APPELLATION CONTROLÉE

MIS EN BOUTEILLES SOUS LE CONTRÔLE DE LA COMM.on Ad.ve DES HOSPICES
Le Président de la Commission   L'Administrateur Délégué

Moulin à Vent
DES HOSPICES
APPELLATION MOULIN-A-VENT CONTROLÉE
*Authentique, mis en Bouteilles sous le
Contrôle de la Commission administrative
des Hospices*

Le Président Fondateur: par le Concessionnaire Général
                                 BOURISSET S.A.R.L.
                                 à CRÈCHES (Saône-et-Loire)
75 cl

Récolte des hospices Civils de Romanèche Thorins (France)

Grands Vins DES Hospices de Beaune
Pommard
Dames de la Charité
Appellation Pommard Controlée

Adjugé à MARTEL & Cie S.A.
Saint-Gall - Suisse

JOUFFROY, BEAUNE   DÉPOSÉ

Au bonheur des collectionneurs

> *«Et, pour fermer chez vous l'entrée à la douleur,
> De vingt verres de vin entourez votre cœur.»*
>
> **Molière**, Sganarelle

Le thème le plus long

Cuvée: un mot inscrit au vocabulaire quotidien de l'homme du vin et de l'amateur, mais plus malaisé à définir qu'on ne pourrait croire.

Au sens immédiat du terme, la «cuvée» désigne la quantité de vin qui s'élabore dans une seule et même cuve. On admet cependant que le résultat de l'assemblage de cuves multiples mais de même origine constitue également une «cuvée». Ce que le Larousse des Vins, dans son édition de 1994, considère comme «une sélection correspondant à un vin bien particulier qui peut avoir fait l'objet d'assemblages ou non.»

En Champagne, la «cuvée» correspond au vin élaboré à partir de moûts de première presse. Le Bourguignon comme le Bordelais distinguent traditionnellement la «tête de cuvée», provenant des meilleurs sols, des meilleures expositions, des meilleurs cépages. Suivent, par ordre de mérite, la «première», la «deuxième» et la «troisième cuvée». En Bourgogne, le «Passe-tout-grain» ferme la marche, issu d'un mélange, au cuvage, des vendanges de plusieurs crus ou de cépages divers. Tombée en désuétude, l'expression «tête de cuvée» a été progressivement remplacée par la notion de «grand cru».

Mais de quoi donc sont faites ces cuvées particulières qui encombrent le ciel de l'étiquette, sinon de beaucoup de fantaisie: cuvées «du Restaurant», «pour nos amis», «des Gones», «Georges Duboeuf», «du maître de chai», du «19ᵉ siècle», «Élysée», «Saint-Valentin», «Pontificale», «des Asperges», «de la belle vie», «de la Montagne»…? L'énoncé n'est pas exhaustif. Tous les

Page de gauche
Le vin de la philanthropie

prétextes sont bons prétextes à cuvées. Il n'est que de le décider, la loi fermant pudiquement les yeux devant cette prolifération de labels. La langue française est assez riche pour baptiser à l'infini et sortir de l'anonymat qui menace les vins les plus divers et enjoliver ainsi chaque jour du calendrier.

À ne pas fréquenter : le «buveur de première cuvée», frère jumeau du boit-sans-soif, du cuitard, du pilier de bistrot, du pochard, du poivrot, du soiffard, du sac à vin, du téteur, du suppôt de Bacchus. Mieux vaut séparer le vin de l'ivresse et ignorer ce méchant vers de Verlaine : «Ah, si je bois, c'est pour me soûler, non pour boire.»

Vous avez dit bizarre...

L'étiquette ne dédaigne aucune des voies qui s'ouvrent à elle et quand elle croit les avoir toutes explorées, elle en rencontre d'autres, inespérées.

L'insolite, bien entendu, figure à son programme de prospection. Il y occupe même une situation de choix en ce qu'il permet de délaisser un moment les chemins trop souvent battus. L'art, la nature, la tradition lui ayant livré (presque) tous ses secrets, elle furète sur des terres vierges, à la recherche du singulier, du baroque, du saugrenu. Tous sont au rendez-vous.

Viennent en tête les étiquettes sages, spécialement conçues à l'intention de l'œnographile, comme ce triptyque réalisé par l'imprimerie Roualet, de Beaune, à l'occasion de la 9e Assemblée Générale de l'Association des Œnographiles de France, en 1994. Trois étiquettes marquées A.N.O. qui se font suite, habilement conçues par l'œil grandangulaire de son créateur. Que ne ferait-on pas pour aider le collectionneur à assouvir sa passion ? Suit la ribambelle d'étiquettes circonstancielles, à vocation œnographilique semblable, au sein de laquelle la F.B.O. (Fédération Belge d'Œnographilie) ne manque pas de se distinguer. Plus proche encore de la collection, voici «La Collection» mise en bouteilles par Robert Giraud, à Saint-André-de-Cubzac, en Gironde.

Benoît et Valérie Calvet ont mis dans le mille en puisant largement, mais avec à-propos, dans la collection Gaulon-Wetterwald de leur Musée des Chartrons, rue Borie à Bordeaux. Pour l'œnographile, une source de joies ineffables. Les bouteilles porteuses sont mises dans le commerce en caissettes de trois, sans que l'acheteur sache à l'avance quelles merveilles elles recèlent. Un brin de sadisme n'est pas fait pour démonter le collectionneur qui s'interroge toutefois : ce n'est plus du vin qu'il achète... mais des carrés de papier.

«Rarität» est-il imprimé au dos de cette «Hex vom Dalenstein» (sorcière de Dalenstein), un Gewürztraminer badois embouteillé par le Winzergenossenschaft de Kappelrodeck. Une étiquette âprement convoitée. Mais a-t-elle jamais servi ?

Armand Charvet, viticulteur à Chiroubles, a placé son domaine sous la protection sympathique de Manneken-Pis, «le plus vieux bourgeois de Bruxelles». Là-bas, il «fait» de l'eau claire ; ici, du Beaujolais. Mais pourquoi ?

Anonyme, cette Cuvée Spéciale Présidentielle 1988. André Lajoinie la décore, «mis en bouteille à Nuits-Saint-Georges». Le négociant local qui me l'a passée sous le comptoir a insisté : «Ne dites à personne que c'est moi qui vous l'ai donnée !» Discrétion garantie.

Un bel exemple de prédestination : MM. Bourgogne et Fils sont (étaient ?) négociants à Nuits-Saint-Georges.

Une étiquette insolite pour un vin insolite : Grappillons de Château Latour. Un cartouche nous

Chartrons d'Or — Médoc

RÉSERVE TRADITION
PRODUCE OF FRANCE

CHARTRONS D'OR
Original label design of 1850 Musée des Chartrons

MÉDOC
APPELLATION MÉDOC CONTROLÉE

Exclusifs Benoit & Valérie Calvet
Négociant à Bordeaux - Gironde - France

Grappillons de Château Latour

MIS EN BOUTEILLE AU CHÂTEAU

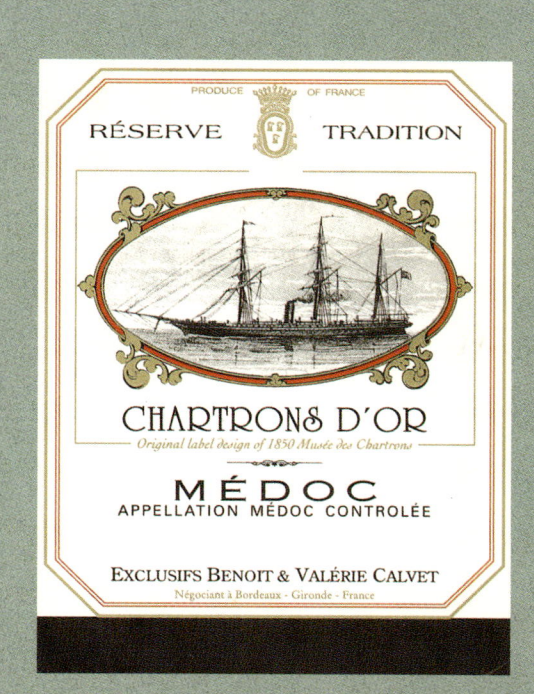

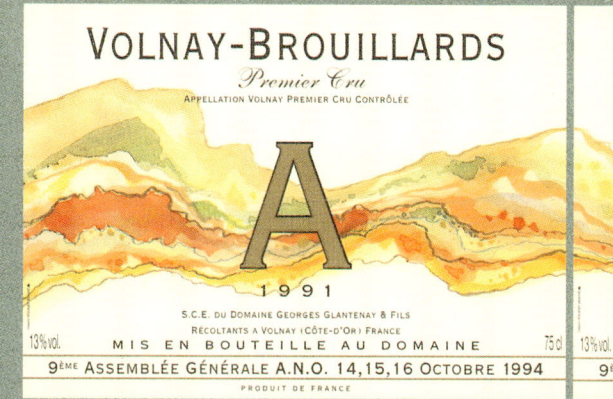

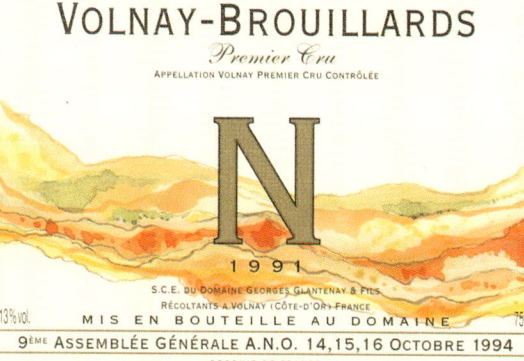

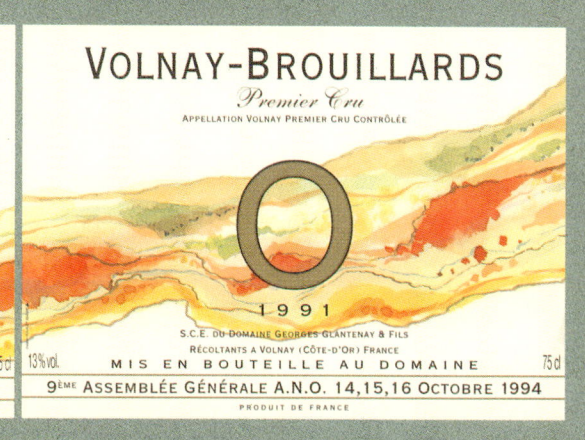

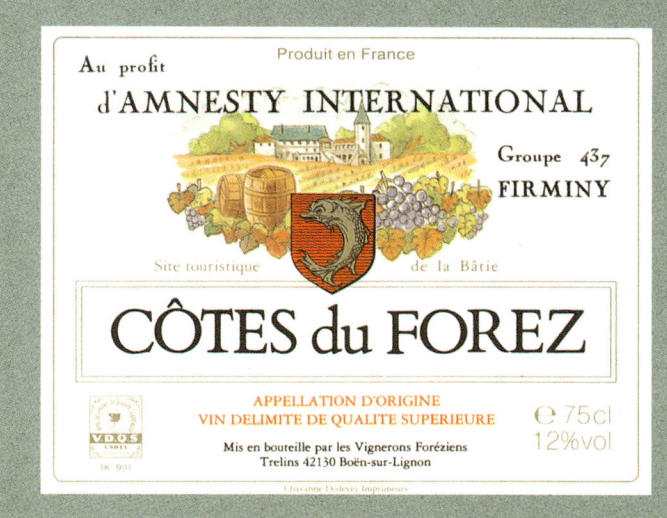

GRAPPILLONS DE CHATEAU LATOUR

1989

12% Vol. — PAUILLAC — 75 cl e
PRODUCE OF FRANCE

APPELLATION PAUILLAC CONTROLÉE

SOCIÉTÉ CIVILE DU VIGNOBLE DE CHATEAU LATOUR, PROPRIÉTAIRE A PAUILLAC - GIRONDE

Il faut remonter à 1893 pour retrouver des vendanges plus précoces que 1989 à Château Latour. Le 31 août 1989, nous vendangeons notre première cuve de Merlot. Les conditions climatiques superbes se prolongent et le 30 et 31 octobre nous récoltons les grappillons de "L'Enclos" avec une maturité surprenante. Ce vin insolite en est le résultat.

Volnay-Brouillards

VOLNAY-BROUILLARDS
Premier Cru
Appellation Volnay Premier Cru Contrôlée

A 1991 — **N** 1991 — **O** 1991

S.C.E. du Domaine Georges Glantenay & Fils
Récoltants à Volnay (Côte-d'Or) France
13% vol. — MIS EN BOUTEILLE AU DOMAINE — 75 cl
9ème Assemblée Générale A.N.O. 14, 15, 16 Octobre 1994
PRODUIT DE FRANCE

Côtes du Forez

Produit en France
Au profit d'**AMNESTY INTERNATIONAL**
Groupe 437
FIRMINY

Site touristique de la Bâtie

CÔTES du FOREZ

APPELLATION D'ORIGINE
VIN DELIMITE DE QUALITE SUPERIEURE

V.D.Q.S. LABEL

Mis en bouteille par les Vignerons Foréziens
Trelins 42130 Boën-sur-Lignon
e 75 cl — 12% vol

André Lajoinie

Cuvée spéciale
Présidentielles 1988

ANDRÉ LAJOINIE
Candidat du P.C.F.

Mis en bouteille à Nuits-Saint-Georges

Clos de la Locustelle

Wijn van 't land van Edingen
Clos de la Locustelle
Vin du pays d'Enghien

Macon — Bourgogne & Fils

MÉDAILLE D'OR
EXPOSITION BRUXELLES
— 1910 —

MÉDAILLE D'OR
EXPOSITION TURIN
— 1911 —

TRADE MARK

MACON
APPELLATION CONTROLÉE

BOURGOGNE & FILS
NÉGOCIANTS A NUITS-S'-GEORGES (COTE D'OR)

renseigne: «Il faut remonter à 1983 pour retrouver des vendanges plus précoces que 1989 à Château Latour. Le 31 août 1989, nous vendangeons notre première cuve de Merlot. Les conditions climatiques superbes se prolongent et les 30 et 31 octobre nous récoltons les grappillons de «L'Enclos» avec une maturité surprenante. Ce vin insolite en est le résultat.» Merci, Messieurs.

La suite dans l'album du collectionneur.

Histoire de rire

Les étiquettes humoristiques font-elles rire ? Les grivoises font-elles sourire ?
Pissevieille, Montre-Cul, Trou du Cru, La Pissotière de l'Impératrice, Congaillard... Toutes ont une explication à fournir, souvent mentionnée sous l'appellation, comme si leurs propriétaires voulaient à tout prix justifier un vocabulaire égrillard dont ils ne sont en rien responsables. Car l'Histoire, avec majuscule, et la légende sont passées par là, sous-tendues par l'imagination des hommes du vin, rarement en retard d'une gauloiserie.

Et voyez comme l'alcool éthylique peut malmener les mentalités. Habituellement rigides jusqu'au puritanisme dans leurs comportements, les Suisses nous proposent un Guillaume Tell épicé qui a dû faire rougir de confusion sinon de honte le canton de Vaud tout entier. Les organisateurs du Festival International d'Humour 1991 ont-ils eu la main heureuse en choisissant pour emblème ce borgne Morges-sous-Rire? La querelle n'est sans doute pas close, sur les bords du Léman.

Au douteux clin d'œil de l'arbalétrier le plus célèbre de la planète, je préfère, par exemple, la bonhomme trilogie provençale de Marcel Pagnol, gentiment mise en étiquettes par les Maîtres Vignerons de la Presqu'île de Saint-Tropez qui n'en sont pas à leur première réussite. Une occasion rêvée pour Marius, César et Fanny de revenir à l'avant-scène du grand théâtre de la comédie humaine. Ce sera l'un des grands mérites de l'œnographilie de les avoir conduits jusque-là.

Palmarès

Il y a beaucoup de vanité à vouloir établir, très subjectivement, très isolément, un «Palmarès» de l'étiquette de vin, la sagesse des nations nous enseignant que toute dispute à propos de goûts et de couleurs est vaine et ne peut jamais satisfaire que celui qui la déclenche. Je m'y risque cependant. Par plaisir d'abord, par conscience ensuite. Celle-ci ne saurait être en repos si, après avoir erré durant de longues années dans le dédale des vignettes vineuses, je marquais un temps d'arrêt sans avoir réussi à me forger une religion personnelle ou sans oser l'exprimer.

Je m'y risque et déjà je sais que je me fourvoie. Outre que mon choix est partial, il ne repose que sur des critères esthétiques. Instinctivement, je m'oriente vers les «plus belles» étiquettes, omettant inconsidérément les plus efficaces, les plus honnêtes, les plus scrupuleuses, les plus étranges, les plus historiques... Dans le même temps, je me limite considérablement dans le temps, ne remontant pas plus haut que d'une ou de deux décennies, une manière de considérer les choses que j'explique ainsi: peut-on réellement invoquer des critères de beauté à propos d'étiquettes nées à des époques où cette notion ne préoccupait quasi personne dans le vignoble ? Inutile de revenir sur les exceptions classiques déjà largement évoquées et qui vont des étiquettes romantiques champenoises à la collection mille fois célébrée de Philippe de Rothschild, notre Maître à tous.

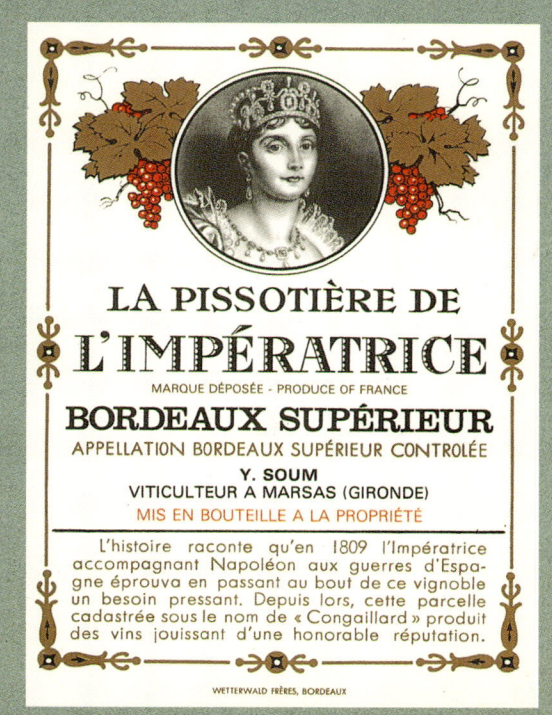

Mis en bouteille à 21220 pour le
TROU DU CRU
69100 VILLEURBANNE

Montre Cul

*Tier vignoble de Montre Cul
Si de ton coteau à pente raide
Ducs de bourgogne furent possédants
Pour ton nom seul femme plaide
Regarde la te travaillant*

750 ml

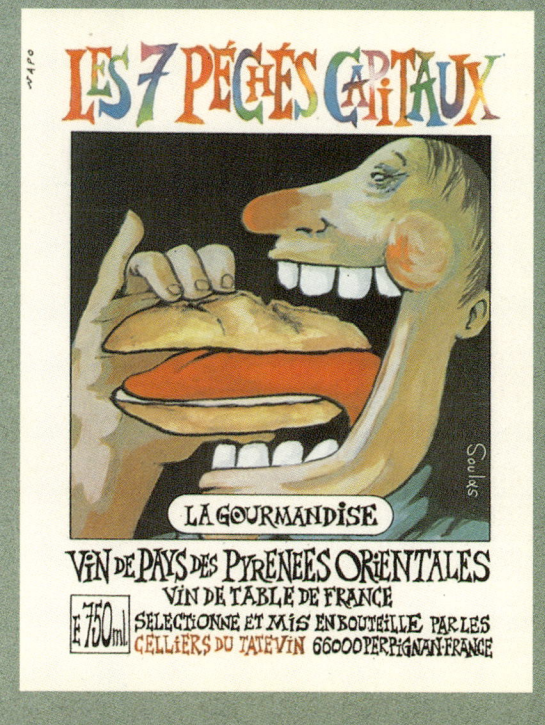

APPELLATION BOURGOGNE CONTROLÉE

---

75 cl

LA TAILLE
BROUILLY-PISSEVIEILLE
Appellation Brouilly-Pissevieille Contrôlée

CHEVALIER

Sélectionné en propriété et mis en bouteille par :
E. CHEVALIER & FILS, ÉLEVEURS A CHARNAY 71000

N° 108

ROULET-BEAUNE

LA PISSOTIÈRE DE
L'IMPÉRATRICE
MARQUE DÉPOSÉE · PRODUCE OF FRANCE

BORDEAUX SUPÉRIEUR
APPELLATION BORDEAUX SUPÉRIEUR CONTROLÉE
Y. SOUM
VITICULTEUR A MARSAS (GIRONDE)
MIS EN BOUTEILLE A LA PROPRIÉTÉ

L'histoire raconte qu'en 1809 l'Impératrice accompagnant Napoléon aux guerres d'Espagne éprouva en passant au bout de ce vignoble un besoin pressant. Depuis lors, cette parcelle cadastrée sous le nom de « Congaillard » produit des vins jouissant d'une honorable réputation.

WETTERWALD FRÈRES, BORDEAUX

Morges-sous-Rire

Festival International d'Humour
6-16 juin 1991

Grand Vin
des Vignobles
de la Commune
de Morges

APPELLATION D'ORIGINE

LES 7 PÉCHÉS CAPITAUX

LA GOURMANDISE

VIN DE PAYS DES PYRÉNÉES ORIENTALES
VIN DE TABLE DE FRANCE
SÉLECTIONNÉ ET MIS EN BOUTEILLE PAR LES
CELLIERS DU TASTEVIN 66000 PERPIGNAN-FRANCE
750 ml

MARIUS
COTES DE PROVENCE
APPELLATION CÔTES DE PROVENCE CONTROLÉE
1991
12,5 % VOL.
MIS EN BOUTEILLE PAR LA S.C.A.
LES MAITRES VIGNERONS DE LA PRESQU'ILE DE St-TROPEZ
GASSIN - VAR - FRANCE
750 ml
PRODUCE OF FRANCE

CÉSAR
COTES DE PROVENCE
APPELLATION CÔTES DE PROVENCE CONTROLÉE
1992
12,5% vol.
MIS EN BOUTEILLE PAR LA S.C.A.
LES MAITRES VIGNERONS DE LA PRESQU'ILE DE St-TROPEZ
GASSIN - VAR - FRANCE
750 ml
PRODUCE OF FRANCE

FANNY
COTES DE PROVENCE
APPELLATION CÔTES DE PROVENCE CONTROLÉE
1993
13% vol.
MIS EN BOUTEILLE PAR LA S.C.A.
LES MAITRES VIGNERONS DE LA PRESQU'ILE DE St-TROPEZ
GASSIN - VAR - FRANCE
750 ml
PRODUCE OF FRANCE

Ceux qui eurent la chance de visiter l'exposition «L'Étiquette de Vin. Tendances contemporaines» organisée en 1900 par le Musée des Arts Décoratifs de la Ville de Lausanne, eurent l'occasion de parcourir un panorama complet de ce qui se fait aujourd'hui sur la planète en matière d'étiquettes. Ils virent le meilleur, ils découvrirent le pire. Ils admirèrent, restèrent confondus, s'enthousiasmèrent, firent la grimace, haussèrent les épaules. Ils en vinrent à la conclusion que les «tendances» contemporaines sont à ce point diverses sinon divergentes qu'il devient impossible d'en dégager... les tendances.

Quelle que soit la conclusion à laquelle on parvient, il apparaît clairement qu'on ne peut considérer les modes actuelles que par rapport aux absences de modes de jadis, étant entendu qu'une mode qui ne varierait jamais cesserait aussitôt d'en être une. Faut-il le répéter: dans le domaine de l'étiquette, le respect de ce que l'on croit être la tradition est toujours solidement ancré et l'on reste stupéfait devant la difficulté avec laquelle graphisme et illustration s'implantent dans certaines régions. Pire: même là où les artistes et les concepteurs réussirent à imposer leur style, ce ne fut qu'au prix d'une soumission inconditionnelle à la routine.

L'iconographie s'est modernisée dans son expression, rarement dans son contenu. Pampres, grappes, paysages viticoles, villages au flanc des collines, vendangeurs, tonneliers, pressoirs anciens sont toujours présents sous leurs pinceaux. L'abstraction, géométrique ou non, est loin d'être universellement dédouanée; la pureté typographique ne fait que peu d'adeptes. On croit l'étiquette moderne ou audacieuse, elle ne l'est qu'à moitié, sauf à l'occasion d'éditions spéciales où la plus totale liberté d'inspiration et de réalisation devient enfin la règle.

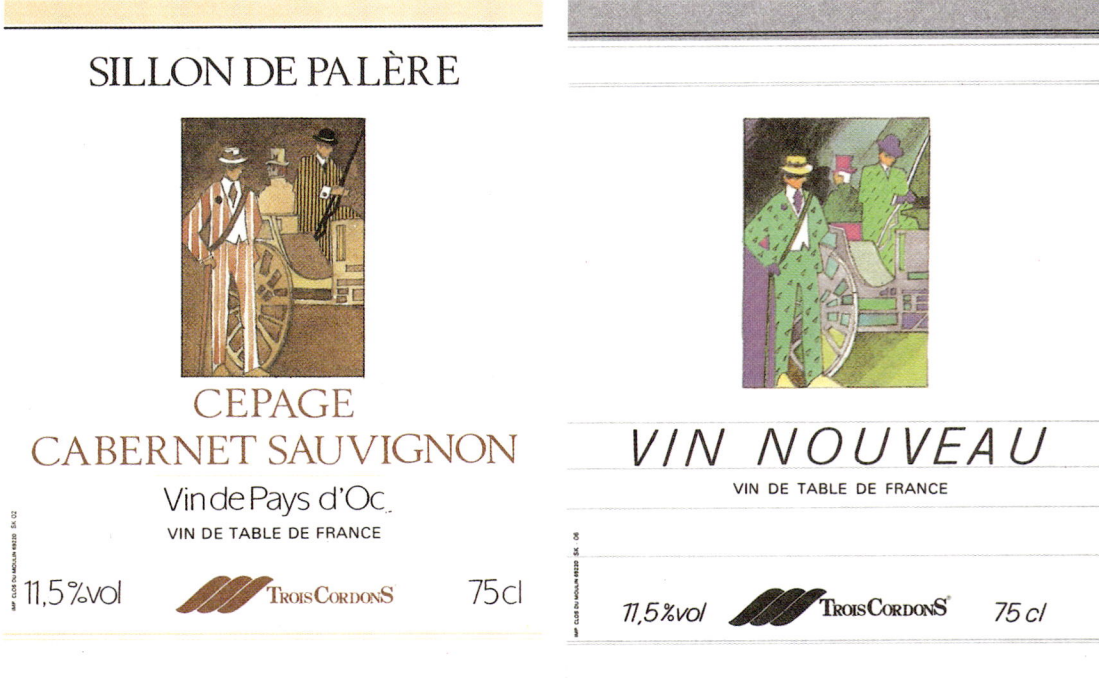

Premier Prix Vinexpo 1987 (Réalisation Clos du Moulin à Belleville-sur-Saône)

Au moins, une vérité essentielle surnage: à travers l'étiquette, le vin s'affirme, une fois de plus, comme l'héritier, l'agent de liaison des civilisations où il vient au monde. Simultanément, l'étiquette, en dépit de l'exiguïté de son espace, se révèle un surprenant témoin de l'art graphique de son temps, au même titre que l'affiche ou le spot publicitaire.

Le moment est idéal pour exprimer un profond regret, celui de voir les vins les plus réputés s'obstiner dans leur attachement maladif à la sacro-sainte habitude. Je parle d'étiquettes, cela va sans dire. Car les mêmes grands crus, farouchement immobiles face à la vague de couleurs et de lignes qui déferle, n'hésitent pas à mettre leurs horloges à l'heure de la technicité d'avant-

Page de droite
Le gratin de l'étiquette

1979 Opus One

A NAPA VALLEY
RED TABLE WINE

PRODUCED AND
BOTTLED BY

Robert Mondavi
Baron Philippe

ROBERT MONDAVI
BARON PHILIPPE DE ROTHSCHILD

OAKVILLE, CALIFORNIA
PRODUCT OF USA
750 ML

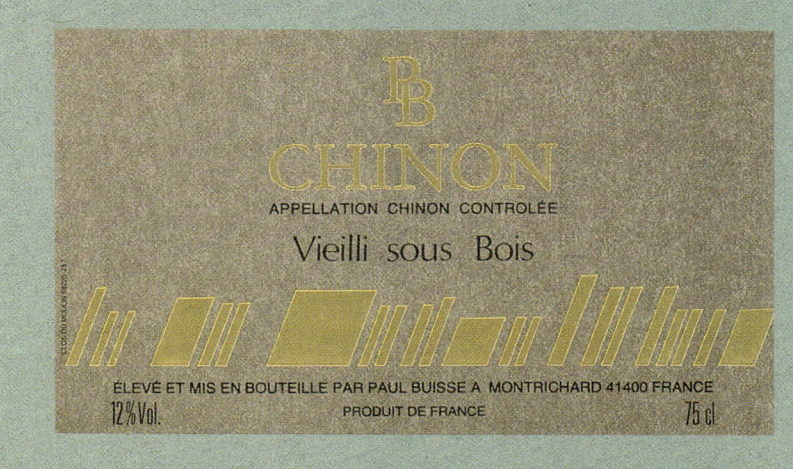

B B CHINON

APPELLATION CHINON CONTROLÉE

Vieilli sous Bois

ÉLEVÉ ET MIS EN BOUTEILLE PAR PAUL BUISSE A MONTRICHARD 41400 FRANCE
12% Vol.   PRODUIT DE FRANCE   75 cl

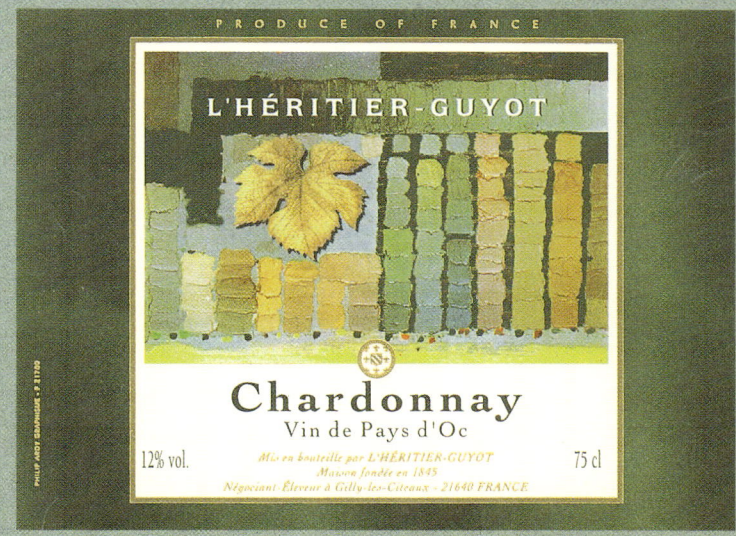

PRODUCE OF FRANCE

L'HÉRITIER-GUYOT

Chardonnay
Vin de Pays d'Oc

12% vol.   Mis en bouteille par L'HÉRITIER-GUYOT   75 cl
Maison fondée en 1845
Négociant-Éleveur à Gilly-lès-Citeaux - 21640 FRANCE

PRODUIT DE FRANCE

BEAUJOLAIS NOUVEAU

APPELLATION BEAUJOLAIS CONTROLÉE

MIS EN BOUTEILLE A 69430/162 POUR LE CELLIER DES GONES - LYON - FRANCE
12% vol.   1 l.

PRODUCT OF FRANCE

L'HÉRITIER-GUYOT

CORTON-CHARLEMAGNE
Grand Cru
APPELLATION CORTON-CHARLEMAGNE CONTROLÉE

L'Héritier Guyot

13% vol.   Mis en bouteille par L'HÉRITIER-GUYOT Maison fondée en 1845   750 ml
Négociant-Éleveur à Gilly-lès-Citeaux - 21640 VOUGEOT - FRANCE

LA PETITE MAISON
DES GRANDS VINS

riesling
de Leytron

LES FILS DE CHARLES FAVRE SA VINS SION

garde. Ceux-là mêmes qui se cramponnent à leur étiquette «historique», oubliant que l'histoire se réécrit sans cesse, se font les champions de la viticulture et de la vinification de demain. Ils dissimulent leur modernisme haut de gamme derrière une étiquette misérabiliste, pseudo-garante de la qualité finale.

Il est temps de conclure. Quand la beauté à l'état pur s'installe au beau milieu des pages d'un livre, les commentaires n'ont plus aucune raison d'être. Puisse le lecteur, œnographile ou profane, s'emplir avidement les yeux des étiquettes qui clôturent cette randonnée au pays des merveilles et s'en émouvoir comme je m'en suis ému. Elles sont parmi «mes» plus belles… Et je me réjouis à l'idée qu'il ne partage pas mes goûts.

Couly-Dutheil
Clos de l'Olive
CHINON
APPELLATION CHINON CONTROLEE
12,5%vol
S.C.A.
COULY-DUTHEIL
PERE ET FILS
VITICULTEURS
A CHINON
FRANCE
750 ml
PRODUCE OF FRANCE
MIS EN BOUTEILLE A LA PROPRIETE

Couly-Dutheil
CLOS DE L'ECHO
CHINON
APPELLATION CHINON CONTROLEE
12,5%vol
S.C.A.
COULY-DUTHEIL
PERE ET FILS
VITICULTEURS
A CHINON
FRANCE
750 ml
PRODUCE OF FRANCE
MIS EN BOUTEILLE A LA PROPRIETE

Couly-Dutheil
ROSÉ
RENÉ COULY
CHINON
APPELLATION CHINON CONTROLEE
MIS EN BOUTEILLE PAR
COULY-DUTHEIL A CHINON (I & L) FRANCE
1992
PRODUCE OF FRANCE

Couly-Dutheil
LES CHANTEAUX
CHINON
SAINT LOUANS GUÉRISSANT LES MALADES
S.C.A.
COULY-DUTHEIL
PERE ET FILS
VITICULTEURS
A CHINON
FRANCE
MIS EN BOUTEILLE A LA PROPRIETE
1993
PRODUCE OF FRANCE

1993
La Rosette de Genève
ROSÉ DE GAMAY DE GENÈVE
APPELLATION GENÈVE
D'ORIGINE
MIS EN BOUTEILLE PAR
LA CAVE DE GENÈVE
75cl e

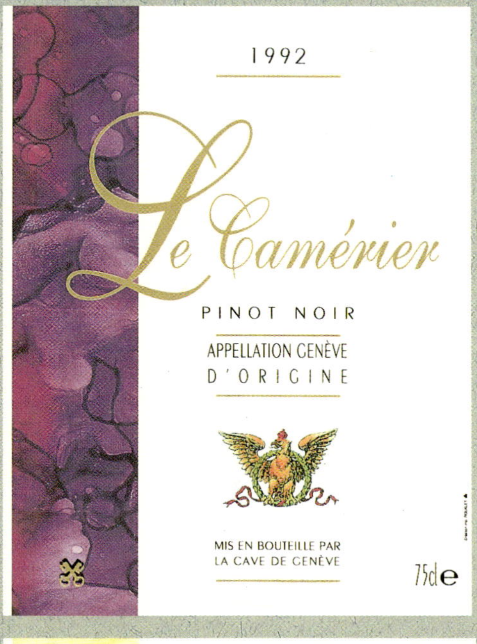
1992
Le Camérier
PINOT NOIR
APPELLATION GENÈVE
D'ORIGINE
MIS EN BOUTEILLE PAR
LA CAVE DE GENÈVE
75cl e

1993
Clefs d'Or
GAMAY
APPELLATION GENÈVE
D'ORIGINE
MIS EN BOUTEILLE PAR
LA CAVE DE GENÈVE
75cl e

1993
Perle du Mandement
CHASSELAS
APPELLATION GENÈVE
D'ORIGINE
MIS EN BOUTEILLE PAR
LA CAVE DE GENÈVE
75cl e

1993
Les Frênes
PINOT BLANC
APPELLATION GENÈVE
D'ORIGINE
MIS EN BOUTEILLE PAR
LA CAVE DE GENÈVE
75cl e

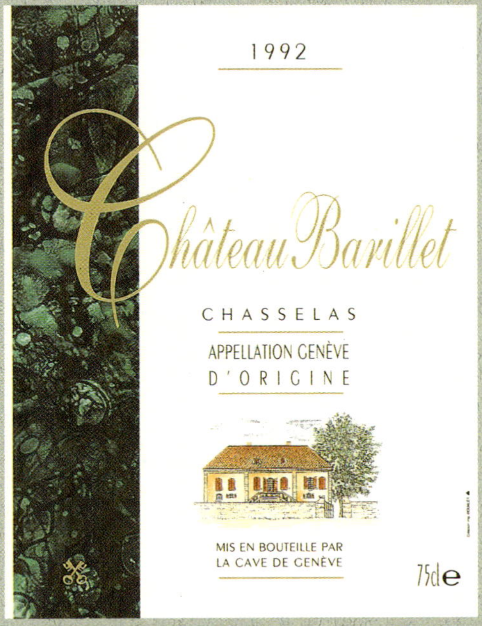
1992
Château Barillet
CHASSELAS
APPELLATION GENÈVE
D'ORIGINE
MIS EN BOUTEILLE PAR
LA CAVE DE GENÈVE
75cl e

Remerciements

Je dois des remerciements très vifs aux imprimeurs et producteurs innombrables, souvent très lointains, qui m'ont procuré l'aide indispensable de leur générosité. Sans eux, sans l'extrême obligeance avec laquelle ils me firent parvenir leurs étiquettes, sans leur diligence à me répondre, ce livre n'aurait jamais pu voir le jour. L'éclat de ses plus belles pages, c'est à eux tous qu'il le doit…
Qu'ils veuillent bien le considérer comme un vibrant hommage à leur savoir-faire et à leur serviabilité. Que les talentueux artistes-créateurs trouvent enfin, ici, l'expression sincère de mon admiration et de ma reconnaissance.

L'auteur

FABRICATION DES BOUTEILLES.

Fédérations d'œnographilie

Cette nomenclature est loin d'être exhaustive. De nouvelles associations de collectionneurs d'étiquettes de vin, nationales ou régionales, et de nombreux clubs locaux, voient le jour chaque année. Il y a donc lieu de la compléter, à mesure qu'ils apparaissent.

Belgique
Fédération Belge d'Œnographilie asbl
Président national: Georges Heireman
Stationsstraat 27, bus 32, B. 9230 Wetteren
Secrétaire: Philippe Thysebaert
Avenue de l'Europe, 4, B. 1330 Rixensart
Téléphone 02/653 17 00

Espagne
Asociacion Espanola Coleccionistas Etiquetas de Vino
Président: Julio Cayuela Tormo
Rosello 186, 4°, E. 08008 Barcelona

Etats-Unis
International Wine Label Society
Président: Angela Stewart
1964 North Rodney Drive, USA. Los Angeles
Ca. 90027

France
Association Nationale d'Œnographilie
Président: Yves Crickx
Résidence Condorcet
102, rue Marc Sangnier, F. 94700 Maisons Alfort
Téléphone 42 07 60 13

Italie
Associazione Italiana Collezionisti Etichette del Vino
Président: Ugo Colombo
Via del Capitel, 3, I. 37131 Verona
Téléphone 045 52 09 20

Pays-Bas
Vinografia Nederland
Président: Bert Wenzel
Permekestraat 8, NL. 7312 TB Apeldoorn
Téléphone 055 55 19 73

Suisse Romande
Confrérie de l'Étiquette
Président: Pierre Schulthess
Case postale 104, CH. 1000 Lausanne, 6 Ouchy
Téléphone 021 617 34 2800

Bibliographie

Pierre ANDRIEU, *Petite Histoire de l'Étiquette*, Maurice Ponsot éditeur, Paris, 1945

Hermann JUNG, *Visitenkarten des Weines*, Carl Lang Verlag, Duisburg, 1966

(Collectif), *Éloge de l'Étiquette*, Roth et Sauter, À l'Enseigne du Verseau, Denges-Lausanne, 1974

(Collectif), *Le Vin à travers l'Étiquette*, Éditions du Manoir, Baugy s/Clarens (Suisse), 1977

Georges RENOY, *Les Étiquettes de Vin. Un Monde merveilleux*, Rossel éditions, Bruxelles-Paris-Lausanne, 1981

Philippine de ROTHSCHILD, Francis LACLOCHE, Jean-Pierre de BEAUMARCHAIS, *Œuvres originales pour les Étiquettes de Mouton Rothschild*, édition bilingue franco-japonaise, La Baronnie, Pauillac, 1982

Philippine de ROTHSCHILD, *Mouton Rothschild. Paintings for the Labels*, A New York Graphic Society Book, Little, Brown and Company, Boston, 1983

Yves JAULT, *Les Créateurs d'Étiquettes de Vins*, Au Verseau, Denges-Lausanne, 1984

Michel LOGOZ, *En Habillant le Vin*, Roth et Sauter, À l'Enseigne du Verseau, Denges-Lausanne, Office du Livre, Fribourg, 1984

Robert JOSEPH, *Art of the Wine Label*, Quarto Publishing, London N7 9BH, 1987

Françoise JAUNIN, (texte introductif du) Catalogue de l'Exposition «*L'Étiquette de vin. Tendances contemporaines*», Musée des Arts Décoratifs de la Ville de Lausanne, Éditions du Verseau, Denges-Lausanne, 1990

Roland MOSER, *L'Étiquette du Vin d'Alsace*, Do. Bentzinger Éditeur. Imprimerie EDAC, Colmar, 1993

Cees KINGMANS, *Les Étiquettes des Grands Crus Classés du Médoc*, édition quadrilingue (français, néerlandais, anglais, allemand), Éditions Ton Borghouts, La Haye, 1993

DOURO
DENOMINAÇÃO DE ORIGEM CONTROLADA

CAVES ALIANÇA

Foral

VINHO TINTO
1991

PRODUCE OF PORTUGAL

75 cl   BOTTLED AND SHIPPED BY CAVES ALIANÇA S.A.   12.5% vol
SANGALHOS, PORTUGAL

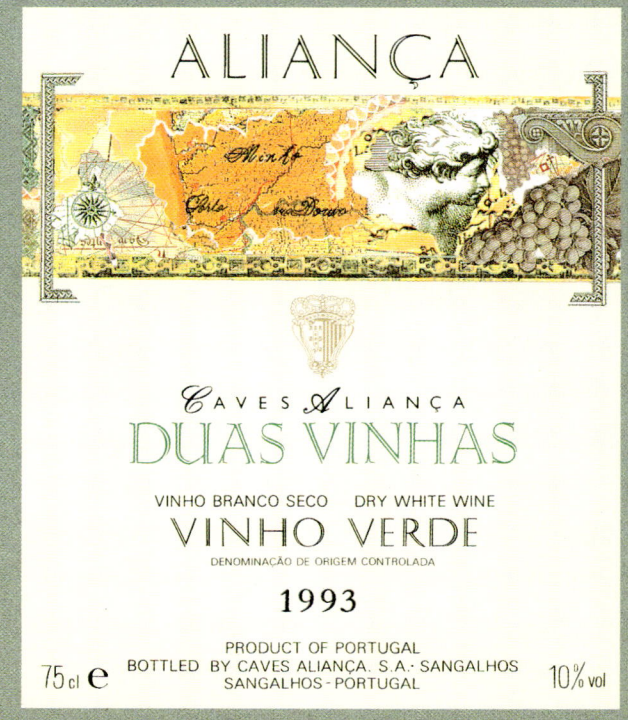

ALIANÇA

CAVES ALIANÇA

DÃO
DENOMINAÇÃO DE ORIGEM CONTROLADA

RED WINE
VINHO TINTO
PRODUCT OF PORTUGAL

75 cl   BOTTLED IN SANGALHOS BY CAVES ALIANÇA, S.A.   12% vol
SANGALHOS, PORTUGAL

ALIANÇA

CAVES ALIANÇA
DUAS VINHAS

VINHO BRANCO SECO   DRY WHITE WINE
VINHO VERDE
DENOMINAÇÃO DE ORIGEM CONTROLADA
1993

PRODUCT OF PORTUGAL

75 cl e   BOTTLED BY CAVES ALIANÇA. S.A. · SANGALHOS   10% vol
SANGALHOS - PORTUGAL

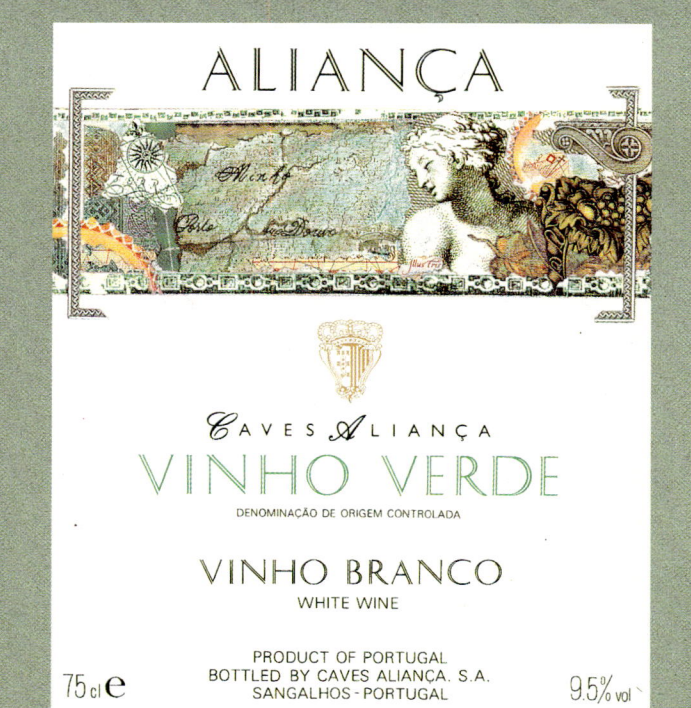

ALIANÇA

CAVES ALIANÇA
VINHO VERDE
DENOMINAÇÃO DE ORIGEM CONTROLADA

VINHO BRANCO
WHITE WINE

PRODUCT OF PORTUGAL
75 cl e   BOTTLED BY CAVES ALIANÇA. S.A.   9.5% vol
SANGALHOS - PORTUGAL

ALIANÇA

CAVES ALIANÇA

DÃO
DENOMINAÇÃO DE ORIGEM CONTROLADA

WHITE WINE
VINHO BRANCO
PRODUCT OF PORTUGAL

75 cl   BOTTLED IN SANGALHOS BY CAVES ALIANÇA, S.A.   12% vol
SANGALHOS, PORTUGAL

Table des matières

CHAPITRE PREMIER
L'ÉTIQUETTE D'HIER ET D'AUJOURD'HUI — *page 5*
L'étiquette en question
Le passé de l'étiquette
Enfin Senefelder vint — *11*
La loi est dure — *13*
Le temps des catalogues — *18*
L'étiquette Mouton-Rothschild — *23*
La fin des préjugés — *30*

CHAPITRE DEUXIÈME
LE GUIDE DE L'ÉTIQUETTE — *39*
Le gai savoir
La lutte des classes — *40*
Un monument national — *42*
La valse des épithètes — *46*
Une classe pour chaque vin — *48*
Second je suis, second je reste — *58*
L'or du vin — *59*
Le terme propre — *60*
Sous le regard du législateur — *64*
Exercices de lecture — *81*
Les grandes ressemblances — *86*

CHAPITRE TROISIÈME
LA PERSONNALITÉ DE L'ÉTIQUETTE — *93*
La bonne forme
Au plus profond des racines
L'œil et le palais — *96*
Or, orange — *98*
Le vol des cigognes
Le chant des bulles — *104*
Made in Switzerland — *109*
«A» comme Allemagne & Autriche — *113*
Funiculi, Funicula — *116*

Un goût de trop peu	*119*
L'étiquette nouvelle est arrivée	
Coups de gueules	*122*
Le rouge et le noir	
Histoires de l'art	*125*
Papiers de verre	*128*
Encore des bulles	*130*
Le syndrome Mouton-Rothschild	

CHAPITRE QUATRIÈME
L'ÉTIQUETTE ILLUSTRÉE ET SES THÈMES — *139*

Œnographilie, œnografolie	
Monseigneur le Vin	*142*
La Nature	*157*
La vie quotidienne	*166*
La tradition	*174*
L'Histoire	*181*

CHAPITRE CINQUIÈME
AU BONHEUR DES COLLECTIONNEURS — *193*

Le thème le plus long	
Vous avez dit bizarre…	*194*
Histoire de rire	*196*
Palmarès	

Remerciements	*202*
Fédérations d'œnographilie	*203*
Bibliographie	

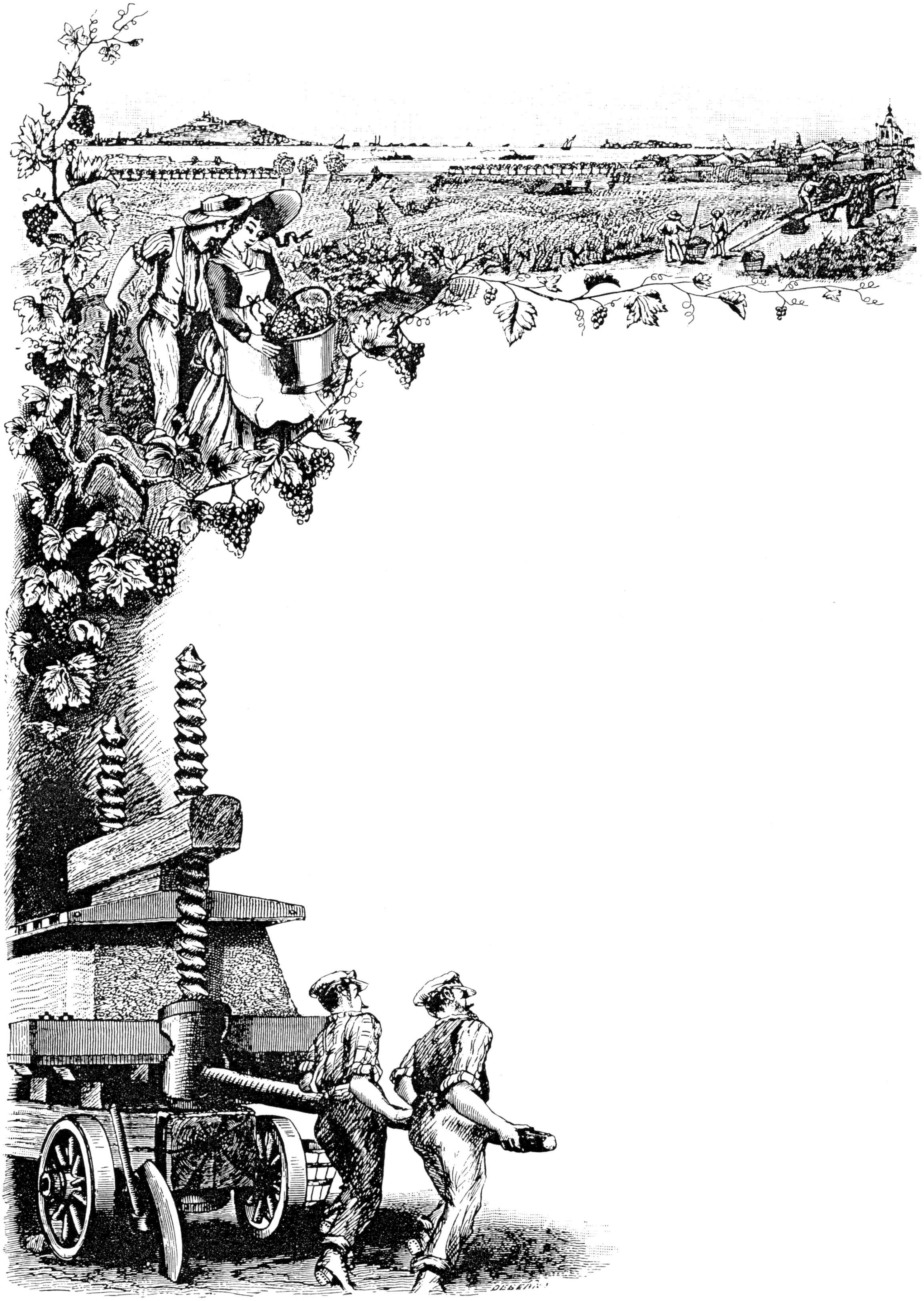

Colophon

Conception graphique, mise en pages et coordination: Architexte, Bruxelles
Photogravure et impression: Communications sa, Louvain-la-Neuve
Reliure: Sirc, Marigny-le-Châtel
Achevé d'imprimer en Belgique le 20 octobre 1995